权威·前沿·原创

皮书系列为

“十二五”“十三五”“十四五”时期国家重点出版物出版专项规划项目

智库成果出版与传播平台

成渝地区双城经济圈

智能网联新能源汽车产业发展报告

（2023~2024）

ANNUAL REPORT ON DEVELOPMENT OF INTELLIGENT CONNECTED NEW ENERGY VEHICLE INDUSTRY IN CHENGDU-CHONGQING ECONOMIC ZONE（2023-2024）

组织编写 / 教育部人文社会科学重点研究基地
重庆工商大学成渝地区双城经济圈建设研究院

主　　编 / 任　毅　田　园
副 主 编 / 郭　丰　王撼宇

社会科学文献出版社
SOCIAL SCIENCES ACADEMIC PRESS (CHINA)

图书在版编目(CIP)数据

成渝地区双城经济圈智能网联新能源汽车产业发展报告.2023~2024 / 任毅，田园主编；郭丰，王撼宇副主编.--北京：社会科学文献出版社，2024.12.
(成渝蓝皮书).--ISBN 978-7-5228-4676-7

Ⅰ.F426.471

中国国家版本馆 CIP 数据核字第 2024VS3691 号

成渝蓝皮书

成渝地区双城经济圈智能网联新能源汽车产业发展报告(2023~2024)

主　　编 / 任　毅　田　园
副 主 编 / 郭　丰　王撼宇

出 版 人 / 冀祥德
组稿编辑 / 恽　薇
责任编辑 / 冯咏梅
文稿编辑 / 王红平　李瑶娜　周晓莹　姜　瀚
责任印制 / 王京美

出　　版 / 社会科学文献出版社 · 经济与管理分社(010)59367226
　　　　　地址：北京市北三环中路甲 29 号院华龙大厦　邮编：100029
　　　　　网址：www.ssap.com.cn
发　　行 / 社会科学文献出版社(010)59367028
印　　装 / 三河市东方印刷有限公司

规　　格 / 开 本：787mm × 1092mm　1/16
　　　　　印 张：23.25　字 数：350 千字
版　　次 / 2024 年 12 月第 1 版　2024 年 12 月第 1 次印刷
书　　号 / ISBN 978-7-5228-4676-7
定　　价 / 249.00 元

读者服务电话：4008918866

资助项目：

国家社会科学基金一般项目“双循环格局下高技术产业链空间布局优化与韧性提升的实现路径研究”（项目编号：23BJY057）

重庆市教委哲学社会科学重大理论研究阐释专项课题“重庆构建现代化产业体系因地制宜发展新质生产力研究”（项目编号：24SKZDZX03）

重庆工商大学成渝地区双城经济圈发展研究报告项目（蓝皮书系列）“揭榜挂帅”项目“成渝地区双城经济圈智能网联新能源汽车产业发展报告”（项目编号：2023JBGS04）

资助单位：

教育部人文社会科学重点研究基地重庆工商大学成渝地区双城经济圈建设研究院

重庆市新型重点智库重庆工商大学长江上游经济研究中心

重庆市人文社会科学重点研究基地重庆工商大学产业经济研究院

重庆市哲学社会科学重点实验室重庆工商大学成渝地区双城经济圈数据分析与智能决策实验室

《成渝地区双城经济圈智能网联新能源汽车产业发展报告（2023～2024）》编委会

主要编撰者简介

任　毅　博士，教育部人文社会科学重点研究基地重庆工商大学成渝地区双城经济圈建设研究院专职研究员，重庆工商大学党委常委、副校长，教授、博士生导师。重庆英才创新领军人才，重庆市学术技术带头人（应用经济学），重庆高校哲学社会科学创新发展研究与评价中心主任，中国区域经济学会常务理事，重庆市社会科学界联合会委员，重庆市南岸区社会科学界联合会副主席。主要从事区域经济、产业经济等领域研究。主持国家社会科学基金项目2项、省部级重大重点项目30余项，在《改革》、《产业经济研究》、《中国经济问题》、《统计与信息论坛》、*Journal of Transport Geography* 等期刊上发表学术论文40余篇，出版学术专著4部，撰写的10余份决策建议被政府部门采纳应用。获得重庆市政府发展研究奖一等奖、重庆市优秀社科成果奖二等奖等4项省部级科研成果奖。

田　园　博士，教育部人文社会科学重点研究基地重庆工商大学成渝地区双城经济圈建设研究院专职研究员，重庆工商大学经济学院副教授、硕士生导师，重庆工商大学区域经济研究院长江经济带绿色发展研究所所长。主要从事区域经济学、城市与可持续发展研究。在《经济评论》、*Sustainable Cities and Society*、*Energy Policy*、*Regional Science and Urban Economics*、*Journal of Transport Geography*、*Ecological Indicators* 等期刊上发表学术论文10余篇，出版学术专著2部，主持国家社会科学基金项目1项、省部级项目5项，学术成果涉及区域经济、产业发展、双循环价值链、绿色发展、可持续发展、金融集聚、税收竞争等方面。

郭　丰　博士，教育部人文社会科学重点研究基地重庆工商大学成渝地区双城经济圈建设研究院助理研究员。主要从事区域经济与创新、数字经济、环境经济等领域研究。主持重庆市教育科学规划重点课题1项、其他各级课题3项，参研国家自然科学基金项目1项、国家社会科学基金项目3项。在《武汉大学学报》（哲学社会科学版）、《产业经济研究》、《中国经济问题》、《科学学与科学技术管理》、*Emerging Markets Finance and Trade* 等期刊上发表学术论文10余篇，获得钱学森城市学（环境）金奖提名奖，学术成果涉及数字经济、企业创新、绿色技术创新、全要素生产率、环境经济等方面。

王撼宇　撼地数智（重庆）科技有限公司副总经理兼产品总监，撼地产业大脑平台总架构师，撼地产业数字化平台总设计师，吉利工业互联网原大数据及AI产品负责人。拥有多年大数据及产业数字化经验，主要从事产业经济、数字经济等领域研究，致力于用数字化的手段来解决产业的问题，已带领团队构建了全域全量的产业数据库以及数十个产业分析模型，并发布了业内第一个落地的产业大模型，曾主导多个政府产业数字化项目，主导建设的数字化平台包括产业大脑、产业链分析平台、产业招商平台、企业服务平台、科技大脑等，并在全国多个地区得到实际应用，服务过数十个省份的政府部门，以及500多个园区。

摘　要

《成渝地区双城经济圈智能网联新能源汽车产业发展报告（2023～2024）》由重庆工商大学成渝地区双城经济圈建设研究院组织编写，是研究成渝地区双城经济圈智能网联新能源汽车产业发展的阶段性成果。本书主要归纳、总结和梳理了成渝地区双城经济圈智能网联新能源汽车产业的发展现状，并对其产业政策、产业链、技术创新、市场应用、营商环境等方面进行了系统的理论探讨和分析，通过比较与借鉴、案例分析阐释了智能网联新能源汽车产业发展的典型经验。

本书指出，近年来，成渝地区双城经济圈深入落实创新驱动发展战略，以构建全国智能网联新能源汽车创新高地为主要目标，通过推动产业链协同创新、加强核心技术攻关、完善配套基础设施等举措，积极促进新能源汽车产业高质量发展。成渝地区双城经济圈在整车制造、智能网联技术、车路协同等领域实现了优势互补与合作共赢，初步形成了具有区域特色的产业集群。然而，与国内外先进产业集群相比，成渝地区双城经济圈智能网联新能源汽车产业尚未形成高度集成化的产业生态，全球竞争力亟待提升。目前，成渝地区双城经济圈正重点发力智能驾驶、绿色制造、车联网等核心领域，并以更加开放的姿态深化与东部地区及国际市场的合作，致力于打造具有区域影响力和技术前瞻性的智能网联新能源汽车产业基地，形成差异化发展优势。

本书总结了成渝地区双城经济圈智能网联新能源汽车产业发展的突出问题。第一，产业引领力不足，产业链生态不完善。智能网联新能源汽车电机、电控等关键零部件竞争力较弱，缺乏能够引领智能网联新能源汽车潮流、制定行业标准的世界级领军企业；动力电池的流向管理和回收利用技术水平较低，产业生态保障体系不完善。第二，技术创新能力不足，核心技术自主研发短板问题突出。智能网联新能源汽车产业链缺乏能够支撑大规模技术突破的创新生态系统，车用芯片、高速轴承、毫米波雷达等技术与发达国家差距较大，核心技术依赖进口。第三，市场面临品牌与利润双重挑战。新车型频繁推出、产品更新迭代加速、价格战愈演愈烈、消费者需求日益多样化和个性化等多重挑战，导致智能网联新能源汽车行业利润空间不断被压缩，智能网联新能源汽车品牌联动性差，国际竞争力不足。第四，市场准入规则不统一。智能网联新能源汽车在市场准入方面存在区域差异，市场准入规则的不统一造成市场分割，审批流程复杂，降低了市场运营效率。第五，产业发展同质化。成渝地区双城经济圈智能网联新能源汽车产业发展政策存在较多共同之处，加剧了区域内的产业同构现象，未能形成良好的产业分工，导致难以建立相互补充的产业生态。

本书认为，协同共建是推动成渝地区双城经济圈智能网联新能源汽车产业发展的关键路径。第一，加强政策规划与引导。制定成渝地区双城经济圈智能网联新能源汽车产业协同发展规划，明确发展重点与协同路径，强化政策支持。第二，完善产业基础与配套设施。深入推动智能网联新能源汽车产业链上下游企业的深度合作与资源整合，科学规划充电站、换电站的布局，加快充电、换电基础设施建设步伐。第三，强化技术引领力。设立专项资金，鼓励企业加大对智能网联新能源汽车技术的研发投资，特别是在核心技术和关键零部件方面，建立和完善技术转移、成果交易、孵化培育等服务平台，提升高校、科研机构和企业之间的产学研合作水平。第四，拓展市场应用与示范。积极推动智能网联新能源汽车在公共交通系统、物流与配送和共享出行领域的应用，进一步拓宽市场应用空间。第五，深化区域协同与合作。在制定区域层面的产业发展规划时，应明确成渝地区双城经济圈各自的产业分工和定位，避免同质化竞争，深化两地在技术标准、市场准入和政策协同等方面的合作。

关键词： 智能网联新能源汽车　产业链　产业政策　产业协同　成渝地区双城经济圈

目 录

Ⅰ 总报告

Ⅱ 分报告

Ⅲ　比较与借鉴篇

Ⅳ　案例篇

皮书数据库阅读使用指南

总报告

B.1

成渝地区双城经济圈智能网联新能源汽车产业发展报告

任毅　田园　郭丰　王撼宇*

摘　要：　智能网联新能源汽车产业是智能汽车与车联网和新能源的全新融合，也是中国汽车产业转型升级的重要标志，成渝地区双城经济圈作为中国西部高质量发展的重要增长极，积极推动智能网联新能源汽车产业发展有助于构建现代化产业体系，提高区域竞争力。本报告以成渝地区双城经济圈智能网联新能源汽车产业为研究对象，从产业政策、产业链结构等方面进行分析，发现成渝地区双城经济圈智能网联新能源汽车产业存在龙头引领力亟须增强、核心技术自主研发存在短板、产品配套能力不足、产业集聚效应不明

* 任毅，博士，重庆工商大学成渝地区双城经济圈建设研究院专职研究员，教授，主要研究方向为区域经济、产业经济；田园，博士，重庆工商大学成渝地区双城经济圈建设研究院专职研究员，副教授，主要研究方向为区域经济学、城市与可持续发展；郭丰，博士，重庆工商大学成渝地区双城经济圈建设研究院助理研究员，主要研究方向为区域经济与创新、数字经济、环境经济；王撼宇，撼地数智（重庆）科技有限公司副总经理兼产品总监，撼地产业大脑平台总架构师，撼地产业数字化平台总设计师，主要研究方向为产业经济、数字经济。

显等问题。本报告提出了加强政策规划与引导、完善产业基础与配套设施、强化技术引领力、拓展市场应用与示范、深化区域协同与合作等对策建议，以推动成渝地区双城经济圈智能网联新能源汽车产业高质量发展。

关键词： 智能网联新能源汽车产业　协同发展　成渝地区双城经济圈

成渝地区双城经济圈建设是习近平总书记亲自谋划、亲自部署、亲自推动的重大发展战略。2021 年 10 月，中共中央、国务院印发的《成渝地区双城经济圈建设规划纲要》对成渝地区双城经济圈的总体要求、战略定位、发展目标等进行了全面部署，并对成渝地区“协同建设现代产业体系”以专章形式明确提出目标要求，包括“以智能网联和新能源为主攻方向，共建高水平汽车产业研发生产制造基地”。加快成渝地区智能网联新能源汽车产业发展，这对成渝地区抢占汽车产业制高点的战略任务，完善现代化产业体系发展，落实碳达峰、碳中和目标具有重大战略意义。

基于此，本报告系统探究了成渝地区双城经济圈智能网联新能源汽车产业发展动态，主要归纳、总结和梳理了成渝地区双城经济圈智能网联新能源汽车产业的发展现状，并对其产业政策、产业链、技术创新、市场应用、营商环境等方面进行了系统的理论探讨和分析，通过比较与借鉴、案例分析阐释了智能网联新能源汽车产业发展的典型经验，为推动成渝地区战略性新兴产业高质量发展、助力现代化产业体系建设提供政策启示和实践指导。

一　成渝地区双城经济圈智能网联新能源汽车产业发展政策回顾

（一）智能网联新能源汽车产业综述

1. 名词定义

（1）智能网联汽车

智能网联汽车由智能汽车、自动驾驶技术和车联网组成。

智能汽车：集成环境感知、决策规划、控制执行，是移动信息处理与运载工具的结合。

自动驾驶技术：利用 AI、视觉计算、雷达等系统，自动执行驾驶任务，确保安全与效率。

车联网：基于车内网、车际网、车云网“三网”融合，通过特定协议和标准，实现车与周围环境的智能互联，为驾驶者提供实时信息服务。

根据中国国家标准《汽车驾驶自动化分级》，智能网联汽车的自动驾驶水平被明确划分为不同的等级（见图 1）。中国智能网联汽车产业目前处于发展初期，L1 级辅助驾驶和 L2 级部分自动驾驶已实现量产，而 L3 级有条件自动驾驶和 L4 级高度自动驾驶仍在研发和测试阶段。尽管如此，一些国内车企已在城市道路上测试高阶辅助驾驶，量产 L3 级有条件自动驾驶的主要挑战是成本问题，一旦克服，将为自动驾驶技术的广泛应用铺平道路。

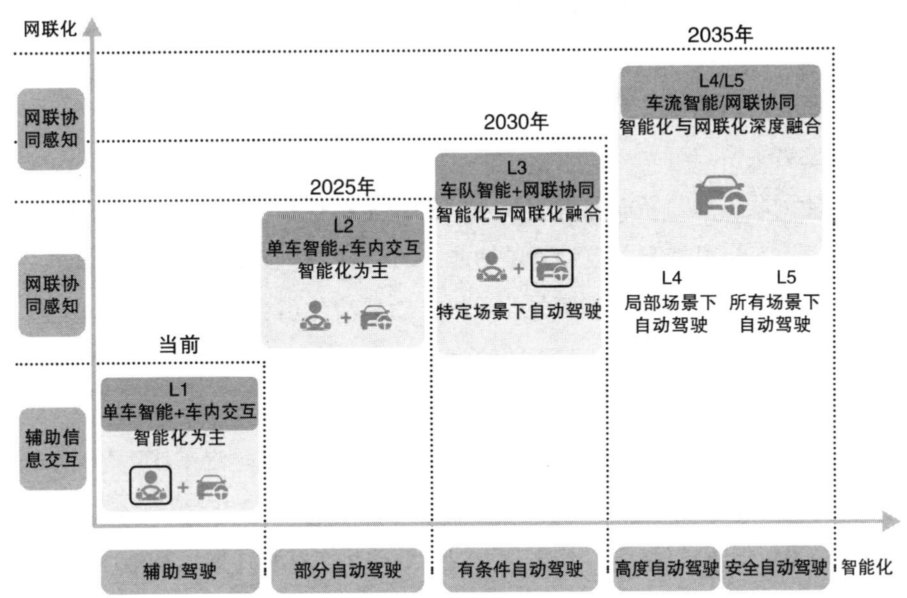

图 1　中国智能网联汽车产业发展目标

资料来源：《中国智能网联新能源汽车产业专题报告》。

(2) 新能源汽车

新能源汽车是指依靠新型能源驱动的汽车，包括纯电动汽车、混合动力汽车、增程式电动汽车和燃料电池汽车。

纯电动汽车（BEV）：完全依赖可充电电池供电，具有低噪声、结构简洁、乘坐舒适及低碳排放等优势，其核心技术涵盖动力电池、电驱动系统及电控系统。

混合动力汽车（HEV）：由两个或更多能独立或协同工作的动力系统构成，分为串联、并联及混联三种形式，通过不同动力系统的组合，实现更高效能的驱动。

增程式电动汽车（EREV）：基于纯电动汽车平台，额外配备增程器（通常为小型发动机）以延长行驶里程，其结构属于串联式混合动力的一种。

燃料电池汽车（FCV）：以燃料电池为主要或唯一动力源，直接将燃料（如氢气、甲醇等）的化学能转化为电能驱动车辆，具有高效、环保、零排放等特点，是新能源汽车领域的重要发展方向。其中，氢燃料电池汽车因其高能量密度和清洁性受到广泛关注。

2. 二者关系

智能网联技术与新能源汽车技术的发展是相辅相成的，在实际应用中，一辆电动汽车也可能具备自动驾驶功能。2016年，《节能与新能源汽车技术路线图》首次提出网联化和智能化分级，随后演化出智能网联汽车的概念，形成当前智能网联汽车产业与新能源汽车产业交叉融合、螺旋支撑的协同发展新局面。

智能网联汽车主要关注汽车的智能化和网联化。这类汽车使用各种传感器、控制器、执行器等设备，通过先进的通信和信息技术，实现车辆与人、车辆与车辆、车辆与路侧、车辆与云端的智能化交互和协同。智能网联汽车在智能驾驶、电子电气架构等领域技术的进步，能够促进新能源汽车“三电”（电池、电机、电控）技术突破、续航里程提升、整车架构设计更加合理，从而推动新能源汽车产业高质量发展。

新能源汽车关注的是汽车的动力来源。这种汽车使用的是除了传统化石燃料之外的其他能源，或者使用了新型的驱动方式。新能源汽车具有电力驱动、电子控制、底盘灵活等特点，是智能汽车的最佳载体。新能源汽车的普及也为智能网联汽车技术的发展提供了广阔的市场和应用场景。例如，中国在智能网联建设领域取得了显著进展，智慧交通和智慧物流的发展，以及智慧高速公路和交通产业培育的重要成果，都为智能网联汽车技术的应用提供了良好的基础设施支持。

（二）成渝地区双城经济圈智能网联新能源汽车产业相关政策重点及方向

根据智能网联新能源汽车产业相关政策重点，成渝地区双城经济圈出台的相关政策可划分为汽车产业和先进制造发展类、能源革命类、智慧交通类。图 2 展示了 2021～2023 年成渝地区双城经济圈智能网联新能源汽车产业相关政策占比。由图 2 可知，汽车产业和先进制造发展类占比为 46. 66%，能源革命类占比为 26. 67%，智慧交通类占比为 26. 67%。从占比的大小看，汽车产业和先进制造发展类占比最大，能源革命类和智慧交通类占比次之并且持平，说明成渝地区双城经济圈智能网联新能源汽车产业政策建立在推动汽车产业升级、加快先进制造发展的目标上，随着国家对汽车产业提出清洁化、智能化的要求而逐渐细化对能源革命和智慧交通的具体要求，推动政策条文适用范围逐渐明确。

根据智能网联新能源汽车产业相关政策关键词，从成渝地区双城经济圈出台政策中提取最相关的词语。图 3 展示了 2021～2023 年成渝地区双城经济圈智能网联新能源汽车产业相关政策的各类关键词次数。从时间层面上看，“智能”、“网联”和“新能源”三个关键词出现的数量都呈上升趋势。具体而言，“智能”关键词出现的次数由 2021 年的 4 次增长至 2023 年的 113 次，年均增速高达 431. 5%。“网联”关键词出现的次数由 2021 年的 2 次增长至 2023 年的 51 次，年均增速高达 405. 0%。“新能源”关键词出现的次数由 2021 年的 1 次增长至 2023 年的 56 次，年均增速高达 648. 3%。从

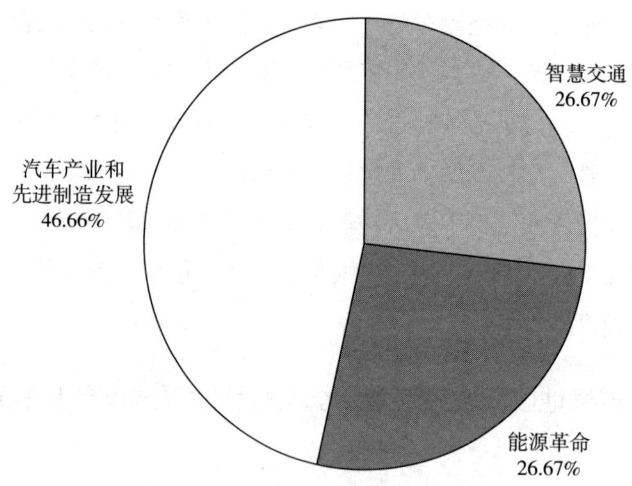

图 2　2021~2023 年成渝地区双城经济圈智能网联新能源汽车产业相关政策占比

资料来源：四川省人民政府网、重庆市人民政府网。

关键词总数上看，“智能”出现的次数最多，说明智能化是成渝地区双城经济圈发展智能网联新能源汽车产业的重中之重。从关键词增长速度上看，“新能源”的增长速度最快，说明清洁化、低碳化的方向越来越得到重视。

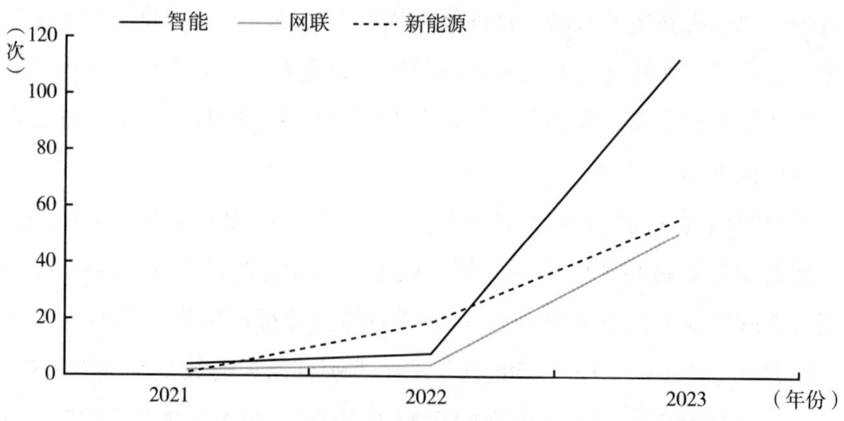

图 3　2021~2023 年成渝地区双城经济圈智能网联新能源汽车产业相关政策关键词次数

资料来源：四川省人民政府网、重庆市人民政府网。

总体来看，成渝地区双城经济圈高度重视智能网联新能源汽车产业的未来发展趋势，以智能、网联和新能源为主攻方向，在智能化、网联化、清洁化等前沿领域加大规划布局力度，通过一系列政策措施的制定和实施，为西部智能网联新能源汽车产业的高质量发展注入了强大动力。整体而言，成渝地区双城经济圈推动智能网联新能源汽车产业的发展规划可以分为以下三个方面。

1. 发展汽车产业和先进制造

为实现区域协同发展、优化汽车产业链布局和提升汽车产业竞争力的战略目标，形成强大的区域经济增长极，实现产业的转型升级和可持续发展，四川和重庆两地政府出台相应政策以加强川南渝西地区的汽车产业链供应链协同合作，推动智能网联新能源汽车零部件产业和先进制造业的高质量发展。

2. 推动能源革命

立足我国资源禀赋，坚持先立后破、通盘谋划，传统能源逐步退出必须建立在新能源安全可靠的替代基础上，把“双碳”工作纳入生态文明建设整体布局和经济社会发展全局，坚持降碳、减污、扩绿、增长协同推进。在此背景下，这也将推动智能网联新能源汽车产业迈向新的高度，为实现能源转型和促进绿色出行做出更大的贡献。

3. 协同智慧交通

近几年来，重庆、四川积极携手、相互赋能、相向发展，特别是把交通一体化摆在突出位置，在积极推进的同时取得了明显成效，区域合作进入聚力推进、深度融合的新阶段。一方面，以标准支撑拓展交通协同执法的深度、广度、精度。加快多式联运信息共享交换等标准制定，强化数智赋能推动实现跨区域交通数据互联互通。另一方面，以标准培育壮大新质生产力。适应人工智能、大数据、新能源应用的发展，研究高速公路智能化、内河码头自动化等的标准，统一汽车充换电设施和加氢设施运营服务标准，服务智慧公路、智慧港口建设，显著提升交通运输行业发展的科技含量。

（三）四川省智能网联新能源汽车产业相关政策重点及方向

根据智能网联新能源汽车产业相关政策关键词，从四川省各市州出台的相关政策中提取与政策最相关的词语。图 4 展示了 2021～2023 年四川省各市州智能网联新能源汽车产业相关政策的各类关键词次数。具体而言，“智能”关键词出现的次数由 2021 年的 0 次增长至 2023 年的 61 次。“网联”关键词出现的次数由 2021 年的 0 次增长至 2023 年的 12 次。“新能源”关键词出现的次数由 2021 年的 16 次增长至 2023 年的 264 次，年均增速高达 306.2%。从关键词总数上看，“新能源”出现的次数最多，说明清洁化是四川省发展智能网联新能源汽车产业的最重要方向。从关键词增长速度上看，“智能”的增长速度最快，说明在四川省智能网联新能源汽车产业政策中，智能化越来越得到重视。与此同时，“新能源”关键词在 2021～2023 年呈现逐渐上升趋势，“智能”和“网联”关键词在 2021～2023 年呈现先上升后下降趋势，并且三类关键词出现的次数差异总体增大，说明四川省各市州应兼顾汽车产业发展各个方面的重点，实现汽车产业智能化、网联化和清洁化协同推进，避免出现发展短板。

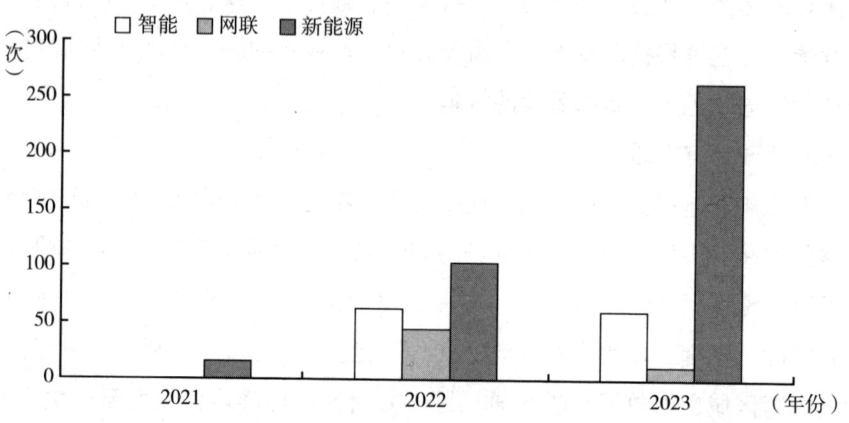

图 4　2021～2023 年四川省各市州智能网联新能源汽车产业相关政策关键词次数

资料来源：四川省各市州人民政府网。

四川省各市州出台若干支持智能网联新能源汽车产业高质量发展的政策措施，旨在激发省内企业的内生动力，吸引更多优质企业来川布局，提升四川省相关产业的研发制造水平，健全绿色供应链体系，加快发展智能网联和氢能等战略性新兴产业和未来产业，培育形成新质生产力，建设具有全国竞争力的智能网联新能源汽车产业集群，推动四川省智能网联新能源汽车产业高质量发展。相关政策体现了系统化、集成化的特点，覆盖了四川省智能网联新能源汽车产业发展的各个方面，立足四川省产业发展情况和行业趋势，有较强针对性，将成为未来产业发展的重要支撑。

（四）重庆市智能网联新能源汽车产业相关政策重点及方向

根据智能网联新能源汽车产业相关政策关键词，从重庆市出台的相关政策中提取与政策最相关的词语。图 5 展示了 2021～2023 年重庆市智能网联新能源汽车产业相关政策的各类关键词次数。具体而言，“智能”关键词出现的次数由 2021 年的 3 次增长至 2023 年的 38 次，“网联”关键词出现的次数由 2021 年的 3 次增长至 2023 年的 24 次，“新能源”关键词出现的次数由 2021 年的 33 次降低至 2023 年的 30 次。从关键词总数上看，“智能”出现的次数最多，“新能源”出现的次数在 2023 年超过了“网联”，说明重庆市汽车产业转型高度重视智能化发展方向，并且不断把绿色化提升到更高重视程度。与此同时，三类关键词在 2021～2023 年都呈现先上升后下降趋势，且“智能”和“网联”下降趋势明显，“新能源”总体相对稳定，说明重庆市应当注意加大对汽车产业发展方向的细化，大力倡导智能化、网联化和绿色化。

重庆市系列政策的核心焦点和终极目标就是“打造世界级智能网联新能源汽车产业集群”。为此，相关配套政策聚焦在产业生态的布局统筹制定上。围绕构建零部件供应链体系、引进培育优质企业、增强技术创新能力、促进协同融合发展等，着重对培育完善新能源关键零部件和智能驾驶零部件供应链、提升车联网零部件供应能力、推进基础材料产业协同发展、推进转型升级、提升智能制造水平、促进成果转化应用、推动“整零”协同发展和供应链融合发展做出部署安排。同时，围绕能源基础设施建设、车路云一体化、动力电池回收利用产业发展，重点对充换电网络规划布局及基础设施项目建设、公共服务平台建设、氢能网络建设以及道路信息化、智慧高速公

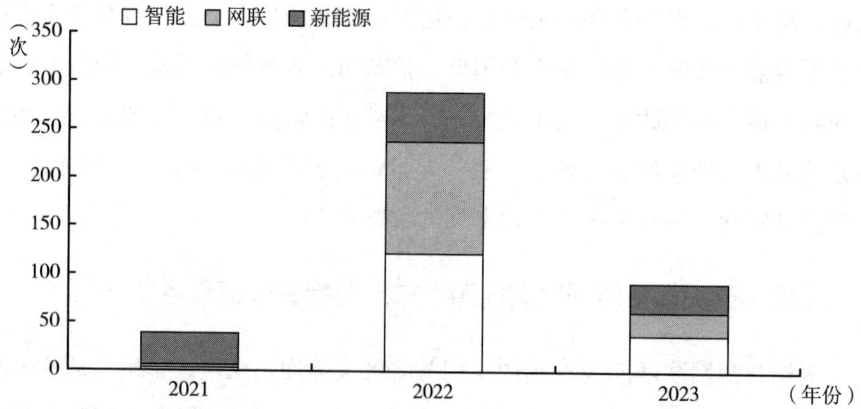

图 5　2021~2023 年重庆市智能网联新能源汽车产业相关政策关键词次数

资料来源：重庆市人民政府网。

路、算力基础设施建设等做出部署安排。总体而言，重庆市初步建立了智能网联新能源汽车产业发展的前期政策体系。

二　成渝地区双城经济圈智能网联新能源汽车产业协同发展演进及现状分析

（一）重庆市智能网联新能源汽车产业演进及现状

1. 市场规模

（1）产量情况

根据 2019~2023 年《重庆市国民经济和社会发展统计公报》的统计数据，重庆市新能源汽车产量自 2019 年以来呈现持续增长的趋势（见图 6）。2019 年，重庆市新能源汽车产量仅为 3.73 万辆，而到了 2023 年产量达到 50.03 万辆，居全国第八位，约为 2019 年新能源汽车产量的 13.41 倍，而且保有量达到 45 万辆，表明市场对新能源汽车的接受度日益提高。在增长率方面，重庆市新能源汽车在 2019 年和 2020 年经历了短暂的低迷期，可能是疫情等因素冲击汽车产业链所致。然而，从 2021 年开始，重庆市新能源汽车产量的增长率开始回升，2021 年同比增速更是高达 252. 1%，显示出市场对新能源汽车的强烈需求和产业的快速发展。2023 年同比增速为 30. 3%，年均增长率为 91. 37%，表明重庆市新能源汽车产业正在稳步回升并朝着持续向好的方向发展。重庆市成为全国领先的汽车生产地区之一，已充分反映其取得的显著成效。

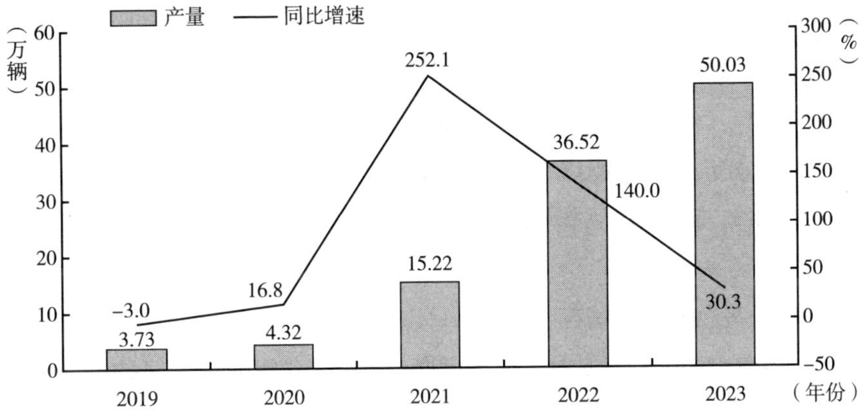

图 6　2019~2023 年重庆市新能源汽车产量及增速

注：图中同比增速按原始产量数据计算，与按图中保留两位小数的产量数据计算结果存在一定差异。

资料来源：《重庆市国民经济和社会发展统计公报》。

（2）销量情况

根据重庆市汽车商业协会发布的数据，重庆市新能源汽车在 2021~2023 年的销量呈现持续增长态势（见图 7），彰显了市民对绿色出行的积极响应和市场需求的强劲动力。2021 年重庆市新能源汽车销量为 6. 33 万辆，2023 年达到 16. 74 万辆，约为 2021 年的 2. 64 倍，体现出重庆市民对新能源汽车的接受度和购买意愿不断增强，彰显了重庆市民对绿色出行理念的积极响应以及市场对新能源汽车的强劲需求。从新能源汽车的渗透率来看，2021 年重庆市新能源汽车渗透率仅为 13. 88%，2023 年达到了 37. 73%，在短短两年内实现了近 2 倍的增长，也充分反映了重庆市在推动新能源汽车产业发展方面取得的显著成效。

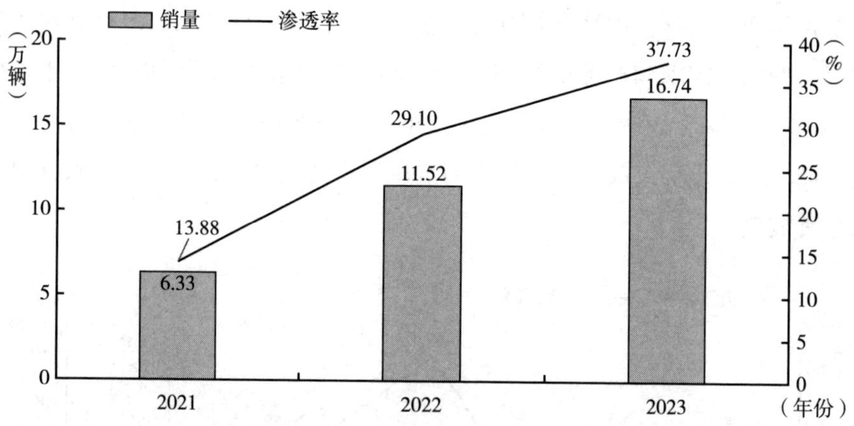

图 7　2021~2023 年重庆市新能源汽车销量及渗透率变化情况

资料来源：重庆市汽车商业协会。

（3）龙头企业盈利情况

图 8 展示了 2023 年重庆市智能网联新能源汽车十大龙头企业的利润总额情况，可以看出，重庆长安汽车股份有限公司利润总额为 105.89 亿元，表明该公司在财务上表现非常强劲，实现了高额盈利。综合来看，重庆长安汽车股份有限公司和中国汽车工程研究院股份有限公司的利润总额较高，表现出较强的盈利能力。赛力斯集团股份有限公司和蓝黛科技集团股份有限公司的利润总额为负，需要关注其财务健康状况，并采取措施改善。其他企业虽然利润总额不及前述两家公司，但多数实现了盈利，表现出一定的市场竞争力。

2. 产业规模

重庆市智能网联新能源汽车产业链较为完善，涵盖了上游原材料供应、中游整车和零部件制造、下游后市场服务等环节。其中，中游整车和零部件制造环节是产业链的核心环节。如今，重庆市智能网联新能源汽车在品牌打造、产业链培育、设施配套等方面取得长足进展，形成西部地区最为完整的智能网联新能源汽车产业链，在智能网联先行先试、换电模式、氢燃料汽车推广等方面，均处于国内先进行列。

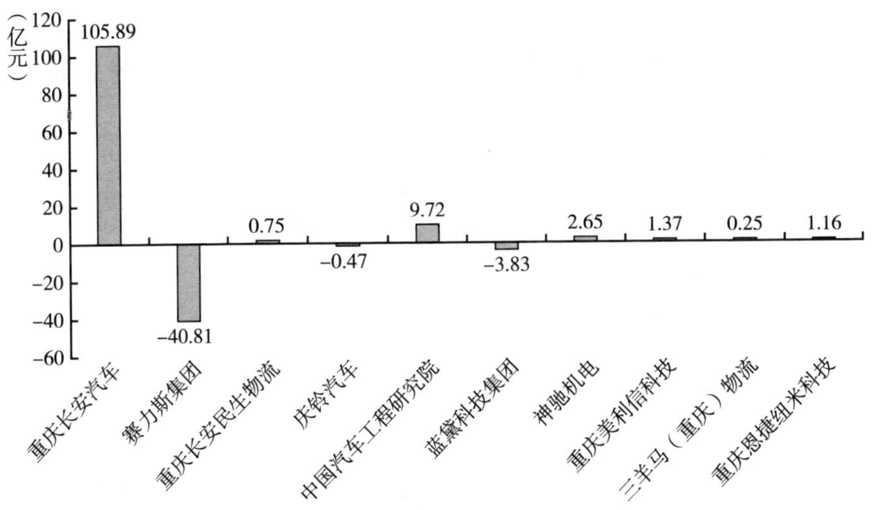

图 8　2023 年重庆市智能网联新能源汽车十大龙头企业利润总额情况

资料来源：重庆市智能网联新能源汽车相关龙头企业年报。

（1）整车制造业：纯电技术领航，混动创新并行，燃料电池前瞻布局

重庆市新能源整车制造企业具体包括纯电动汽车、混合动力汽车和燃料电池汽车三种能源汽车类型，乘用车和商用车两种车型（见图 9）。一方面，从能源分类角度看，纯电动汽车在重庆市新能源整车制造企业中的占比最高，拥有 22 家企业，显示出纯电动汽车在市场上的重要地位，说明随着消费者对新能源汽车认知度的提高和充电设施的完善，纯电动汽车的销量有望继续保持增长态势，成为未来新能源汽车市场的主力军。而混合动力汽车领域的企业数量次于纯电动汽车，有 5 家企业，这展示了混合动力技术在重庆市场中的广泛应用，也显示出其在新能源汽车产业中的全面布局。燃料电池汽车作为一种更为环保的新能源汽车，虽然目前企业数量较少，但代表了新能源汽车产业的未来发展方向，也显示出了重庆市在燃料电池汽车领域对新能源汽车产业前瞻性的思考。另一方面，从车型分类角度看，乘用车市场中纯电动汽车以 13 家企业占据主导地位，显示出消费者对环保、节能的新能源乘用车具有较高的需求。而在商用车市场中燃料电池汽车和混合动力汽车

均占有一定的市场份额，而纯电动汽车仍以 9 家企业数量占比最大。总体来说，无论是乘用车还是商用车市场，新能源汽车都呈现出了强劲的发展势头。

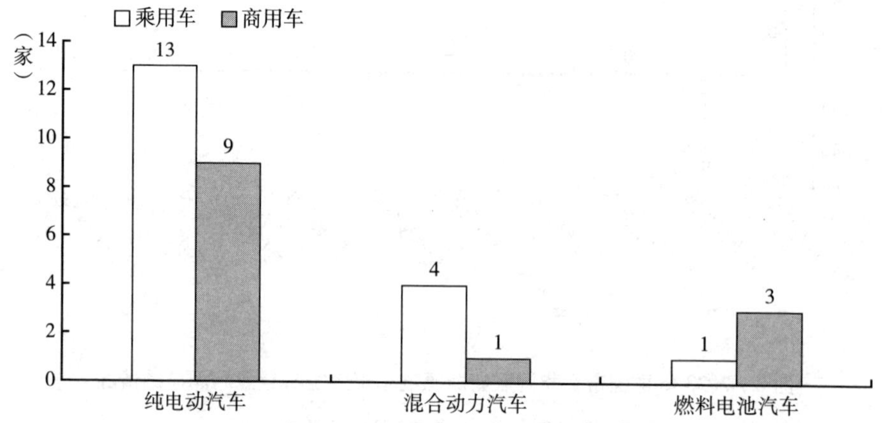

图 9　重庆市新能源整车制造企业分类情况

资料来源：重庆市新能源整车制造相关企业年报。

（2）核心零部件：动力电池、智能底盘和智能网联三大系统企业集群彰显产业实力

重庆市在智能网联新能源汽车核心零部件领域的企业数量众多，且涵盖了核心芯片、动力电池、电机控制、车载信息等多个关键领域，体现出重庆市在新能源汽车产业链上强大的制造能力（见图 10）。其中，核心芯片、算法、材料或组件作为产业链上游的核心零部件，相关企业数量高达 50 家，电控系统和车载传感器相关企业数量均达到 23 家，充分展示了重庆市新能源汽车行业在技术创新和产业链整合方面的蓬勃发展态势。此外，动力电池系统领域的企业数量达到了 13 家，反映出重庆市在动力电池技术方面的积累和实力以及该领域在重庆市新能源汽车产业链中的重要地位。电转向系统和电驱动系统作为新能源汽车智能底盘系统领域的核心零部件，相关企业数量共达到了 11 家，它们凭借先进的电机控制技术和生产工艺为新能源汽车提供了高效、稳定的驱动方案。在智能网联技术方面，重庆市的车载信息娱

乐终端和智能座舱系统相关企业数量分别为 11 家和 20 家，体现出其致力于提供先进的智能网联解决方案，推动新能源汽车向更加智能化、网联化方向发展的趋势。这些核心零部件制造企业的存在不仅推动了当地新能源汽车产业的发展，也为重庆市在全球新能源汽车市场中的竞争地位奠定了坚实基础。

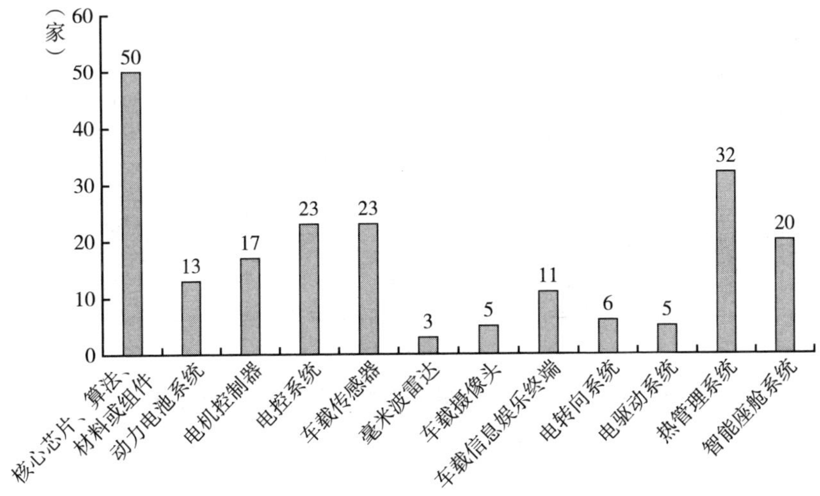

图 10　重庆市新能源汽车部分核心零部件相关企业数量

资料来源：重庆市新能源汽车核心零部件相关企业年报。

（二）四川省智能网联新能源汽车产业演进及现状

1. 市场规模

（1）产量情况

近年来，成都市新能源汽车产业发展迅速，新能源汽车市场规模持续扩大，增长速度显著。根据成都市经信局市新经济委的数据，图 11 绘制了 2019 ~ 2023 年成都市新能源汽车产量及增速。根据图 11 可知，2019 ~ 2023 年成都市新能源汽车产量除 2022 年外，其余年份一直处于上升趋势。2022 年成都市新能源汽车产量为 4.30 万辆，比 2021 年产量

5.20万辆少了0.90万辆，与此同时，产量同比增速为-17.3%，在2019~2023年中最低。但截至2023年底，成都市新能源汽车产量达8.00万辆，同比增速为86.0%，产量约为2019年的3.48倍，实现了2019~2023年最大幅度的跃升。

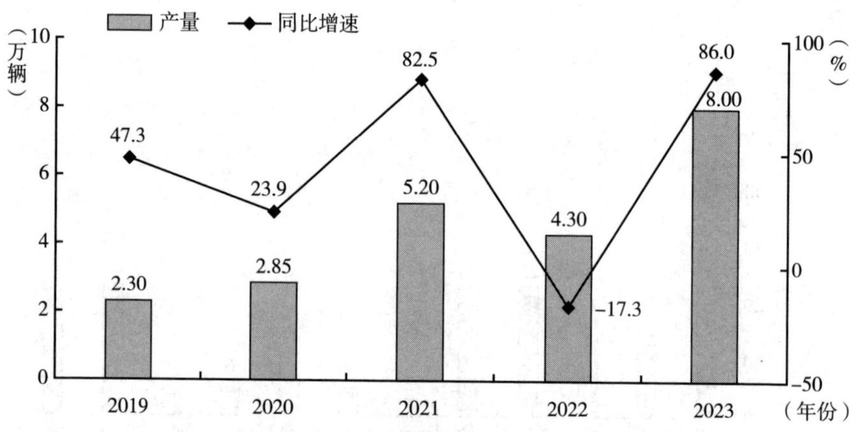

图11　2019~2023年成都市新能源汽车产量及增速

资料来源：成都市经信局市新经济委。

（2）销量情况

根据成都市经信局市新经济委的数据，2019~2023年成都市新能源汽车销量一直呈上升趋势（见图12），从1.9万辆增长到22.2万辆，增加20.3万辆，2023年销量约为2019年的11.68倍，实现了巨大进步。与此同时，2023年的22.2万辆销量为2019~2023年最高成绩，但同比增速与2020~2022年相比有所下降。就增速而言，2019~2023年中销量最高同比增速为2021年，达237.5%，最低同比增速为2019年的-34.4%，2021年较2019年增加了271.9个百分点，实现了跨越式增长。

（3）龙头企业盈利情况

图13展示了2023年四川省智能网联新能源汽车八大龙头企业利润总额情况。天齐锂业股份有限公司的利润总额为362.81亿元，表明该公司在所处行业中具有很强的盈利能力。创维数字股份有限公司利润总额为6.27亿

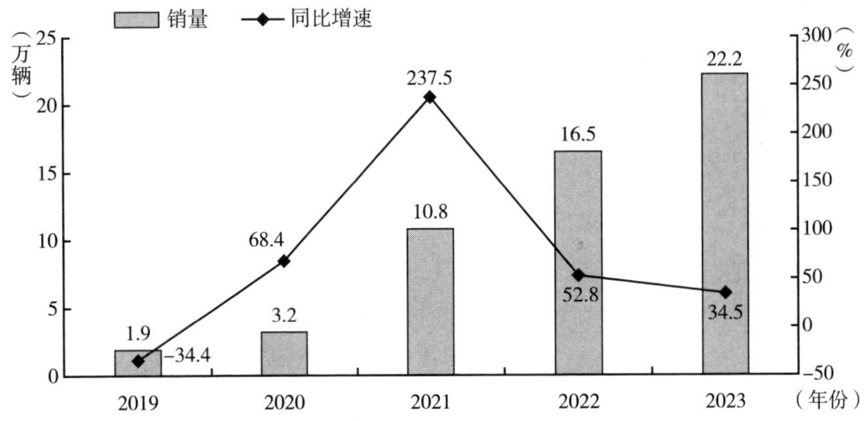

图 12　2019~2023 年成都市新能源汽车销量及增速

资料来源：成都市经信局市新经济委。

元，虽然不及天齐锂业，但仍然显示出较强的盈利能力。中自科技股份有限公司、成都银河磁体股份有限公司的利润总额分别为 0.39 亿元、1.80 亿元，实现盈利但规模相对较小。富临精工股份有限公司、厚普清洁能源（集团）股份有限公司的利润总额分别为-7.05 亿元、-0.50 亿元，表明公司在报告期内遭受了亏损。四川川大智胜软件股份有限公司的利润总额为-2.13亿元，亏损相对而言较为严重。

2. 产业规模

（1）产业前端：原材料优势较大

如表 1 所示，四川省资源禀赋较好、开采潜力较大，智能网联新能源汽车产业核心原料较丰富。原材料的核心是锂，据自然资源部发布的《2022 年全国矿产资源储量统计表》，四川省锂矿储量 135.03 万吨，居全国第三位；镍矿储量 13.68 万吨，居全国第五位；钴矿储量 0.53 万吨，居全国第八位；磷矿储量 6.64 亿吨，居全国第三位。“2023 世界动力电池大会”数据显示，四川省现已具备锂矿开采能力近 155 万吨，基础锂盐产能 54 万吨，均居全国前列。

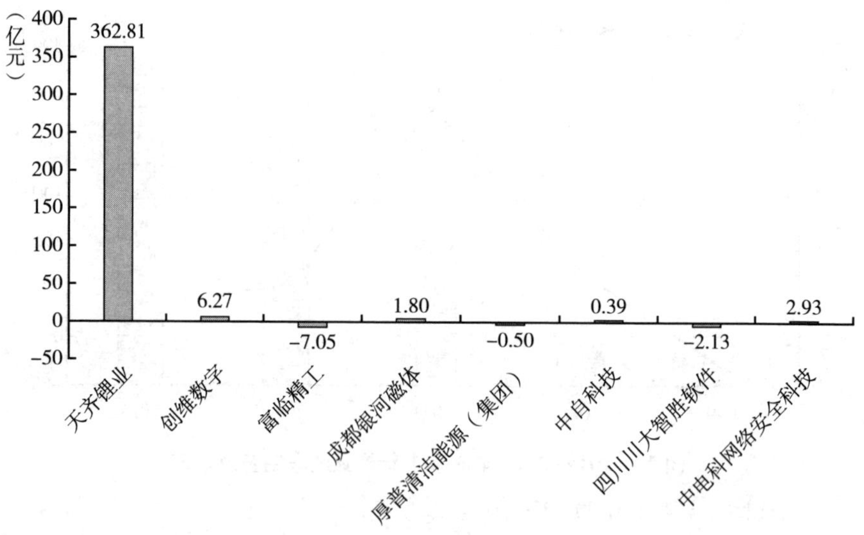

图 13　2023 年四川省智能网联新能源汽车八大龙头企业利润总额情况

资料来源：四川省智能网联新能源汽车相关龙头企业年报。

表 1　2022 年四川省矿产资源储量及排名

原材料	储量	全国排名
锂矿	135.03 万吨	3
镍矿	13.68 万吨	5
钴矿	0.53 万吨	8
磷矿	6.64 亿吨	3

资料来源：自然资源部。

（2）产业上游：电池材料和动力电池实力较强

智能网联新能源汽车产业的上游主要包括动力电池正负极材料、隔膜和电解液。“2023 世界动力电池大会”数据显示，截至 2023 年 4 月，四川省具备正负极材料产能 175 万吨、隔膜产能 8 亿立方米、电解液产能 25 万吨。在正极材料中，磷酸铁锂出货量约占六成，占主导地位。据高工产业研究院统计，全国磷酸铁锂产能主要集中在 7 个省份，占全国产能近八成，其中四川省磷酸铁锂产能在2022年达到48.9万吨，占全国产能的23%，居全国第一位。从电解液来看，2022年四川省已规划产能125.0万吨，居全国第一位（见表2）。

表2　2022年四川省动力电池材料产能及排名

动力电池材料	产能(万吨)	全国排名
正极材料(磷酸铁锂)	48.9	1
电解液	125.0	1

资料来源：自然资源部。

动力电池是新能源汽车的核心部件，直接关系到电动汽车的动力性能、续航能力和安全性。近年来，动力电池产业向西南地区特别是云贵川转移的趋势非常明显，这与西南地区的资源优势密切相关：云贵川的磷矿储量占了全国的40%以上，四川省的钛白粉产量常年居全国第一位。头部动力电池企业大多已经来川布局，如宁德时代、中创新航、蜂巢能源、亿纬锂能、欣旺达等。其中宁德时代链主企业的作用非常明显，不仅自身在川内投资设立了一批上下游企业，还吸引了大批上游供应链企业来川投资建厂，使四川省动力电池产业从无到有，形成了完整的产业链。如表3所示，四川省动力电池产能逐年增加，2023年动力电池产能为186 GWh，预计2025年将达到400 GWh。

表3　四川省动力电池产能趋势

单位：GWh

年份	动力电池产能
2022	83
2023	186
2025(预计)	400

资料来源：新浪财经网。

（3）产业中游：整车制造薄弱

汽车行业的龙头是整车制造企业，相对于动力电池领域，整车制造是四川省新能源汽车产业链的薄弱环节。如表 4 所示，2023 年成都新能源汽车产量为 8.00 万辆，仅占全国产量 958.70 万辆的 0.8%，虽然较 2022 年提升了 0.2 个百分点，但占比依然很低。与此同时，2023 年重庆新能源汽车产量为 50.03 万辆，占全国产量的 5.2%，与 2022 年占全国比重持平。综上可以看出，2023 年重庆新能源汽车产量比成都高 42.03 万辆，占全国比重高 4.4 个百分点，成都整车制造能力有待加强。

表 4　成渝地区新能源汽车产量比较

单位：万辆，%

地区	2023 年		2022 年	
	总量	占全国比重	总量	占全国比重
全国	958.70	100.0	705.80	100.0
重庆	50.03	5.2	36.52	5.2
成都	8.00	0.8	4.30	0.6

资料来源：成都市经信局市新经济委和《重庆市国民经济和社会发展统计公报》。

（4）产业下游：公共充电桩尚有较大的提升空间

表 5 展示了 2023 年 10 月全国主要省份充电基础设施数据，四川的公共充电桩数量、共享的私人充电桩数量和充电站数量分别为 9.8 万台、2400 台和 6500 座，全部进入全国前十，总体规模处于中上水平，但与先进省份相比差距明显，公共充电桩数量不足广东的 1/5，不足浙江的 1/2。考虑到四川辖区面积较大，单位面积内的充电基础设施数量差距更大，此方面未来还有较大的建设空间。

表 5　2023 年 10 月全国主要省份充电基础设施数据

省份	公共充电桩（万台）	省份	共享的私人充电桩（千台）	省份	充电站（千座）
广东	53.5	北京	10.4	广东	26.5
浙江	20.4	广东	8.0	浙江	13.2
江苏	18.7	上海	7.8	江苏	12.9

续表

省份	公共充电桩（万台）	省份	共享的私人充电桩（千台）	省份	充电站（千座）
上海	16.2	江苏	7.1	山东	9.3
湖北	13.5	浙江	7.1	上海	8.7
北京	12.6	山东	5.4	北京	8.2
山东	12.6	河南	5.1	四川	6.5
安徽	11.3	河北	3.9	河南	6.0
河南	10.5	天津	3.8	河北	5.5
四川	9.8	四川	2.4	天津	5.3

资料来源：中国充电联盟。

三　成渝地区双城经济圈智能网联新能源汽车产业协同发展存在的主要问题

（一）产业链

1. 龙头引领力亟须增强

成渝地区双城经济圈虽坐拥长安、赛力斯、吉利等本土整车制造巨头，但这些企业在全球汽车产业的舞台上尚未形成足够的竞争优势，缺乏能够引领智能网联新能源汽车潮流、制定行业标准的世界级领军企业。关键零部件领域短板明显，在智能网联新能源汽车的核心技术——电机、电控、电驱动总成等关键零部件领域，成渝地区双城经济圈的企业集群尚未形成强大的市场竞争力，缺乏具有全球影响力的龙头企业。这一现状不仅限制了本地产业链的垂直整合能力，也制约了成渝地区双城经济圈在智能网联新能源汽车领域的技术创新和市场拓展步伐。

2. 产业生态亟须完善

成渝地区双城经济圈智能网联新能源汽车产业链、供应链体系正面临挑战和风险。首先，国内车规级芯片的覆盖率和高端化进程与国际大厂相比仍有差距。其次，我国在制造动力电池所需的关键资源如镍、钴、锂方面的进口依赖度超过80%，且成渝地区双城经济圈在超薄复合涂覆隔膜、耐高温阻燃电解液、固态电解质、电池管理系统、电池制造装备等关键环节的研发制造能力相对较弱。

此外，动力电池在流向管理、回收价格、回收利用技术水平以及商业模式创新等方面存在困难和挑战，这些都对动力电池的可持续发展构成影响。同时，成渝地区双城经济圈智能网联新能源汽车产业生态在基础设施建设、安全性和质量保障体系等方面也面临挑战。充电基础设施的布局、结构、服务、运营、管理效率和智能化程度等方面仍有待改进。为了提升产业链供应链的安全水平，需要加大研发投入，推动关键技术的国产化，同时加强产业链上下游的协同合作，确保供应链的稳定性和安全性。

3.产业支撑体系亟须加固

为支持智能网联新能源汽车产业的持续健康发展，成渝地区双城经济圈需积极拓宽投融资渠道，引入多元化的资本支持。这包括但不限于政府引导基金、风险投资、私募股权、产业基金等多种投融资方式，以加强对智能网联汽车测试、运维等关键环节的资本支持，促进产业链上下游企业的协同发展。在吸引投资方面，需进一步规范流程，消除不透明和不合规现象，以确保产业链布局的科学性和合理性，加速产业整体发展步伐。在基础设施方面，针对公共充电站等基础设施建设存在的问题，应实施均衡化布局策略，既要满足热点地区的充电需求，也要避免资源闲置，确保充电设施的广泛覆盖和高效利用。

（二）产业技术创新

1.核心技术自主研发存在短板

成渝地区双城经济圈在智能网联新能源汽车领域虽已取得一定进展，但在核心技术自主研发能力上仍面临显著挑战，这成为制约其技术创新步伐的关键因素。在动力电池领域，成渝地区双城经济圈需要在固态电解质的选择与优化、固固界面的改善与控制、正负极材料的匹配与协调，以及生产工艺的创新与规范等方面取得突破；在电控技术领域，车用传感器技术和车用控制软件等领域仍存在较大挑战；在电机系统领域，成渝地区双城经济圈高效高密度驱动电机系统等关键技术与国际先进水平相比仍有提升空间；在关键零部件领域，车用芯片、高速轴承、毫米波雷达等技术与西方国家相比仍有差距。这导致部分关键技术不得不依赖进口。这种依赖不仅增加了成本，还使得成渝地区双城经济圈企业在技术更新迭代中处于被动地位，难以迅速响应市场变化和技术升级的需求。更为严峻的是，车规级芯片等核心技术领域目前正遭受国外企业的强势垄断。这种垄断局面不仅限制了成渝地区双城经济圈企业的自主创新能力提升，还可能带来供应链安全风险，对产业健康发展构成潜在威胁。

2. 研发人才吸引力偏低

在当今全球科技革命和产业变革的背景下，人才成为推动科技创新和产业发展的核心力量。成渝地区双城经济圈与上海、深圳等发达地区相比，在智能网联新能源汽车领域的高端人才吸引力方面存在明显差距。人才短缺成为制约成渝地区双城经济圈智能网联新能源汽车“建圈”“强链”发展的关键因素之一，特别是在固态电池、智能网联等领域，高层次人才缺口较大。虽然成渝地区双城经济圈在努力打造科技创新高地，但与国际一流水平相比，其科研环境、创新氛围及国际交流机会仍有待提升。高端研发人才往往倾向于选择科研资源丰富、创新氛围浓厚且能够提供更多国际交流机会的地区。这导致成渝地区双城经济圈在技术创新方面缺乏足够的人才支撑。

3. 创新主体责任仍需完善

从政府层面来看，智能网联新能源汽车政策体系不够完善，执行过程中存在不到位和灵活性缺失的问题，未能充分适应地方实际情况；政策监督力度不足，特别是对财政补贴的使用和落实情况缺乏有效监管，影响了政策效果；政府对于智能网联新能源汽车初期面临的高研发和生产成本、市场竞争等激烈风险应加强引导和支持，增强市场的风险应对能力；新能源汽车充电基础设施不够完善，存在新能源汽车二手车质保和检测评估标准缺失的问题，仍需优化布局，统一标准。从企业层面来看，企业新能源汽车核心技术如动力电池、驱动电机和电控系统等方面与国际先进水平存在差距，需加大研发投入；补贴调整对企业业绩造成压力，政府需提供调整时间和技术创新支持，同时注重提高企业自身盈利能力。从高校和科研机构层面来看，存在创新资源分配不均，产学研合作机制不完善，信息交流与共享不足等问题，需建立有效的信息交流平台，促进知识和技术的流动，优化资源配置，提高创新效率，促进深度合作；部分高校和科研机构技术创新能力较弱，成果转化率低，需加大研发投入和人才引进力度，提高技术创新成果转化率，需完善成果转化机制，提升市场竞争力。

（三）产业市场应用

1. 国际市场风险加剧

欧美国家采取贸易救济等手段，以限制我国智能网联新能源汽车的海外扩张。欧盟方面，2023 年 10 月启动了对中国电动汽车的“反补贴调查”，旨在查明中国电动汽车产业是否非法享受补贴。2024 年 3 月，欧盟对中国进口电动汽车实施了 9 个月海关登记制度，为未来可能征收的追溯性关税做准备。

美国方面，2023 年 12 月美国财政部宣布，自 2024 年起，含有中国等国家制造或组装电池组件的美国产电动汽车将不再符合《通胀削减法案》（IRA）规定的最高 7500 美元税收抵免资格。此外，从 2025 年起，使用在中国等国家已加工或回收的关键矿物的电动汽车，也将不再享受免税政策。2024 年 2 月，拜登政府宣布将调查中国新能源汽车及联网零部件可能带来的安全风险。这些政策可能对成渝地区双城经济圈智能网联新能源汽车在国际市场的竞争力造成负面影响。

2. 面临品牌与利润双重挑战

在政策支持减少和市场竞争加剧的双重压力下，国内智能网联新能源汽车市场正经历从内卷到淘汰的转变。目前新能源汽车行业正步入“内卷 2. 0”阶段，车企面临新车型频繁推出、产品更新迭代加速、价格战愈演愈烈、消费者需求日益多样化和个性化等多重挑战，导致行业利润空间不断压缩，企业生存压力增大，行业整合步伐加快。自2024年以来，比亚迪率先下调价格，随后特斯拉、蔚来、小鹏、极氪、奇瑞等品牌也纷纷加入降价行列，新能源汽车市场的价格竞争进入白热化阶段。目前，仅有特斯拉、比亚迪、理想等少数企业实现盈利。虽然成渝地区双城经济圈智能网联新能源汽车在国际市场上的影响力逐渐增强，但相较于欧美高端品牌，成渝地区双城经济圈还是存在一定差距的，在一定程度上限制了新能源汽车品牌的国际竞争力。

3. 产品配套能力不足

成渝地区双城经济圈在智能网联新能源汽车的本地配套能力上尚显不足，主要体现在新能源汽车关键部件的本地化配套率相对较低。电机、电池、电控系统作为新能源汽车的三大核心部件，其本地配套企业的实力相比世界级水平仍较为薄弱。这不仅意味着本地企业在这些关键技术领域的研发投入和生产能力有限，还意味着存在对外依赖度高、供应链稳定性差的问题。这种局面不仅增加了企业的生产成本，还使得整个产业链在面对外部风险时显得尤为脆弱，一旦国际形势发生变化或供应链出现波动，成渝地区双城经济圈智能网联新能源汽车产业可能会受到较大冲击。在核心零部件供应方面，同样面临严峻挑战。车规级芯片、激光雷达等关键零部件是智能网联新能源汽车不可或缺的组成部分，其性能和质量直接影响整车的智能化水平和市场竞争力。然而，目前成渝地区双城经济圈在这些领域的供应能力有限，主要依赖进口。这种依赖不仅限制了本地企业在智能网联新能源汽车领域的自主创新能力，还使得整个产业在关键技术上缺乏话语权。此外，进口零部件的价格波动和供应稳定性问题也给本地企业带来了额外的经营风险。

（四）营商环境

1. 尚未形成统一的市场准入规则

成渝地区双城经济圈在智能网联新能源汽车的市场准入方面仍存在一定的区域差异，市场准入方面的区域差异如同一道无形的壁垒，横亘在企业跨区域经营的道路上。这种差异不仅体现在具体的审批流程、技术要求、测试标准等微观层面，更在宏观上构建了不同的市场准入门槛，使得企业在拓展市场时不得不面对复杂多变的政策环境。企业在成渝地区双城经济圈不同城市或区域之间经营智能网联新能源汽车业务时，可能会遭遇不同的市场准入标准，包括但不限于车辆技术规格、网络安全要求、数据保护法规等方面的差异。这种不一致性要求企业投入额外的时间和资源去理解和适应各地的政策，从而增加了企业的合规成本。这些成本不仅体现在直接的法律咨询、技术调整等方面，还可能包括因政策变动而导致的市场策略调整、产品线重组等间接成本。进一步地，市场准入规则的不统一还可能导致市场分割和碎片化，降低市场运营效率。由于企业在不同区域面临不同的竞争环境和监管政策，资源的优化配置和市场的有效整合难以实现。这不仅会削弱企业的市场竞争力，还可能阻碍智能网联新能源汽车产业在成渝地区双城经济圈的整体协同发展。

2. 政务服务效率有待提升

政务服务效率直接关系到企业运营的效率和成本，进而影响地区的吸引力和竞争力，提升政务服务效能对于优化营商环境的重要性不言而喻。虽然成渝地区双城经济圈在政务服务方面已经进行了一系列改革，但在智能网联新能源汽车领域，部分审批流程仍然较为烦琐。这包括企业注册、项目备案、产品测试等多个环节，可能需要企业提交大量材料并经过多个部门的审核，导致审批周期长，影响了企业的运营效率和市场响应速度。部分政务服务人员对新能源汽车和智能网联技术还存在了解不够深入的问题，导致在提供服务时无法准确解答企业的疑问或提供有效的帮助。在政务服务过程中，不同部门之间的信息共享机制可能尚未完善。这导致企业在办理相关手续时需要重复提交相同或类似的信息，增加了企业的负担。同时，信息共享不畅也可能导致审批过程中出现信息不一致或遗漏的情况，影响审批效率和准确性。

3. 监管方式需要创新

智能网联新能源汽车作为新兴产业，具有技术更新快、产品迭代迅速等特点。传统的监管方式往往侧重于事后监管和合规性检查，难以适应智能网联新能源汽车的发展需求。这可能导致监管滞后于产业发展，无法有效保障市场秩序和消费者权益。智能网联新能源汽车涉及多个领域的技术融合和创新，包括人工智能、大数据、云计算等。然而，目前成渝地区双城经济圈的监管手段和技术可能还不足以全面覆盖和有效监管这些新技术和新应用。这可能导致监管空白或漏洞的出现，给产业发展带来潜在风险。随着智能网联新能源汽车产业的快速发展，相关的监管政策也需要不断完善和更新。成渝地区双城经济圈在智能网联新能源汽车监管政策方面可能还存在一些不足和空白点。这可能导致企业在经营过程中面临政策不确定性和合规风险。

（五）协同发展

1. 产业同构现象加剧

成渝地区双城经济圈的多个核心城市，如成都与重庆，纷纷将智能网联新能源汽车视为推动经济转型升级的关键引擎，并倾注大量资源与政策扶持以促其发展。这种高度一致的产业布局决策，虽然体现了对未来趋势的敏锐洞察，但也无形中加剧了区域内的产业同构现象。资源在多个城市间被分散配置，难以形成有效的产业集聚效应，限制了规模效应和协同效应的发挥。同时，过度分散的投资还可能削弱对核心技术和创新能力的培育力度，影响整个产业链的竞争力提升。在智能网联新能源汽车领域，成渝地区双城经济圈的汽车产业呈现高度的相似性，这种相似性不仅体现在产品结构和市场定位上，更体现在技术研发、生产流程、供应链管理等多个层面。这种较高的产业相似度，使得各城市在招商引资时面临更为激烈的竞争，还可能导致市场需求的重叠和产能过剩的风险，进一步加剧产业发展的不确定性。

2. 产业集聚效应不明显

产业集聚是提升产业竞争力、促进创新发展的重要途径。然而，成渝地区双城经济圈在智能网联新能源汽车领域，产业集聚效应并不明显。这主要表现在以下几个方面。一是产业链上下游企业之间的联系不够紧密。由于缺乏有效的合作机制和利益联结机制，产业链上下游企业之间的协同创新和资源共享程度较低，难以形成高效的产业生态系统。二是产业集群的规模和实力有待提升。目前，成渝地区双城经济圈尚未形成具有国际影响力的智能网联新能源汽车产业集群，集群内企业的整体实力和竞争力相对较弱，难以在全球市场中占据有利地位。三是产业集聚的辐射带动作用不明显。由于产业集聚效应不足，成渝地区双城经济圈智能网联新能源汽车产业对周边地区和相关产业的辐射带动作用有限，难以形成区域经济的协同发展效应。

3. 缺少有效的要素流通市场

成渝地区双城经济圈在要素流通领域合作不深，导致统一开放的人力资源、资本、信息等各类要素市场尚未有效建立，这在一定程度上制约了人流、物流、资金流、信息流跨区域的自由流动。一是人才流动方面。成渝地区双城经济圈尚未建立起有效的人才共享机制，导致人才资源无法充分利用。这限制了智能网联新能源汽车产业在研发、设计、生产等环节的人才合作和协同创新。成渝地区双城经济圈虽然拥有一定的汽车行业人才，但与上海、深圳等城市相比，高端人才占比较低。智能网联新能源汽车产业的发展需要大量复合型人才，包括智能网联、汽车软件、“汽车+IT+通信”等领域的人才。然而，由于人才流动受限，成渝地区双城经济圈难以吸引和留住这些高端人才，影响了产业的技术创新和发展速度。二是资本流动方面。成渝地区双城经济圈智能网联新能源汽车产业的投融资方式相对单一，缺乏多元的产业投融资方式。这导致产业在发展过程中难以获得足够的资金支持，影响了产业的规模扩张和技术创新。由于成渝地区双城经济圈资本市场尚未实现有效对接，资本跨区域流动受到一定限制。这不利于智能网联新能源汽车产业在成渝地区双城经济圈的协同发展，也限制了产业与外部资本的融合。三是物流和信息流方面。物流等基础设施影响了零部件和产品的跨区域流通效率，增加了物流成本和时间成本。信息流通渠道不畅将会导致成渝地区双城经济圈智能网联新能源汽车产业在市场需求、技术动态、政策导向等方面的信息获取和共享受到一定限制，不利于产业及时把握市场机遇、调整发展战略和优化资源配置。

四 成渝地区双城经济圈智能网联新能源汽车产业协同发展的对策建议

（一）加强政策规划与引导

制定成渝地区双城经济圈智能网联新能源汽车产业协同发展规划，需深入剖析两地资源禀赋、产业基础及未来发展趋势，以确保优势互补、错位发展，共同推动区域产业转型升级与高质量发展。一是要明确发展重点与协同路径，成都可以依托其强大的科研实力、丰富的教育资源及电子信息产业基础，重点发展智能网联汽车的软件算法、大数据处理、云计算平台等核心技术，以及智能网联汽车测试验证与示范应用。重庆可以利用其作为传统汽车制造重镇的优势，聚焦新能源汽车整车制造、关键零部件研发与生产（如电池、电机、电控系统），以及智能网联汽车应用场景的打造与商业化推广。成渝地区双城经济圈合力建成智能网联新能源汽车产业联盟，促进两地企业在技术研发、产品测试、市场开拓等方面的深度合作，形成产业链上下游紧密衔接、协同创新的良好生态。推动共建智能网联汽车产业园区或特色小镇，集中资源打造集研发、生产、测试、展示、体验于一体的综合性平台。二是要强化政策支持，出台一系列支持智能网联新能源汽车产业发展的政策措施，包括财政补贴、税收优惠、研发投入支持等，为产业发展提供强有力的政策保障。例如，对符合条件的智能网联新能源汽车研发项目、生产线建设及市场推广给予直接财政补贴；设立专项基金，支持企业、高校及科研机构开展智能网联新能源汽车关键技术攻关和成果转化；鼓励企业加大研发投入，对达到一定研发强度的企业给予额外奖励或补贴；等等。

（二）完善产业基础与配套设施

在增强成渝地区双城经济圈智能网联新能源汽车产业的综合竞争力方面，产业基础与配套设施的强化是至关重要的一环。一是要提升本地配套能

力。深入推动智能网联新能源汽车产业链上下游企业的深度合作与资源整合，形成紧密协作的产业集群。通过政策引导和市场机制，鼓励本地企业向新能源汽车配套领域拓展，提升零部件本地化配套率，降低物流成本，增强供应链的稳定性与韧性。建立高效透明的供应链管理体系，运用大数据、区块链等技术手段，提高供应链透明度和响应速度。同时，加强与国内外优质供应商的合作，拓宽供应链渠道，确保关键原材料和零部件的稳定供应。二是要攻坚关键零部件研发。聚焦电机、电池、电控及车规级芯片等核心零部件，加大研发投入，组建跨学科、跨领域的研发团队，集中力量攻克技术瓶颈。通过产学研合作、引进消化吸收再创新等多种方式，加速科技成果向现实生产力转化。建设一批国家级、省级智能网联新能源汽车关键零部件创新平台，提供技术研发、测试验证、中试孵化等一站式服务。支持企业、高校及科研机构共建联合实验室、研发中心等创新载体，促进技术创新与产业升级的深度融合。三是要完善基础设施建设。科学规划充电站、换电站的布局，加快充电、换电基础设施建设步伐。在高速公路服务区、城市商圈、居民小区等关键区域优先布局，确保新能源汽车用户能够便捷地获取充电、换电服务。同时，推动充电、换电设施的标准化、智能化发展，提升用户体验。加强智能电网与新能源汽车的融合发展，推动新能源汽车充电站接入电网调度系统，实现充电负荷的智能调控和有序管理。通过引入储能技术、虚拟电厂等先进手段，提高电网的灵活性和稳定性，为新能源汽车的广泛应用提供坚实的能源保障。

（三）强化技术引领力

技术创新和研发活动是推动智能网联新能源汽车行业进步的核心动力，为进一步强化成渝地区双城经济圈在该领域的技术优势与市场地位，要做到以下几个方面。第一，加强技术研发。聚焦自动驾驶技术、车联网技术、V2X 通信技术、高效能电池管理系统、轻量化材料应用等前沿领域，支持企业开展深入研究和应用示范，推动智能网联新能源汽车产品性能的不断提升和市场竞争力的持续增强。第二，成渝地区双城经济圈应充分发挥各自在高等教育、科研资源及产业基础方面的优势，推动高校、科研院所与企业之间的深度合作。通过建立长期稳定的合作关系，共同设立联合研发中心、实验室等创新机构，实现科研资源的高效配置和优势互补。针对智能网联新能源汽车领域的关键技术难题，如高级自动驾驶算法、智能座舱系统、高效能动力总成等，组织跨领域、跨学科的专家团队进行联合攻关。通过集智攻关、协同创新，加速技术突破和成果转化，提升整个产业的核心竞争力。第三，打造创新平台。协同争取国家层面的支持，共同建设一批国家级智能网联新能源汽车创新技术研发平台。这些平台将集聚国内外顶尖的创新资源和人才团队，围绕产业链上下游的关键环节和共性技术难题，开展前瞻性、基础性、战略性的研发活动。建立健全创新成果转化机制，推动创新平台研发成果的快速转化和应用。通过搭建技术转移、成果交易、孵化培育等服务平台，为创新成果提供从研发到市场应用的全方位支持。同时，加大知识产权保护力度，为创新主体提供有力的法律保障。

（四）拓展市场应用与示范

成渝地区双城经济圈应致力于构建智能网联新能源汽车的先行示范区，通过精心策划与实施一系列前沿示范项目，拓宽日常通勤、商务出行等私人用车场景，还应特别聚焦于智慧交通网络构建，如自动驾驶公交线路、智能停车系统等，以此作为技术验证与模式创新的试验田。一是拓宽市场应用领域。积极推动智能网联新能源汽车在公交、地铁接驳、出租车等公共交通系统的应用，通过智能化调度、节能减排及提升乘客体验，重塑城市公共交通面貌，引领绿色出行新风尚。针对物流行业对效率与成本控制的迫切需求，可以将智能网联新能源汽车引入仓储、配送等各个环节，利用自动驾驶技术优化路线规划，减少人力成本，同时提高运输效率与安全性，助力物流行业绿色转型升级。探索智能网联新能源汽车在环卫、邮政、警务巡逻等专用车辆领域的应用潜力，通过定制化解决方案，满足特定行业需求，进一步拓宽市场应用空间。二是刺激市场需求，积极争取并落实国家及地方对智能网联新能源汽车的扶持政策；加快充电站、换电站、智能网联道路设施等基础设施的建设与布局，确保智能网联新能源汽车使用的便捷性与高效性，为市场普及创造有利条件；增强公众对智能网联新能源汽车的认知与接受度，培养绿色消费观念，促进市场需求的持续增长。

（五）深化区域协同与合作

成渝地区双城经济圈作为中国西部的重要经济增长极，拥有发展智能网联新能源汽车产业的良好基础和巨大潜力。成渝地区双城经济圈智能网联新能源汽车协同发展有利于整合两地资源优势，形成产业互补，共同培育龙头企业和创新生态，以应对全球汽车产业的变革和挑战。深化成渝地区双城经济圈协同合作要做到以下几个方面。一是要建立高效合作机制，合作对象涵盖政府相关部门、行业协会、领军企业及科研机构等多方代表，确保决策的全面性和前瞻性。定期召开合作会议，聚焦产业发展中的瓶颈问题、政策需求、技术创新方向及市场趋势等关键议题，通过集思广益、协同作战，高效解决产业发展中的重大挑战，为智能网联新能源汽车产业的持续健康发展提供强有力的制度保障。二是要强化产业联动与协同，鼓励企业间开展技术合作、资源共享和市场开拓等方面的合作，共同突破关键技术难题，提升产品质量和竞争力。通过构建产业链上下游企业的紧密合作关系，形成优势互补、风险共担、利益共享的产业联动效应，推动整个产业向高端化、智能化、绿色化方向发展。同时，协同发展有助于形成产业集群优势，吸引更多优质企业入驻成渝地区双城经济圈，进一步壮大产业规模。三是要共建智能网联新能源汽车产业园区，提升成渝地区双城经济圈智能网联新能源汽车产业的集聚度和竞争力，建立成渝地区双城经济圈智能网联新能源汽车产业发展联席会议制度，定期召开会议协调解决产业发展中的重大问题。立足成渝地区双城经济圈的产业基础和资源优势，科学规划、合理布局，吸引智能网联新能源汽车整车及零部件企业、研发机构、检测中心等相关企业入驻。通过园区建设，成渝地区双城经济圈可以有效整合产业链资源，形成完整的产业链和供应链体系，降低企业运营成本，提高生产效率。智能网联新能源汽车园区作为技术创新和成果转化的重要平台，可以推动智能网联新能源汽车技术的持续进步和应用推广，还应注重生态环保和可持续发展，打造绿色、低碳、循环的产业园区典范。

五　成渝地区双城经济圈智能网联新能源汽车产业协同发展趋势与展望

（一）成渝地区双城经济圈智能网联新能源汽车产业协同发展趋势

1. 推动智能网联新能源汽车产业链协同发展

成渝地区双城经济圈智能网联新能源汽车产业链主要包括整车制造、动力电池、关键零部件、智能驾驶系统、充电设施、售后服务等多个环节。各个环节相互依存，形成了一个复杂的生态系统。整车制造企业依赖于动力电池和关键零部件的供应，而这些关键零部件的生产又需要相关的材料和技术支持。因此，产业链的协同发展尤为重要。协同发展意味着产业链不同环节之间的有效合作与资源共享。这种协同不仅可以提升整体产业的效率，还能降低成本，提高市场响应速度。尤其是在技术快速迭代的新能源汽车领域，协同发展能够帮助企业更快地适应市场变化，抢占市场份额。在成渝地区双城经济圈，整车制造企业与关键零部件供应商之间的合作日益密切。例如，长安汽车与多家电池制造商建立了战略合作关系，确保其在动力电池供应上的稳定性。此外，地方政府也积极推动相关企业之间合作，通过搭建产业联盟、组织技术交流等方式，促进资源的共享与整合。

2. 车路云一体化推动传统交通产业升级

智能网联赋能技术路径带动高附加值车端、路端智能设备产业的发展，同时随着5G基站建设范围越来越广，C-V2X产业链日益完善。车路云一体化推动传统交通产业升级，带动智慧交通产业规模化发展。智慧公交作为城市公共交通的重要组成部分，在推动城市交通智能化方面发挥着重要作用，特别是在城镇化的推进、“双碳”战略的实施以及新基建和城乡交通运输一

体化等政策的推动下，智慧公交的功能将更加丰富和完善。

3. 自动驾驶技术赋能智能网联汽车

自动驾驶技术作为智能网联汽车的核心，正逐步从辅助驾驶向高度自动驾驶迈进。随着算法的不断优化和传感器的广泛应用，自动驾驶汽车的行驶稳定性和安全性得到了显著提升。同时，车联网技术的快速发展，使得车辆与车辆、车辆与基础设施之间的互联互通成为现实，为智能交通系统的建设奠定了坚实的基础。未来随着规模化的应用、相关技术标准与认证的完善，硬件水平有望追赶上软件水平达到 L4+级别。

4. 实现智能网联新能源汽车产业研发资源共享

在智能网联新能源汽车产业快速发展的背景下，技术创新成为推动产业进步的重要驱动力。然而，单一企业的研发能力往往受到资金、技术和人力资源的限制。因此，研发资源共享成为提升整体创新能力和市场竞争力的有效方式。成渝地区双城经济圈凭借其丰富的高校、科研机构和企业资源，为研发资源共享奠定了良好的基础。成渝地区双城经济圈的企业之间通过联合研发、技术合作等方式，形成了多元化的研发模式。例如，整车制造企业可以与电池生产企业、智能硬件公司进行联合开发，形成技术上的优势互补。在这种模式下，各方可以共同承担研发风险，分享研发成果，降低单一企业的投入成本。高校作为技术创新的重要源头，其研究成果往往可以转化为实际应用。成渝地区双城经济圈的多所高校与本地企业建立了紧密的合作关系，开展了一系列的产学研项目。在这些项目中，企业提供实际需求，高校则负责技术研发。这种合作不仅提高了高校的科研水平，也为企业的技术创新提供了支持。科研机构在技术研发和标准制定方面具有丰富的经验和资源。成渝地区双城经济圈的一些科研机构为汽车企业提供技术咨询、标准化服务等，帮助企业提升研发能力。此外，科研机构还可以通过技术转让、技术服务等方式，促进企业技术的快速应用。

研发资源共享可以为智能网联新能源汽车产业发展提供很多优势。通过研发资源共享，企业可以快速获取所需的技术和数据，缩短研发周期。例如，整车制造企业可以通过与电池企业的合作，迅速获取电池技术的最新进展，从而加快新车型的上市速度。研发资源共享可以有效降低企业的研发投入。通过合作，多个企业可以共同承担设备购置、技术开发等成本，从而实现资源的最优配置。通过多方合作，企业能够实现技术的快速迭代和创新。不同企业的技术团队可以相互交流，产生新的创意和解决方案，从而推动技术的突破。

5. 促进政府与企业合作

在成渝地区双城经济圈智能网联新能源汽车产业的发展中，政府扮演着不可或缺的支持角色。政府通过政策引导、资金支持和平台搭建，促进企业的创新与合作，推动产业的快速发展。政府的支持可以为企业提供良好的发展环境，降低企业的运营成本，从而激发市场活力。政府通过制定和实施一系列政策措施，鼓励新能源汽车产业的发展。这些政策不仅涉及技术研发和市场推广，还包括环保标准、产业结构调整等多个方面。政府为新能源汽车企业提供税收减免，降低企业的税负，提高企业的盈利能力。这些政策吸引了大量企业参与新能源汽车的研发与生产。成渝地区双城经济圈相关政府对购置新能源汽车的消费者给予补贴，刺激市场需求。通过这种方式，政府有效推动了新能源汽车的普及和应用。政府制定相关标准，确保新能源汽车的质量和安全。这不仅为消费者提供了保障，也为企业在技术研发和市场推广中提供了依据。

政府在推动成渝地区双城经济圈智能网联新能源汽车产业发展过程中，积极搭建产学研合作平台，促进各方资源的整合。成渝地区双城经济圈建立了多个新能源汽车产业园区，为企业提供了良好的发展环境。这些园区集中了一批相关企业、科研机构和高校，形成了良好的产业生态。例如，成都市的智能网联汽车产业园区汇聚了多家整车制造和零部件企业，促进了技术交流与合作。政府通过设立创新中心，支持企业进行技术研发和产品创新。这些创新中心为企业提供技术支持、市场分析和政策咨询，帮助企业加快技术转化和市场推广。政府建立公共服务平台，为企业提供技术咨询、市场信息、人才培训等服务。这种平台的建立，降低了企业的运营风险，提高了企业的市场竞争力。

（二）成渝地区双城经济圈智能网联新能源汽车产业协同发展展望

1. 构建智能网联新能源汽车产业生态系统

在智能网联新能源汽车产业中，生态系统的构建不仅涉及企业自身的成长与发展，更强调各类参与者之间的协作与共生。一个完善的生态系统应包括整车制造商、零部件供应商、科研机构、高校、政府、充电设施提供商以及消费者等多方参与者。这些参与者通过信息共享、资源整合和技术协作，实现优势互补，推动整体产业的发展。通过多方合作，各参与者能够共享前沿技术，快速响应市场变化，推动创新进程。例如，整车制造商可以与科技公司合作，开发智能驾驶和车联网技术。一个强大的生态系统能够增强区域内企业的市场竞争力。通过资源的高效配置，企业可以在更短的时间内推出更具竞争力的产品，满足消费者日益增长的需求。通过生态系统的构建，资源的配置将更加合理，避免重复投资和资源浪费。各方可以根据自身优势，选择合适的合作伙伴，实现资源的最优配置。

在生态系统中，各参与者之间的紧密协作是实现产业链整合的基础。整车制造商需要与动力电池、电机等零部件供应商形成稳定的合作关系，以确保产品质量和供应链的稳定。同时，企业应积极与科研机构和高校合作，推动技术的研发与应用，形成完整的产业链生态。成渝地区双城经济圈可以借助大数据、云计算等技术，建立统一的信息共享平台，促进各方之间的信息流通。通过这一平台，企业可以实时获取市场动态、技术趋势和消费者需求，从而快速调整战略，提升市场反应能力。政府在生态系统构建中起着引导和支持的作用。通过制定相关政策、提供资金支持和搭建合作平台，政府可以有效促进产业链上下游企业的协同发展。此外，政府还应积极推动行业标准的制定，为生态系统的健康发展提供规范和指引。

2. 完善智能交通系统

智能交通系统通过实时监测和管理交通流、提供导航和信息服务，优化交通资源的配置，减少交通拥堵，提升出行体验。在成渝地区双城经济圈，智能交通系统的建设将为智能网联新能源汽车产业的发展提供重要支撑。智能交通系统的建设对于成渝地区双城经济圈智能网联新能源汽车产业具有多方面的重要影响。第一，智能交通系统能够实时监控交通状况，优化交通信号控制，减少交通拥堵，提升通行效率。这对于新能源汽车的推广和使用至关重要，能够降低充电等待时间，提高使用便利性。第二，智能交通系统可以通过实时数据分析，及时发现交通事故和异常情况，提供预警信息，减少交通事故的发生。智能网联汽车在这样的环境中运行，安全性也将大幅提升。第三，通过智能交通系统，政府可以引导市民选择更加环保的出行方式，如共享出行、公共交通等，降低碳排放，推动可持续发展。

未来智能交通系统的建设将为成渝地区双城经济圈智能网联新能源汽车产业带来显著的前景，通过智能交通系统的实施，用户将享受到更加便捷、高效的出行服务，提升整体出行体验。智能交通系统的完善将为新能源汽车的推广提供良好的基础设施支持，促进其市场接受度的提升。智能交通系统通过优化交通流、减少拥堵，将有效降低碳排放，助力成渝地区双城经济圈的可持续发展目标实现。

3.引进与培养智能网联新能源汽车方面的人才

在智能网联新能源汽车产业迅速发展的背景下，人才的培养与引进显得尤为重要。随着技术的不断进步和市场需求的多样化，企业对专业人才的需求日益增加。优秀的人才不仅能够推动技术创新，提升企业竞争力，还能为整个产业的可持续发展提供智力支持。成渝地区双城经济圈在智能网联新能源汽车产业的发展中，必须高度重视人才的培养与引进。成渝地区双城经济圈在人才培养方面已经取得了一定进展，但仍面临许多挑战。当前，虽然高校和职业院校在新能源汽车相关专业设置上有所增加，但整体培养体系尚不完善，专业人才的数量和质量仍需提升。虽然一些高校设立了新能源汽车、智能驾驶等相关专业，但课程体系和实践教学仍有待加强。许多课程未能紧跟行业发展前沿，导致学生的实际应用能力不足，理论知识的学习与实践训练之间存在脱节。许多学生在毕业时缺乏实际操作经验，难以适应快速发展的市场需求。企业与高校之间的合作相对较少，导致人才培养与市场需求之间脱节。部分企业在人才培养过程中缺乏主动参与，未能有效整合教育资源。

为了解决当前人才培养中存在的问题，未来成渝地区双城经济圈需要采取多种策略，以提升人才培养的质量和效率。第一，可以加强校企合作，建立高校与企业之间的紧密合作关系，共同制定人才培养方案，确保课程设置与市场需求相匹配。企业可以为高校提供实习、实践机会，帮助学生在真实的工作环境中获取经验。第二，高校与企业可以设立联合培养项目，邀请企业专家参与课程设计，提升教学的实用性和前瞻性。第三，企业可与高校合作建立实习基地，让学生在校期间就能参与到实际项目中，提升实践能力。第四，根据行业发展趋势，高校应及时更新和完善课程体系，增加新兴技术和应用的相关课程，如智能驾驶、车联网、大数据分析等。除了专业课程外，高校还应开设跨学科的课程，培养学生的综合素质和创新能力，强调实践教学的重要性，通过实验、项目驱动等方式，提高学生的实际操作能力和解决问题的能力。第五，在人才培养中，应注重创新创业教育，鼓励学生在学习过程中主动探索，培养创新思维和实践能力。高校可以设立创业孵化器，为有创业意向的学生提供资金、技术和市场支持，鼓励他们将创新想法转化为实际项目。定期举办各类创新大赛，激励学生参与项目研发，提升其团队协作能力和实际操作能力。

参考文献

撼地产业研究院：《中国智能网联新能源汽车产业专题报告》，2024 年 9 月 12 日。

龚梦泽：《工业 4.0 智能制造赋能新能源汽车成效显著》，《证券日报》2023 年 12 月 27 日。

计方、刘星：《产业链视角下成渝经济圈新能源汽车产业政策协同性研究》，《企业经济》2022 年第 5 期。

雷珂馨：《逆势增长自主品牌和新能源汽车马力足》，《中国商报》2022 年 12 月 30 日。

李家锦：《研究新能源汽车产业生态链协同创新发展》，《工程建设与设计》2020 年第 2 期。

刘建华、马瑞俊迪、姜照华：《基于“结构—动力—绩效”视角的战略性新兴产业协同创新——以日本新能源汽车产业为例》，《科技进步与对策》2020 年第 9 期。

柳卸林、杨培培、丁雪辰：《央地产业政策协同与新能源汽车产业发展：基于创新生态系统视角》，《中国软科学》2023 年第 11 期。

吕红星：《2023 年新能源汽车市场将持续增长》，《中国经济时报》2022 年 12 月 30 日。

袁博：《碳中和目标下中国新能源汽车产业发展》，《管理工程师》2022 年第 5 期。

周全、顾新、曾莉、吴绍波：《新能源汽车产业的专利实施协同机制》，《科学学研究》2020 年第 7 期。

分报告

B.2
成渝地区双城经济圈智能网联新能源汽车产业政策报告

田园　尹俊杨*

摘　要：　成渝地区双城经济圈凭借其独特的地理优势、坚实的产业基础以及前瞻性的战略眼光，加速布局智能网联新能源汽车产业，力求在这一轮产业变革中抢占先机。政策是产业发展的重要保障，一个新兴产业如果能得到政策的扶持，就能快速成长并实现商业化、规模化，本报告通过政策层面的分析，发现成渝地区双城经济圈智能网联新能源汽车产业还存在协同创新能力不足、基础设施智能化有待加强、补贴机制单一的问题，因此提出强化财政与金融双重支持、完善充电网络、激发科研活力、聚焦龙头企业培育与产业集群发展的政策制定建议。

* 田园，博士，重庆工商大学成渝地区双城经济圈建设研究院专职研究员，副教授，主要研究方向为区域经济学、城市与可持续发展；尹俊杨，重庆工商大学金融学院硕士研究生，主要研究方向为科技金融。

关键词： 智能网联新能源汽车产业　基础设施建设　技术创新　成渝地区双城经济圈

一　成渝地区双城经济圈智能网联新能源汽车产业政策背景

（一）国家战略与引导

近年来，我国政府高度重视新能源行业的发展，出台了一系列政策措施、各类通知和实施方案等，从购置税减免到充电基础设施优化布局，从提升产品供给质量到加大重点领域推广，这些政策共同构成了一个全方位、多层次的支持体系，不仅明确了积极稳妥发展智能网联新能源汽车成为“十四五”时期的重要任务，也为智能网联新能源汽车产业的发展提供了顶层规划和政策引导，从而推动整个新能源行业朝标准化、高端化方向发展（见表1）。

表1　2023年国家层面智能网联新能源汽车产业相关政策

机关部门	发布日期	政策名称
国家铁路局、工业和信息化部、中国国家铁路集团有限公司	2023年1月	《关于支持新能源商品汽车铁路运输服务新能源汽车产业发展的意见》
中共中央、国务院	2023年2月	《数字中国建设整体布局规划》
自然资源部	2023年3月	《智能汽车基础地图标准体系建设指南（2023版）》
工业和信息化部等八部门	2023年4月	《工业和信息化部等八部门关于推进IPv6技术演进和应用创新发展的实施意见》
国家发展改革委、国家能源局	2023年5月	《国家发展改革委　国家能源局关于加快推进充电基础设施建设　更好支持新能源汽车下乡和乡村振兴的实施意见》
国务院办公厅	2023年6月	《国务院办公厅关于进一步构建高质量充电基础设施体系的指导意见》

续表

机关部门	发布日期	政策名称
工业和信息化部、国家标准化管理委员会	2023 年 7 月	《国家车联网产业标准体系建设指南(智能网联汽车)(2023 版)》
工业和信息化部等七部门	2023 年 8 月	《汽车行业稳增长工作方案(2023—2024 年)》
交通运输部	2023 年 9 月	《关于推进公路数字化转型　加快智慧公路建设发展的意见》
交通运输部	2023 年 9 月	《公路工程设施支持自动驾驶技术指南》
工业和信息化部等四部门	2023 年 11 月	《关于开展智能网联汽车准入和上路通行试点工作的通知》
国家发展改革委等四部门	2023 年 12 月	《关于加强新能源汽车与电网融合互动的实施意见》
工业和信息化部、财政部、税务总局	2023 年 12 月	《关于调整减免车辆购置税新能源汽车产品技术要求的公告》
交通运输部办公厅	2023 年 11 月	《自动驾驶汽车运输安全服务指南(试行)》

资料来源：中国政府网。

1. 加快推进车联网产业标准体系

2023 年 2 月，中共中央、国务院发布的《数字中国建设整体规划布局》成为加快数字中国建设的重要引擎。2023 年 3 月，自然资源部发布的《智能汽车基础地图标准体系建设指南（2023 版）》从基础通用、生产更新、应用服务、质量检测和安全管理等方面，对智能汽车基础地图标准化提出原则性指导意见，有力加强了智能汽车基础地图标准规范的顶层设计，推动了地理信息在我国自动驾驶产业的安全应用。2023 年 9 月，《交通运输部关于推进公路数字化转型加快智慧公路建设发展的意见》提出，到 2027 年，公路数字化转型取得明显进展；到 2035 年，全面实现公路数字化转型，建成安全、便捷、高效、绿色、经济的实体公路和数字孪生公路两个体系。

2. 加快推进基础设施建设

2023 年 5 月，《国家发展改革委　国家能源局关于加快推进充电基础设施建设　更好支持新能源汽车下乡和乡村振兴的实施意见》提出，要创新农村地区充电基础设施建设运营维护模式，支持农村地区购买使用新能源汽车，从而进一步优化新能源汽车购买使用环境，推动新能源汽车下乡、引导农村地区居民绿色出行、促进乡村全面振兴。2023 年 7 月，工业和信息化部及国家标准化管理委员会发布关于印发《国家车联网产业标准体系建设指南（智能网联汽车）（2023 版）》的通知，充分考虑了智能网联汽车技术深度融合和跨领域协同的发展特点，构建了包括智能网联汽车基础、技术、产品、试验标准等在内的智能网联汽车标准体系，与《国家车联网产业标准体系建设指南》其他部分共同形成统一、协调的国家车联网产业标准体系架构。

3. 加大财政支持

2023 年 12 月，工业和信息化部、财政部、税务总局联合发布的《关于调整减免车辆购置税新能源汽车产品技术要求的公告》与新能源汽车推广应用财政补贴等优惠政策协同，为快速培育新能源汽车消费市场、带动产业发展发挥了至关重要的作用。

（二）整体规划

1. 成渝地区双城经济圈层面

表 2 展示了 2023 年成渝地区双城经济圈层面智能网联新能源汽车产业相关政策。从成渝地区双城经济圈层面来看，2023 年 3 月成渝两地政府联合发布的《推动川南渝西地区融合发展总体方案》强调成渝地区双城经济圈涉及川南和渝西地区融合发展，提及聚焦新能源汽车和智能装备等领域核心技术瓶颈，促进产业链上下游企业紧密合作，加强关键技术协同攻关，发挥创新引领产业转型升级作用，培育发展人工智能等新技术新业态。2023 年 5 月，重庆市人民政府办公厅发布的《渝西地区智能网联新能源汽车零部件产业发展倍增行动计划（2023—2027 年）》中明确提出加强数智赋能的要求，支持渝西地区推动数字经济和产业深度融合，加快推动渝西地区智能网联新能源汽车零部件企业数字化转型，到 2027 年，建设数字化车间 100 个、智能工厂 15 个。2023 年 7 月发布的《重庆市先进制造业发展“渝西跨越计划”（2023—2027 年）》强调大力发展新能源商用车，积极发展

旅居车、冷链物流车等改装车，错位发展下沉市场的新能源乘用车，延伸发展汽车后市场，抢占细分领域先发优势，构建与中心城区差异化发展格局；推进全车无人化示范项目、中国汽车工程研究院股份有限公司智能网联汽车试验基地等重大示范应用项目建设，丰富智能网联新能源汽车应用场景，促进产业迭代升级，到2027年，渝西地区智能网联新能源汽车细分产品产业集群实现营业收入500亿元。

表2　2023年成渝地区双城经济圈层面智能网联新能源汽车产业相关政策

地区	发布时间	政策名称
成渝地区双城经济圈	2023年3月	《推动川南渝西地区融合发展总体方案》
	2023年5月	《渝西地区智能网联新能源汽车零部件产业发展倍增行动计划（2023—2027年）》
	2023年7月	《重庆市先进制造业发展“渝西跨越计划”（2023—2027年）》

资料来源：重庆市人民政府网、四川省人民政府网。

2. 四川省层面

表3展示了2023年四川省层面智能网联新能源汽车产业相关政策。2023年10月发布的《关于进一步激发市场活力推动当前经济运行持续向好的若干政策措施》明确提出实施新能源汽车生产激励：对2023年10月1日至12月31日，新能源乘用车生产量达到4万辆的市（州），给予5000万元一次性奖励；新能源商用车生产量达到3万辆的市（州），给予4000万元一次性奖励，鼓励有条件的市（州）大力推动新能源整车企业以销促产。同时，2023年11月发布的《关于恢复和扩大消费的若干措施》强调，在扩大新能源汽车消费方面，加快公共领域全面电动化进程，加大机关公务、公交、出租、环卫、物流配送等公共领域新能源汽车推广使用力度；落实新能源汽车车辆购置税减免政策，推动居住区内公共充换电设施用电执行居民电价；研究对执行工商业电价的充换电设施用电执行峰谷分时电价政策；全面推行充电桩单独装表入户等。

表 3 2023 年四川省层面智能网联新能源汽车产业相关政策

地区	发布时间	政策名称
四川省	2023 年 3 月	《四川省充电基础设施建设运营管理办法》
	2023 年 10 月	《关于进一步激发市场活力推动当前经济运行持续向好的若干政策措施》
	2023 年 11 月	《四川省加快推进充电基础设施建设支持新能源汽车下乡和乡村振兴工作方案》
	2023 年 11 月	《关于恢复和扩大消费的若干措施》

资料来源：四川省人民政府网。

3. 重庆市层面

表 4 展示了 2022～2023 年重庆市层面智能网联新能源汽车产业相关政策，2022 年 9 月发布的《重庆市建设世界级智能网联新能源汽车产业集群发展规划（2022—2030 年）》指出，重庆是全国主要汽车生产基地之一，“大小三电”（电控系统、驱动电机、动力电池，电制动、电转向、电空调）等核心配套已有较好基础，具有西部地区最为完整的智能网联新能源汽车产业链，同时拥有复杂的山地地形交通场景，智能网联新能源汽车的测试、应用在全国处于领先水平，智能网联新能源汽车产业也已具备加快发展的基础和条件，但仍面临档次不高、规模不大、配套不强等问题。

表 4 2022～2023 年重庆市层面智能网联新能源汽车产业相关政策

地区	发布时间	政策名称
重庆市	2022 年 9 月	《重庆市建设世界级智能网联新能源汽车产业集群发展规划（2022—2030 年）》
	2023 年 6 月	《重庆市财政局重庆市经济和信息化委员会关于印发重庆市 2023 年度充换电基础设施财政补贴政策的通知》
	2023 年 10 月	《重庆智能网联汽车标准体系建设指南》
	2023 年 12 月	《重庆市“渝车出海”行动计划》

资料来源：重庆市人民政府网。

2023 年 6 月发布的《重庆市财政局重庆市经济和信息化委员会关于印发重庆市 2023 年度充换电基础设施财政补贴政策的通知》提出，在支持充电基础设施建设方面，补贴范围包括公共快充桩建设补贴、公共慢充桩建设补贴、居住社区“统建统营”补贴等；在支持换电站建设运营方面，补贴范围包括换电站建设补贴、换电站运营奖励。2023 年 10 月发布的《重庆智能网联汽车标准体系建设指南》以《国家车联网产业标准体系建设指南（智能网联汽车）（2023 版）》为指导，为全市智能网联汽车产业标准化工作提供行动指南和方向，旨在推动构建层次分明、科学合理、富有山地城市特色、适应具有智能网联汽车产业发展的标准体系，引导制定更多更好的智能网联汽车标准，鼓励开展国际标准化活动，助力重庆市世界级智能网联新能源汽车产业集群建设。

2023 年 12 月发布的《重庆市“渝车出海”行动计划》明确发展目标，提出加快建设全国领先的智能网联新能源汽车出口基地，实现由产品出口向品牌及技术输出等价值链高端环节跃升。

二　成渝地区双城经济圈重点政策措施①

（一）产业发展

在智能网联新能源汽车产业领域，一方面，成渝地区双城经济圈针对充电基础设施的建设、运营及管理要求制定了长期发展规划，以满足新能源汽车的充电需求。四川省多州市如甘孜州、内江市、成都市等相继发布规划及管理办法，优化充电网络布局；重庆市则全面布局，多个区县出台针对性政策，细化区域充电设施蓝图。此外，四川省通过支持车载智能系统发展间接促进技术创新，成都市高新区更是直接提供高额补贴奖励技术创新与高能级平台建设。重庆市高新区则通过优化营商环境和推动制造业高质量发展，为智能网联新能源汽车产业技术创新创造有利条件。两地虽在具体实施路径上各有侧重，但均致力于通过政策协同推动智能网联新能源汽车产业的全面发展。另一方面，成渝地区双城经济圈针对产业集群的构建更是

① 本部分的数据来源为各平台网站。

将智能网联新能源汽车产业视为战略发展的核心。成都市优化全产业链布局，重庆市专注提升零部件产业集群，两者相辅相成，通过区域协同促进上下游紧密合作，共同推动成渝地区双城经济圈形成具有全球竞争力的汽车产业集群。

1. 布局基础设施，满足汽车充电需求

成渝地区双城经济圈积极推进充电基础设施建设，以满足日益增长的新能源汽车充电需求，并通过发布一系列政策文件，明确充电设施的建设、运营和管理要求，为新能源汽车产业的健康发展提供政策保障，对智能网联新能源汽车产业基础设施发展进行了整体规划和战略思考（见表 5）。

表 5　成渝地区双城经济圈基础设施相关政策

省市	地区	发布时间	政策名称
四川省	甘孜州	2023 年 4 月	《甘孜州新能源汽车充电基础设施发展规划(2023-2025 年)》
	内江市	2023 年 5 月	《内江市充电基础设施建设运营管理实施办法》
	成都市	2023 年 6 月	《成都市电动汽车充换电基础设施专项规划(2023—2025 年)》
	凉山州	2023 年 8 月	《凉山州新能源汽车充电基础设施“十四五”发展规划》
	宜宾市	2023 年 11 月	《筠连县电动汽车充电基础设施实施方案(2022—2025 年)》
重庆市	綦江区	2023 年 1 月	《关于加强綦江区电动汽车充电基础设施建设管理的通知》
	潼南区	2023 年 3 月	《重庆市潼南区电动汽车充换电基础设施专项规划(2021—2025)》
	江津区	2023 年 3 月	《江津区加快建设充换电基础设施工作方案》
	巴南区	2023 年 4 月	《重庆市巴南区加快建设充换电基础设施工作方案》
	万州区	2023 年 6 月	《重庆市万州区综合能源站(车用)专项规划(2021—2035 年)》
	大足区	2023 年 7 月	《重庆市大足区电动汽车充换电基础设施专项规划(2021—2025)(征求意见稿)》

资料来源：重庆市人民政府网、四川省人民政府网。

2023 年 6 月出台的《成都市电动汽车充换电基础设施专项规划（2023—2025 年）》，进一步细化了成都市电动汽车充换电基础设施的布局和发展方向，旨在构建一个完善的充电网络体系。甘孜州积极推进有关新能源汽车充电基础设施的规划和建设，以满足未来新能源汽车的充电需求，于 2023 年

4月出台《甘孜州新能源汽车充电基础设施发展规划（2023—2025年）》。内江市通过2023年5月发布的《内江市充电基础设施建设运营管理实施办法》，明确了充电设施的建设和运营方式，为充电设施的规范化、高效化运营提供了政策保障。

重庆市在新能源汽车充电基础设施建设上全面布局，綦江区、潼南区、江津区、巴南区等纷纷出台相关的政策文件，如《关于加强綦江区电动汽车充电基础设施建设管理的通知》《重庆市潼南区电动汽车充换电基础设施专项规划（2021—2025）》等，这些政策细化了重庆市各区充电基础设施的发展蓝图，涵盖了建设、管理和运营等方面。此外，万州区在2023年6月发布的《重庆市万州区综合能源站（车用）专项规划（2021—2035年）》不仅关注了电动汽车的充电需求，还涉及了综合能源站的规划。

2. 优化营商环境，鼓励产业技术创新

在积极推动技术创新方面，四川省通过支持车载智能系统的发展来间接推动智能网联新能源汽车产业的技术创新。在2023年1月，成都市高新区在推动智能网联新能源汽车产业技术创新方面就展示出了积极态度，通过发布《成都高新技术产业开发区关于支持车载智能系统产业发展的若干政策（征求意见稿）》，推进车载智能系统产业"建圈强链"，对建设车载智能系统产业的高能级创新平台，最高给予2亿元支持（见表6）。

表6　成渝地区双城经济圈技术创新相关政策

省市	地区	发布时间	政策名称
四川省	成都市高新区	2023年1月	《成都高新技术产业开发区关于支持车载智能系统产业发展的若干政策(征求意见稿)》
重庆市	高新区	2023年6月	《重庆高新区2023年优化营商环境十大改革行动方案》
	高新区	2023年11月	《重庆高新区推进制造业亩均论英雄改革工作方案》

资料来源：重庆市人民政府网、四川省人民政府网。

重庆市则直接针对智能网联新能源汽车产业制订具体的行动计划。重庆市高新区分别于2023年6月和11月出台《重庆高新区2023年优化营商环境十大改革行动方案》和《重庆高新区推进制造业亩均论英雄改革工作方案》，通过优化营商环境和提升制造业发展水平，为智能网联新能源汽车产业的技术创新创造更加有利的环境和条件。

3. 助力产业链协同，打造汽车产业集群

在打造世界级产业集群方面，成渝两地均将智能网联新能源汽车产业视为重点发展方向，致力于通过区域协同，加快形成具有全球竞争力的汽车产业集群。成都市明确要围绕新能源汽车等优势产业，优化区域产业链布局，推动涵盖面板、核心材料及零部件、基础装备、终端生产等环节的全产业链发展，加快实现产业链的完整性和安全性，培育世界级产业集群；这一布局与重庆市提升零部件产业集群的行动方案相呼应，两地共同促进上下游产业的紧密合作与协同发展。2023 年 4 月，《成都市推动产业链供应链区域协同共建行动计划》明确提出要加快锻长板、补短板、提能力，优化区域产业链布局，围绕新能源汽车等优势产业培育打造汽车世界级产业集群，加快形成特色鲜明、相对完整、安全可靠的区域产业链供应链体系，推动成渝共建先进制造业集群，加快实现涵盖面板、核心材料及零部件、基础装备、终端生产等环节的全产业链发展。2023 年 11 月，《重庆智能网联新能源汽车零部件产业集群提升专项行动方案（2023—2027 年）》专注于提升重庆市智能网联新能源汽车零部件产业集群的发展水平，包括加强零部件企业的技术创新能力、推动产业集聚和协同发展、提升产品质量和品牌影响力、拓展国内外市场等方面的措施，通过集群效应推动零部件产业的规模化和高端化，为整车产业的发展奠定坚实基础（见表 7）。

表 7　成渝地区双城经济圈产业链协同相关政策

省市	地区	发布时间	政策名称
四川省	成都市	2023 年 4 月	《成都市推动产业链供应链区域协同共建行动计划》
重庆市		2023 年 11 月	《重庆智能网联新能源汽车零部件产业集群提升专项行动方案(2023—2027 年)》

资料来源：重庆市人民政府网、四川省人民政府网。

（二）市场推广

从市场角度深入观察，成渝地区双城经济圈充分利用财政补贴这一有力杠杆激励相关企业和投资者参与。四川省通过《“电动四川”行动计划》全面推动新能源汽车在公共、专用及私人领域的普及，同时成都市政府在补贴政策上展现出精细化管理的特点，明确界定了公（专）用充电基础设施及“智慧小区”充电设施项目的补贴标准，旨在通过精准施策，以置换奖励等形式激发市场活力；而重庆市政府则采取了更为全面的补贴策略，通过《新能源汽车置换补贴通知》和《重庆市换电模式应用试点工作方案》等具体措施，以财政补贴和换电基础设施建设为抓手，不仅支持充电桩建设，还涵盖了换电站建设运营、市级监测平台运维以及市场推广等多个环节，精准刺激市场需求，加速新能源汽车的市场渗透。两地政府均遵循政府引导、市场主导的原则，通过差异化的政策措施降低购车和使用成本，提升新能源汽车的市场吸引力和占有率，共同推动智能网联新能源汽车产业的转型升级。在区域协同方面，两地通过政策互补和市场联动，促进了新能源汽车在成渝地区双城经济圈的广泛应用和产业链上下游的紧密合作，为构建具有全球竞争力的汽车产业集群奠定了坚实基础。

1. 补贴资金支持，力推汽车绿色转型

成渝地区双城经济圈积极推进新能源汽车基础设施的建设，通过财政补贴的方式鼓励相关企业和投资者参与，四川省绵阳市、成都市、乐山市和德阳市以及重庆市均在2023年发布了关于节能减排（充电基础设施建设）补助资金的通知和实施办法，从充电基础设施建设和换电站建设运营两方面为新能源汽车的推广和普及提供补贴奖励支持。例如，2023年5月四川省成都市出台的《成都市电动汽车充（换）电基础设施建设补贴实施细则（征求意见稿）》中分别明确了公（专）用充电基础设施和“智慧小区”充电基础设施项目的补贴标准。2023年6月发布的《重庆市财政局重庆市经济和信息化委员会关于印发重庆市2023年度充换电基础设施财政补贴政策的通知》分别从支持充电基础设施建设、支持换电站建设运营、支持市级监测平台升

级、支持营造推广氛围奖励四方面出台相应的政策，覆盖桩、站、平台、宣传等环节，重点支持充换电基础设施“短板”建设和配套运营服务等方面（见表8）。两地财政补贴政策的出台不仅有助于降低新能源汽车的使用成本，提高消费者的购买意愿，还有助于完善新能源汽车的配套设施。

表8　成渝地区双城经济圈资金补贴相关政策

省市	地区	发布时间	政策名称
四川省	成都市	2023年5月	《成都市电动汽车充（换）电基础设施建设补贴实施细则（征求意见稿）》
	乐山市	2023年6月	《乐山市财政局关于预下达2022和2023年中央节能减排（充电基础设施建设）补助资金的公告》
	德阳市	2023年9月	《德阳市电动汽车充（换）电基础设施建设中央节能减排补助资金（充电基础设施奖励资金）实施办法》
重庆市		2023年6月	《重庆市财政局重庆市经济和信息化委员会关于印发重庆市2023年度充换电基础设施财政补贴政策的通知》

资料来源：重庆市人民政府网、四川省人民政府网。

2. 激发消费需求，促进汽车市场普及

成渝地区双城经济圈通过发布一系列促进新能源汽车消费的政策措施，激发消费者的购买热情、降低购车和使用成本、推动新能源汽车市场的扩大和普及，从而提升新能源汽车的市场占有率，推动汽车产业转型升级。例如，在重庆市2023年2月发布的《关于实施新能源汽车置换补贴的通知》中，对自然人车主，于2023年3月1日0时至2023年6月30日24时，售卖转让或报废注销了登记在本人名下6个月以上的旧乘用车，并在重庆市辖区内的汽车销售企业购买了新能源乘用车新车，且在重庆市辖区内依法履行纳税申报义务、完善上户手续，申报期内按程序成功申报并经审查要件齐全属实的，购买裸车价10万元以下的每辆给予1000元市级财政资金补贴，购买裸车价10万元以上（含10万元）的每辆给予3000元市级财政资金补贴，以现金形式发放到符合补贴条件的对象银行卡上。成都市商务局在2023年8月发布的《鼓励将传统能源汽车更换为新能源汽车奖励政策实施细则》也提出，在成都将传统能源汽车更换为新能源汽车的单位和个人按照淘汰报废车辆类型为小型、中型、大型载客汽车分别给予 2000 元/辆、5000 元/辆、8000 元/辆的置换奖励，机关事业单位和国有企业所属车辆不纳入奖励范围（见表 9）。

表 9　成渝地区双城经济圈促进消费相关政策

省市	地区	发布时间	政策名称
四川省	自贡市	2023 年 7 月	《自贡市实施促进新能源汽车消费补贴政策》
	成都市	2023 年 8 月	《鼓励将传统能源汽车更换为新能源汽车奖励政策实施细则》
	泸州市	2023 年 9 月	《泸州市 2023 年新能源汽车消费促进措施实施细则》
	德阳市	2023 年 11 月	《德阳市促进消费提质扩容行动方案（2023—2025 年）》
重庆市		2023 年 2 月	《关于实施新能源汽车置换补贴的通知》

资料来源：重庆市人民政府网、四川省人民政府网。

3. 发挥市场潜力，推广汽车应用数量

在智能网联新能源汽车产业市场应用与推广方面出台的相关政策中，成渝地区双城经济圈秉持政府引导、市场主导的原则，加速新能源汽车在公共领域和私人领域的普及，提高新能源汽车的使用便利性，从而促进新能源汽车市场的快速发展。四川省通过深入贯彻实施 2022 年 3 月发布的《“电动四川”行动计划（2022-2025 年）》，从扩大公共领域推广应用、开展专用领域试点示范和鼓励私人自用领域推广应用三个方面在全省范围内推动各领域新能源汽车推广应用。重庆市通过 2022 年 3 月发布的《重庆市新能源汽车换电模式应用试点工作方案（征求意见稿）》明确工作目标，到 2023 年，建成换电站 200 座以上，推广换电模式新能源汽车 1 万辆以上，并以中心城区为重点核心区域，鼓励有条件的区县积极开展换电模式的探索和应用，力争将重庆市建设为商业模式清晰、推广数量领先、应用场景丰富、安全保障有力的换电示范城市，形成可在全国范围内复制、推广的模式和经验（见表 10）。

表 10　成渝地区双城经济圈市场应用与推广相关政策

省市	地区	发布时间	政策名称
四川省		2022 年 3 月	《“电动四川”行动计划(2022—2025 年)》
重庆市		2022 年 3 月	《重庆市新能源汽车换电模式应用试点工作方案(征求意见稿)》

资料来源：重庆市人民政府网、四川省人民政府网。

三　成渝地区双城经济圈智能网联新能源汽车产业政策存在的问题

(一)协同创新能力不足

从技术创新层面来看，成渝地区双城经济圈通过《成渝地区双城经济圈建设规划纲要》等政策，以智能网联和新能源为主攻方向，支持整车及关键零部件企业加大研发投入力度，参与国家及地方重大科研项目，推动智能网联、自动驾驶等关键技术的突破与应用。成渝地区双城经济圈在智能网联新能源汽车产业的技术创新政策上更注重构建自主研发和关键技术突破的能力。相比之下，长三角地区不仅注重区域内企业的技术创新合作，还通过搭建公共服务平台、设立专项基金等方式，促进创新资源的共享和科技成果的转化。京津冀地区则通过《京津冀协同发展规划纲要》及一系列配套政策，利用其在科技创新、产业基础等方面的优势，推动智能网联新能源汽车与智能交通、智慧城市等领域的深度融合，该地区更注重区域协同与产业链整合，通过跨区域合作推动技术的商业化应用。由此可以看出，成渝地区双城经济圈智能网联新能源汽车产业的区域协同能力不足，科技创新主要集中在自身，区域协同创新能力不足，存在产业链脱节风险。

(二)基础设施智能化有待加强

成渝地区双城经济圈通过《重庆市新能源汽车便捷超充行动计划

（2024—2025 年）》等具体政策，构建了以超充为主体的高质量充电基础设施体系，实现了新能源汽车与电网的深度融合与互动，提出了超充站和超充桩的建设目标，强调了在公共停车场、商业聚集区等重点场景加快推进超充基础设施建设，提升了新能源汽车的充电便利性和市场接受度。

而长三角地区不仅注重充电基础设施的均衡布局和智能化改造，还通过跨区域合作推动新能源汽车充电平台的有效衔接和数据信息共享。例如，长三角地区正积极探索建立区域新能源汽车充换电基础设施一张网，推动充电设施的互联互通和互操作性，为新能源汽车的跨省市出行提供便利。京津冀地区则更侧重于交通基础设施的互联互通和智能网联汽车技术的创新应用，在京津冀协同发展战略中，交通一体化作为先行领域，已经初步形成了“一小时交通圈”，为智能网联新能源汽车的推广和应用提供了良好的物理基础。

可以看出，成渝地区双城经济圈更侧重于通过具体政策来推动区域内高质量充电基础设施的建设，但是缺乏跨区域合作和充电设施的智能化、网络化发展。

（三）补贴机制单一

成渝地区双城经济圈采取了直接和具体的财政补贴措施来推动智能网联新能源汽车的发展。长三角地区则更加注重通过构建完善的智能网联新能源汽车生态系统来间接促进汽车消费，该地区通过三省一市的协同合作，不仅出台了多项财政补贴政策，还注重推动产业链上下游企业的紧密合作，侧重于通过综合施策来营造良好的新能源汽车消费环境，从而激发消费者的购买热情。另外，北京市通过税收优惠政策减免符合条件的新能源汽车车辆购置税，降低了消费者的购车成本，还积极推动新能源汽车在公共领域的推广和应用，如公交、出租、环卫等领域，为新能源汽车提供了广阔的市场空间。综上所述，成渝地区双城经济圈在智能网联新能源汽车产业方面的补贴机制较为单一，推广政策也较少，未能形成良好的消费环境。

四　成渝地区双城经济圈智能网联新能源汽车产业政策制定建议

（一）强化财政与金融双重支持，激发市场创新活力

为进一步激发市场主体的创新活力与竞争力，成渝地区双城经济圈应持续加大对智能网联新能源汽车产业的财政与金融支持力度。具体而言，政府可继续实施一系列财政补贴与税收优惠措施，降低企业在研发、生产和销售等环节的成本负担，使企业将更多的资金用于技术创新与产品升级。同时，鼓励金融机构创新服务模式，为智能网联新能源汽车企业提供定制化的融资解决方案，如探索“股权+债权”“商行+投行”等多元化金融服务模式，助力企业实现跨越式发展。通过这些措施，不仅能够有效缓解企业的融资压力，还能激发市场创新活力，为产业发展注入动力。

（二）完善充电网络，推动智能网联道路建设

成渝地区双城经济圈应加快构建覆盖广泛、布局合理的充电网络，确保新能源汽车用户能够便捷充电。在高速公路服务区、城市公共停车场等关键区域优先建设充电站和充电桩。同时，推动智能网联道路基础设施建设，如车路协同系统、高精度地图等，为智能网联新能源汽车的测试和应用提供有力支撑。此外，鼓励加油站向综合能源站转型，提升能源补给服务的多样性和便捷性。

（三）激发科研活力，领航智能网联新能源汽车未来

在技术创新层面，成渝地区双城经济圈应致力于构建开放合作的创新生态，鼓励企业、高校及科研机构打破壁垒，建立长期稳定的合作关系。通过设立联合研发中心、共建创新平台等方式，促进知识、技术、人才等创新要素的自由流动与高效配置。这种产学研用一体化的创新模式，不仅能够加速

科技成果的转化与应用，还能够为企业提供源源不断的技术创新动力，推动整个产业链向更高层次发展。

（四）聚焦龙头企业培育与产业集群发展，引领产业升级

为进一步提升成渝地区双城经济圈智能网联新能源汽车产业的整体竞争力与影响力，政府应加大对龙头企业的支持力度与关注度。通过制定一系列扶持政策与激励机制，鼓励龙头企业加大研发投入与技术创新力度，不断提升产品性能与品牌影响力。同时，积极培育和发展智能网联新能源汽车产业集群，推动产业链上下游企业之间的协同发展与合作共赢。通过构建良好的产业生态与营商环境，吸引更多的优质企业与人才向成渝地区双城经济圈聚集，共同推动智能网联新能源汽车产业的转型升级与高质量发展。

综上所述，成渝地区双城经济圈智能网联新能源汽车产业的发展离不开政策的全面引导与支持。通过深化政策体系建设、强化财政与金融双重支持、完善充电网络、优化产业布局与协作、激发科研活力以及聚焦龙头企业培育与产业集群发展等措施的实施与推进，成渝地区双城经济圈有望在智能网联新能源汽车领域取得更加辉煌的成就与突破。

参考文献

白麟：《智能网联新能源汽车产业 24 个项目签约　重庆成为企业布局优选之地》，《重庆日报》2023 年 11 月 21 日。

白麟：《重登“中国汽车第一城”　宝座重庆汽车产业动力何在》，《重庆日报》2024 年 7 月 3 日。

何春阳、卞立成：《让重庆智能网联新能源汽车跑出新速度》，《重庆日报》2024 年 1 月 22 日。

寇敏芳：《13 条政策措施推动产业驶向“智高点”》，《四川日报》2024 年 3 月 10 日。

李嫒嫒：《培育智能网联新能源汽车全链条人才》，《中国证券报》2024 年 3 月 5 日。

李嫒嫒：《政策力挺技术攻关　智能网联新能源车提速》，《中国证券报》2024 年 3 月 18 日。

罗芸：《沙坪坝打造智能网联新能源汽车产业生态》，《重庆日报》2023 年 9 月 15 日。

吴徐美：《瞄准新一代高性能整车平台》，《深圳特区报》2024 年 6 月 13 日。

谢佳洁、樊洁、龚丹、廖怡飞：《增强产业创研能力　打造全市先进制造业发展新高地》，《重庆科技报》2023 年 12 月 12 日。

袁立朋、弓幸民：《河北新能源汽车产业：以智提质向新加速》，《河北经济日报》2024 年 5 月 20 日。

张婷：《全国政协常委钱锋：加快新能源汽车充换电设施实现电池及接口标准化》，《上海化工》2024 年第 2 期。

B.3

成渝地区双城经济圈智能网联新能源汽车产业链报告

郭 丰 黄浩颀*

摘 要： 新能源汽车产业在区域经济发展中的重要性日益凸显，成渝地区双城经济圈作为中国西部的核心区域，推动新能源汽车产业的发展对提升区域竞争力具有重要意义。本报告以成渝地区双城经济圈智能网联新能源汽车产业为研究对象，深入分析智能网联新能源汽车产业链与成渝地区双城经济圈智能网联新能源汽车产业的发展现状、优势与不足。研究发现，成渝地区双城经济圈智能网联新能源汽车产业存在高端零部件制造技术欠缺、技术创新能力弱、市场推广力度不足、人才储备不足、产业集聚效应不明显等问题，因此提出优化产业链条、加强技术创新、加大市场推广力度、加强人才培养、推动产业集聚等发展建议。

关键词： 智能网联新能源汽车 产业链 成渝地区双城经济圈

一 智能网联新能源汽车产业链概述

（一）智能网联新能源汽车产业的基本要素

智能网联新能源汽车产业涵盖广泛，依据它们在产业链中的地位和功能可以分为上游、中游、下游，其中产业链上游包括关键矿产资源、基础材料以及核心零部件的生产等；产业链中游环节集中在整车制造领域；产业链下

* 郭丰，博士，重庆工商大学成渝地区双城经济圈建设研究院助理研究员，主要研究方向为区域经济与创新、数字经济、环境经济；黄浩颀，重庆工商大学金融学院硕士研究生，主要研究方向为金融科技。

游涉及充电设施的建设及其相关服务和应用场景的拓展。产业链的上游、中游、下游相互依存，共同支撑着新能源汽车产业的整体发展。

1. 上游部分

产业链上游涵盖动力电池、电机、电控、混动与增程、车载计算平台、软件算法、车载通信、智能感知、智能底盘、智能座舱等核心技术环节，每个系统都在推动智能网联新能源汽车的智能化和电动化进程中起着至关重要的作用。核心零部件“三电系统”是新能源汽车区别于传统燃油车的核心，约占整车成本的50%。“三电系统”中的动力电池系统、电机和电控系统可以看作新能源汽车的“心脏”，是核心动力来源。混动与增程系统则像是“能量调节器”，通过优化能源利用，延长续航里程并提升能效。车载计算平台是“神经中枢”，负责信息处理、路径规划和决策执行。软件算法是“思维与智慧”，赋予智能汽车更加灵敏的反应和高级驾驶功能。车载通信系统如同“信息网络”，确保车辆内外部的数据交互畅通无阻。智能感知系统则充当“眼睛和耳朵”，实时感知环境，辅助决策过程。智能底盘系统可以看作“四肢”，通过执行各类指令实现精准的车辆操控。智能座舱则是“生活空间”，融合智能化和互联技术，为驾驶员和乘客提供舒适的交互体验。

2. 中游部分

中游部分由整车制造构成。新能源汽车按照用途主要分为乘用车、商用车和专用车，每类车辆在技术需求上存在显著差异。首先，占比最大的乘用车主要面向个人消费者和家庭，如小型车、轿车、SUV 和跨界车等。其次，商用车主要用于公共交通、货物运输及物流配送等场景。最后，专用车是指用于特定功能或行业需求的新能源汽车，广泛应用于环卫、工程、医疗等领域。

3. 下游部分

下游部分主要聚焦于充电设施的建设及其相关服务和应用场景的拓展，包含充电桩、充电站和接电站等基础设施建设，以及电池回收的循环利用。除此之外，下游还涵盖了围绕新能源汽车产生的各种服务，如汽车租赁、出售、维修保养、金融和保险等。

新能源汽车产业链如图 1 所示。

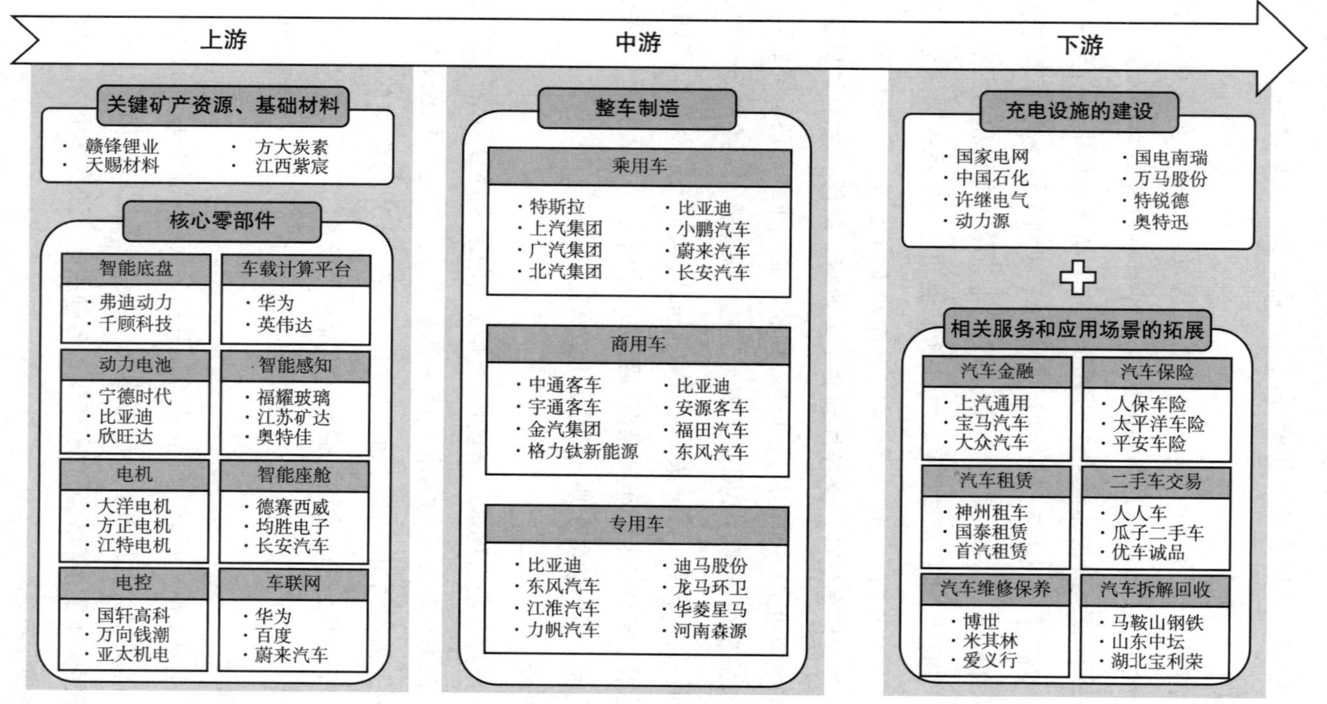

图 1　新能源汽车产业链

资料来源：前瞻产业研究院。

（二）智能网联新能源汽车动力核心零部件——动力电池产业概述

动力电池作为新能源汽车的动力来源，是产业链的核心环节。动力电池技术直接影响车辆的续航能力、能量密度、使用寿命和安全性。锂离子电池凭借其高能量密度及高稳定性等优点，成为目前的主流选择，但其环保难题日益显现；同时，固态电池、钠离子电池等新型电池技术也在迅速发展，逐渐突破能量密度瓶颈和解决安全性问题。电池管理系统（BMS）作为动力电池的核心技术，能够监控和调节电池的状态，确保其在高效、安全的状态下运行，防止发生过充、过放、电池发热等问题。

动力电池产业涉及多个环节，从上游的关键原材料供应，到中游的动力电池制造与组装，再到下游的新能源汽车制造，各环节紧密相连。作为新能源汽车能量存储与转换的基础单元，动力电池在整车成本中占比超过40%，是新能源汽车中最关键的零部件。

上游产业链为动力电池提供关键原材料及核心部件如正极、负极、电解液和隔膜等。关键原材料主要包括矿产资源、化学原材料。首先，动力电池的生产依赖大量矿产资源，尤其是锂、镍、钴、锰等。其次，动力电池的生产离不开各种化学原材料，主要包括各种金属盐、合成化学品和添加剂，它们用于制造正极材料、负极材料、电解液等动力电池的核心部件，这些材料通过化学合成和加工，直接影响电池的性能和成本。除此之外，在三元材料的制造中，化学合成铝盐和钴盐是必不可少的，分别用于镍钴铝和镍钴锰的生产，它们能够有效提升电池的能量密度和安全性。最后，在负极材料的制造过程中，如溶剂和黏结剂等化学原材料能够帮助保持电极结构的稳定性，提升其导电性能和机械强度。

动力电池的核心部分包括了正负极材料、电解液与隔膜。其中，正极材料在动力电池的成本和性能中占据重要位置，正极材料主要包括三元材料（镍钴锰、镍钴铝）、磷酸铁锂和锰酸锂等。以镍、钴、锰或镍、钴、铝为基础的三元材料具有高能量密度，广泛应用于高端电动汽车。磷酸铁锂以其低成本、高安全性和长循环寿命在电动客车和中低端乘用车领域被广泛应用。锰酸锂的稳定性和导电性较好，适合中低能量密度的电池，但因其成本较低，在某些电动车领域仍有应用。负极材料是储存和释放锂离子的关键，主要包括天然石墨、人造石墨和硅基材料。石墨是目前最常用的负极材料，成熟的技术和良好的导电性使其成为制造电池负极时的主流材料，成本适中且性能稳定。天然石墨价格较低，但人造石墨具备更好的电化学性能。硅基材料具有比石墨高出数倍的理论比容量，但其充放电过程中存在显著的体积膨胀问题，因此仍处于研发和优化阶段，被认为是下一代负极材料的主要候选者。电解液是锂离子在电池内部流动的介质，通常由有机溶剂、锂盐和功能性添加剂组成。隔膜位于电池正负极之间，防止短路的同时允许锂离子自由通过，主要材料为聚乙烯（PE）和聚丙烯（PP）。

中游产业链是动力电池的制造和组装环节，主要包括电芯、电池管理系统（BMS）和电池热管理系统。电芯是动力电池的基本单元，其性能直接影响电池的能量密度、功率密度和循环寿命。市场上常见的电芯形态包括圆柱形、方形和软包电芯。不同形态的电芯具有各自的优点，圆柱形电芯具备更好的散热性，方形电芯能量密度较高，软包电芯则在轻量化和结构设计上具有更大的灵活性。BMS 是确保动力电池安全、高效运行的重要组成部分，BMS 通过实时监测电池的电压、电流和温度，避免过充、过放和短路等危险情况发生，从而延长电池寿命并提高安全性，电池热管理系统则通过控制电池温度，确保其在不同环境和工作条件下安全、高效地运行，主要包括液冷系统和空气冷却系统。

下游产业链涵盖动力电池的多元化应用市场，主要包括电动汽车、电动自行车、电动摩托车、燃料电池汽车以及动力回收电池。电动汽车是动力电池的主要应用市场，涵盖乘用车、商用车和专用车。应用第二广泛的便是电动自行车和电动摩托车，它们使用相对较小的电池组，对成本和能效的要求较高。除了上述两种应用模式之外，燃料电池汽车也是未来动力电池的应用方向之一。燃料电池汽车是使用氢气作为能源，通过燃料电池转换为电能，驱动车辆。燃料电池与锂离子电池相结合，在长途运输和重载车辆的应用中具有较大潜力。除此之外，随着动力电池的大规模应用，电池回收和再利用成为下游产业链的关键部分。动力回收电池通过技术手段将废旧电池的原材料重新利用，实现资源循环，降低环境负担。

具体动力电池产业链如图 2 所示。

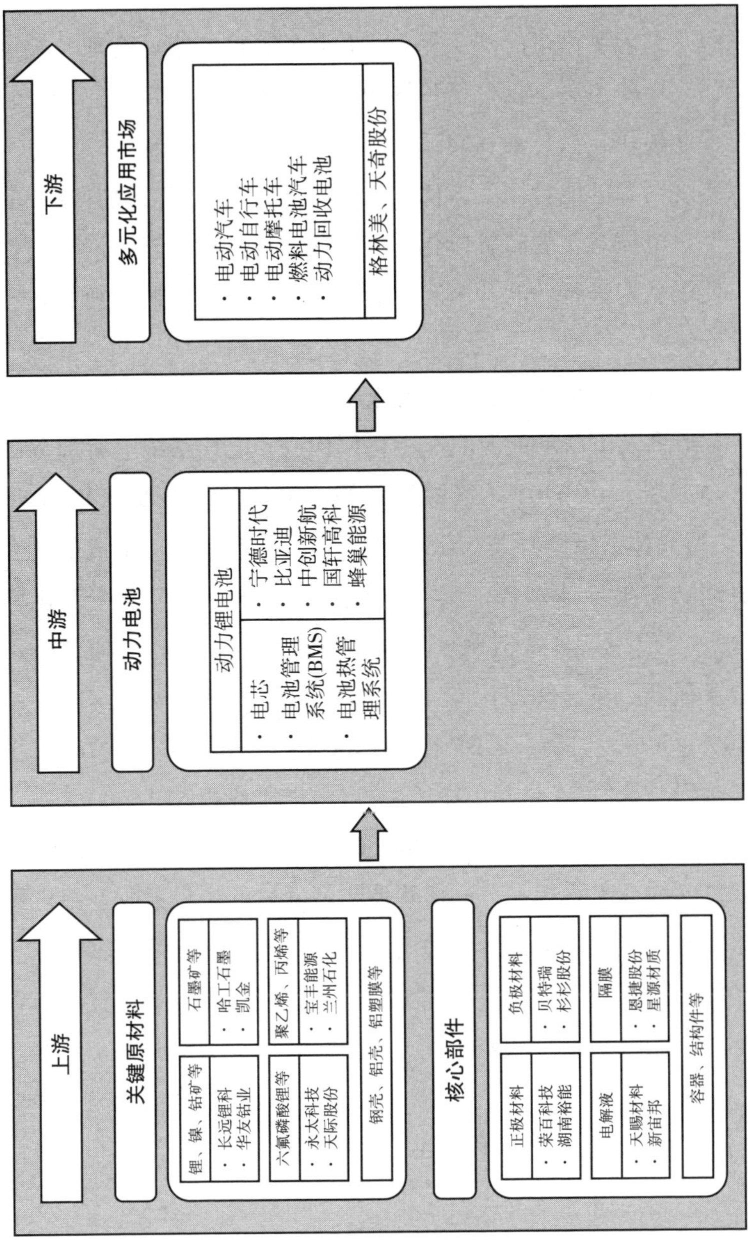

上游

- **关键原材料**
  - 锂、镍、钴矿等
    - 长远锂科
    - 华友钴业
  - 石墨矿等
    - 哈工石墨
    - 凯金
  - 六氟磷酸锂等
    - 永太科技
    - 天际股份
  - 聚乙烯、丙烯等
    - 宝丰能源
    - 兰州石化
  - 钢壳、铝壳、铝塑膜等
- **核心部件**
  - 正极材料
    - 荣百科技
    - 湖南裕能
  - 负极材料
    - 贝特瑞
    - 杉杉股份
  - 电解液
    - 天赐材料
    - 新宙邦
  - 隔膜
    - 恩捷股份
    - 星源材质
  - 容器、结构件等

中游

- **动力电池**
  - 动力锂电池
    - 电芯
    - 电池管理系统(BMS)
    - 电池热管理系统
    - 宁德时代
    - 比亚迪
    - 中创新航
    - 国轩高科
    - 蜂巢能源

下游

- **多元化应用市场**
  - 电动汽车
  - 电动自行车
  - 电动摩托车
  - 燃料电池汽车
  - 动力回收电池
  - 格林美、天奇股份

图 2　动力电池产业链

资料来源：撼地研究院。

（三）智能网联新能源汽车核心零部件——电控系统产业概述

电控系统是新能源汽车的“大脑”，负责车辆整体能量管理和控制系统的协调运作。电控系统不仅包括传统的动力传动控制模块，还涉及复杂的车辆智能控制模块，如自动驾驶系统、智能驾驶辅助系统等。先进的电控系统可以实现精确的能量调度，优化车辆的能耗比，同时提升驾驶的舒适性和安全性。电控系统的高集成化、模块化设计，使新能源汽车的性能更加灵活，便于后期进行功能升级和扩展，推动新能源车辆朝智能化和网联化方向发展。

新能源汽车电控系统产业链由上游电子元器件供应商、中游新能源汽车电控系统集成商及下游新能源汽车主机厂构成。电控系统上游部分的主要零部件（逆变器）由 IGBT（绝缘栅双极型晶体管）组成，IGBT 是由 BJT（双极结型晶体三极管）与 MOS（绝缘栅型场效应管）组成的复合全控型电压驱动功率半导体器件，具有高频率、高电压、大电流等优良性能。IGBT 被广泛应用于日常消费、工业制造、电力输配、交通运输、航空航天等重点领域。在新能源汽车中，IGBT 占整个新能源汽车电控系统总成本的 40%~50%。目前，IGBT 行业市场集中度较高，全球 Top 5 供应商市场份额达到总量的 74%，中国 IGBT 市场供应商由英飞凌、ABB、三菱、东芝、富士等主导。电控系统中游部分为新能源汽车电控系统集成商，主要负责电控系统的开发，包括软件和硬件的设计与集成，提供硬件与底层驱动软件，该部分市场主要包含比亚迪、北汽新能源等整车厂与汇川技术、上海电驱动等第三方专业新能源汽车电控系统集成商。同时，以比亚迪为代表的整车厂除了可以实现电控系统的自产自用外，还可以满足其他整车厂的配备需求，且已占据行业约 50% 的市场份额。电控系统下游部分主要由比亚迪、北汽新能源等乘用车主机厂与宇通客车、中通客车等商用车主机厂构成。

电控系统产业链如图 3 所示。

上游

电子元器件供应商

Infineon ABB TOSHIBA 中国中车 CRRC

- ✓ 国际供应商占据主导地位
- ✓ 市场集中度较高，Top 5企业市场份额达到74%
- ✓ 平均单价为350~450元

其他电子元器件供应商

逆变器	电源模块
中央控制模块	软启动模块
保护模块	信号检测模块

中游

新能源汽车电控系统集成商

整车厂

BYD 宇通客车 JMC 众泰汽车 ZOTYE AUTO

行业内整车厂已占据约50%的市场份额

第三方专业新能源汽车电控系统集成商

上海电驱动 EDRIVE 大郡控制 DAJUN TECH 精进电动 JEE 汇川技术 invt 英威腾

下游

新能源汽车主机厂

乘用车主机厂

BYD BMW 北汽新能源 BAIC BJEV DFM TESLA

电控系统平均价格为0.6~1.5万元/台

商用车主机厂

宇通客车 中通客车 KLM 厦门金龙

电控系统平均价格为3~5万元/台

图3　电控系统产业链

资料来源：旺材电机。

（四）智能网联新能源汽车核心零部件——电机系统产业概述

在新能源汽车中，电机系统的技术水平直接影响车辆的加速性能、最高车速和能耗效率。电机系统由固定部分、转动部分和辅助部分构成。固定部分主要由定子机座、机架、定子铁心、定子绕组、端盖及底板等导磁、导电和支撑固定等部件组合而成；转动部分包括转轴、转子铁心、转子支架、转子绕组、集电环、换向器和风扇等；辅助部分包括轴承、电刷和冷却器等。

上游环节主要涉及关键原材料的供应，包括电解铜、绝缘材料、碳结钢、硅钢等。电解铜作为高导电性的材料，广泛应用于电机绕组中，直接影响电机的电能传输效率；绝缘材料则用于保障电机运行的安全性与耐用性，提升其耐热性和抗电击能力；而碳结钢和硅钢则是电机定子和转子的主要材料，硅钢良好的磁导性能决定了电机的能效表现。这些原材料的品质和供应稳定性直接影响中游制造环节的生产成本和技术水平。

中游环节是电机系统产业链的核心，涉及电机的设计、组装和制造，该环节的关键任务是通过对材料的合理应用和精密设计，实现高效、可靠的电机生产。此处的电机制造企业（如卧龙电气、佳木斯电机等）不仅要确保产品性能满足各类应用需求，还需要通过技术创新优化电机管理系统和热管理技术，以提高电机的运行稳定性和能效表现。同时，企业需要持续研发电机控制系统和能量回收技术，以应对市场日益严格的能效标准和环保要求。

下游环节涉及电机在多个行业中的广泛应用，涵盖冶金、水利、石化、建材和风电等领域。电机作为工业设备的核心驱动单元，被广泛应用于重型机械、水泵、发电机组等设备，这不仅对设备的工作效率和稳定性至关重要，还对整个行业的生产效能产生深远影响。特别是在风电和水利领域，电机的高效性和可靠性决定了可再生能源项目的运行效率和经济性，而在冶金和石化领域，电机的持久耐用性和高负载能力则是保证设备长时间连续运行的关键因素。

电机系统产业链如图 4 所示。

图 4　电机系统产业链

资料来源：智研产业百科。

除了三大核心部分之外，智能化零部件也是新能源汽车的重要组成部分，涵盖车载操作系统与智能中控台、雷达、摄像头、激光雷达等设备。车载操作系统与智能中控台不仅可以提供导航、娱乐等功能，还能够通过大数据分析、车联网技术，实现车辆与环境、车辆与基础设施之间的实时交互。通过雷达、摄像头、传感器的综合运作，车辆能够实现对周围环境的实时监控与判断，提升驾驶的安全性和自动化水平。

二　成渝地区双城经济圈智能网联新能源汽车产业链现状

（一）产业上游：核心零部件发展现状

在上游环节，重庆和四川聚集了大量的关键零部件供应商，涵盖了动力电池、电控系统、电驱系统及其他零部件产业。在产业链上游，成都依托四川丰富的锂资源优势，发展动力电池原材料供应产业，拥有锂、钴等新能源车用关键金属的丰富储备，成为本地新能源汽车电池及相关材料生产的重要基地。四川则依托乐山、遂宁、成都等地的资源优势，聚集了天齐锂业、中自科技、富临精工等企业，尤其在动力电池和新材料领域占据了一定市场份额。重庆聚集了溯联股份、中国汽研、长安汽车、赛力斯等企业，在驱动电机、电控系统和动力电池生产方面进行技术研发，根据《重庆智能网联新能源汽车零部件产业集群提升专项行动方案（2023—2027年）》，重点围绕动力电池系统、智能底盘系统、智能网联系统等领域发展，到2027年，全市智能网联新能源汽车零部件产业营业收入达到7000亿元。此外，重庆还拥有秦安股份、神驰机电和瑜欣电子等企业，进一步增强了其在零部件供应链上的竞争力。

1. 动力电池产业

凭借天然的资源优势，四川已经成为动力电池企业的布局重点，包括宁德时代、中创新航、蜂巢能源、亿纬锂能和欣旺达等行业领军企业纷纷在此设立产业基地。特别是宁德时代作为链主企业，发挥了显著的引领作用，不仅通过自身投资在四川省内建立了一批上下游企业，还成功吸引了大量上游供应链企业前来投资建厂。由此，四川动力电池产业从无到有，迅速构建起一条完整的产业链条。

重庆的企业持续发力，长安“金钟罩”首款标准电芯产品正式上线，搭载了“快离子环石墨”“超高导电解液”等多个行业前沿技术，目前该电芯已被长安启源、深蓝汽车多款产品搭载。赛力斯则推出了赛力斯魔方平台，并与动力电池行业巨头宁德时代展开合作研发M3P电池，通过了专业机构的刮底试验测试和动力电池涉水安全验证挑战测试。

2. 电控系统产业

在电控系统产业方面，四川拥有一系列中坚企业。瑞迪智驱制造研发的瑞迪新能源汽车制动器包括永磁制动器、得电制动器、弹簧加压式制动器等多种类型，广泛应用于自动侧门、EMB电机制动、电动尾门等多种场合。富临精工是国内具有较高影响力的主要汽车发动机精密零部件供应商之一，该公司依托精密制造优势，加快布局新能源汽车智能电控及增量零部件，包括热管理系统、新能源汽车减速器、智能减震系统等，主要代表产品为电子水泵、电子油泵、车载减速器总成和可变阻尼减震器电磁阀（CDC）系列产品等。富临精工在电动 VVT 以及智能电控零部件的技术储备、客户资源等方面均具有先发优势，在高门槛的技术条件下，更具市场竞争力。富临精工与比亚迪、上汽、通用、大众、理想、蔚来、小鹏、博世、联合汽车电子等下游客户的技术研发中心建立长期的产品合作研发关系。重庆依靠两家新能源巨头公司，也拥有十分强大的科研能力。长安汽车在电控领域，以“智脑”“智体”“智服”为标签的首款搭载 SDA 平台架构的数智新汽车首发亮相；突破 APA 7.0 远程代客泊车、NID 3.0 领航智驾辅助、端云一体通讯、显示增强等技术，部分技术已量产搭载。赛力斯与华为强强联手，在智选车模式下，华为不仅深度参与产品的定义、设计、研发和生产工作，还负责产品的营销环节，为车企提供了全方位的支持和赋能。

3. 电驱系统产业

在电驱系统产业方面，重庆 8 家、四川 1 家共 9 家上市企业针对电驱系统进行研发，包括长安汽车、赛力斯等龙头企业及秦安股份、神驰机电等一系列中端电机制造公司。其中，长安汽车研发原力超集电驱、智电 iDD 电驱变速器获评“世界十佳电驱动”“十佳新能源汽车动力系统”“世界十佳混合动力系统”等荣誉；赛力斯与华为合作打造华为 Drive ONE 电机。

另外，中国汽车工程研究院股份有限公司（以下简称“中国汽研”）为国家一类科研院所，设有电驱系统专业研发团队，始建于 1965 年 3 月，2001 年转制为科技型企业。

中国汽研积极服务国家战略和行业发展，深刻践行央企责任使命，构建起以重庆本部为核心，辐射全国主要汽车产业集群的技术服务布局；拥有国家燃气汽车工程技术研究中心、汽车噪声振动和安全技术国家重点实验室、替代燃料汽车国家地方联合实验室、国家智能清洁能源汽车质量检验检测中心、国家机器人检测与评定中心（重庆）、国家机动车质量检验检测中心（重庆）、国家氢能动力质量检验检测中心、国家机动车质量检验检测中心（广东）、国家智能网联汽车质量监督检验检测中心（湖南）等国家级平台，是我国汽车产品开发、试验研究、质量检测的公共科技创新平台，致力于推动汽车产业技术进步。现已构建起北京院、苏州院、深圳院三大区域基地，形成集检测工程事业部、能源动力事业部、信息智能事业部、装备事业部、后市场事业部（筹）于一体的集群体系，并设有标准认证中心、政研咨询中心、品牌宣传中心、数据信息中心等专业化平台。该公司聚焦“安全”“绿色”“体验”三大技术领域，提供解决方案、软件数据、装备工具三类产品，为汽车行业高质量持续发展提供科技支撑、为汽车企业品牌与品质提升提供技术服务、为消费者公正合理消费提供顾问支持。

4. 其他零部件产业

在智能底盘产业方面，在上市公司中成渝地区双城经济圈仅有重庆的长安汽车和赛力斯汽车着力开发了智能底盘。长安汽车早在 2021 年就开启了底盘产业转型升级计划，并于 2022 年成立了辰致科技有限公司，该公司目标发展成兵装集团乃至中国的智能汽车线控底盘技术策源地。辰致科技主要生产线控制动、线控转向、减震塔、电池盒、门槛梁等车身零部件产品及 IBCU 线控制动、REPS 线控转向等线控底盘产品，产品配套于阿维塔、深蓝汽车、长安启源等品牌的多个新能源车型。按照产品投产计划，璧山基地预计在 2024 年实现销售收入超过 7 亿元，一期项目全面达产后，形成年产值 35 亿元规模，2024 年辰致科技还将继续进行二期产能投入，到 2025 年形成线控产品 100 万台、基础制动 300 万台、铝合金轻量化产品 50 万台的综合产能，达产后综合产值预计超过 130 亿元。① 赛力斯汽车与华为合作搭建了全球首个主动式魔毯悬架，它可以做到主动判断，提前预知路况，将为用户带来超越传统机械底盘的驾驶体验，还可以通过 ADS 摄像头识别前方 150m 以内路面情况，并提前 50ms 下发路面信息，而华为动态自适应扭矩系统在获取到前方路面信息后，将根据不同场景实时智能调节电机扭矩，以降低车辆通过不平整路面时的颠簸感与冲击感，提升通过舒适性。

① 《一期产能 30 万套　中国长安集团智能线控底盘基地在璧山投产》，《重庆日报》2024 年 2 月 26 日。

在混动与增程系统产业方面，重庆有两家上市公司着重研发了混动与增程系统。长安汽车推出的第二代 UNI-V 智电 iDD 增程系统是高效动力的代表，该系统采用蓝鲸动力技术，结合插电混动和增程式电驱动方案，既能为用户提供卓越的动力体验，也能通过增程系统确保车辆续航里程，从而缓解电动汽车的续航焦虑问题。赛力斯汽车的核心技术之一是增程电动技术，它结合了纯电驱动与增程发电，使其车型既具备电动汽车的高效和环保特性，又能够通过增程器延长续航里程，避免电动汽车的里程焦虑问题。赛力斯与华为联合推出的赛力斯华为智选 SF5 是典型的增程式电动车型，该车型搭载了一台高效的 1.5T 四缸增程器，通过为电池组持续供电，实现长距离行驶。得益于这一技术，SF5 不仅在纯电模式下具有出色的性能，还能在电量不足时依靠增程器继续行驶，从而大幅提高续航能力。四川的富临精工已获得比亚迪、长城、通用五菱等混动发动机和主流新势力的增程器项目定点。

在智能座舱方面，长安汽车在智能座舱技术上有着重要的投入。长安汽车通过旗下高端品牌“UNI”和“蓝鲸”，大力发展智能座舱的研发，其智能座舱系统集成了多屏互动、语音助手、车内娱乐系统等，带来了高度智能化和人性化的驾驶体验。赛力斯汽车作为重庆地区的另一家领先新能源汽车制造商，在智能座舱领域有着独特的竞争力。赛力斯的智能座舱系统依托其母公司小康股份的技术支持，强调车内多屏互动、智能语音控制以及 OTA（Over-The-Air）在线升级功能，并通过和华为智能座舱系统合作，成功推出了具备高度自动化和智能互联的车内系统，为用户提供了高度智能化的驾乘体验。

在车载计算平台方面，长安汽车在车载计算平台上大力投资，开发了“智能化平台”，该平台支持高效的车载操作系统和计算芯片，能够处理大数据、云计算以及人工智能的相关操作，形成高效能的车载计算网络，以支持自动驾驶和高级驾驶辅助系统（ADAS）。赛力斯利用小康股份的技术平台，打造了具备高算力和智能化特性的车载计算系统，能够处理海量车载传感器采集的数据，并实时做出智能化决策。

在软件算法方面，川渝地区的软件算法公司致力于为自动驾驶和智能网联新能源汽车提供支持，提升驾驶体验和车辆自动化能力。华为与长安汽车、赛力斯等企业合作开发自动驾驶的核心软件算法，其L4级自动驾驶算法具备强大的数据处理和决策能力，能支持自动驾驶车辆在复杂交通环境下安全行驶。此外，华为的软件还支持智能座舱功能，为用户提供更为便捷的车内操作。长安汽车的UNI系列汽车使用了自研的ADAS算法和车辆自主驾驶算法，结合了深度学习和计算机视觉技术，能够对环境进行精准感知和分析，从而实现了车辆的部分自动驾驶功能。

车载通信系统在智能网联新能源汽车中扮演着至关重要的角色，通过实现车辆与外部环境、其他车辆及基础设施的互联互通，为自动驾驶和智能交通提供数据支持。长安汽车的车载通信系统基于5G-V2X技术，支持超高速的车辆通信和实时信息交换，确保车与车（V2V）、车与基础设施（V2I）通信等功能的实现，这一系统的广泛应用使长安汽车能够在智能网联汽车方面具备领先优势。重庆电装作为重庆地区一家专注于车载电子设备制造的企业，为多家车企提供高性能的车载通信系统，尤其是5G-V2X通信模块，支持智能网联新能源汽车实现数据传输的无缝对接。

感知系统是智能网联新能源汽车的“眼睛”，其发展水平直接影响车辆的环境感知和安全性。重庆金康新能源大力研发激光雷达和毫米波雷达等核心感知系统，通过与供应商的合作，为其高端新能源车搭载了先进的环境感知系统，能够精准识别道路、行人及车辆。赛力斯的感知系统结合了多种先进传感器技术，包括摄像头、激光雷达和超声波传感器，支持全方位的自动驾驶感知，为车辆在复杂环境中的行驶提供可靠保障。

车联网技术在川渝地区的应用非常广泛，是实现车辆互联和智能交通的重要基础。长安汽车与华为在车联网技术方面有深度合作，基于华为的5G技术和车联网平台，长安汽车能够提供高度智能化的车辆互联体验，其车联网平台支持车与车、车与路以及车与云端的实时互通，提升了自动驾驶和远程车辆管理的效率。

（二）产业中游：整车制造发展现状

汽车行业的龙头是整车制造企业，在中游整车制造环节，重庆占据了主导地位。截至2023年底，重庆共有新能源整车制造企业31家，智能网联整车制造企业27家，规模以上汽车零部件企业达1200余家。长安汽车、赛力斯等企业是重庆整车制造领域的重要代表，它们推动了新能源汽车的研发和生产。这些企业的集聚效应强化了重庆作为新能源汽车整车制造基地的战略地位。

2023年四川新能源汽车产量为14.6万辆，占全国产量的1.5%，重庆新能源汽车产量的为50.3万辆，占全国产量的5.2%（见表1）。

表1　成渝地区双城经济圈新能源汽车产量比较

单位：万辆，%

地区	2023年		2022年	
	总量	占比	总量	占比
全国	958.7	100.0	705.8	100.0
重庆	50.3	5.2	36.5	5.2
四川	14.6	1.5	8.1	1.1

资料来源：中国电池产业研究院。

在产业方面，长安汽车和赛力斯作为重庆整车制造领域的龙头企业，强有力地推动新能源汽车在川渝地区的发展。长安汽车坚定推进“第三次创业——创新创业计划”“三大计划”，旨在通过在欧洲、东南亚、南美等区域设立生产基地和销售网络，加强品牌国际推广，推出本土化产品，加速新能源战略实施，以及与国际科研机构合作提升技术创新能力，培养国际化人才，以期在2030年实现海外市场销量百万辆，巩固其在全球汽车市场的地位。长安汽车2023年实现销量255.3万辆，同比增长8.8%，其中自主品牌新能源全年销售47.4万辆，同比增长74.8%；出口35.8万辆，同比增长43.9%[①]。

① 资料来源：同花顺。

与此同时，赛力斯以核心技术突破实现创新引领，以全面能力建设实现高质量成长，将科技成果转化为企业效益。2023 年陆续推出 AITO 问界 M5 智驾版、新 M7 及 M9，并迅速占领市场，全年新能源汽车销量、营业收入均创历史新高。2023 年，赛力斯营业收入 358.42 亿元，同比增长 5.09%；新能源汽车销量 15.09 万辆，同比增长 11.75%。该公司通过持续的高强度研发投入，锻造技术创新基因，打造了以 M9 为代表的 AITO 问界系列科技豪华汽车产品。2024 年第二季度问界 M9 交付占比提升，公司汽车销量同比增长 142.2%，环比增长 6.6%至 12.2 万辆，问界销量同比增长 763.6%，环比增长 20.6%至 10.0 万辆（M9 销量占比约 47.8%）。问界 M5 通过改款再强化年轻运动属性，上市 1 个月内大定超过 2 万台，交付表现也显著高于前期。问界 M7 上市 20 天内累计大定超过 3 万台，并实现前期制定的上市首月交付 2 万台的目标。问界 M9 交付占比提升，2024 年第二季度月均销量至 1.5 万台以上，位于 50 万以上车型销量第一①。截至 2024 年 6 月 26 日，问界 M9 累计大定 10 万台，对应日均订单 400 台，M9 既保持充沛的订单积累，又保持订单的稳健增长，展示出了强大的实力。

（三）产业下游：充电设施以及电池回收发展现状

在下游环节，充电基础设施和电池回收企业在成渝地区双城经济圈分布同样广泛。充电基础设施在成都得到了快速发展，在成都城市内部及周边地区已建成数千个充电站，包括超级充电站和常规充电站，以满足不断增长的新能源车辆的充电需求。当地政府还推出了财政补贴、土地使用优惠等政策支持充电基础设施建设。重庆的宗申动力、惠程科技和美利信等企业专注于充电设备的研发与制造，推动了新能源汽车配套设施的完善。在电池回收领域，四川的天齐锂业和远达环保等企业通过对废旧电池的回收和再利用，进一步推动了新能源汽车产业的可持续发展。

在充电基础设施方面，截至 2023 年 10 月，四川的公共充电桩数量、共

① 资料来源：同花顺。

享的私人充电桩数量和充电站数量分别为9.8万台、2400台和6500座，全部进入全国前十，总体规模处于中上水平，但是公共充电桩数量不足广东的1/5，不足浙江的1/2，再考虑到四川辖区面积较大，单位面积内的充电基础设施数量差距更大，未来还有较大的建设空间。与此同时，重庆的公共充电桩数量为5.4万台，共享的私人充电桩数量为1000台，充电站数量为2600座，与其他省市相比，重庆的充电基础设施建设较为滞后，和其他直辖市如北京、上海、天津之间有较大差距，考虑到重庆庞大的人口规模和辖区面积，还有较大的进步空间（见表2）。

表2　2023年10月全国主要省份充电基础设施数据

省份	公共充电桩（万台）	省份	共享的私人充电桩（千台）	省份	充电站（千座）
广东	53.5	北京	10.4	广东	26.5
浙江	20.4	广东	8.0	浙江	13.2
江苏	18.7	上海	7.8	江苏	12.9
上海	16.2	江苏	7.1	山东	9.3
湖北	13.5	浙江	7.1	上海	8.7
北京	12.6	山东	5.4	北京	8.2
山东	12.6	河南	5.1	四川	6.5
安徽	11.3	河北	3.9	河南	6.0
河南	10.5	天津	3.8	河北	5.5
四川	9.8	四川	2.4	大津	5.3
重庆	5.4	重庆	1.0	重庆	2.6

资料来源：中国充电联盟。

对于四川和重庆来说，加强充电基础设施建设是推动新能源汽车行业发展的重要环节，尤其是在增设公共充电桩和扩大充电站网络方面，需要进一步的政策支持和资金投入。

在产业方面，一是在充电基础设施相关公司层面，重庆以惠程科技、美利信2家上市公司为主。惠程科技发布了以“超级直流智能充电桩”为主打产品的“智慧商业高速快充解决方案”，瞄准城镇绿色物流快充领域进行战略布局。美利信与液冷相关的产品，亦主要用于充电桩。四川以四川金顶、尚

纬股份、华体科技、广安爱众、华丰科技等14家上市公司为主，其中，四川成渝构建完善的充电服务保障体系，争取实现高速路网充电设施全覆盖，目前已建成充电站128座，充电桩528根，换电站3座。西昌电力自建泸山快速充电站位于西昌市泸山旅游风景区，充电站占地约1500平方米，为直流充电站，目前拥有10个快速充电桩，最多可建成24~26个充电桩①。

二是在电池回收层面，目前重庆仅远达环保上市公司将电池回收视为主要业务，其以动力电池资源再利用为切入点，形成电池回收利用循环全产业链，并逐步拓展全国市场。四川正在构建“锂资源开发—锂电材料—电池制造—系统集成—终端应用—废旧电池梯级开发及综合回收利用”的全生命周期产业集群和生态体系。在“以旧换新”等政策的驱动下，四川不少生产企业也将目光瞄准动力电池回收赛道，已有5767家与电池回收业务相关的企业，例如天齐锂业专营动力电池回收，目前该公司已与中国科学院、清华大学、四川大学等多家高校及科研机构建立起开展科学研究及人才培养的合作模式，围绕主题涵盖锂资源产业链的上中下游，涉及“锂资源开发—基础锂电材料—下一代关键电池材料—电池回收—固废资源高值化综合回收利用”全生命周期，为锂资源全产业链技术创新突破提供动力源泉，该公司将持续技术创新，推进成果转化。

（四）总结

总体来说，成渝地区双城经济圈智能网联新能源汽车产业发展迅猛，已经形成了涵盖电池、电机、整车制造等核心技术的产业体系，在全国范围内拥有一定的竞争力。成渝地区双城经济圈的新能源汽车产业链呈现明显的地域分布和产业分工特点。

在上游环节，四川和重庆聚集了大量关键零部件供应商，涵盖驱动电机、电控系统和动力电池等领域。在中游环节，重庆占据了主导地位，长安汽车、赛力斯等车企持续发力。成都以及重庆地区也在充电设备的研发和生

① 资料来源：同花顺。

产方面不断推动配套设施的完善以满足日益增长的新能源车需求。此外，成都以及重庆地区积极推进废旧电池的回收和再利用，为区域内新能源汽车产业的可持续发展注入了新的活力。

成渝地区双城经济圈智能网联新能源汽车产业链相关上市企业布局情况如表 3 所示。

表 3　成渝地区双城经济圈智能网联新能源汽车产业链相关上市企业布局情况

<table>
<tr><th>环节</th><th colspan="3">上市企业布局</th></tr>
<tr><td rowspan="17">上游</td><td>驱动电机</td><td>电控系统</td><td>动力电池</td></tr>
<tr><td>溯联股份(重庆)</td><td>中国汽研(重庆)</td><td>中国汽研(重庆)</td></tr>
<tr><td>中国汽研(重庆)</td><td>瑞迪智驱(成都)</td><td>赛力斯(重庆)</td></tr>
<tr><td>长安汽车(重庆)</td><td>赛力斯(重庆)</td><td>长安汽车(重庆)</td></tr>
<tr><td>赛力斯(重庆)</td><td>瑜欣电子(重庆)</td><td>四川金顶(乐山)</td></tr>
<tr><td>秦安股份(重庆)</td><td>蓝黛科技(重庆)</td><td>天齐锂业(遂宁)</td></tr>
<tr><td>神驰机电(重庆)</td><td>美利信(重庆)</td><td>中自科技(成都)</td></tr>
<tr><td>瑜欣电子(重庆)</td><td>四川金顶(乐山)</td><td>硅宝科技(成都)</td></tr>
<tr><td>美利信(重庆)</td><td>德恩精工(眉山)</td><td>福蓉科技(成都)</td></tr>
<tr><td>四川金顶(乐山)</td><td>富临精工(绵阳)</td><td>富临精工(绵阳)</td></tr>
<tr><td>西菱动力(成都)</td><td>长安汽车(重庆)</td><td></td></tr>
<tr><td>智能底盘</td><td>混动与增程系统</td><td>智能座舱</td></tr>
<tr><td>长安汽车(重庆)</td><td>长安汽车(重庆)</td><td>长安汽车(重庆)</td></tr>
<tr><td>赛力斯(重庆)</td><td>富临精工(绵阳)</td><td></td></tr>
<tr><td>车载计算平台</td><td>软件算法</td><td>感知系统</td></tr>
<tr><td>长安汽车(重庆)</td><td>长安汽车(重庆)</td><td>金康新能源(重庆)</td></tr>
<tr style="display:none"></tr>
<tr><td rowspan="3">中游</td><td colspan="3">整车制造</td></tr>
<tr><td colspan="3">赛力斯(重庆)</td></tr>
<tr><td colspan="3">长安汽车(重庆)</td></tr>
<tr><td rowspan="9">下游</td><td>充电设施</td><td colspan="2">电池回收</td></tr>
<tr><td>宗申动力(重庆)</td><td colspan="2">天齐锂业(遂宁)</td></tr>
<tr><td>惠程科技(重庆)</td><td colspan="2">远达环保(重庆)</td></tr>
<tr><td>美利信(重庆)</td><td colspan="2"></td></tr>
<tr><td>四川金顶(乐山)</td><td colspan="2"></td></tr>
<tr><td>尚纬股份(乐山)</td><td colspan="2"></td></tr>
<tr><td>华体科技(成都)</td><td colspan="2"></td></tr>
<tr><td>四川成渝(成都)</td><td colspan="2"></td></tr>
<tr><td>明星电力(遂宁)</td><td colspan="2"></td></tr>
</table>

资料来源：新浪财经。

三　成渝地区双城经济圈智能网联新能源汽车产业的优势与不足

（一）优势

近年来，成渝地区双城经济圈紧紧围绕新能源汽车产业链的发展目标，积极推动产业集聚、技术创新和市场扩展三项核心任务；依托成渝地区双城经济圈的区位优势，强化新能源汽车关键技术的研发能力，不断提升企业核心竞争力。在政策支持下，成渝地区双城经济圈推动充电基础设施建设、优化供应链布局，并加速形成完整的新能源汽车产业生态。

同时，成渝地区双城经济圈注重产业链上下游的深度融合与协作，依托领先企业和技术平台，不断增强产业链整体效益。通过推动核心零部件的自主研发、打造电池材料及动力系统等高端制造产业集群，成渝地区双城经济圈在新能源汽车产业链的各个环节逐步提升，形成了多层次、多元化的产业体系。

1. 产业链条互补共进

2021 年 10 月，中共中央、国务院印发《成渝地区双城经济圈建设规划纲要》，提出成渝两地要“培育具有国际竞争力的先进制造业集群，以智能网联和新能源为主攻方向，共建高水平汽车产业研发生产制造基地”。

从产业整体布局来看，重庆拥有强大的整车制造基础，涵盖了包括发动机、变速器在内的全套供应链体系。然而，在新能源相关的核心领域如电池材料和电池包等新兴产业，重庆本土企业的规模较为有限，成都则在新材料、动力电池、电子信息和软件产业方面，尤其是智能网联汽车的检测平台和信息安全等技术领域具备显著优势。另外，四川还凭借其丰富的科研资源和高校智力支持，进一步巩固了其在新能源汽车产业链中的重要地位。

成渝两地在新能源汽车产业链上的互补性为双方实现协同发展提供了有力支撑。如果两地能够在核心技术研发、产业链整合及应用场景推广方面实现一体化发展，未来将有望实现“1+1>2”的协同效应，推动成渝地区双城经济圈成为具有国际竞争力的先进制造业集群。这种互补性不仅强化了两地产业链的联动，还为成渝地区双城经济圈的高水平建设奠定了坚实基础。

2. 联合政策卓有成效

川渝政府之间合作密切，高度协调，除了体现在政策文件的联合编制和发布上，还体现在推动产业链上下游整合等方面。近年来，川渝两地相继发布了《川渝汽车产业链供应链协同工作方案》《成渝地区双城经济圈汽车产业高质量协同发展实施方案》等重要政策文件，明确了两地在新能源汽车产业链协作中的发展目标和具体措施。这些政策为两地企业合作提供了有力的政策保障，有效促进了整车与零部件制造、动力电池供应等领域的资源整合与共享。

在新能源汽车核心技术领域，川渝两地通过财政支持，设立了重大专项支持计划，联合攻关新能源汽车电池、电机等关键技术，力求突破“卡脖子”问题。这些计划的实施不仅增强了两地在新能源与智能网联汽车领域的创新能力，还推动了基础前沿技术的持续发展。

3.“三条走廊”融合发展

在“氢走廊”建设方面，川渝两地依托地理位置与产业基础，构建了贯通区域的氢能经济网络。以成都至重庆主干线为核心，形成了辐射川南、渝西、川东北和渝东北城市群的互联互通体系。这一氢能走廊不仅整合了制氢、储氢、运氢、加氢等全产业链资源，还通过重大示范项目，如氢燃料电池物流车的投入使用，展示了氢能在物流和交通领域的巨大潜力。此外，川渝两地在氢能政策和产业布局上已经聚集了200多家企业和科研机构，为氢能产业的进一步发展奠定了坚实基础。

“电走廊”的建设重点是电动汽车换电模式的推广和充电桩基础设施的完善。重庆和宜宾作为新能源汽车换电模式试点，已在部分高速公路服务区实现了充电桩的全面覆盖，为跨省电动汽车出行提供了充足的电力补给支持。同时，川渝两地计划在出租车和网约车等公共交通领域试点换电技术，并逐步向私人车辆领域推广。这种电力补给与换电模式的广泛布局，不仅提升了电动汽车的使用便捷性，还推动了成渝两地在新能源汽车配套设施上的进一步融合。

“智行走廊”的建设也是川渝地区在智能网联汽车领域的一个重点突破方向。双方正在对具有车用通信网络功能的道路进行升级，并通过合作开发自动驾驶测试和车路协同项目，形成了包括百度西部自动驾驶开放测试基地、重庆西部汽车试验场等在内的综合测试平台。通过这些平台，两地能够开展大规模的自动驾驶测试和示范应用，进一步促进智能网联汽车与车联网产业集群的形成。

4. 资源禀赋助力产业发展

作为西部开发核心地区，四川在锂、镍等资源开发环节占据一定优势。电池制造中最重要的是与制造正负极材料、电解液和隔膜相关的原材料，如锂矿石墨、PVDF、六氟磷酸锂金属及新型金属类材料、橡塑材料等关键材料。成渝地区双城经济圈在资源禀赋方面具有显著优势。四川作为中国重要的锂矿资源基地，锂矿储量在全国位居前列，为动力电池的生产提供了坚实的原材料保障。数据显示，2022 年四川的锂矿储量达 135.03 万吨，居全国第三；镍矿储量为 13.68 万吨，居全国第五；钴矿储量为 0.53 万吨，居全国第八；而磷矿储量则高达 6.64 亿吨，居全国第三（见表 4）。此外，根据“2023 世界动力电池大会”的数据，四川目前已具备 155 万吨的锂矿开采能力，以及 54 万吨的基础锂盐生产能力，均在全国处于领先地位。此外，四川和重庆在稀土资源、镍、钴等关键原材料的储备和开采上也具备一定的优势，这为地区内新能源汽车产业链的上游提供了充足的资源支持。

表 4　2022 年四川矿产资源储量及排名

原材料	储量	全国排名
锂矿	135.03 万吨	3
镍矿	13.68 万吨	5
钴矿	0.53 万吨	8
磷矿	6.64 亿吨	3

资料来源：自然资源部。

此外，四川得天独厚的清洁能源供应能力，特别是水电资源，为新能源汽车产业提供了极具竞争力的绿色电力支持，满足了“双碳”目标下对新能源汽车“碳足迹”追踪的严格要求。基于此，宁德时代等大型电池企业纷纷在四川建立生产基地，进一步增强了四川在新能源汽车电池制造领域的竞争力。

（二）不足

1. 高端零部件制造技术欠缺

成渝地区双城经济圈的新能源汽车产业链虽然完整，但核心零部件的技术自主研发能力较弱。虽然成渝地区双城经济圈的新能源汽车产业取得了显著进展，但在动力电池、电控系统和电机系统等核心零部件方面，仍然高度依赖进口或外部地区的供应。在成渝地区双城经济圈智能网联新能源汽车产业中，60%～70%的核心零部件依赖外部供应，尤其是动力电池领域，本土自主品牌的市场占有率仅为20%左右。这种对外部供应链的依赖不仅导致了生产成本的上升，还造成了供应的不确定性，严重影响了本地企业的竞争力。由于缺乏关键技术的自主研发能力，成渝地区双城经济圈的新能源汽车企业难以在产业链的高端环节中占据主导地位，从而限制了区域内产业的可持续发展。同时，由于缺乏核心零部件制造厂商，限制了成渝地区双城经济圈智能网联新能源汽车产业的协同发展。

2. 技术创新能力弱

一是投入资金较少，与国内其他地区相比，成渝地区双城经济圈智能网联新能源汽车企业在研发方面的投入稍显不足。成渝地区双城经济圈智能网联新能源汽车企业的研发投入占营收的比重普遍低于5%，而国内一些地区如长三角和珠三角地区的这一占比通常在8%～10%。相对较低的研发投入使得企业在技术创新方面缺乏足够的资金支持，难以进行深入的技术开发和创新。

二是缺乏技术基础和高水平的研发团队支持。成渝地区双城经济圈的技术基础相对薄弱，企业缺乏具有全球视野和创新能力的高水平研发团队。在成渝地区双城经济圈智能网联新能源汽车企业中，硕士及以上学历的研发人员占比小，人才短缺直接影响了企业在新材料、新工艺和新技术应用上的创新能力。例如，在固态电池、新能源汽车轻量化材料等领域，成渝地区双城经济圈的技术研发明显滞后，难以引领行业发展潮流。

3. 市场推广力度不足

一是充电基础设施建设滞后，直接影响了新能源汽车的推广和使用。目前成渝地区双城经济圈的充电桩数量明显不足，且分布不均衡，主要集中在市区，郊区和农村地区的覆盖率较低。2023 年成渝地区双城经济圈的公共充电桩保有量仅为 15 万台左右，不足同年广东省的 1/3。充电网络的不完善导致新能源汽车用户在日常使用中面临充电困难的问题，严重影响了他们的使用体验和续航信心。

二是市场推广力度不足，影响了新能源汽车的市场渗透率。新能源汽车作为一种新兴产品，消费者对其性能、使用成本、充电便捷性等方面的认知度和信任度普遍较低。虽然新能源汽车在环保和经济性方面具有明显优势，但由于缺乏有效的宣传和推广，许多潜在消费者对其仍存有疑虑。

三是政策支持力度有限，未能充分激发市场活力。成渝地区双城经济圈虽然出台了一些鼓励新能源汽车发展的政策，但一方面，政策的覆盖范围有限，许多潜在消费者未能享受到政策红利；另一方面，政策执行过程中存在透明度不高、不公平等问题，削弱了政策的激励效果，市场推广力度和政策执行效果仍有很大的提升空间。

4. 人才储备不足

新能源汽车产业既要求在研发、设计、制造等环节保持先进技术，又要求在战略规划、市场开拓、运营管理等方面具备前瞻性和创新性，每个环节都需要大量具备专业技能和实践经验的高素质技术人才。成渝地区双城经济圈在这些关键技术领域的高端研发人才较少，限制了技术创新和产品开发的速度，阻碍了本地企业提升竞争力。企业要引进外部技术或与外部机构合作，但这在一定程度上加大了企业的运营成本，削弱了其自主创新能力。

同时，成渝地区双城经济圈在新能源汽车人才的培养和引进机制上存在诸多不完善之处，影响了人才的储备和流动。高校和科研机构作为人才培养的主要基地，在新能源汽车相关专业的设置和培养方面相对滞后，尚未形成系统化、专业化的人才培养体系。企业与高校、科研机构之间的合作不够紧密，产学研结合不够充分，导致科研成果难以转化为实际生产力。与此同时，成渝地区双城经济圈缺乏有效的人才引进和激励机制，使得本地培养的人才流失严重，尤其是高端人才更倾向于流向北京、上海等经济发达地区。这种人才流失现象不仅加剧了本地企业的用人压力，也影响了成渝地区双城经济圈在全国新能源汽车产业中的竞争力。

5. 产业集聚效应不明显

一是相关企业地理位置分散，难以形成强大的产业集聚效应。成渝地区双城经济圈已经有了一定数量的新能源汽车制造企业，但这些企业呈现地理上的分散化特征，缺乏集中发展的产业园区和专业化的生产基地。成渝地区双城经济圈智能网联新能源汽车企业主要分布在成都市、重庆市等少数几个大城市，且各自为战，互不联动。这种分散的布局使得企业之间的联系和合作较少，难以形成协同效应和规模效应。产业集群的缺失意味着资源共享和信息交流的机会有限，企业难以通过集聚优势来降低成本、提升效率和促进创新。这种状况不仅削弱了区域竞争力，也使得该地区的新能源汽车产业在国内外市场中难以占据一席之地。

二是缺乏龙头企业，进一步影响了产业集聚效应的形成和发展。龙头企业在产业集聚和带动方面起着至关重要的作用，它们不仅能吸引上下游企业聚集在其周围形成产业集群，还能通过其市场影响力和技术创新力引领整个行业的发展。然而，成渝地区双城经济圈智能网联新能源汽车产业中龙头企业的数量和规模都相对不足和较小，具有国际竞争力和市场影响力的龙头企业屈指可数。虽然长安汽车和赛力斯在行业内有一定知名度和市场份额，但与国际或国内其他地区的龙头企业相比，这些企业在技术创新、市场开拓和产业带动方面仍显得乏力。大多数本地企业规模较小，资金实力和技术积累有限，难以在全球或全国范围内产生较大的市场影响力，这使得该地区难以通过龙头企业带动形成强有力的产业集群，进一步削弱了区域竞争力。

四　成渝地区双城经济圈智能网联新能源汽车产业链发展建议

（一）优化产业链条，强化产业基础

1. 提升核心零部件的自主研发能力

（1）加强本地企业的研发投入

成渝地区双城经济圈应鼓励本地新能源汽车企业加大研发经费的投入，特别是在动力电池、电控系统和电机等核心零部件领域。地方政府可以通过设立专项基金或提供研发补贴，支持企业自主研发新技术，以减少对进口零部件的依赖。例如，可以通过设立“新能源汽车核心零部件专项资金”，对在本地区设立研发中心的企业给予资金和政策支持，以激发企业创新动力。

（2）建立协同创新平台

成立区域性的新能源汽车技术创新联盟，聚集整车厂商、零部件供应商、高校和科研机构，共同攻关核心技术。通过共享技术资源、合作开发前沿技术，逐步提高本地企业在核心零部件领域的自主创新能力。可以在成渝两地设立“新能源汽车技术创新中心”，通过集中科研力量和优化资源配置，推动产业链上下游企业的协同创新。

（3）促进产学研结合

加强高校与企业间的合作，促进科研成果的转化与应用。地方政府可以通过共建实验室、联合培养研究生等方式，培养一批既具备理论素养又有实践能力的技术人才，为本地企业的技术创新提供人才支撑。例如，支持高校与龙头企业合作，建立“新能源汽车关键技术联合实验室”，推动创新成果的实际应用。

2. 完善新能源汽车产业配套体系

（1）推动高端零部件制造企业的引进和培育

地方政府应通过产业政策吸引国内外优秀的高端零部件制造企业在成渝地区双城经济圈投资建厂，并提供税收减免、土地优惠等政策支持。同时，扶持本地有潜力的零部件制造企业，帮助其提升产品质量和技术水平，从而补齐产业链短板。例如，可以通过设立“新能源汽车高端零部件产业基地”，吸引上下游企业入驻，形成产业集群效应。

（2）构建健全的供应链管理体系

通过引入先进的供应链管理模式，提高本地企业的供应效率和反应速度。推动信息化平台建设，实现上下游企业间的资源共享和信息互通，提升供应链的协同效率。例如，成渝地区双城经济圈可以共同搭建“新能源汽车供应链信息化管理平台”，通过大数据分析和人工智能技术优化供应链流程。

3. 增强企业间的协同效应和规模效应

（1）构建区域一体化的产业生态系统

成渝地区双城经济圈应充分利用两地的区位优势和资源禀赋，协同发展新能源汽车产业。通过建立跨区域的产业合作机制，促进两地在政策、资源、技术等方面深度合作，形成互补和共赢的产业生态系统。例如，成渝地区双城经济圈可以共同制定“新能源汽车产业协同发展规划”，通过政策协调和资源整合，推动区域内企业的协同发展。

（2）鼓励企业间的联合与重组

通过政策引导和市场化运作，鼓励本地企业通过兼并重组、战略联盟等方式实现资源整合，提升产业集中度和市场竞争力。支持企业做大做强，形成具有国际竞争力的龙头企业，从而带动整个产业链的发展。例如，可以设立“新能源汽车产业重组专项基金”，支持本地企业通过兼并重组提升市场份额和技术水平。

（3）增强产业集群效应

在成渝两地分别建立以新能源汽车为核心的产业园区，集中发展与新能源汽车相关的上下游企业，形成产业集群。通过集聚效应，提升区域内企业的整体竞争力和市场影响力。可以借鉴国内外成功经验，规划和建设“成渝新能源汽车产业集聚区”，打造具有全球影响力的新能源汽车产业集群。

（二）加强技术创新，保护核心技术

1. 加大研发投入，优化资金配置

第一，加大研发投入。成渝地区双城经济圈智能网联新能源汽车企业应逐步将研发投入占营收的比重提升至8%~10%，与国内领先地区看齐。这一调整可以通过增加企业自有资金的投入、争取政府的科研基金和技术创新补贴来实现。

第二，制定长期技术发展规划。应制定系统性和长期性的技术发展规划，明确技术路线和创新目标，特别是在核心技术领域，如电池管理系统和自动驾驶技术上，优先考虑自主研发，减少对外部技术的依赖。

第三，拓展资金多元化渠道。为了保障研发资金的持续投入，企业应探索多元化的融资渠道，例如通过产业基金、风投资本和技术合作伙伴引入资金，以增强企业的资金实力和抗风险能力。

2. 建立技术创新的生态体系，增强自主研发能力

第一，构建区域创新平台。成渝地区双城经济圈应构建一个产学研多方合作的创新生态体系，推动企业、高校、科研院所形成战略联盟，联合设立技术创新中心或实验室。通过整合区域内外的技术资源，形成跨领域的协同创新机制，在关键技术如动力电池、智能网联技术等领域取得突破。

第二，规划技术路线。新能源汽车领域技术更新速度快，成渝地区双城经济圈的企业应制定明确的技术路线，并且动态调整技术发展策略，跟进全球最新技术动向。同时，在动力系统、车载操作系统和自动驾驶技术等方面优先布局自主研发，依托区域创新平台，开展持续的技术迭代。

第三，增强自主知识产权积累。推动企业进行知识产权布局，特别是在电池管理系统、驱动电机和车载芯片等领域，积极申请国内外专利。政府应提供专项支持，建立创新成果的快速转化机制，帮助企业提高专利转化率。

3. 改善知识产权保护，推动成果商业应用

第一，健全区域知识产权保护体系，成渝地区双城经济圈相关政府应进一步强化知识产权保护力度，完善相关法律法规及知识产权服务，帮助企业在技术创新成果上实现全面保护，避免因知识产权纠纷而导致技术流失。同时，推动新能源汽车企业建立完善的知识产权管理制度。

第二，加速创新技术的产业转化，通过设立科技成果转化基金，支持技术创新成果的快速落地应用，推动成渝地区双城经济圈的智能网联新能源汽车技术创新成果尽早实现商业化。政府应通过政策引导，支持技术成熟度高的科研成果进入市场，并通过创新孵化平台帮助初创企业加速成长。

第三，推动创新技术标准化，成渝地区双城经济圈应积极参与新能源汽车领域的标准制定，确保本地创新技术能与国际标准接轨，并通过主导行业标准的制定，提升技术创新的全球话语权。

（三）加大市场推广力度，提升消费者认知度

1. 加速充电基础设施的建设和优化

第一，均衡布局充电桩，加快提升充电桩在郊区和农村地区的覆盖率，缩小城乡之间的基础设施差距。针对 2023 年成渝地区双城经济圈公共充电桩保有量仅为 15 万台左右且分布不均衡的问题，本报告建议引入分布式能源管理系统，提高充电桩的智能化水平和使用效率。

第二，提高维护和运营效率，建立区域性的充电桩管理和维护机制，定期检测并维修低效或损坏的设备，提升用户的使用体验。引入实时数据监控系统，可以更好地管理充电桩的使用情况，并提前预警潜在问题，从而在一定程度上消除用户的顾虑。

2. 加强市场推广和宣传普及

第一，系统化推广战略，制定并实施系统化的市场推广策略，通过线上线下活动加深消费者对新能源汽车的了解，尤其是新能源汽车的环保优势、经济性和充电便捷性等方面。采用体验式营销，如推出试驾活动或建设体验中心，提升消费者的参与感。

第二，加大宣传普及力度，通过社区教育、媒体宣传和行业讲座等多种途径，普及新能源汽车相关知识，消除消费者对新技术的误解。本报告建议开展专题讲座或发布深入的技术解读报告，以增强消费者对新能源汽车的信任度和认知度。

3. 优化政策支持和执行机制

第一，扩大购车补贴和税费减免政策的覆盖范围，使更多的消费者受益。对于因收入水平或其他条件限制未能享受政策红利的潜在消费者，本报告建议政府增加针对中低收入群体的专项补贴，或推出购车贷款利息补贴等更具针对性的支持政策。

第二，简化补贴申请流程，缩短审批时间，确保政策红利能够快速、有效地到达消费者手中。可考虑采用数字化的申请与审批流程，提高透明度和效率，避免不必要的延迟和纠纷。

第三，提升政策的公平性和透明度，建立政策执行的监督机制，防止因执行不力导致的市场信任问题。引入第三方审计机构，定期对政策执行情况进行评估和公示，提升政府的公信力和政策的激励效果。

第四，拓宽融资渠道以支持企业发展，引入多元化的融资模式，鼓励银行和金融机构开发专门针对新能源汽车相关企业的融资产品，如绿色金融、风险投资基金等，以降低企业融资成本。政府可设立区域性新能源汽车产业基金，重点支持技术创新型的中小企业，增强其市场竞争力。

（四）加强人才培养，优化人才储备

1. 加强高端技术人才的培养与引进

第一，深化产学研合作，成渝地区双城经济圈的高校和科研机构应加强与新能源汽车企业的合作，联合设立新能源汽车相关的研究中心和人才培养基地，在电池技术、电控系统、驱动电机等核心技术领域深耕。通过设立联合实验室、共建研究平台等方式，促进科研成果的快速转化，培养具备高水平实践能力和创新意识的高端技术人才。

第二，引进国际顶尖技术人才，制定更具吸引力的人才引进政策，吸引国际顶尖的新能源汽车技术专家和高端人才来成渝地区双城经济圈工作。可以通过实施优厚的薪资待遇、安家补贴、科研启动资金等多种激励措施，增强该区域对高端技术人才的吸引力。同时，设立技术顾问团，邀请国际知名专家为本地企业提供技术指导和战略咨询，提升企业的创新能力。

2. 培养具备国际视野的高端管理人才

第一，开展高层次管理培训，针对新能源汽车企业管理层，引入全球知名商学院的课程，开设高端管理培训项目。培训内容应包括战略管理、市场营销、全球供应链管理、技术创新管理等，旨在提升管理层的全球视野和创新能力，助力企业在全球市场中保持竞争力。

第二，引导企业实施管理创新，推动新能源汽车企业实施管理创新，鼓励企业引入先进的管理理念和模式，如精益管理、敏捷开发、数字化转型等。通过开展企业内部的管理创新项目，提升管理团队的洞察力和决策能力，增强企业应对市场变化的能力。

3. 完善人才培养与引进机制

第一，建立系统化的人才培养体系，成渝地区双城经济圈应优化新能源汽车相关专业的设置，推动高校建立系统化、专业化的人才培养体系，形成从本科生到博士研究生的完整培养链条。同时，加强校企合作，鼓励企业参与人才培养过程，如提供实习岗位、开展联合培养项目等，确保学生在毕业后能够满足企业需求。

第二，加强人才引进和留住机制，成渝地区双城经济圈相关政府应制定更加完善的人才引进和留住机制。通过优化居住环境、提供优质教育资源、增加家庭福利等措施，吸引和留住高素质人才。同时，设立区域性的人才服务平台，为企业和人才提供更加优质的服务。

（五）推动产业集聚，形成产业集聚效应

1. 优化产业空间布局，促进产业集聚

第一，加强新能源汽车产业的空间规划，推动企业集中在特定区域

内发展，从而形成具有竞争力的产业园区。通过在成都市和重庆市等城市设立新能源汽车产业园区，集中资源打造专业化的生产基地，鼓励相关企业在这些区域内设立研发中心、制造工厂和供应链枢纽，提升产业集聚度。

第二，推动企业联动与合作，政府应鼓励区域内的新能源汽车企业加强联动与合作，通过政策引导、设立专项基金等方式，促进企业间的资源共享和信息交流，从而在研发、生产和市场拓展等方面形成协同效应，提升整体竞争力。

2. 强化产业链上下游协同合作

第一，构建高效的供应链管理体系，通过建立产业链合作联盟或联合体，推动上下游企业间的紧密合作，形成稳定、高效的供应链管理体系。成渝地区双城经济圈应支持新能源汽车企业与原材料供应商、零部件制造商等建立长期的合作关系，通过共同研发、技术转让等形式，促进整个产业链的协同发展。

第二，政府应支持企业进行集成创新，推动上下游企业在关键技术领域进行合作。通过提供资金支持和政策激励，鼓励企业实现技术突破，提升产业链的整体竞争力。

3. 培育具有国际竞争力的龙头企业

第一，扶持本地龙头企业做大做强，政府应针对长安汽车、赛力斯等本地龙头企业，制定专项扶持政策，提供资金、技术和市场拓展等方面的支持，助力企业在全球市场中提升竞争力。鼓励这些龙头企业通过技术创新、并购重组等方式扩大规模，增强其在产业链中的带动作用。

第二，吸引外部企业投资，成渝地区双城经济圈可以通过招商引资的方式，吸引国内外知名新能源汽车企业在本地投资建厂或设立研发中心。通过引进外部企业，不仅能够带动本地企业的成长，还能形成较强的产业集聚效应，进一步提升区域的国际竞争力。

参考文献

白麟、佘振芳:《“重庆造”金字招牌越擦越亮》,《重庆日报》2024年5月21日。

白麟:《智能网联新能源汽车产业24个项目签约　重庆成为企业布局优选之地》,《重庆日报》2023年11月21日。

付娟:《四川点燃新能源汽车发展新“引擎”》,《中国政府采购报》2024年3月22日。

黄欢:《一辆新能源　四城携手造》,《成都日报》2023年11月13日。

姜峰、常碧罗:《新能源擦亮重庆制造新名片》,《人民日报》2023年9月4日。

李秀中:《新能源汽车城之争:西安丢失第一　重庆有望进入决赛圈》,《第一财经日报》2024年2月28日。

李洋:《上半年“四川造”新能源汽车达4.9万辆》,《四川经济日报》2023年7月20日。

刘畅:《锂电竞速为何四川脱颖而出》,《经济日报》2022年5月18日。

马艳:《重庆聚力打造智能网联新能源汽车产业集群》,《中国工业报》2023年8月25日。

庞峰伟:《四川新能源汽车产业如何“弯道超车”?》,《四川日报》2017年3月8日。

文斌、李立伟:《为全球新能源汽车动力电池制造“中国芯”》,《常德日报》2024年2月3日。

杨骏、佘振芳:《重庆汽车　何以焕然一“新”》,《重庆日报》2024年8月26日。

雍黎:《重庆打造万亿级智能网联新能源汽车产业》,《科技日报》2024年1月22日。

B.4

成渝地区双城经济圈智能网联新能源汽车产业技术创新报告

任　毅　刘书乐　李艳红*

摘　要：　智能网联新能源汽车领域成为各国汽车工业角逐的新赛道，成渝地区双城经济圈正致力于打造万亿级的汽车产业集群，力争建成世界级汽车研发、制造、应用基地，技术创新是成渝地区双城经济圈智能网联新能源汽车产业高质量发展的核心动能。本报告以成渝地区双城经济圈智能网络新能源汽车产业作为研究对象，主要分析了当前成渝地区双城经济圈智能网络新能源汽车产业的整体创新能力，对比了成渝地区双城经济圈智能网联新能源汽车产业的内部创新能力，发现当前成渝地区双城经济圈智能网联新能源汽车产业创新发展水平优于全国平均水平，但是存在政策支持力度不足、创新成果保护力度有待提高等问题，针对以上困境，提出了相应的对策建议，以推动成渝地区双城经济圈智能网联新能源汽车产业创新发展水平的提升。

关键词：　智能网联新能源汽车产业　发明专利　产业链　成渝地区双城经济圈

一　成渝地区双城经济圈智能网联新能源汽车产业整体创新能力分析

专利是提高企业创新能力、促进科技进步和经济社会发展的一种重要知

* 任毅，博士，重庆工商大学成渝地区双城经济圈建设研究院专职研究员，教授，主要研究方向为区域经济、产业经济；刘书乐，重庆工商大学成渝地区双城经济圈建设研究院硕士研究生，主要研究方向为区域经济学；李艳红，重庆工商大学成渝地区双城经济圈建设研究院硕士研究生，主要研究方向为区域经济学。

识产权，对推动科技创新起到重要的支撑和引导作用。新能源汽车涉及电池技术、驱动电机、充电技术、能源管理技术、轻量化材料、车辆控制系统及车联网技术和智能驾驶技术等高技术板块，具有产业链上技术的复杂性、综合性与创新性，其中最为突出的是技术的创新性。因此，通过对成渝地区双城经济圈智能网联新能源汽车产业发明专利数量进行分析，可以深入探究成渝地区双城经济圈智能网联新能源汽车产业的创新发展能力。

本报告的数据来源为国家知识产权局专利检索及分析平台，根据战略性新兴产业分类中新能源汽车产业的专利目录分类号，分别从新能源汽车整车制造、新能源汽车装置、配件制造、新能源汽车相关设施制造和新能源汽车相关服务四个方面进行检索，为使检索结果能够准确反映成渝地区双城经济圈智能网联新能源汽车产业的专利规模，通过输入"新能源汽车、电动汽车、纯电动汽车、插电式混合动力汽车、混合动力汽车、燃料电池汽车、氢动力汽车、增程式电动车"等关键词，限定检索范围，最后分别对2013~2023年成渝地区双城经济圈的新能源汽车产业发明专利申请数进行数据收集，最后根据该数据进行如下的分析。

如图1所示，2013~2023年成渝地区双城经济圈智能网联新能源汽车产业发明专利申请数总量为3440件，最大值为2023年的481件，最小值为2013年的94件。成渝地区双城经济圈智能网联新能源汽车产业发明专利的总体规模较大，一定程度上反映出成渝地区双城经济圈智能网联新能源汽车产业拥有丰富的创新技术产出，说明成渝地区双城经济圈具备较强的创新能力。

2013~2018年成渝地区双城经济圈智能网联新能源汽车产业发明专利申请数呈现持续上升的趋势，实现了从2013年的94件到2018年的430件的跨越式增长，其中2014~2016年每年的增长率都在攀升，2016年的增长率上升到94.59%的高位，这一年新能源汽车发明专利申请数几乎实现了翻倍的增长，反映了成渝地区双城经济圈智能网联新能源汽车产业在国家政策的"东风"的助推下，进入了高速发展期。但是，2018~2020年发明专利申请数出现连续下降的现象，2019年和2020年的发明专利申请数增长率也出现

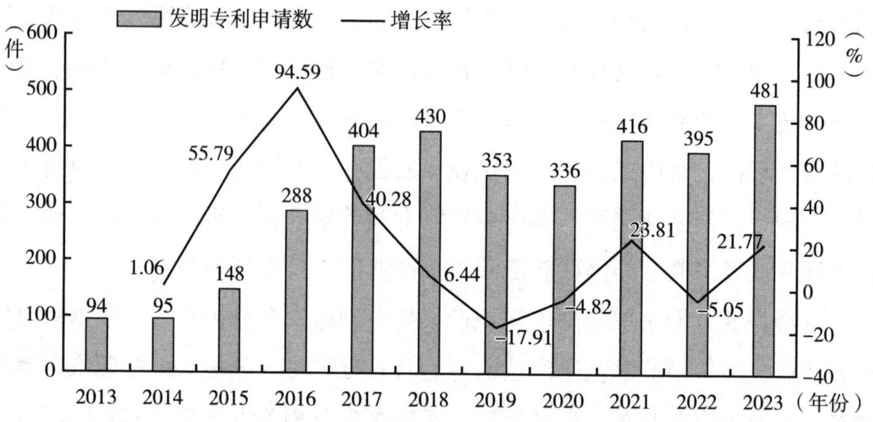

图 1　2013~2023 年成渝地区双城经济圈智能网联新能源汽车产业发明专利申请数及增长率

资料来源：国家知识产权局。

负增长，究其原因是受到行业进入“大爆发”期后的降温期、新能源产业链各个环节发展不平衡、整个新能源产业发展受限的影响，新技术产出和应用转化率下降。2020~2023 年恢复了正常的波动式增长，2021~2022 年出现了小幅度的下滑，增长率下降到了-5.05%，其余时间段都实现了正向增长，2021 年和 2023 年增长率分别为 23.81%和 21.77%，说明成渝地区双城经济圈智能网联新能源汽车产业创新能力回到了上升的态势。

图 2 展示了 2014~2023 年成渝地区双城经济圈和全国智能网联新能源汽车产业发明专利申请数的增长率，成渝地区双城经济圈和全国的智能网联新能源汽车产业发明专利申请数的增长率在 2014~2020 年的波动呈现高度的相关性，均呈现“上升—下降—上升”的趋势，2014~2017 年成渝地区双城经济圈智能网联新能源汽车产业发明专利申请数的增长率要明显高于全国，说明在这期间成渝地区双城经济圈智能网联新能源汽车产业创新发展能力水平是高于全国平均值的，2018~2020 年成渝地区双城经济圈出现低于全国平均值的情况，主要是因为国际新能源汽车企业进入中国沿海地区而推动全国平均值的提高，成渝地区双城经济圈位于西部，与沿海地区相比，对国际新能源汽车企业的吸引力不足，新技术流入量也相应较

少。但是，2021~2023 年出现反弹，在全国新能源汽车产业发明专利申请数的增长率下降为负时，成渝地区双城经济圈却基本保持了正的增长率，展现了较强的创新潜力。

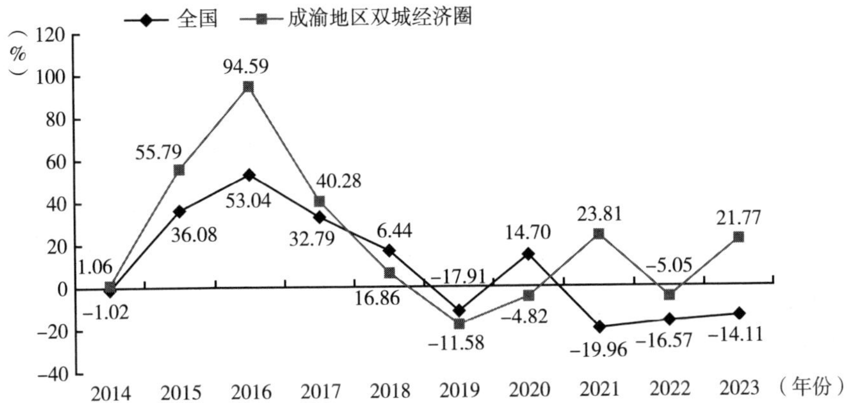

图 2　2014~2023 年成渝地区双城经济圈和全国智能网联新能源汽车产业发明专利申请数的增长率

资料来源：国家知识产权局。

通过上述分析，可以发现成渝地区双城经济圈智能网联新能源汽车产业整体的创新能力水平是较高的，且具备持续上升的潜力；但是与全国相比，该产业对风险冲击的抵抗能力是不足的。例如受到新冠疫情影响，全国各产业都受到一定冲击，新能源产业也未能避免，但是成渝地区双城经济圈受到的影响更严重，持续创新能力的提升遭遇困境。随着疫情的结束，成渝地区双城经济圈智能网联新能源汽车产业创新潜力有所恢复。

因此，要加强成渝地区双城经济圈智能网联新能源汽车产业链的抗风险能力，培育和提升新能源汽车产业链的韧性，实现上中下游各环节的协同合作与发展，保障创新能力提升渠道的畅通，激发创新活力，进一步推动成渝地区智能网联新能源汽车产业创新能力的攀升，促进新能源汽车产业的创新发展。

二 成渝地区双城经济圈智能网联新能源汽车产业内部创新能力对比

成渝地区内部不同区域的新能源汽车产业发展水平存在差异，重庆市作为我国四大直辖市之一，是西部唯一的直辖市，具有政治和体制上的明显优势，在国家战略布局中占据重要位置，有助于吸引更多的政策支持和资源投入，有利于增添新能源汽车产业创新动能，提升产业创新水平。四川省作为西部第一经济大省，拥有广阔的成都平原，基础产业建设水平高，省内资源丰富，为新能源汽车产业创新能力的培育奠定了良好基础。具体分析如下。

（一）四川省和重庆市智能网联新能源汽车产业创新基础环境对比

1. 四川省智能网联新能源汽车产业创新优势

（1）资源优势

四川省拥有丰富的锂矿、钒矿和稀土资源，这些资源是发展新能源汽车尤其是电动汽车的关键原材料。四川省锂矿储量居全国第一，钒矿和稀土资源也位居全国前列，这为四川省发展新能源汽车产业提供了资源优势。

（2）能源优势

四川省作为水电大省，发电量居全国第十，拥有丰富的水电资源，这使得四川省在新能源汽车的能源供应方面具有优势①。同时，四川省也在积极利用非化石能源，发展风电和光伏产业，这些新能源技术的发展也将为新能源汽车产业提供更多的绿色能源支持。

（3）技术优势

四川省在新能源汽车关键部件的研发和生产方面已经形成了一定的优势。例如一汽丰田、川汽集团、一汽大众成都分公司、成都客车等整车企业

① 资料来源：新浪财经。

具备较强的总装实力。

（4）市场需求

四川省的汽车产业基础良好，传统汽车产业的集群优势和配套服务体系为新能源汽车产业的发展奠定了良好基础。同时，四川省的内需市场广阔，随着家庭汽车的发展和石油供应的紧张，纯电动汽车和混合动力汽车的市场需求日益增长。

（5）政策支持

四川省出台了一系列支持政策，包括《四川省支持新能源与智能汽车产业发展若干政策措施》等，这些政策将有助于推动新能源汽车产业的快速发展。

（6）基础设施优势

四川省正在加快充电基础设施的建设，计划到2025年建成充电设施20万个，实现电动汽车充电站“县县全覆盖”、电动汽车充电桩“乡乡全覆盖”，这将为新能源汽车的推广和使用提供便利。

（7）产业集聚效应

四川省已经聚集了一批新能源汽车产业链上的企业，包括整车制造企业和零部件企业，如成都格力钛新能源有限公司等，这些企业的集聚将有助于四川省形成更强的产业生态集聚力和产业链建构力。

2. 重庆市智能网联新能源汽车产业创新优势

（1）产业基础

重庆市作为中国的重要城市，拥有深厚的汽车工业基础，聚集了多家知名的汽车制造商，如比亚迪、长安汽车等，它们在电池技术、动力总成、车身结构等方面具有独特的优势。例如，比亚迪在电池技术方面全球领先，其技术已被全球多个汽车制造商采用。

（2）技术发展

重庆市在新能源汽车技术研发方面取得了显著进展。政府发布了《重庆市建设世界级智能网联新能源汽车产业集群发展规划（2022—2030年）》，提出了具体的发展目标和路线图，重点发展以纯电动汽车为主的新能源汽车，尤其是电动大巴、物流车等公共交通领域的应用。同时，加强新能源汽车的基础研发和技术攻关，提升产品质量和竞争力。

（3）政策支持

重庆市政府高度重视新能源汽车产业，出台了一系列优惠政策，如补贴购买新能源汽车、免收购置税和车船税等，这些政策吸引了众多消费者的关注，推动了新能源汽车市场的快速发展。

（4）市场现状

截至2023年，重庆市新能源汽车保有量达到22.3万辆，其中纯电动汽车保有量为12.6万辆，插电式混合动力汽车保有量为9.7万辆。重庆市政府计划到2025年，新能源汽车保有量达到50万辆以上，成为全国新能源汽车产业的新引领地①。

（5）转型升级

重庆市汽车产业正在经历转型升级，新能源汽车和智能网联汽车被视为转型升级的关键，市政府提出要大力提升汽车产业产品电动化、智能化、网联化、共享化、轻量化水平，打造现代供应链体系，壮大共享汽车等应用市场，实现产业发展动能转换。

（6）人才建设

重庆市推出了“百万人才兴重庆”引才计划，旨在引进和培养各类人才，包括新能源汽车领域的专业人才。此外，还有“揭榜招贤”等专项引才活动，聚焦数字经济、新能源等行业，提供高薪职位吸引人才②。

（二）重庆市和四川省智能网联新能源汽车产业创新能力分析

如图3所示，2013~2023年重庆市涉及新能源汽车产业的发明专利申请数总量为2128件，总体呈现上升趋势，2023年的发明专利申请数最多，为316件，反映了重庆市智能网联新能源汽车产业技术创新能力持续增强的劲头。

---

① 资料来源：凤凰网。

② 资料来源：重庆市人力资源和社会保障局。

但是，从发明专利申请数的增长率来看，2018~2023 年重庆市智能网联新能源汽车产业发明专利申请数的增长率与 2017 年相比，出现明显下滑的趋势，其主要原因是我国新能源汽车产业发展逐步深入，单个技术的创新往往涉及多个领域，创新成本和难度有所增加，会暂时影响到技术的更新升级。

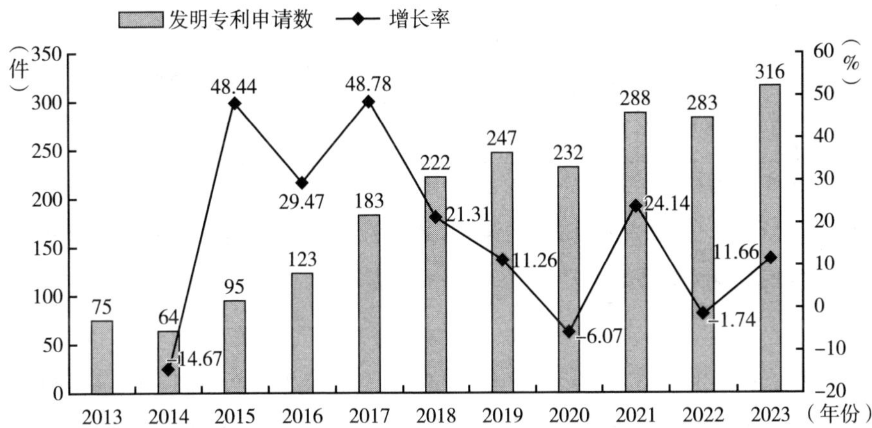

图 3　2013~2023 年重庆市涉及新能源汽车产业的发明专利申请数总体规模及增长率

资料来源：国家知识产权局。

如图 4 所示，2013~2023 年四川省涉及新能源汽车产业的发明专利申请数总量为 1313 件，总体呈现“上升　下降　波动上升”的趋势，2013~2016 年为快速增长期，2017~2020 年出现持续的下滑，2021~2023 年呈现波动上升趋势。通过四川省智能网联新能源汽车产业发明专利申请规模和增长率的变动情况可以发现，该地区新能源汽车产业具备较高创新能力水平，但是技术创新的潜力不足，难以满足地区新能源汽车产业对新技术更新的迭代需求。

对重庆市和四川省新能源汽车产业的发明专利申请数总体规模和增长变化进行分析，首先，就总体规模而言，重庆市新能源汽车产业的专利申请数整体规模是大于四川省的，具备更高水平的创新能力，这体现了重庆市对新能源汽车产业的重视程度较高、具备齐全的配套产业链和优异的创新环境。其次，就增长变化而言，2013~2023 年重庆市新能源汽车产业发明专利申请

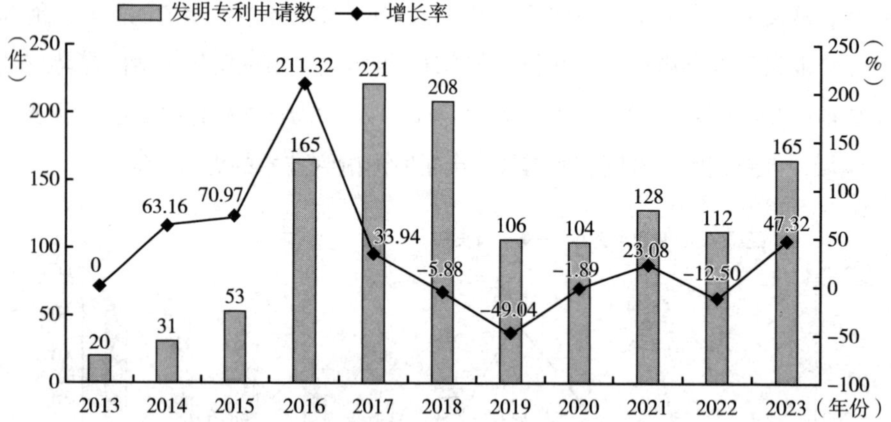

图 4　2013~2023 年四川省涉及新能源汽车产业的发明专利申请数总体规模及增长率

资料来源：国家知识产权局。

数除 2014 年、2020 年和 2022 年出现下滑，其余年份都在上升，而四川省在 2019 年出现了急剧下滑，2021~2023 年呈现波动上升趋势，这在一定程度上说明重庆市新能源汽车产业的创新能力提升潜力是高于四川省的，同时对外来风险的抵抗力更强。

重庆市和四川省新能源汽车产业虽然在创新能力方面存在一定的差异，但是这也为两地进行经验交流、相互学习提供了动力，有助于加强协同创新力的培育和发展，共同促进成渝地区双城经济圈智能网联新能源汽车产业创新能力的提高，助力新能源汽车产业的现代化建设。

（三）成渝地区双城经济圈智能网联新能源汽车产业协同创新发展能力分析

基于前文对成渝地区双城经济圈内部不同区域的智能网联新能源汽车产业创新能力的分析，我们可以发现重庆市和四川省的新能源汽车产业在技术创新能力水平方面存在一定的差异，两地通过充分发挥互补优势，在产业链、核心技术研发和应用场景等领域推进深度合作，共同提高成渝地区双城经济圈智能网络新能源汽车产业的创新发展水平。表 1 展示了成渝地区双城经济圈在政策、企业、园区、平台和人才等领域创新协同发展的情况，体现了成渝地区双城经济圈在创新协同发展领域具有巨大的潜力。

表 1　成渝地区双城经济圈多领域创新协同发展情况

创新协同发展领域	具体事件内容
产业发展政策合作	先后联合编制印发《川渝汽车产业产业链供应链协同工作方案》《成渝地区双城经济圈汽车产业高质量协同发展实施方案》《共建世界级先进汽车产业集群战略合作协议》等政策文件
企业技术交流合作	赛力斯不仅在成都设立研发机构,还与宁德时代四川公司共同研发 M3P 新型电池
	长安汽车主流车型搭载了四川 50 家供应企业提供的零部件
产业园区协同合作	四川广安、内江与重庆渝北、荣昌等毗邻地区联合打造汽车产业协作示范园区,围绕智能网联新能源汽车重点方向创建特色产业园,提升产业承载能力
	宜宾三江新区与重庆两江新区鱼复新城共建"汽车零部件协同配套基地",打造川渝智能网联新能源汽车零部件配套产业集聚区
平台互通合作	两地不断完善成渝地区双城经济圈汽车产业链供需信息对接平台,为两地整车及零部件企业提供供需信息对接,已促成相互配套超 400 亿元
	两地政府部门还搭建合作平台,提供政策法规宣传、行业信息动态等精准服务,助力两地整车及零部件企业、高校和科研院所不断深化产业合作
人才交流合作	2023 年重庆市新能源汽车服务劳动和技能竞赛,川渝 20 家企业、61 所中高职院校共同签订了成渝地区双城经济圈职业院校新能源汽车协同创新发展战略合作框架协议(合作备忘录)

资料来源：新浪财经。

重庆市和四川省将进一步强化在新能源汽车产业领域的创新协作，共同培育具有国际竞争力的先进制造业集群。两地将以智能网联和新能源为主攻方向，在技术研发、智能制造、应用场景等方面合作，共建高水平的汽车产业研发生产制造基地。

（四）成渝地区双城经济圈智能网联新能源汽车产业链各环节创新能力分析

在国家对新能源汽车产业的大力支持下，新能源汽车产业进入快速发展期，逐步打造完善的新能源汽车产业链。成渝地区双城经济圈作为西部建设的重点区域，也针对智能网联新能源汽车产业开展多方位的建设，例如重庆市推出的“33618”现代制造业集群体系中的重点产业就包括新能源汽车产业；四川省也提出《支持新能源与智能汽车产业发展若干政策措施》来支持智能网联新能源汽车产业发展，而新能源汽车产业链涉及多个环节，整个产业的创新发展需要产业链上各环节的创新发展来支撑。

由国务院办公厅印发的《新能源汽车产业发展规划（2021—2035 年）》中的“三纵三横”定义以及相关学者的研究，本报告将新能源汽车产业分为上游、中游、下游三个环节，上游是核心零部件制造，中游是整车制造，下游是充换电设施、售后等相关服务，再结合战略性新兴产业分类中新能源汽车产业的专利分类目录，将发明专利按产业链进行分类（见表 2），进而分析成渝地区双城经济圈智能网联新能源汽车产业链各环节创新能力。

表 2　发明专利按产业链分类

单位：件

<table>
<tr><th>地区</th><th>产业链</th><th>战略性新兴产业分类号</th><th>发明专利申请数</th><th>发明专利申请数</th></tr>
<tr><td rowspan="4">重庆市</td><td>上游</td><td>5. 2(新能源汽车装置、配件制造)</td><td>1152</td><td>1152</td></tr>
<tr><td>中游</td><td>5. 1(新能源汽车整车制造)</td><td>424</td><td>424</td></tr>
<tr><td rowspan="2">下游</td><td>5. 3(新能源汽车相关设施制造)</td><td>471</td><td rowspan="2">552</td></tr>
<tr><td>5. 4(新能源汽车相关服务)</td><td>81</td></tr>
<tr><td rowspan="4">四川省</td><td>上游</td><td>5. 2(新能源汽车装置、配件制造)</td><td>611</td><td>611</td></tr>
<tr><td>中游</td><td>5. 1(新能源汽车整车制造)</td><td>181</td><td>181</td></tr>
<tr><td rowspan="2">下游</td><td>5. 3(新能源汽车相关设施制造)</td><td>502</td><td rowspan="2">521</td></tr>
<tr><td>5. 4(新能源汽车相关服务)</td><td>19</td></tr>
<tr><td rowspan="4">成渝地区
双城经济圈</td><td>上游</td><td>5. 2(新能源汽车装置、配件制造)</td><td>1763</td><td>1763</td></tr>
<tr><td>中游</td><td>5. 1(新能源汽车整车制造)</td><td>604</td><td>604</td></tr>
<tr><td rowspan="2">下游</td><td>5. 3(新能源汽车相关设施制造)</td><td>973</td><td rowspan="2">1073</td></tr>
<tr><td>5. 4(新能源汽车相关服务)</td><td>100</td></tr>
</table>

资料来源：《战略性新兴产业分类与国际专利分类参照关系表（2021）（试行）》。

图 5 展示了 2013~2023 年重庆市和四川省新能源汽车产业发明专利申请数的分布，其中，重庆市新能源汽车整车制造占比 19. 92%，新能源汽车

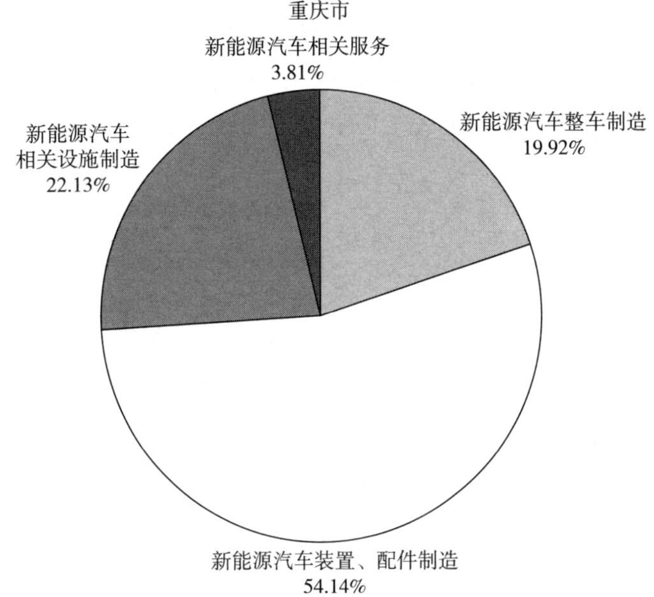

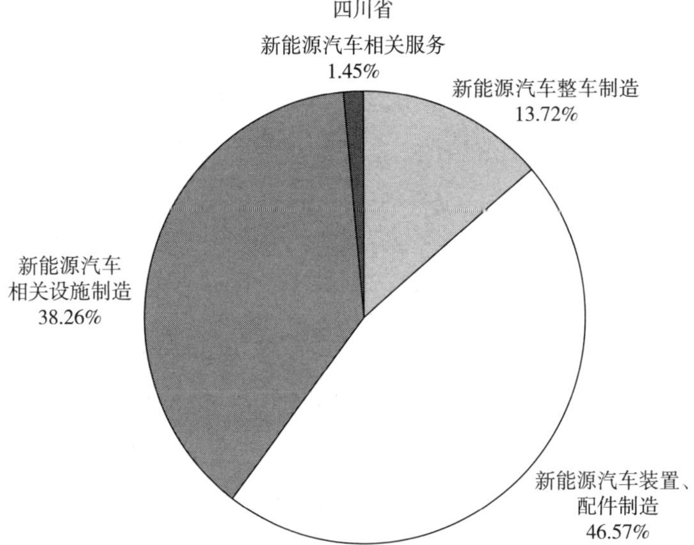

图 5　2013～2023 年重庆市和四川省新能源汽车产业发明专利申请数分布

资料来源：国家知识产权局。

装置、配件制造占比 54.14%，新能源汽车相关设施制造占比 22.13%，新能源汽车相关服务占比 3.81%。四川省新能源汽车整车制造占比 13.72%，新能源汽车装置、配件制造占比 46.57%，新能源汽车相关设施制造占比 38.26%，新能源汽车相关服务占比 1.45%。具体分析如下。

第一，新能源汽车整车制造。在该类别中重庆市的新能源汽车产业发明申请数占比为 19.92%，四川省为 13.72%，两者之间存在一定差异。重庆市作为中国的重要城市，拥有深厚的汽车制造产业基础，聚集了多家知名汽车品牌和零部件供应商，为新能源汽车的整车制造提供了良好的产业支撑，已经形成了包括研发、动力到配套等环节在内的完整产业链，这与动力电池产业链的完善，以及智能网联汽车产业链的构建密切相关。与重庆市相比，四川省配套产业完善度较低，但是在其电力能源结构中，水电占比 85%，是中国电力能源结构最绿色低碳的一个省，也是电池产业原料锂资源的中国主产地。这使四川省在新能源汽车的制造成本上具有一定的优势，也推动了当地新能源汽车整车制造的发展。

第二，新能源汽车装置、配件制造。该类别在重庆市和四川省的发明专利申请数中占比最大，重庆市占比超过一半，为 54.14%，四川省占比也接近一半，为 46.57%，说明成渝地区双城经济圈的新能源汽车产业链的发展更多集中于产业链的中游，这也是创新技术产出的主要领域。成渝地区双城经济圈智能网联新能源汽车装置、配件制造产业正处于快速发展期，在政策支持、市场需求和科技进步的多重驱动下，未来发展空间广阔，相关企业需要抓住机遇，不断创新，提高自身竞争力，以实现可持续发展。同时，成渝地区双城经济圈应积极应对挑战，完善产业链条，确保供应链稳定，这将是推动产业迈向更高水平的关键。

第三，新能源汽车相关设施制造。重庆市发明专利申请数该类别的占比低于四川省，分别为 22.13%和 38.26%，相差 16.13 个百分点，说明四川省在该方面具有较强的技术创新能力。新能源汽车相关设施主要包括风能发电设备（如风力发电机、风力提水机等）、氢能及燃料电池技术设施（如氢燃料电池汽车、氢气储存与运输等）和电动汽车充电设施（如充电桩、充电站、换电站等）等，四川省丰富的水电和风电能源为这些设施的制造提供了低成本的制造能源，全国第一的锂产量提供了充足的原材料，这些都助推了四川省新能源汽车相关设施制造业的发展。

第四，新能源汽车相关服务。该类别在重庆市和四川省的发明专利申请数中占比过小，可能影响新能源汽车配套服务升级，降低用车体验，影响新能源汽车的销售，不利于产业整体的可持续发展，这也是成渝地区双城经济圈智能网联新能源汽车产业需要加强建设之处。

从2013~2023年成渝地区双城经济圈智能网联新能源汽车产业链的上游、中游、下游环节的发明专利申请数分布状况来看，产业链的上游占比50.04%，说明成渝地区双城经济圈的新能源汽车产业的创新技术产出更多地集中在上游，其创新能力较强，也是成渝地区双城经济圈智能网联新能源汽车产业发展的优势所在；产业链的中游占比17.14%，说明与其他环节相比，成渝地区双城经济圈整车制造环节的创新能力仍然较弱；产业链的下游占比32.81%（见图6），占比较高，说明成渝地区双城经济圈具有较为完备的相关基础配套设施和服务，且技术创新能力较强，可以为新能源汽车产业的创新发展提供重要的辅助作用。

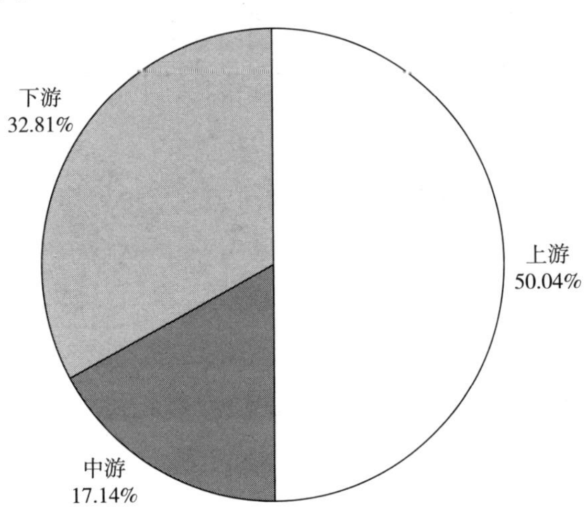

图6　2013~2023年成渝地区双城经济圈智能网联新能源汽车产业链发明专利申请数分布

资料来源：国家知识产权局。

（五）成渝地区双城经济圈智能网联新能源汽车产业创新主体对比分析

图 7 展示了 2013~2023 年重庆市新能源汽车产业发明专利申请数排名前十的申请主体，其中有八个企业主体，分别是重庆长安汽车股份有限公司、重庆长安新能源汽车科技有限公司、重庆长安新能源汽车有限公司、重庆青山工业有限责任公司、重庆赛力斯新能源汽车设计院有限公司、力帆实业（集团）股份有限公司、深蓝汽车科技有限公司、东风小康汽车有限公司重庆分公司；一个高等院校主体，即重庆大学；一个科研机构主体，即中国汽车工程研究院股份有限公司。

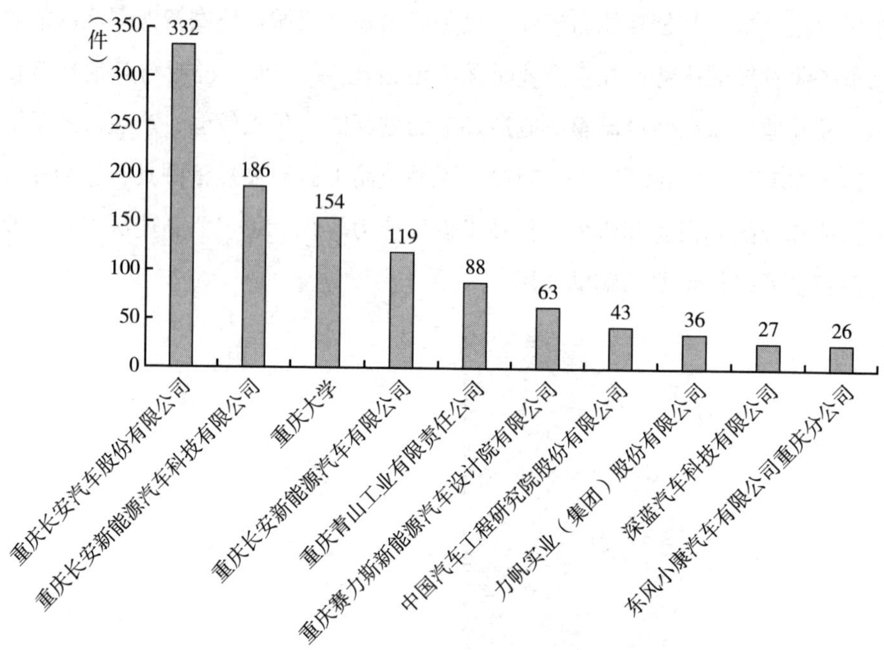

图 7　2013~2023 年重庆市新能源汽车产业发明专利申请数排名前十的申请主体

资料来源：国家知识产权局。

值得关注的是发明专利申请数排名前十的申请主体中有六个新能源汽车企业，说明重庆市的新能源汽车产业的技术创新主要依靠的是新能源汽车企业，同时高等院校和科研机构也参与了技术的创新研发，体现了“产学研”相结合的特点，合理的创新主体结构是重庆市新能源汽车产业创新发展的重要保障。

图 8 展示了 2013~2023 年四川省新能源汽车产业发明专利申请数排名前十的申请主体，其中有六个企业主体（成都赛力斯科技有限公司、成都雅骏新能源汽车科技股份有限公司、宜宾凯翼汽车有限公司、德阳九鼎智远知识产权运营有限公司、四川野马汽车股份有限公司、成都新柯力化工科技有限公司）、四个高等院校主体（电子科技大学、西华大学、西南交通大学、四川大学）。

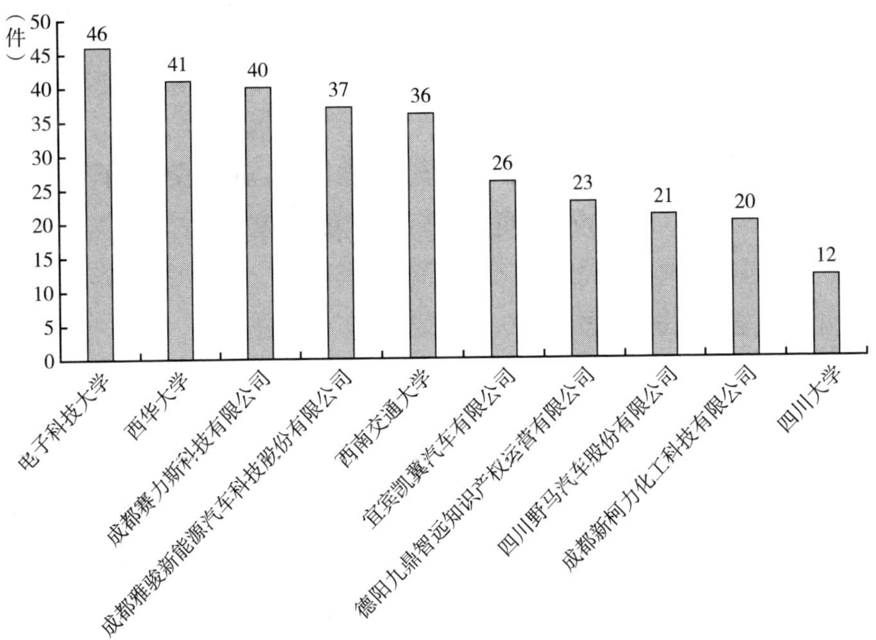

图 8　2013~2023 年四川省新能源汽车产业发明专利申请数排名前十的申请主体

资料来源：国家知识产权局。

虽然四川省前十位发明专利申请数排名前十的申请主体中有五个为新能源汽车企业，贡献了 47.68%的发明专利申请数，但是四所高校也贡献了 44.70%的发明专利申请数，说明四川省新能源汽车技术创新对高等院校的需求是较高的。

基于创新主体类型的分布情况，针对新能源汽车产业创新能力发展要求，不同主体之间的合作有助于加速技术创新，因为各方可以共享技术资源和研发成果，从而更快地推动技术进步。通过合作，可以形成更完善的产业链，包括原材料供应、零部件制造、整车组装、销售和服务等环节，从而提高整个产业链的效率和竞争力；通过合作，可以降低生产成本和销售成本，提高经济效益，同时也可以减少对单一供应商的依赖。通过对成渝地区双城经济圈智能网联新能源汽车产业创新主体的分析，凸显了多主体协同的重要性，新能源汽车产业链长，涉及原材料、零部件、整车制造、充电设施等环节，而多主体参与合作创新可以实现产业链上下游的协同创新发展，提高整个产业链的创新效率。

三　成渝地区双城经济圈智能网联新能源汽车产业创新能力发展的不足

（一）创新环境方面

1. 政策支持力度不足

成渝地区双城经济圈智能网联新能源汽车政策体系仍处于发展阶段，尚存在一些空白和不足，例如，政策补贴退出机制和补贴标准不明确，可能导致产业在政策支持减弱后出现发展缓慢的情况，也可能导致部分企业在追求利益最大化时，会采取一些不规范的行为，如以低技术含量或不合格产品获得补贴，这与政府支持新能源汽车产业发展的初衷相违背。此外，四川省和重庆市缺乏新能源汽车产业政策制定和实施的统一性和协调性，会阻碍成渝地区双城经济圈智能网联新能源汽车政策的整体支持效力，不利于协同创新发展。

2. 创新成果保护力度有待提高

新能源汽车涉及多方面的技术创新，知识产权是其创新能力的基础，虽然成渝地区双城经济圈针对新能源汽车产业知识产权保护颁布了相应的法律法规，但是仍然存在两点局限：其一，知识产权保护的法律法规仍然缺乏全面性和系统性，在同时涉及多领域的知识产权侵权行为的处理方法方面存在空白区，难以有效解决复杂侵权问题；其二，知识产权保护法律法规的跨区域协同执行力较弱，受本身行政区类别不同的影响，重庆市和四川省对知识产权保护条例的执行也存在一定的区别，可能会出现对跨区域侵权行为的重复处罚或者漏罚。创新成果的保护力度不足不仅会给成渝地区双城经济圈智能网联新能源汽车产业创新水平提升带来不良影响，也会影响整个地区新能源汽车产业的可持续发展。

（二）产业链条方面

1. 产业链上游创新的不足

新能源汽车产业链上游主要涉及原材料的生产和加工，成渝地区双城经济圈在新能源汽车产业链上游的创新发展中存在以下不足。

首先，虽然四川省锂电池原材料储量丰富，但是在环境资源保护的政策要求下，开采量受到限制，并且开采和提炼技术的发展相对滞后，锂矿开采量不足导致锂资源的供应不足，会影响到后续新能源汽车链条的发展。其次，钴是新能源汽车电池的重要原材料，而成渝地区双城经济圈的钴资源也相对有限，虽然重庆有一些钴矿资源，但是与新能源汽车产业发展所需量相比，依旧是杯水车薪。最后，石墨主要用于制作电池的电极，而成渝地区双城经济圈的石墨资源也相对有限，无法满足生产所需。因此，上游原材料的不足是影响成渝地区双城经济圈智能网联新能源汽车产业上游创新发展的主要因素之一。

2. 产业链中游创新的不足

新能源汽车产业链中游主要涉及整车制造板块，虽然成渝地区双城经济圈在新能源汽车整车制造环节的发展水平较高，但创新水平仍然存在提升空间。

一方面，动力电池是新能源汽车整车制造的核心部件，约占整车制造成本的50%，成渝地区双城经济圈在动力电池领域的产量和装车量均居全国前列，但与国际顶尖技术水平相比，研发投入相对较少，研发人员数量不足，导致新产品推出缓慢，产品升级滞后，核心专利的缺乏限制了成渝地区双城经济圈智能网联新能源汽车产业动力电池技术创新，不利于提升竞争力；另一方面，成渝地区双城经济圈智能网联新能源汽车产业电机及电控系统关键材料与零部件对外依赖性高，我国目前在车用芯片、高速轴承、智能汽车所需的毫米波雷达等关键零部件的制造上与国际先进水平相比仍有差距，创新自给水平不高，主要依靠进口满足生产需要。

3. 产业链下游创新的不足

新能源汽车产业链下游主要涉及充电服务、汽车销售和售后服务，虽然成渝地区双城经济圈充电桩的数量在不断增加，但与新能源汽车的保有量相比，充电桩的数量仍然不足；同时，充电技术还有待提升，充电速度仍然较慢，尤其是慢充，需要数小时才能充满电，此外，还缺乏统一的充电设备标准，不同品牌和型号的新能源汽车对充电设备的要求各异，有时会出现充电接口不匹配或者充电速度受限的情况。

（三）协同创新方面

1. 产业链上中下游协同发展合力尚未形成

成渝地区双城经济圈的新能源汽车产业链尚未形成上中下游的协同发展合力。首先，新能源汽车产业链涉及众多环节，从上游的原材料供应到下游的销售服务，各环节的技术标准可能存在差异，这增加了产业链协同的难度，意味着在产业链的各个环节之间缺乏有效的合作和协调，可能导致资源的浪费和效率的低下。其次，产业链上下游企业之间受到空间因素和保密因素的限制，信息沟通机制不健全，信息传递不畅，影响了产业链的创新协同效应。最后，成渝地区双城经济圈智能网联新能源汽车产业链上下游企业的创新能力存在差异，一些企业可能技术领先，而另一些企业则相对落后，这种创新能力的不均衡限制了整个产业链的创新步伐。

2. 新能源汽车产业链发展生态有待完善

产业链的发展生态包括基础设施、市场环境和政策支持等方面。在基础设施方面，成渝地区双城经济圈与新能源汽车产业创新发展相关的基础设施建设较为落后，例如专用供电设施、新能源汽车性能检测场地建设、信息传输覆盖率等；在市场环境方面，市场需求与供给不匹配导致市场需求的变化速度可能快于新能源汽车产业链的技术创新迭代速度；在政策支持方面，不同地区对新能源汽车产业技术创新的政策支持力度不一致，这可能导致产业链上的企业面临不同的政策环境，影响这些企业进行合作与交流。

（四）创新主体方面

1. 政府层面

虽然成渝地区政府已经推出了一系列扶持新能源汽车产业的政策，但是新能源汽车产业作为国家确定的战略性新兴产业，涉及税收、土地、电力等领域。由于缺乏各方面政策的统一规划，新能源汽车产业在基础设施、税收、补贴等政策方面面临不统一和不协调的问题，制约了产业的创新发展，在执行过程中还存在政策执行不到位的情况，例如，一些地方政府在执行政策时未能因地制宜，导致政策缺乏灵活性。此外，政策监督力度不足，财政补贴的使用和落实情况未能得到有效监督，部分车企通过对低技术进行“高技术”包装来骗取政策优惠，挤占支持产业创新发展的资金，影响成渝地区双城经济圈智能网联新能源汽车产业技术创新水平的提升。

2. 企业层面

首先，与发达国家的大型汽车企业相比，成渝地区双城经济圈智能网联新能源汽车企业在技术研发方面投入仍然不足，限制了企业的技术创新能力，尤其是会导致核心技术长期缺失，在电池、电机、电控等核心技术领域，部分企业可能过度依赖于进口，缺乏自主知识产权的核心技术；企业的创新体系也可能不够完善，缺乏有效的激励机制和创新文化，难以持续推动技术创新。其次，市场导向不足，一些企业在创新过程中过于注重技术本身的先进性，忽视了市场需求和用户体验，导致创新成果难以被市场接受，无法实现新技术市场价值的转化，难以获得相应的资金回报，而新能源汽车的研发需要大量资金支持，某一新技术的投入产出比过低，会影响整体的可持续创新。最后，新能源汽车企业可能与高校、科研机构的合作不够紧密，导致研究成果难以转化为实际的产品；另外，新能源汽车行业对人才的需求较高，尤其是高端研发人才，一些企业可能存在人才流失或者人才引进困难的问题。

3. 高校和科研机构层面

首先，缺乏完善的合作机制，产学研合作机制尚不健全，高校、科研机构与企业之间的信息交流和共享存在障碍，缺乏有效的协调和沟通机制，这限制了知识和技术的流动，降低了合作效率。其次，高校、科研机构内部的技术创新人才培育能力不足，一方面，高校和科研机构在人才培养上可能与产业需求存在脱节，导致毕业生和研究人员的技能与市场需求不匹配，缺乏对产业有足够了解的科研人才，同时企业研发人员的培训成本过高，影响技术创新速度和创新质量；另一方面，高校可能缺乏与新能源汽车产业相关的专业，导致培养出的人才在专业知识上不够全面或深入，在培养过程中可能过于侧重理论知识的学习，而忽视了对学生创新能力和实践能力的培养。

四　成渝地区双城经济圈智能网联新能源汽车产业创新水平提升的对策建议

（一）优化产业创新环境

成渝地区双城经济圈作为中国西部的重要经济中心，拥有发展新能源汽车产业的独特优势。然而，该地区在新能源汽车产业创新环境方面仍存在提升空间，需要采取有效的对策。

首先，强化政策支持。政府应进一步完善新能源汽车产业支持政策，加大财政补贴和税收优惠力度，降低企业成本；同时，优化政策实施流程，提高政策落地效果。重庆市和四川省应提高规划和政策制定的统一性，加强交流合作，以提高成渝地区双城经济圈智能网联新能源汽车产业的创新水平。其次，完善配套设施建设。新能源汽车产业配套设施的发展水平对新能源汽车产业创新能力的提升会产生重要影响，其中，充电基础设施是新能源汽车推广的关键，应加大充电桩的建设力度，提高充电站的覆盖率，并推动充电技术的创新，如快速充电技术和无线充电技术等。同时，应鼓励企业参与充电基础设施的建设和运营，形成多元化的充电服务体系，而智能网联是新能源汽车的重要发展方向，包括智能驾驶、车联网等技术，应推动智能交通系统的建设，促进车辆与基础设施之间的智能互动，提高交通效率和安全性。最后，提高知识专利保护力度和转化效率。提高专利侵权纠纷案件的处理效率，优化知识产权公共服务，建立知识产权公共服务中心和工作站，提高新能源汽车企业和相关发明创造者的满意度，加大知识产权保护力度，严厉打击侵犯知识产权和假冒伪劣行为，提高侵权成本。同时，建立新能源汽车产业专利期限补偿制度和专利纠纷早期解决机制，保护创新成果，鼓励创新主体联合打造重点领域专利池，促进专利质量和转化率的提升，推动科技成果的产业化和市场化。

（二）提升新能源汽车产业链各环节协同创新能力

首先，政府应发挥引导作用，搭建产业创新平台，推动企业、研究机构、高校之间的合作。企业间可以通过技术交流、共同研发、共享试验资源等方式，降低研发成本，提高研发效率。此外，应注重人才培养，加强企业与高校、研究机构的合作，培养一批具备创新能力的高素质人才。其次，强化产业链上下游企业的协同创新。上游企业如电池、电机、电控等核心零部件制造商，与中游的整车制造商之间的紧密合作，可以实现资源优化配置，降低成本，提高产业链整体竞争力，通过建立稳定的供应链合作关系，确保上游零部件的质量与供应稳定性，通过技术交流与共享，提升产品性能，缩短研发周期，整车制造商向零部件企业提供长期订单，零部件企业则为整车制造商提供定制化服务。再次，推动产业链内企业协同创新。产业链内企业协同不仅包括上下游企业之间的合作，还包括同级别企业间的协同，在新能源汽车产业中，这种协同可以通过企业共享生产线实现。同时，加强技术交流与人才流动，通过合作研发，共享技术创新成果，通过产业联盟等形式，共同应对市场变化，参与国际竞争。最后，新能源汽车产业的创新发展，不仅需

要产业链内部的合作，还需要与能源、交通、信息等外部行业进行跨行业协同创新。跨行业协同策略包括与能源企业合作，优化新能源汽车的能源供给，加快能源供给环节的技术创新，如建设充电桩、换电站等基础设施；与交通企业合作，推进智能交通系统建设，加快信息交互平台的构建，实现车与路、车与车之间的信息交互；与信息企业合作，利用大数据、云计算等技术，提高新能源汽车的智能化水平。

（三）提升成渝地区双城经济圈智能网联新能源汽车产业链区域协同创新能力

首先，加强成渝两地产业链协作配套。根据成渝两地的资源优势和产业基础，优化新能源汽车产业的布局，形成特色鲜明、优势互补的产业链格局。同时，成渝两地拥有众多汽车整车企业和零部件供应商，应进一步加强两地产业链上下游的协作，促进资源共享和优势互补，通过联合攻关，解决核心技术问题，加快新技术的研发和应用，提升产业链的整体竞争力。其次，共建高水平研发生产制造基地。成渝两地应共同打造具有国际竞争力的先进制造业集群，以智能网联和新能源为主攻方向，以技术创新作为核心动能，培育具有国际竞争力的先进制造业集群。再次，加强人才资源互补。成渝两地应加强人才交流与合作，共同培养和吸引高素质人才，加强产学研合作，推动科技成果转化应用，同时，积极参与国际新能源汽车产业技术交流与合作，吸引优秀国际创新人才的入驻，提升区域技术创新能力，为新能源汽车产业的发展提供人才支持。最后，深化合作机制。成渝两地应进一步深化合作机制，打破行政壁垒，促进资源要素的自由流动和优化配置，形成推动新能源汽车产业协同创新的强大合力。

（四）加强成渝地区双城经济圈智能网联新能源汽车产业创新主体的合作交流

首先，通过制定和实施相关政策，鼓励和引导车企与高校建立合作关系。例如，提供税收优惠、贷款支持等政策，降低企业与高校合作的门槛。

同时，政府可以提供项目资金，支持车企与高校联合申报和实施科研项目，促进双方在技术创新和产品开发方面的合作。其次，深化车企和高校的创新协作能力。一方面，企业可以与高校共同开发新能源汽车相关的专业课程和培训项目，提供实践机会和学术交流，以培养更多的技术人才，企业可以提前锁定和培养潜在的员工，建立人才储备库，这有助于解决企业在快速发展过程中面临的人才短缺问题。另一方面，企业可以与高校共同开展技术创新和研发项目，高校的科研能力和企业的实践经验相结合，可以加速技术创新和产品开发的过程。最后，新能源汽车产业的各创新主体通过资源共享、优势互补，共同推动产业的创新发展。

参考文献

李晓敏、刘毅然、杨娇娇：《技术创新与新能源汽车销量：基于“创新引致需求理论”的经验检验》，《大连理工大学学报》（社会科学版）2022 年第 4 期。

刘泰山：《成都发力打造世界级新能源汽车产业集群》，《成都日报》2022 年 8 月 1 日。

马艳：《重庆聚力智能网联新能源汽车产业建设》，《中国工业报》2022 年 9 月 16 日。

汪文正：《补贴退场，新能源汽车如何“续航”?》，《人民日报》（海外版）2023 年 2 月 21 日。

吴刚、夏元：《川渝共建“三条走廊”做大新能源汽车产业》，《重庆日报》2022 年 7 月 12 日。

杨毅：《新能源汽车行业进入全面市场化拓展期》，《金融时报》2023 年 2 月 9 日。

岳倩：《汽车保有量超 3 亿辆　新能源汽车同比增 59.25%》，《中国质量报》2022 年 1 月 13 日。

周尤：《扎根创新技术　为新能源汽车发展续航》，《重庆日报》2024 年 3 月 8 日。

B.5

成渝地区双城经济圈智能网联新能源汽车产业市场应用报告

田 园　王撼宇　何俊杰*

摘　要： 随着我国2030年前碳达峰目标的确定，新能源技术进入了迅猛发展期，新能源汽车以清洁能源作为动力来源，采用了大量的创新技术，逐步建立了完备的产业链条，成为传统燃油汽车的重要替代品。成渝双城经济圈作为西南地区重要的经济中心，新能源汽车产业的市场应用发展迅速，本报告通过对成渝地区双城经济圈智能网联新能源汽车产业的市场规模、销量规模、产业规模进行分析，发现成渝地区双城经济圈智能网联新能源汽车产业市场整体规模较大，但是新能源汽车产业市场应用的发展质量不高，有待进一步提升。同时，对成渝地区双城经济圈智能网联新能源汽车产业具体市场应用进行研究，提出成渝地区双城经济圈智能网联新能源汽车产业市场应用的发展挑战与发展思路，具体思路包括打好融入新发展格局的成渝地区双城经济圈建设牌等。

关键词： 智能网联新能源汽车产业　家庭用车　公共交通　成渝地区双城经济圈

---

* 田园，博士，重庆工商大学成渝地区双城经济圈建设研究院专职研究员，副教授，主要研究方向为区域经济学、城市与可持续发展；王撼宇，撼地数智（重庆）科技有限公司副总经理兼产品总监，撼地产业大脑平台总架构师，撼地产业数字化平台总设计师，主要研究方向为产业经济、数字经济；何俊杰，重庆工商大学金融学院硕士研究生，主要研究方向为数字金融。

一　成渝地区双城经济圈智能网联新能源汽车产业市场整体概况

（一）市场规模

根据重庆市统计局 2019~2023 年《国民经济和社会发展统计公报》中的统计数据（见图 1），发现重庆市新能源汽车的产量呈现持续增长趋势。2019 年重庆市新能源汽车产量仅为 3.73 万辆，而到了 2023 年，重庆市新能源汽车产量突破 50 万辆，2023 年重庆市新能源汽车产量约为 2019 年汽车产量的 13.41 倍，表明市场对新能源汽车的接受度日益提高①。

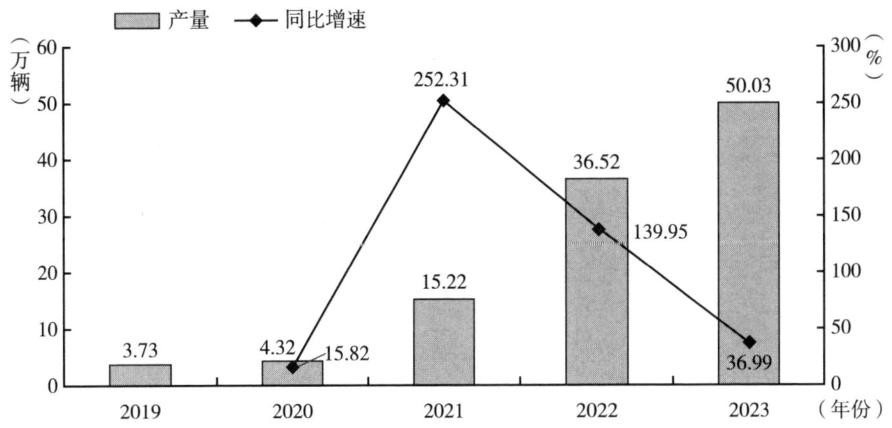

图 1　2019~2023 年重庆市新能源汽车产量变化情况

资料来源：重庆市统计局 2019~2023 年《国民经济和社会发展统计公报》。

在增长方面，重庆市新能源汽车产量的增长情况在 2019 年和 2020 年经历了短暂的低迷期，2020 年的同比增速为 15.82%，这可能是由于疫情

① 资料来源：重庆市统计局。

等因素对新能源汽车产业链造成了冲击。然而，从 2021 年开始，重庆市新能源汽车产量的增速有所回升，其中 2021 年的同比增速更是高达 252.31%，显示出市场对新能源汽车的强烈需求和新能源汽车产业的快速发展，2023 年的同比增速为 36.99%，表明重庆市新能源汽车产业正在稳步回升并朝着持续向好的方向发展。

重庆市的新能源汽车产量在短短几年内迅速提升，并成为全国领先的汽车生产地区之一，这充分反映了其在新能源汽车产业方面的政策支持和市场培育取得了显著成效。随着政策扶持力度的加大、技术创新和市场需求的增加，预计重庆市新能源汽车的产量将继续保持增长态势，重庆市的新能源汽车产业将朝着更高质量、更高水平的方向发展。

成都市新能源汽车产业发展迅速，市场规模持续扩大，图 2 展示了 2019~2023 年成都市新能源汽车的产量及增速情况。

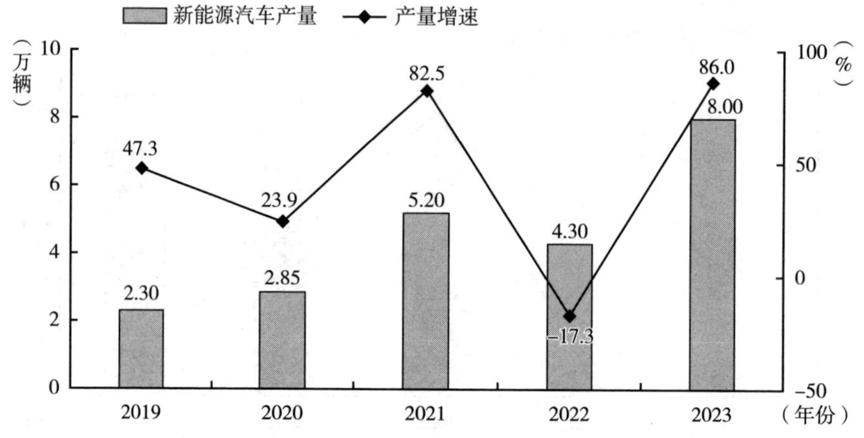

图 2　2019~2023 年成都市新能源汽车产量及增速

资料来源：成都市统计局 2019~2023 年统计公报。

根据图 2 可知，2019~2023 年，成都市新能源汽车产量整体处于上升趋势。其中，2022 年成都市新能源汽车产量为 4.30 万辆，比 2021 年的 5.20 万辆少了 0.90 万辆，产量增速为-17.3%，是 2019~2023 年中的最低值；但 2023 年成都市新能源汽车产量达 8.00 万辆，产量增速为 86.0%，实现了大幅度的跃升。总体来看，成都市新能源汽车产量从 2019 年的 2.30 万辆上升到 2023 年的 8.00 万辆，实现了进一步的增长。

（二）销量规模

根据重庆市汽车商业协会发布的数据，重庆市新能源汽车的销量在 2021~2023 年呈现持续增长态势，彰显了市民对绿色出行的积极响应和市场需求的强劲动力。2021 年重庆市新能源汽车销量为 6.33 万辆，2023 年达到 16.74 万辆，显示出重庆市民对新能源汽车的接受度和购买意愿在不断增强，彰显了重庆市民对绿色出行理念的积极响应以及市场对新能源汽车的强劲需求。从新能源汽车的渗透率变化来看，2021 年重庆市新能源汽车渗透率仅为 13.88%，2023 年就达到了 37.73%，这也充分反映了重庆市在推广新能源汽车产业发展方面取得的显著成效（见图 3）。这也预示着新能源汽车将在未来成为重庆市交通出行的重要选择，为重庆市的环保事业和可持续发展注入新的活力。

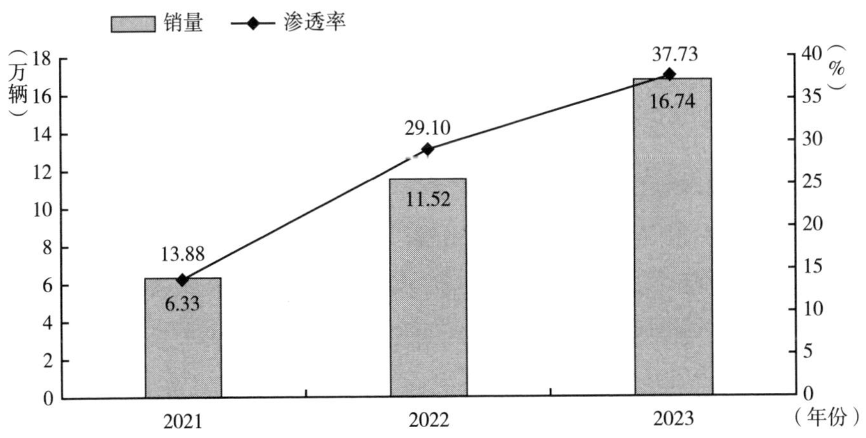

图 3　2021~2023 年重庆市新能源汽车销量及渗透率变化情况

资料来源：重庆市汽车商业协会。

根据成都市经信局市新经济委的数据，图 4 展示了 2019~2023 年成都市新能源汽车的销量及增速情况。2019~2023 年，成都市新能源汽车销量呈持续上升趋势，从2019年的1.9万辆增长到2023年的22.2万辆。同时，2023年的22.2万辆为2019~2023年中的最高销量，但与2020~2022年相比，销量增速有所下降。2019~2023年，销量增速最高为2021年的237.5%，销量增速最低为2019年的-34.4%。

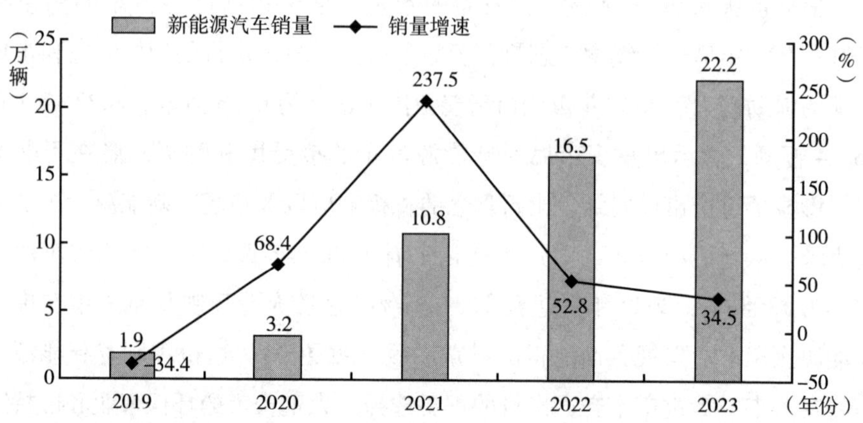

图4　2019~2023年成都市新能源汽车销量及增速

资料来源：成都市经信局市新经济委。

（三）产业规模

成渝地区双城经济圈作为新能源汽车产业发展的重要地区，产业规模随着时间的推移，已经收获了巨大的增长。截至2023年，重庆市新能源汽车保有量达到了22.3万辆，其中纯电动汽车保有量为12.6万辆。成都市新能源汽车市场也在迅速扩展，新能源汽车保有量已达到18.7万辆，其中纯电动汽车占比超过60%。成都市政府计划到2025年新能源汽车保有量达到30万辆以上①。

新能源汽车企业作为新能源汽车产业发展的核心力量，对产业规模的壮大起着关键的推动作用。我们在观察剔除了金融业和保险业的关键新能源汽

① 资料来源：中国新闻网。

车产业相关企业分布前十的城市后发现，重庆市和成都市是新能源汽车产业相关企业的主要分布城市，分别为335家和112家（见图5）。这主要是因为重庆市汽车工业发展历史悠久，新能源汽车产业基础建设优异，为新能源汽车产业的发展奠定了基础，此外，重庆市本身的经济建设水平较高，新能源汽车市场需求量大，吸引了新能源汽车企业在重庆市落户。成都市作为四川省的省会城市，基础设施建设完备，信息技术建设水平高，吸引了新能源汽车企业在此聚集。宜宾、绵阳和遂宁等市，也积极响应新能源汽车产业发展政策，依托地区的资源优势、技术优势和地区优势，大力开展新能源汽车产业建设，实施积极的产业发展政策，推动新能源汽车企业入驻，共同促进新能源汽车产业发展。

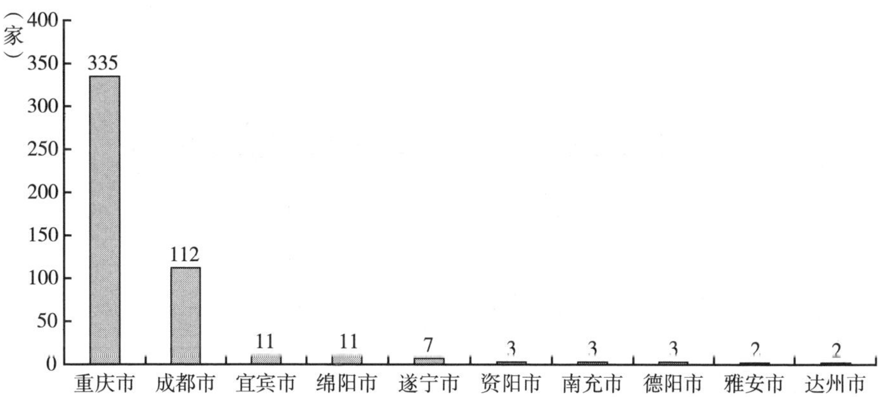

图5 成渝地区双城经济圈智能网联新能源汽车企业分布前十的城市

资料来源：撼地数智（重庆）科技有限公司。

图6展示了2019~2023年成渝地区双城经济圈智能网联新能源汽车企业数量的变化，整体呈现持续上升趋势，由415家增长到497家，体现了成渝地区双城经济圈对新能源汽车企业吸引力的提高，也培育和发展了一批本地新能源汽车企业，例如赛力斯汽车公司，就推动了成渝地区双城经济圈智能网联新能源汽车产业规模的壮大，也为成渝地区双城经济圈智能网联新能源汽车产业的高质量发展提供了新鲜血液，增强了发展动力。

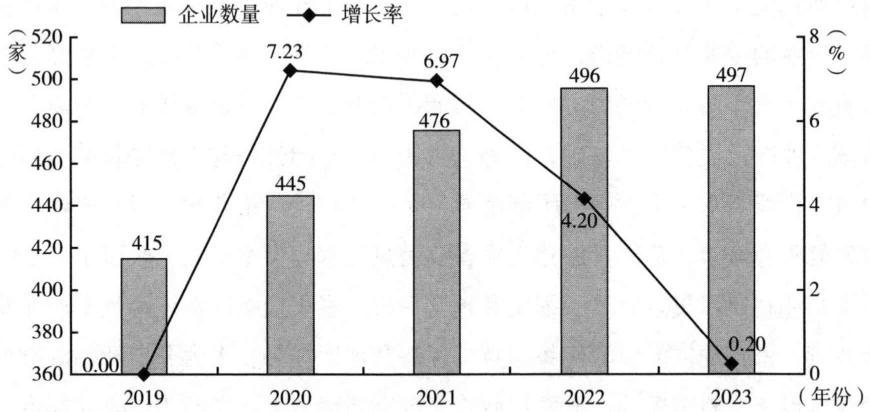

图 6　2019~2023 年成渝地区双城经济圈智能网联新能源汽车企业数量变化

资料来源：撼地数智（重庆）科技有限公司。

二　成渝地区双城经济圈智能网联新能源汽车产业具体市场应用

（一）新能源汽车产业市场应用领域

1. 家庭用车领域

我国经济发展逐步向“低碳”靠近，人们的环保观念也在日益增强，随着新能源汽车产业的高速发展，新能源汽车相关技术日趋完善，尤其是新能源汽车续航功能的提高，使其能够在较大程度上替代传统燃油汽车。同时，新能源汽车产业链条的发展水平得到了显著提高，新能源车企数量增加，新能源汽车消费进入平价时代。此外，国家和地方政府针对私人领域的购车行为出台了许多优惠政策，如税费补贴、车牌照顾等。因此，在各种因素的共同驱动下，许多家庭或个人会选择购买新能源汽车作为日常出行用车。

成渝地区双城经济圈智能网联新能源汽车在家庭用车领域的市场应用规模庞大，重庆市 2023 年的乘用车终端销量为 43.25 万辆，新能源汽车占比达38%；四川省乘用车终端销量为107.98万辆，新能源汽车占比达31%[①]。重庆市和四川省的新能源乘用车销量都超过了30%，意味着每10个家庭或个人购买汽车时，至少有3个是购买的新能源汽车，说明成渝地区双城经济圈智能网联新能源汽车在家庭用车领域得到了广泛应用，从侧面展现了成渝地区双城经济圈智能网联新能源汽车消费市场的火热，这也有利于推动成渝地区双城经济圈智能网联新能源汽车产业的进一步发展。

2. 公共交通领域

我国公共交通网络发达，城市公交、出租车和网约车是公共交通的重要组成部分，都是新能源汽车的重要市场应用领域，因为与长途汽车相比，城市公交、出租车和网约车对续航里程的要求会低一些。

随着新能源汽车产业的发展，成渝地区双城经济圈逐步加快城市公共交通工具向新能源汽车类型的转换。截至2021年4月，四川省新能源公交车数量占比已超过35%；同时，2024年5月的数据显示，四川省城市公交车中新能源车辆占比约为67%，巡游出租车中新能源车辆占比约为40%。重庆市也大力推广新能源公交车，包括纯电动公交车和插电式纯电动新能源公交车，光2024年新投入的电动公交车数量就至少有178辆，并且还有更多的电动公交车计划在未来投入运营，这些车辆的投入不仅提升了市民的出行体验，也体现了重庆市在推动绿色交通和节能减排方面所做出的努力；截至2024年6月，重庆市已推广新能源换电巡游出租车超过3300辆[②]。

新能源交通工具的不断增加，不仅满足了市民的出行需求，也推动了新能源汽车的普及，为成渝地区双城经济圈智能网联新能源汽车市场应用的拓展提供了有效渠道，为新能源汽车产业的发展提供了动力。

（二）新能源汽车产业相关创新技术的市场应用

1. 电池技术

高集成刀片动力电池技术：弗迪电池有限公司的刀片电池技术，突破传

① 资料来源：盖世汽车资讯。

② 资料来源：四川省情网和重庆市交通运输委员会网站。

统拉深/挤出工艺的制约，实现超过60%的体积集成效率，体积集成效率相比传统电池系统提升50%，使得搭载磷酸铁锂体系的纯电动汽车续航里程达到600公里①。

动力电池高效成组CTP技术：宁德时代新能源科技股份有限公司的CTP技术打破行业固有的三级成组设计思维，实现两级成组单体直接成组电池包。该技术将电池包的重量成组效率从行业平均水平的70%提升至80%，体积成组效率从56%提升至65%，零件数量减少25%，同时减少传统模组的生产工序，生产效率提高20%②。

一体化大功率燃料电池系统技术：上海捷氢科技有限公司的这项技术通过采用超薄金属双极板、低Pt催化剂、空气侧无外增湿及智能控制策略，有效缩小燃料电池系统体积并降低成本。搭载该技术的燃料电池系统功率可达92kW，可应用于乘用车和商用车双平台，尤其是能满足中重型货车的功率需求。

在新能源汽车无线充电方面，目前主要采用电磁感应式，其原理是在初级线圈中有一定频率的交流电，通过电磁感应在次级线圈中产生电流，从而将能量由输出端传送至接收端，完成无线充电。例如，将一个受电线圈装置安装在汽车底盘上，另一个供电线圈装置安装在地面，当电动汽车驶到供电线圈装置上时，受电线圈即可接收到供电线圈的电流，从而对电池进行充电。

2. 充电技术

麒麟电池：宁德时代推出的麒麟电池在电池结构上进行了创新，取消动力电池原本独立的设计，采用多功能弹性夹层，电芯倒立排列，多模块共用底部空间的设计；其空间利用率提升6%，导热性能提升50%，续航突破到1000公里以上，支持5分钟快速热启动和10分钟快充（10%~80%），预计2023年量产，同时支持4C快充的产品也将推出，搭载800V高压车型。

① 资料来源：弗迪电池有限公司官网。

② 资料来源：宁德时代官网。

800V 高压平台：小鹏汽车的 G9 车型搭载了 800V 高压平台，分为 4C 电池和 3C 电池两种动力电池方案。4C 版本的充电效率最高可达“5 分钟续航 200+公里”，充电 10%~80%仅需 15 分钟；而 3C 版本可以做到“5 分钟续航 130+公里”，充电 10%~80%仅需 20 分钟，并且在第三方充电桩上也拥有超快充能力，充电功率比同级别车型高。此外，比亚迪于 2015 年全球首创乘用车 800V 高压平台技术，该技术不仅使电动车百公里加速快至 4 秒级、纯电续航里程达 450 公里，还将快充功率提升至 60kW，全方位提升用户体验①。

6C 倍率电池：广汽埃安 2023 款 AION V Plus 70 极速快充版车型搭载的 XFC 极速电池是全球首款上市量产的 6C 倍率电池，充电至 80%仅需 8 分钟。

超快充技术：孚能科技推出的全新动力电池解决方案包含 2.4C、3C 和 4C 三种倍率快充电芯，充电 10 分钟分别实现补能 40%、50%和 70%。欣旺达的 SFC480 超级快充电池更接近 4C 标准，10 分钟可以实现充电 10%~70%。

双枪超充技术：针对大部分快充桩充电速度不够快的问题，比亚迪全球首创乘用车双枪超充技术，通过短时多补能，实现处处能超充，让公共快充桩秒变超充桩。比如，腾势 N7 双枪超充最大功率可达 230kW，在公共快充桩上实现 15 分钟充电 350 公里，充分利用现有的公共快充桩资源，充电效率有所提高。

3. 自动驾驶技术

2023 年 7 月 27 日，广汽研究院人工智能首席科学家陈学文领衔的 X Lab 团队，在国际权威的 Argoverse 2 运动预测挑战赛中，依靠自主研发的运动轨迹预测框架 XPredFormer，斩获运动轨迹预测榜单全球第一。该框架有三大技术突破：一是模仿人类驾驶的观察注意力机制，设计了动态、静态、交互态 3 个独立的 Transformer 特征提取模块，实现了预测精度大幅提升；二是完全自主研发的 Transformer 轻量级网络，实现了通过单次推理预测场景中全部 Agent 轨迹的机制，解决了模型推理时间长、落地难的痛点，具有出色

① 资料来源：凤凰网。

的移植鲁棒性和推理速度；三是具有良好的平台适配与泛化性，可针对不同算力硬件平台进行算法定制化适配，能有效缩短产品化周期。运动轨迹预测对自动驾驶汽车安全运行十分重要，其精度是自动驾驶系统高阶智能的直接体现，对行驶的安全性与舒适性起决定性作用①。

5G 技术、云计算、物联网的融合发展极大地提升了自动驾驶系统的性能和稳定性。例如，5G 技术的低延迟和高带宽特性，有助于车辆实时获取和传输大量的环境信息；云计算可以提供强大的计算能力，支持复杂的算法和模型运行；物联网则使车辆能够与其他设备和基础设施进行更广泛的交互和协同。

另外，宝马集团和印度塔塔技术公司于 2024 年 4 月 2 日宣布成立合资企业，专注于自动驾驶软件及仪表盘系统等技术的开发；2022 年，四维图新与小马智行达成战略合作，共同助力自动驾驶前沿技术的探索和创新。

自动驾驶技术仍在不断发展，未来可能会在更多方面取得突破，如更先进的算法、更可靠的安全保障机制、与智能交通系统更深度的融合等。同时，全球多个国家和地区也在积极推进相关政策法规的制定和完善，以促进自动驾驶技术的商业化应用和普及。

（三）成渝地区双城经济圈智能网联新能源汽车市场政策布局

1. 重庆市智能网联新能源汽车重点项目

2023 年重庆市级重点项目共有 1457 个，总投资约 4.4 万亿元，其中与智能网联新能源汽车产业领域相关的项目多达 32 个，覆盖电驱系统、动力电池、汽车底盘、汽车照明、整车等产业链环节，还涉及比亚迪、吉利、领克等汽车品牌。2019~2023 年重庆市公示的市级重点项目中有关智能网联新能源汽车的数量整体呈现上升趋势，从 2019 年的 13 个增加到 2023 年的 32 个（见图 7）。项目数量在 2023 年有显著的增长，体现了重庆市对于发展智能网联新能源汽车的重视程度。在 2023 年公布的 32 个重点项目当中，九龙

① 资料来源：汽车之家。

坡秦安机电总部基地及新能源汽车驱动系统等 3 个项目完工；两江龙兴新城智能网联新能源汽车产业园基础设施配套等 13 个项目续建；长安汽车渝北工厂置换及绿色智能升级建设等 16 个项目新开工。2023 年，重庆汽车产业发展势头强劲、产销跃升，重点项目接连落地见效，万亿级智能网联新能源产业集群不断发展壮大。

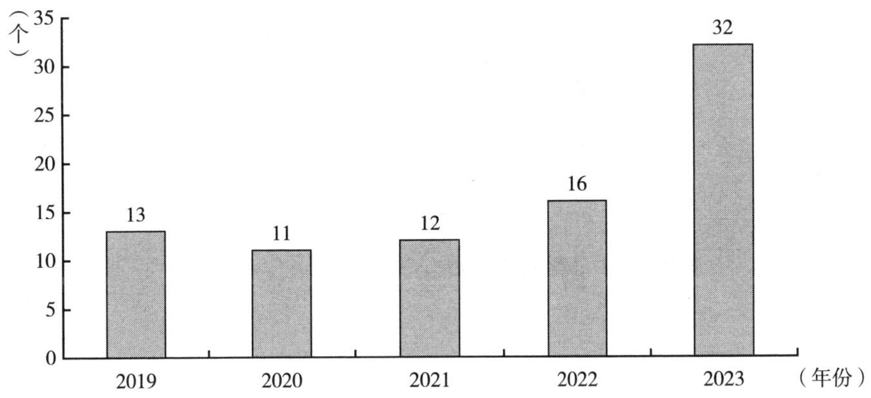

图 7　2019~2023 年重庆市智能网联新能源汽车重点项目数量

资料来源：重庆市人民政府网。

从智能网联新能源汽车重点项目的分布领域来看，如图 8 所示，主要集中于五大领域，其中新能源汽车驱动系统相关项目 4 个（占比 12.5%），如九龙坡秦安机电总部基地及新能源汽车驱动系统项目；新能源汽车产业园基础设施配套相关项目 3 个（占比 9.4%），如渝北前沿科技城新能源智能汽车工业园配套基础设施项目；动力电池相关项目 8 个（占比 25.0%），如涪陵赣锋锂电年产 24GWh 动力电池项目；电池能源材料相关项目 7 个（占比 21.9%），如长寿新能源材料及循环经济项目；汽车零部件相关项目 10 个（占比 31.3%），如巴南宗申高端零部件产业化项目。这些反映出 2023 年重庆市智能网联新能源汽车重点项目集中于动力电池及汽车零部件等领域。

具体项目内容见表 1。

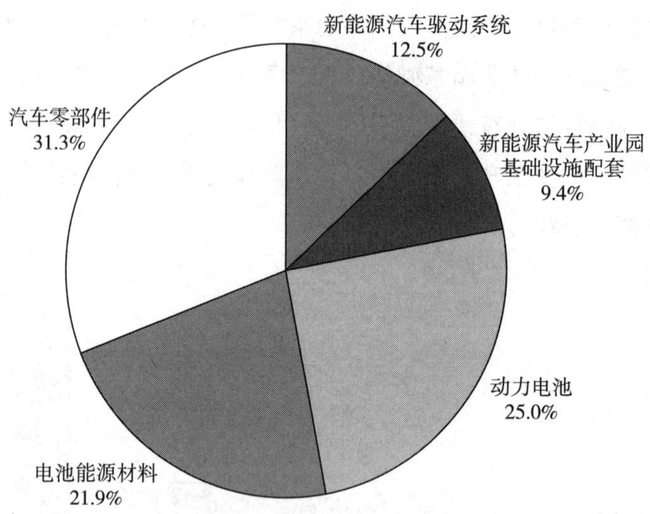

图 8　重庆市智能网联新能源汽车重点项目分布领域

资料来源：重庆市人民政府网。

表 1　2023 年重庆市智能网联新能源汽车重点项目

序号	名称	主要建设内容及规模	牵头单位
1	九龙坡秦安机电总部基地及新能源汽车驱动系统项目	建设传统项目生产线及新能源汽车驱动系统生产线	九龙坡区政府
2	合川智能智慧电驱动产业化项目	建设年产 100 万台（套）新能源汽车、电动摩托车智慧自适应电驱动系统总成生产基地	合川区政府
3	两江龙兴新城智能网联新能源汽车产业园基础设施配套项目	建设智能网联新能源汽车产业园区内生产基地、市政基础设施及相关配套设施	两江新区
4	涪陵吉利科技年产 12GWh 动力电池项目	建设年产 12GWh 动力电池项目生产线	涪陵区政府
5	九龙坡国鸿氢能科技产业园	建设核心装备制造项目集群，构建制氢、加氢等氢能源闭环全产业链生态圈	九龙坡区政府
6	巴南宗申高端零部件产业化项目	建设集研发、生产、销售于一体的航空发动机和新能源汽车高端零部件生产制造基地	巴南区政府

续表

序号	名称	主要建设内容及规模	牵头单位
7	九龙坡博世氢材料发动机项目	建设氢燃料电池发动机研发、生产基地	九龙坡区政府
8	铜梁昆凌高端线束和新能源汽车零部件生产基地	建设高端线束和新能源汽车零部件生产基地	铜梁区政府
9	沙坪坝拓普新能源汽车轻量化底盘系统暨内饰隔音件系统生产基地	研发、生产轻量化底盘系统模块产品和内饰隔音件系统模块产品	沙坪坝区政府
10	璧山比亚迪动力电池全球总部	建设比亚迪动力电池全球总部项目	璧山区政府
11	长安汽车渝北工厂置换及绿色智能升级建设项目	建设 CD701、CD570、C798 三个系列纯电动车生产线	渝北区政府
12	渝北前沿科技城新能源智能汽车工业园配套基础设施项目	新建 43 万平方米厂房,市政道路、污水处理厂等配套设施	渝北区政府
13	九龙坡吉利新能源汽车高端定制改装总部基地	建设以吉利、领克等主要汽车、摩托车品牌的新能源数字化定制改装工厂	九龙坡区政府
14	沙坪坝文灿新能源汽车轻量化一体车身生产基地	建设集压铸车间、机械加工车间、后处理及装配等配套工艺于一体的智慧工厂	沙坪坝区政府
15	万盛年产 80 万套一体化成型工艺轻量化新能源汽车零部件项目	一期建设年产 10 万套副车架产线,年产 10 万套电池包壳体产线;二期建设年产 30 万套副车架产线、30 万套电池包壳体产线	万盛经开区管委会
16	九龙坡登科新能源零部件制造总部基地	建设新能源汽车空调压缩机壳体、新能源汽车电机壳体及端盖、其他新能源零部件生产线	九龙坡区政府
17	璧山新能源汽车电驱系统产业项目	总建筑面积 12.3 万平方米,建设研究院、新能源传动系统试验中心、新能源汽车电驱动控制器研发生产项目等	璧山区政府
18	綦江新能源汽车轻量化配套产业园	建设年产 10 万套电池微通道管等生产线、年产 10 万套电动车电池托盘生产线、年产 15 万套车身结构件生产线和年产 25 万吨高导电节能型铝用炭材料生产线	綦江区政府

续表

序号	名称	主要建设内容及规模	牵头单位
19	两江信质新能源汽车驱动电机研发生产基地	建设年产 300 万台新能源汽车定转子总成生产线	两江新区管委会
20	长寿高性能锂离子电池微孔隔膜项目	建设年产 13 亿平方米高性能锂离子电池微孔隔膜生产线	长寿区政府
21	万盛 15GWh 储能电池项目	建设年产 15GWh 高性能新型锂离子电池智能化生产线	万盛经开区管委会
22	铜梁锂离子电池负极材料生产基地	建设年产 10 万吨锂离子电池负极材料生产基地	铜梁区政府
23	厦门海辰西南智能制造中心及研发中心(铜梁)	建设 50GWh 新一代储能锂电池、18GWh 储能模组的智能生产线及研发中心	铜梁区政府
24	潼南新能源材料生产基地	一期建设 2 万吨/年基础磷酸铁锂生产线;二期建设 3 万吨/年基础磷酸铁锂生产线;三期建设 5 万吨/年基础磷酸铁锂生产线	潼南区政府
25	涪陵年产 15 万吨新能源汽车用高端铝板带箔项目	建设年产 15 万吨新能源汽车用高端铝板带箔生产线	涪陵区政府
26	九龙坡红马天泰新能源正极材料研发生产基地	一期建设 2 万吨正极材料生产线;二期建设 3 万吨正极材料生产线;三期建设 3 万吨正极材料生产线	九龙坡区政府
27	大足环锂新能源动力电池综合利用项目	建设年产 90 万套(5G)通信基站用锂电储能模块及分布式储能包、年拆解 10 万台新能源报废汽车项目、新能源电池生产线	大足区政府
28	两江赣锋新型锂电池科技产业园	建设锂电池生产线	两江新区管委会
29	长寿新能源材料及循环经济项目	一期建设 10 万吨/年磷酸铁锂+20 万吨/年电池级磷酸铁生产线	长寿区政府
30	涪陵赣锋锂电年产 24GWh 动力电池项目	建设年产 24GWh 动力电池和年产 10GWh 电池 PACK 装配生产线及相关配套	涪陵区政府
31	南川年产新能源汽车零部件 80 万套项目	建设年产 80 万套新能源汽车零部件生产线	南川区政府
32	铜梁天齐新增 2000 吨高能锂电材料电池级金属锂项目	建设年产 2000 吨高能锂电材料电池级金属锂生产线	铜梁区政府

资料来源：重庆市人民政府网。

2. 四川省智能网联新能源汽车重点项目

四川省发展和改革委员会公布 2023 年四川省重点项目名单，共列 700 个项目，其中续建项目 464 个，新开工项目 236 个，总投资紧扣 2023 年四川省政府工作报告确立的目标任务，助推制造强省建设，197 个制造业项目占据产业项目半壁江山，朝高端化、智能化、绿色化转型是四川省制造业发展的方向。纳入名单的制造业项目主要聚焦新能源汽车、动力电池、新材料、高端装备制造等优势产业和新兴产业领域，将为四川制造强省建设注入强劲动能；其中涉及智能网联新能源汽车的项目有 22 项，这些项目不仅反映了四川在新能源汽车领域的战略布局，也体现了四川对推动绿色、低碳、可持续发展理念的坚定决心。

如图 9 所示，2019~2022 年四川省公布的有关智能网联新能源汽车重点项目数量逐年上升，且在 2022 年达到 59 个，2023 年有所回落，但数量仍在 20 个以上。可以看出四川省在智能网联新能源汽车产业的发展上给予了高度重视，并将其作为推动制造业转型升级、实现高质量发展的重要抓手。在 2023 年公布的 22 个重点项目中，邛崃市璞泰来新能源电池材料全产业链等 13 个项目续建，9 个项目新开工。这些项目的实施，将有助于提升四川智能网联新能源汽车产业的规模和水平，推动四川在智能网联新能源汽车领域取得更大的突破①。

从 2023 年四川省智能网联新能源汽车重点项目来看，如表 2 所示，成都市智能网联新能源汽车建设重点项目有 3 个，其中与邛崃市合作项目 1 个，主要建设内容为研发新能源电池材料以及建设动力电池研发生产基地；达州市建设重点项目 1 个，主要建设内容为退役锂电池的拆卸和高效回收；德阳市和绵竹市合作项目 1 个，主要建设内容为锂电新能源材料项目；广安市建设重点项目 1 个，主要建设内容为新能源零部件及循环利用项目；眉山市建设重点项目 3 个，主要建设内容为新能源汽车动力材料、动力电池以及电解液项目生产基地；绵阳市建设重点项目 2 个，主要建设内容为新能源汽

① 资料来源：四川省经济和信息化厅统计数据。

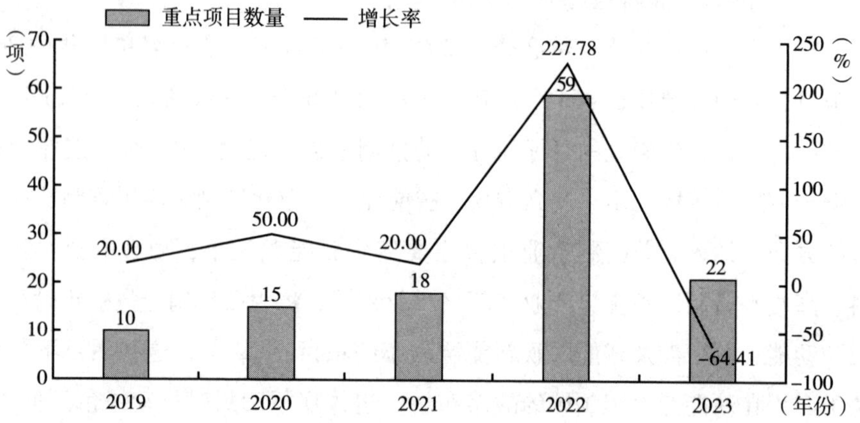

图 9　2019~2023 年四川省智能网联新能源汽车重点项目数量及增长率

资料来源：四川省人民政府网。

车智能电控及热管理系统以及新能源产业园项目；遂宁市建设重点项目 5 个，其中与射洪市合作项目 2 个，主要建设内容为碳酸锂、锂电池等新能源材料产业项目；雅安市建设重点项目 1 个，主要建设内容为生产磷酸铁锂；宜宾市建设重点项目 4 个，主要建设内容为打造动力电池小镇、锂电池隔膜项目以及电解液项目等；自贡市建设重点项目 1 个，主要建设内容为电池包紧密结构生产基地项目。

表 2　2023 年四川省智能网联新能源汽车重点项目

序号	项目名称	主要建设内容	建设地址
1	邛崃市璞泰来新能源电池材料全产业链项目	项目总投资约为 140.8 亿元,其中 20 万吨负极材料和石墨化一体化项目计划总投资不超过 80 亿元;20 亿平方米基膜和涂覆一体化项目计划总投资不超过 60 亿元;1 万吨陶瓷粉体项目计划总投资不超过 0.8 亿元	成都市 邛崃市
2	德阳川发龙蟒锂电新能源材料项目	项目建设碳酸锂生产线、磷酸铁生产线和硫黄制酸生产线,年产 3 万吨碳酸锂、10 万吨磷酸铁、50 万吨硫酸	德阳市 绵竹市

续表

序号	项目名称	主要建设内容	建设地址
3	达州普光锂钾综合开发项目	年产25万吨精密导体新材料、年产10万吨高纯锂盐、年处理10万吨退役锂电池拆卸及全组份清洁高效回收综合利用、富钾卤水探勘开发等产业项目及配套基础设施	达州市
4	射洪锂电新能源新材料产业集群项目	将建成锂电厂房及锂电产业研发设施约280万平方米,年产2万吨电池级碳酸锂生产线,建设5000吨/年工业级碳酸锂综合回收利用厂房及生产线,新建500吨/年金属锂生产线,达到年产10万吨磷酸铁锂前驱体材料产能,年产20万吨三元正极材料,年产12万吨磷酸铁锂正极材料等20余条生产线	遂宁市射洪市
5	遂宁市蜂巢能源动力锂离子电池项目	总投资95亿元,占地面积约725亩,分两期建设,主要生产短刀电池、无钴电池、三元电池和磷酸铁锂电池	遂宁市
6	蜂巢能源(成都)动力电池制造及西南研发基地一期项目	项目计划总投资220亿元,第一期投资约116亿元,设计产能约31.5GWh	成都市
7	成都市龙泉驿区亿纬锂能动力储能电池项目(一期)	该项目计划总投资200亿元,分两期建设年产50GWh锂离子电池生产基地	成都市
8	雅保年产5万吨氢氧化锂电池材料项目	投产后可实现年产5万吨氢氧化锂,能够满足150万辆新能源汽车的需求	眉山市
9	雅安厦钨新能磷酸铁锂项目(一期)	计划建设年产16万吨磷酸铁锂、6万吨三元前驱体及锂电池回收利用项目	雅安市
10	射洪新晟海年产12万吨磷酸铁锂正极材料项目	项目计划总投资18亿元,分两期建设年产12万吨磷酸铁锂正极材料生产厂房、生产线和配套附属设施	遂宁市射洪市
11	遂宁天齐锂业碳酸锂项目	投产后,该项目将实现年产值50亿元以上,税收收入4亿元以上	遂宁市
12	绵阳富临精工新能源汽车智能电控及热管理系统产业项目	总投资约10亿元人民币,其中固定资产投资不低于4.5亿元。建设内容为新能源汽车智能热管理系统集成模块及核心零部件(电子水泵、电控执行器、电子油泵、直流无刷电机)项目	绵阳市

续表

序号	项目名称	主要建设内容	建设地址
13	武胜县新能源汽车零部件及循环利用产业园项目	厂房25万平方米和1万平方米办公配套用房,新能源汽车零部件生产线6条,循环利用生产线8条,年产黄铜棒2万吨以上,年处理油基岩屑5万吨,年产陶粒10万立方米,年产环保设备500套	广安市
14	宜宾动力电池特色小镇项目	主要围绕特色产业、基础设施建设、公共服务供给、商业设施开发、宜居环境营造等板块进行投资建设运营	宜宾市
15	立业锂能遂宁基地项目	总投资达136亿元,成为遂宁目前投资总额最大的单体电池封装项目	遂宁市
16	中创新航动力电池及储能系统项目	选址四川彭山经开区,计划总投资约100亿元,是彭山区继杉杉锂电项目后的第二个百亿级工业项目	眉山市
17	宜宾市锂电池隔膜项目	总投资50亿元,占地约270亩,预计达产后将实现16亿平方米隔膜产能	宜宾市
18	宜宾昆仑新能源电解液项目	该项目总投资50亿元,是宜宾首个电解液项目,项目占地172亩,投产后预计年产值超100亿元	宜宾市
19	绵阳理想汽车新能源产业园项目(一期)	设约8万平方米的智慧化、低碳环保科技专业的增程器现代化生产园区,并负责园区后期运营	绵阳市
20	凯翼汽车新能源智能网联综合车型研发及技术改造产业化项目(一期)	项目总投资为109851.85万元,在原有总产能(15万辆/年)不变的基础上,置换部分燃油汽车产能,形成年产6万辆新能源汽车的生产能力	宜宾市
21	四川天钧动力电池包精密结构件生产基地项目	该基地可形成年产80万件动力电池包箱体和80万套动力电池热管理系统的生产能力,实现年销售收入约10亿元	自贡市
22	四川天赐电解液	成为全球首个电解液零碳工厂、全国最大的电解液生产基地	眉山市

资料来源:四川省人民政府网。

从图10可以看出,遂宁市、宜宾市、成都市智能网联新能源汽车重点项目数量位居四川省前三,是四川省智能网联新能源汽车重点布局区域。

从智能网联新能源汽车重点项目的分布领域来看,如图11所示,主要集

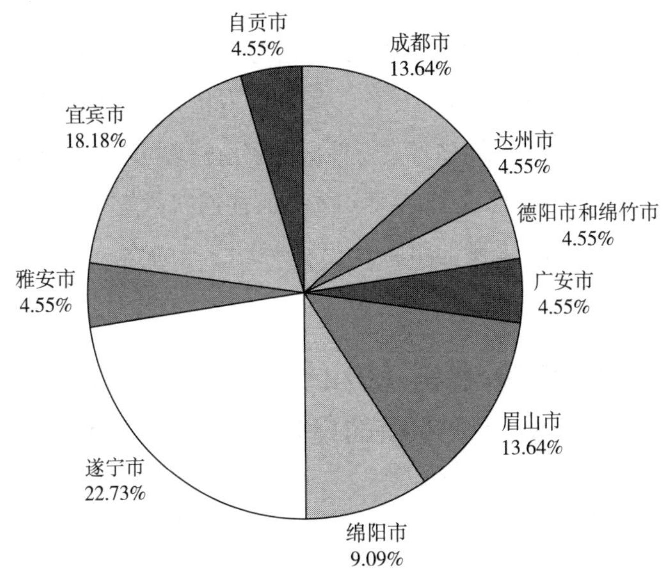

图 10　2023 年四川省智能网联新能源汽车重点项目建设地址

资料来源：四川省公共资源交易信息网。

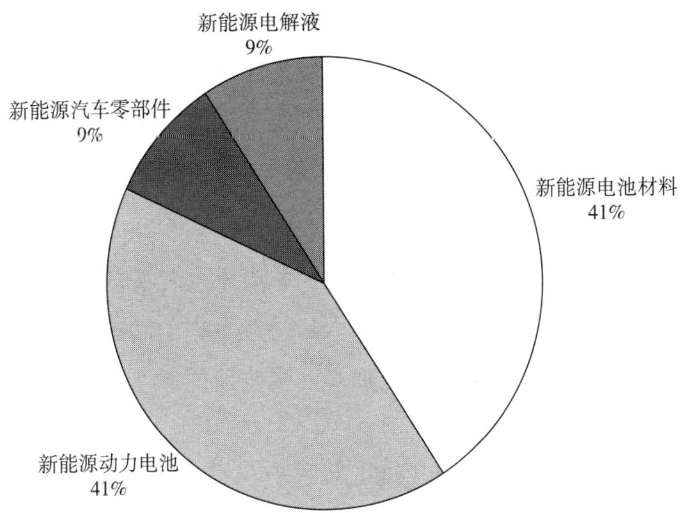

图 11　四川省智能网联新能源汽车重点项目分布领域

资料来源：四川省人民政府网。

中于四大领域，其中新能源电池材料占比41%，如射洪锂电新能源新材料产业集群项目；新能源动力电池占比41%，如成都市龙泉驿区亿纬锂能动力储能电池项目（一期）；新能源汽车零部件占比9%，如武胜县新能源汽车零部件及循环利用产业园项目；新能源电解液占比9%，如宜宾昆仑新能源电解液项目。可以看出2023年四川省的智能网联新能源汽车重点项目侧重于新能源电池材料以及新能源动力电池研发生产领域。

三　成渝地区双城经济圈智能网联新能源汽车产业市场应用的发展挑战与发展思路

（一）发展挑战

1. 新能源汽车产业市场震荡，警惕车企陷入持久价格战

随着2023年新能源国补退场，新能源车企进入“降价增量”模式。2023年1月，特斯拉在新能源汽车行业发起“价格战”；其实特斯拉在2022年第四季度时，其产量与交付量之间就存在较大差距。根据中汽协数据，2022年12月我国汽车厂商库存104.5万辆，同比增长23.7%。2023年市场需要优先消化终端的库存车，这对整个新能源车市场来说是不小的压力。2023年1月，国内汽车产销量分别为159.4万辆和164.9万辆，环比分别下降33.1%和35.5%，同比分别下降34.3%和35.0%。另外，我国的电池产能和锂电材料产能也面临着不同程度的过剩。当下国内新能源车企普遍处于不盈利、研发加大、持续亏损的状态，如果进一步降价，会让其原本就不高的毛利雪上加霜，国内新能源汽车淘汰赛也可能因此加快速度。

2. 目前四川新能源汽车产业总量规模不大

根据中汽协数据，我国现有新能源汽车相关企业60.58万家。分城市来看，上海以2.15万家新能源汽车相关企业位居第一，成都以1.85万家企业位居第二，但是从产量增速方面来看，2022年全国新能源汽车产销分别完

成705.8万辆和688.7万辆，同比分别增长96.9%和93.4%，市场占有率达到25.6%，比2021年高12.1个百分点。2023年1月，在国家统计局和四川省统计局分别发布的2022年规模以上工业生产主要数据中，新能源汽车绝对量分别为721.9万辆和8.1万辆，同比分别增长97.5%和92.9%。由此可见，虽然四川新能源汽车产业保持了高速度增长，但是产量增速仍未跟上全国平均速度。

3. 产业链条不完整、产品类型单一

城市研究院统计，四川多地新能源汽车品牌、车型、竞争力参差不齐，部分车型还依赖于政府订单，严重缺乏具有市场竞争力的拳头产品。在新能源汽车产业链方面，现阶段四川新能源汽车产业上游集聚了天齐锂业、川能动力、盛新锂能等一批资源控制能力和议价能力较强的龙头企业，中游则引进了宁德时代、亿纬锂能、中航锂电、蜂巢能源等多个行业龙头，不过在下游附加值最高的电机、关键零部件、新材料、智能芯片、智能生态系统的研发制造等领域还缺乏有影响力的龙头企业，没有形成相关的产业集群。

（二）发展思路

1. 打好融入新发展格局的成渝地区双城经济圈建设牌

在推动技术进步、产业结构和消费结构升级、城市化进程加快等方面，四川拥有巨大的发展潜能。四川积极融入新发展格局，推动成渝地区双城经济圈建设，有利于在西部形成高质量发展的重要增长极。在汽车产业方面，川渝地区是我国六大汽车产业集群之一，2021年汽车年产能为272.54万辆，占全国汽车年产能的10.3%。与此同时，“成渝氢走廊”的发展将有助于该地区的新能源发展进入“快车道”。通过成渝两地汽车产业协同发展，增强集聚效应，助力高质量发展。

2. 持续多维发力助推四川新能源产业高质量发展

政府应持续深化改革开放，持续增进民生福祉、深化四川高等教育内涵式发展和基础研究领域改革，有效推动空间规划和资源配置改革，持续提升公交、出租等车辆中纯电动汽车占比，提高新能源汽车保有量，提升充（换）电站、充电桩数量，鼓励综合能源站建设，对增设充电设施分类给予建设补贴，扎实做好电煤储备，从而平稳实现新能源汽车产业从政策驱动转向市场驱动。企业应通过加强技术进步和产品进化，提升优质产品和服务的供给能力，如宁德时代目前正全面推进钠离子、M3P、凝聚态、无钴电池、全固态、无稀有金属电池等电池技术布局。同时，企业应加快抢占新能源智能网联汽车制高点，降低产业链成本，实现新能源产业链整体安全可控，提高产业链核心竞争力。

3. 数字赋能电动化，助推四川“绿色出行”

发挥数字赋能作用，加快培育氢能及燃料电池汽车、智能网联汽车等优势新兴产业；积极鼓励四川车企与华为智选模式开展合作，打造热销车型。据悉，赛力斯、奇瑞、江淮也纷纷加入了华为智选模式，四川应及时抓住“下半场智能化机遇”，加快建设数字四川，尽快出台数字四川建设方案，打造具有国际竞争力的数字产业集群。

4. 提高四川新能源汽车产业效率，坚持“两条腿走路”方针

守好国内市场。四川拥有全国最大的动力电池基地、世界领先的氢氧化锂生产基地，是全球光伏产业高端制造的新高地。四川新能源相关企业达 4 万家，新能源汽车正进入高速增长期。当前，四川需要不断提高新能源汽车产业效率，补齐下游短板，开放产线产能资源，推动上下游产业链深度合作，加快实现关键技术有效突破，提升四川本土新能源汽车品牌竞争力，实现“质价齐升”，才能守好国内市场，步入高质量赛道。

5. 畅通“出海通道”

2022 年，中国汽车企业出口 311.1 万辆，同比增长 54.4%，其中新能源汽车出口 67.9 万辆，同比增长 1.2 倍①。目前，不少车企都已选择“外攻内守”的方式开拓新能源汽车市场。四川应积极提升四川制造新能源汽车出口的总体产值，全面拓展海外市场，聚焦核心市场，加大海外市场的本

① 资料来源：金融界汽车。

土化发展，多方合力为汽车出口营造稳定贸易环境，提高“出海”效率。在水港方面，打造新能源汽车集装箱出口“一站式”监管模式，充分整合车辆集港、查验、装箱和出运等环节，实现提效降本；在铁路港方面，持续拓展成都国际铁路港的供应链服务和货物组织能力，力争以全程供应链服务塑造竞争优势，带动四川新能源汽车产业集群发展壮大。

参考文献

方超、石英婧：《瞄准千亿蓝海市场　车企念起换电“生意经”》，《中国经营报》2024 年 6 月 3 日。

管弘：《新能源汽车市场发展回顾及 2020 年市场预测》，《企业科技与发展》2020 年第 6 期。

黄小芹、唐显枚：《“智”者相逢　共谋高质量发展之路》，《绵阳日报》2022 年 11 月 18 日。

姜寒冬：《共建成渝地区新能源汽车产业集群》，《四川政协报》2021 年 9 月 10 日。

朱佩枫、张浩、马澜：《基于全产业链视角的中国新能源汽车市场化的政策优化研究》，《特区经济》2015 年第 11 期。

B.6
成渝地区双城经济圈智能网联新能源汽车产业营商环境报告

郭 丰　段云桂　张子聪*

摘　要：　营商环境是衡量一个地区经济活力和产业竞争力的重要指标，也是影响当地产业发展的重要因素，着力优化成渝地区双城经济圈营商环境是成渝地区双城经济圈智能网联新能源汽车产业高质量发展的基本要义。本报告以成渝地区双城经济圈作为研究对象，通过分析成渝地区双城经济圈营商环境现状、知识产权保护情况、司法保护情况、市场化指数、政府与市场关系、市场的发育程度、要素市场发育情况①，发现当前成渝地区双城经济圈营商环境具备产业基础雄厚、政策支持明确、绿色能源优势明显、产业链协同发展的优势，但也存在市场一体化有待优化、创新环境活跃度较低、要素保障环境有待完善、法治保障体系不完善的问题，提出了成渝地区双城经济圈需要加速推进市场一体化、提高创新能力、优化要素保障环境、完善法治保障体系、加快基础设施协同建设，以促进成渝地区双城经济圈营商环境全面优化。

关键词：　智能网联新能源汽车产业　营商环境　知识产权保护　市场一体化　成渝地区双城经济圈

---

* 郭丰，博士，重庆工商大学成渝地区双城经济圈建设研究院助理研究员，主要研究方向为区域经济与创新、数字经济、环境经济；段云桂，重庆工商大学金融学院硕士研究生，主要研究方向为绿色金融；张子聪，重庆工商大学金融学院硕士研究生，主要研究方向为科技金融。

① 王小鲁、胡李鹏、樊纲：《中国分省份市场化指数报告（2021）》，社会科学文献出版社，2021。

一　成渝地区双城经济圈营商环境现状

一个地区的重大项目数及总投资额能够在一定程度上反映出该地的营商环境状况，从表1可以看出，2020~2023年成渝地区双城经济圈在重大项目数和总投资额上呈现出显著的增长趋势，重大项目数从2020年的31个增加到2023年的248个，总投资额也从0.56万亿元增长到了3.25万亿元，这表明成渝地区双城经济圈在基础设施建设和招商引资方面投入了大量的资源，推动了区域经济的快速发展。同时，2020~2022年营商环境政策数量也保持增长趋势，2023年略有下降，但也能看出成渝两地政府在政策方面提供了较大力度的支持。

表1　2020~2023年成渝地区双城经济圈重大项目数、总投资额及政策情况

单位：个，万亿元

指标	2020年	2021年	2022年	2023年
成渝地区双城经济圈重大项目数	31	67	160	248
成渝地区双城经济圈重大项目总投资额	0.56	1.57	2.00	3.25
营商环境政策数量	62	105	147	102

资料来源：四川省人民政府网。

（一）重庆市智能网联新能源汽车产业营商环境

根据重庆市人民政府办公厅发布的《关于做好2023年市级重点项目实施有关工作的通知》，2023年重庆市级重点项目共有1457个，总投资约4.4万亿元。其中与智能网联新能源汽车产业领域相关的项目多达32个；2019~2023年重庆市公示的市级重点项目中有关智能网联新能源汽车的重点项目数量整体上呈现上升趋势，从2019年的13个增加至2023年的32个（见图1），体现了重庆市对于发展智能网联新能源汽车的重视程度。

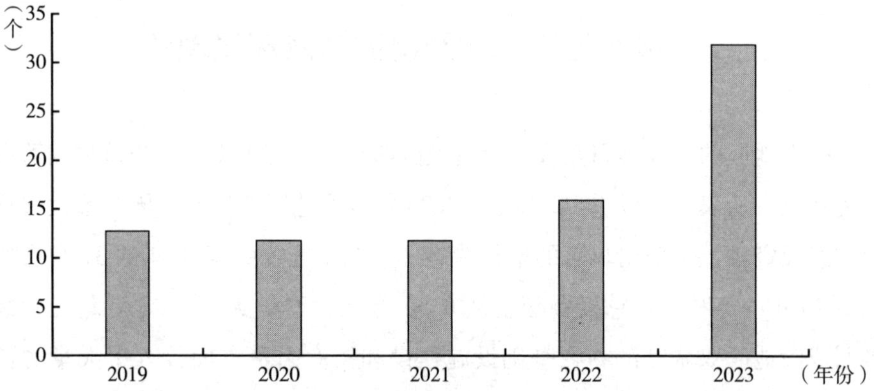

图 1　2019~2023 年重庆市智能网联新能源汽车重点项目数量

资料来源：重庆市人民政府网。

在智能网联新能源汽车产业政策方面，重庆市 2018 年发布了《重庆市加快新能源和智能网联汽车产业发展若干政策措施（2018—2022 年）》，为重庆市智能网联新能源汽车产业的发展提供了有利环境，紧接着 2022 年又印发了《重庆市推进智能网联新能源汽车基础设施建设及服务行动计划（2022—2025 年）》和《重庆市建设世界级智能网联新能源汽车产业集群发展规划（2022—2030 年）》两份重要文件，重庆市对智能网联新能源汽车产业的政策扶持力度及水平上升到了一个新的高度。

（二）四川省智能网联新能源汽车产业营商环境

2023 年四川省重点项目名单中共列 700 个项目，197 个制造业项目占据产业项目半壁江山，其中涉及智能网联新能源汽车的项目有 22 项。2019~2022 年公布的智能网联新能源汽车重点项目数量逐年上升，且在 2022 年达到 58 个，2023 年有所回落，但数量仍在 20 个以上（见图 2）。可以看出四川省高度重视智能网联新能源汽车产业的发展，并将其作为推动制造业转型升级、实现高质量发展的重要抓手。

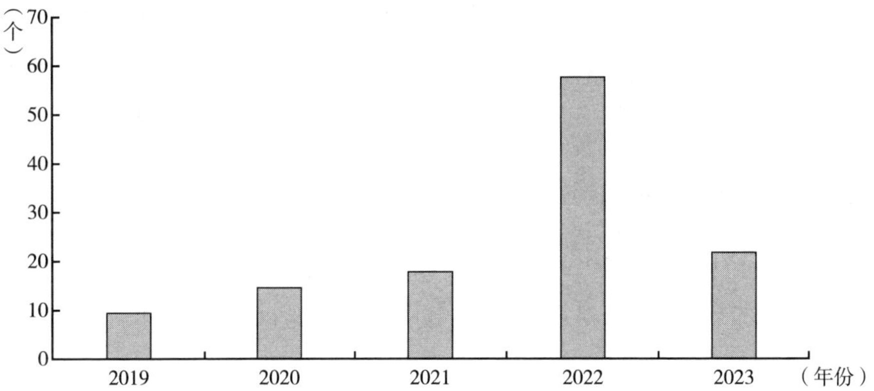

图 2　2019~2023 年四川省智能网联新能源汽车重点项目数量

资料来源：四川省人民政府网。

二　成渝地区双城经济圈知识产权保护情况

从图 3 可以看出，2019~2023 年成渝地区双城经济圈知识产权文件数呈现波动增长的趋势。到 2022 年，知识产权文件数显著增加到 138 件，增长

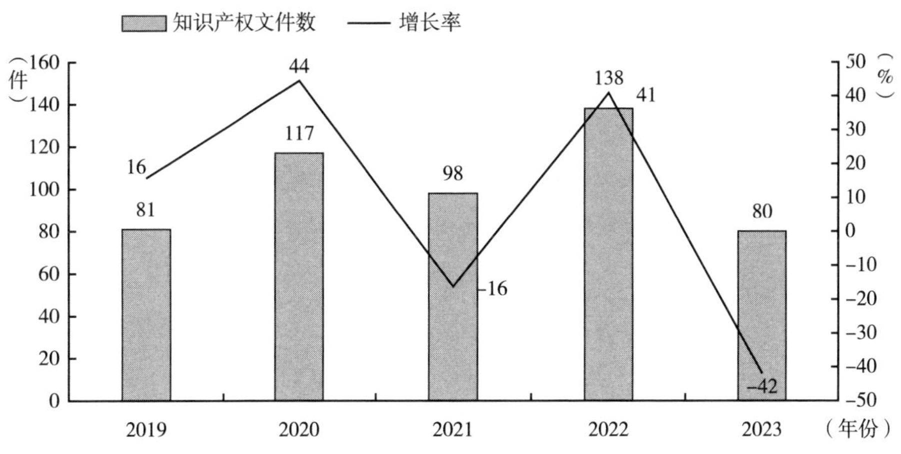

图 3　2019~2023 年成渝地区双城经济圈地区知识产权文件数

资料来源：北大法宝（中国法律信息总库）。

率41%，表明该年度成渝地区双城经济圈在知识产权保护和申请方面取得了显著进步。到2023年，知识产权文件数下降到80件，增长率为-42%，这可能是由于多种因素，包括市场饱和、政策变化或经济环境的影响。

（一）重庆市知识产权保护情况

从图4可以看出，2019~2023年重庆市知识产权文件数均保持在40件左右，在2023年达到了最高49件，在整个西南地区位居前列。具体来说，重庆市在2021年印发了《重庆市知识产权保护和运用“十四五”规划（2021—2025年）》，推动了《重庆市专利促进与保护条例》修订和《重庆市知识产权保护条例》制定工作，为重庆市营商环境提供了保障基础。

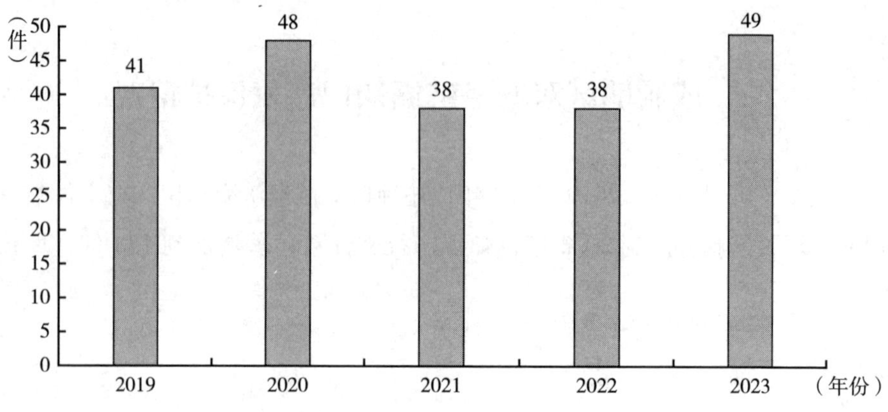

图4　2019~2023年重庆市知识产权文件数

资料来源：北大法宝（中国法律信息总库）。

（二）四川省知识产权保护情况

如图5所示，2019~2023年四川省知识产权文件数整体高于重庆市，在2022年高达100件，足以看出四川省高度重视知识产权保护。具体来说，四川省推进知识产权保护地方立法工作，实施侵权惩罚性赔偿制度，并优化了知识产权案件的快速审判机制。四川省建立知识产权登记注册警示机制，推行“双告知”举措，并利用大数据等技术手段加强监管，利用专业技术如区块链和智能检测系统来提升知识产权保护的效率和精准度。

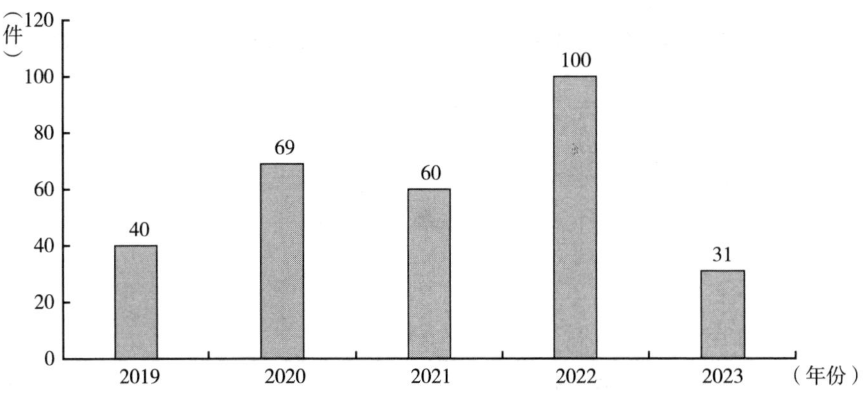

图 5　2019~2023 年四川省知识产权文件数

资料来源：北大法宝（中国法律信息总库）。

在智能网联新能源汽车关键领域，四川省鼓励加强技术攻关，对产业基础重点攻关项目给予支持，并落实企业研发投入后补助政策，鼓励企业参与换电、智能网联、氢能及燃料电池汽车等领域相关标准的制修订工作，对主导制定国际、国家和行业标准的单位给予奖励，并对各类主体研发的专利技术提供完善的法律保护。

三　成渝地区双城经济圈司法保护情况

从表 2 可以看出 2019~2022 年成渝地区双城经济圈知识产权类审判结案数①是在逐渐减少的，这表明知识产权侵权行为有所减少，可能是由于知识产权法宣传教育效果的显现和公众与企业知识产权保护意识的提高。从数量上看，成渝地区双城经济圈知识产权类审判结案数在整个西南地区②占到一

① 使用知识产权类审判结案数作为知识产权司法保护强度的代理指标。

② 这里的西南地区指四川省、重庆市、云南省、贵州省、西藏自治区。

半左右，可以看出成渝地区双城经济圈的营商环境司法保护力度在整个西南地区是较大的。

表 2　2019～2023 年成渝地区双城经济圈及西南地区知识产权类审判结案数

单位：件

年份	成渝地区双城经济圈	西南地区
2019	236	429
2020	229	369
2021	62	112
2022	5	10
2023	11	23

资料来源：北大法宝（中国法律信息总库）。

（一）重庆市司法保护情况

从图 6 可以看出 2019～2023 年重庆市知识产权类审判结案数呈现逐年下降的趋势，从 2019 年的 16689 件下降到 2023 年的 1007 件，这意味着知识产权纠纷解决机制更加高效，通过和解、调解等方式在法庭之外解决了更多案件。此外疫情三年中，在经济增长放缓或市场萎缩的情况下，知识产权的商业活动可能会减少，侵权案件也会相应地减少。具体来看，重庆市的法院构建了一个以完善司法责任制为主体的“1+7+2”制度框架，以确保审判权力的运行机制能够保持权责一致性，并确保责任追究的有效性。这一框架通过系统思维引领、在线诉讼主导、深化科技赋能和强化改革保障，推动了试点工作的落实，为法官办案解压减负，同时为人民群众提供了更好的诉讼服务和审判效益。

（二）四川省司法保护情况

图 7 展示了 2019～2023 年四川省知识产权类审判结案数变化情况，可以看出 2020～2023 年呈现逐年下降的趋势，到 2023 年只有 302 件。近年来，四

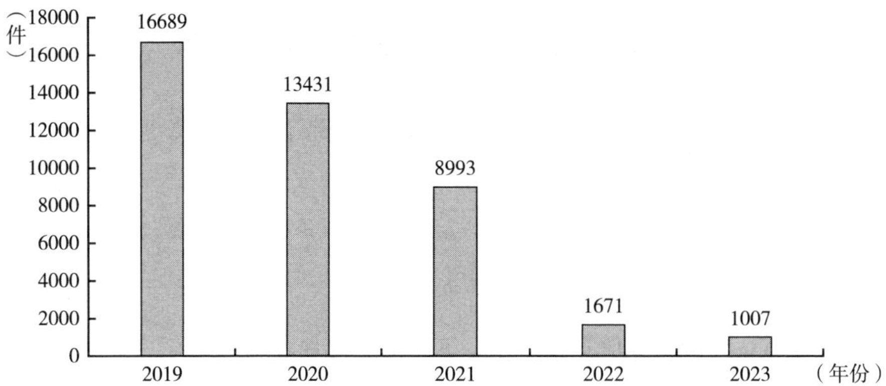

图 6　2019~2023 年重庆市知识产权类审判结案数

资料来源：北大法宝（中国法律信息总库）。

川省通过实施智慧法院建设，利用 5G、人工智能、区块链等信息技术，提升了司法服务的便捷性和效率。例如成都中院推行了“智慧法院·成都模式”，通过“蓉易诉”电子诉讼平台实现全业务网上办理，有效提升了办公办案效率。此外，四川省还强化了司法数据的应用，通过建立司法智库大数据中心，将司法数据转化为有价值的参考信息，以智慧治理参与社会治理。

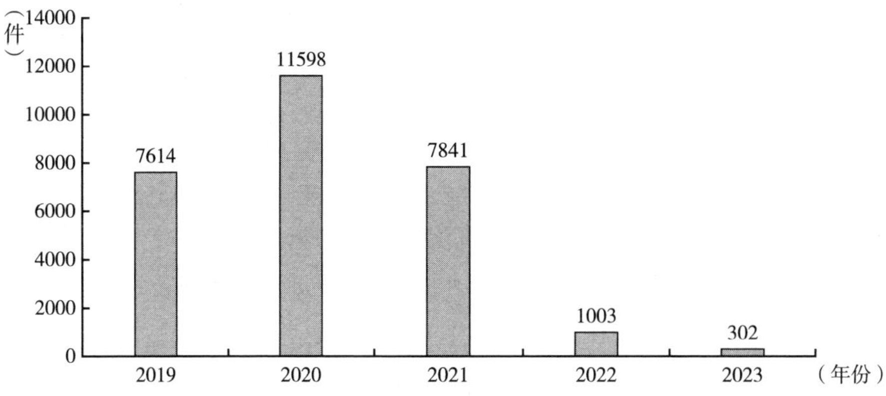

图 7　2019~2023 年四川省知识产权类审判结案数

资料来源：北大法宝（中国法律信息总库）。

四　成渝地区双城经济圈市场化指数

市场化指数是衡量一个地区市场发展水平、市场机制完善程度以及市场在资源配置中作用的重要指标。从图 8 可以看出 2019~2023 年成渝地区双城经济圈两地市场化指数稳步提升，反映了两地在推动经济体制改革、优化市场环境、激发市场活力方面的努力和成效。从数据上看重庆市的指数要略高于四川省，但两地数值差距不大，这表明了两地在市场化方面取得了积极的进展，共同推动了成渝地区双城经济圈的高质量发展。

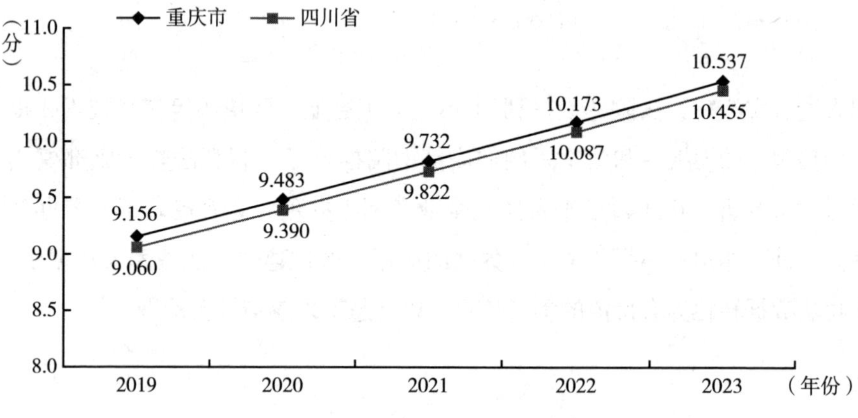

图 8　2019~2023 年成渝地区双城经济圈市场化指数

资料来源：王小鲁、胡李鹏、樊纲：《中国分省份市场化指数报告（2021）》，社会科学文献出版社，2021。

在区域市场一体化建设方面，重庆市与四川省联合出台了《推动成渝地区双城经济圈市场一体化建设行动方案》，通过深化市场准入“异地同标”、健全产权保护协作机制、推动公平竞争制度协同以及推进信用体系建设等多方面措施，促进了市场高效规范运行和区域市场一体化发展。

成渝地区双城经济圈在智能网联新能源汽车产业的协同发展上，也已经开展了多层次、多渠道的合作。通过联合编制相关政策文件，建立汽车产业链供需信息对接平台，两地已经实现汽车产业全域自主配套率达到80%。2023

年，成渝地区双城经济圈两地合计生产汽车 329.3 万辆，其中新能源汽车产量 65.2 万辆，增长 35.8%，汽车制造业产值达 8100 亿元，同比增长 7.5%[①]。

五　成渝地区双城经济圈政府与市场关系

政府与市场关系指数是衡量一个地区市场化进程的重要方面之一，它反映的是政府在资源配置中的作用和市场在经济活动中的自主性。政府与市场关系指数的得分越高，表明该地区的市场化程度越高，政府对市场干预越少，市场在资源配置中发挥的作用越大。

图 9 展示了 2019~2023 年成渝地区双城经济圈政府与市场关系指数的变化趋势，2019~2023 年，成渝地区双城经济圈市场与政府关系指数呈上升趋势。具体来看，四川省的得分比重庆市要高得多，四川省从 2019 年的 7.109 分逐年上升到 2023 年的 7.234 分，上升了 1.8%。重庆市较为平稳，保持在 7.09 分左右，且四川省与重庆市的差距在逐年增大，这表明四川省市场化程度更高，市场在整个经济体中发挥的作用更大。

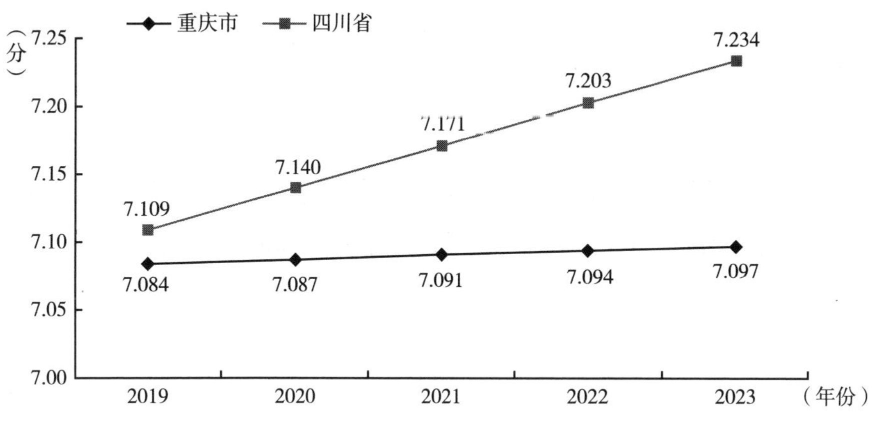

图 9　2019~2023 年成渝地区双城经济圈政府与市场关系指数

资料来源：王小鲁、胡李鹏、樊纲：《中国分省份市场化指数报告（2021）》，社会科学文献出版社，2021。

① 资料来源：求是网。

六　成渝地区双城经济圈产品市场的发育程度

产品市场的发育程度指的是一个地区或国家产品市场在结构、功能和效率方面的成熟度和完善性，从图 10 可以看出 2019~2023 年成渝地区双城经济圈产品市场的发育程度指数的变化。整体来看，成渝地区双城经济圈产品市场的发育程度是稳中向好的，两地产品市场的发育程度指数在 2019 年都达到了 5.0 分以上的水平，但是相较于长三角地区，成渝地区双城经济圈的产品市场的发育程度还是比较低，例如江苏省近 5 年的产品市场的发育程度指数保持在 9.0 分左右，浙江省近 5 年的产品市场的发育程度指数保持在 7.5 分左右，成渝地区双城经济圈产品市场还有较大的进步空间。

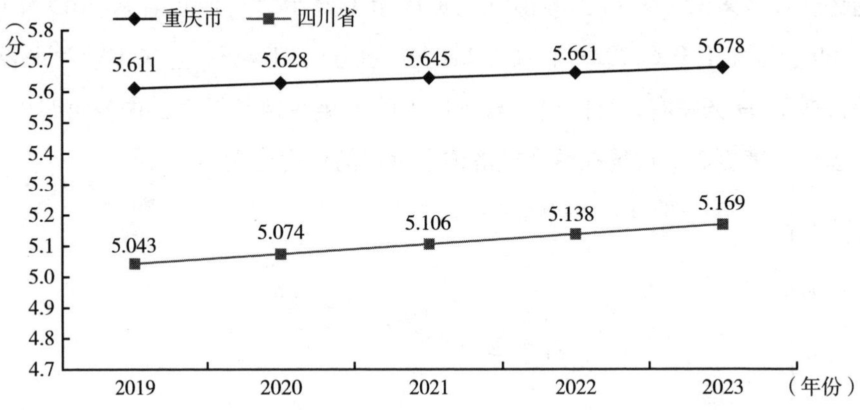

图 10　2019~2023 年成渝地区双城经济圈地区产品市场发育程度指数

资料来源：王小鲁、胡李鹏、樊纲：《中国分省份市场化指数报告（2021）》，社会科学文献出版社，2021。

七　成渝地区双城经济圈要素市场发育情况

要素市场的发育程度指数由三个一级分项指数组成，分别反映金融市场、人力资本市场和科技市场的发育情况。

图 11 展示了 2019~2023 年成渝地区双城经济圈要素市场发育程度指数的变化情况，成渝地区双城经济圈要素市场发育程度指数在这五年间呈现稳步上升的趋势，具体来看四川省的要素市场发育程度指数整体高于重庆市，但是与长三角地区相比还是比较低的，江浙两省在 17 分左右，成渝地区双城经济圈的要素市场发育程度还有较大的发展空间。

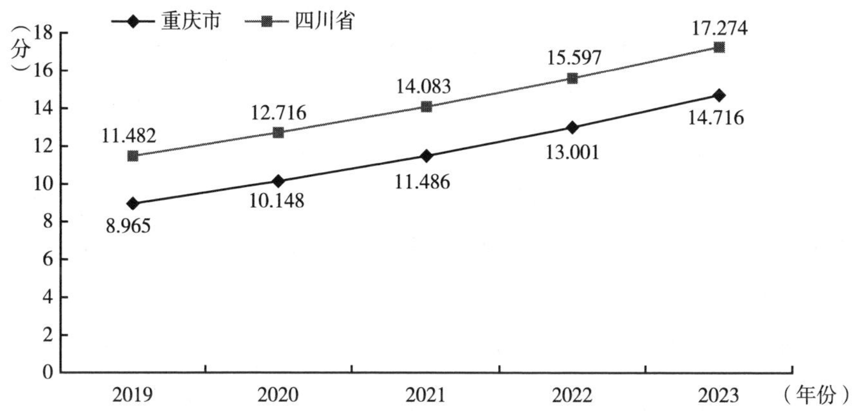

图 11　2019~2023 年成渝地区双城经济圈要素市场发育程度指数

资料来源：王小鲁、胡李鹏、樊纲：《中国分省份市场化指数报告（2021）》，社会科学文献出版社，2021。

八　成渝地区双城经济圈营商环境主要优势

（一）产业基础雄厚

成渝地区双城经济圈已建成我国第三大汽车产业集群，拥有 45 家整车企业和 1600 多家配套商，全域自主配套率超过 80%，汽车产量占全国 11%[①]。这为智能网联新能源汽车的发展提供了坚实的产业基础和供应链保障。成渝地区双城经济圈在智能网联新能源汽车产业上有较为明确的分工，重庆市以整车制造为主，标志性企业如重庆长安汽车股份有限公司、赛力斯

① 资料来源：重庆市人民政府网。

集团股份有限公司等；四川省主要在新材料、动力电池、电子信息和软件产业领域优势突出，标志性企业如富临精工股份有限公司、天齐锂业股份有限公司等，成渝地区双城经济圈协同合作为智能网联新能源汽车的研发和创新提供了强有力的技术支持。

（二）政策支持明确

《成渝地区双城经济圈建设规划纲要》提出，成渝两地要“培育具有国际竞争力的先进制造业集群”“以智能网联和新能源为主攻方向，共建高水平汽车产业研发生产制造基地”，加快5G网络建设，推进千兆光纤接入网络广泛覆盖，统筹布局大型云计算和边缘计算数据中心，完善工业互联网标识解析国家顶级节点功能，加快建设二级节点，积极发展物联网，建设全面覆盖、泛在互联的城市智能感知网络。

两地政府出台了多项政策，如《川渝汽车产业产业链供应链协同工作方案》等，为产业发展提供了政策保障。重庆市人民政府发布了《重庆市建设世界级智能网联新能源汽车产业集群发展规划（2022—2030年）》，旨在推动汽车产业向新能源化、智能网联化、高端化、绿色化转型发展，打造高水平汽车产业研发生产制造基地，努力建成世界级智能网联新能源汽车产业集群。四川省人民政府发布了《四川省支持新能源与智能汽车产业发展若干政策措施》，旨在强化对四川省新能源与智能汽车产业发展工作的组织领导和统筹协调，营造良好的产业发展环境，不断提升产业影响力和竞争力。

（三）绿色能源优势明显

在绿色资源方面，成渝地区双城经济圈拥有“三江”水电基地，水力发电量和外送量长期居全国第一。这为区域内的清洁能源供应提供了坚实基础，支持了整体能源结构的绿色转型。成渝地区双城经济圈是我国天然气和页岩气的主要产区，具备建设千亿立方米天然气产能基地的条件，这为清洁能源的多元化提供了保障，促进了能源消费的清洁转型。

在绿色政策方面，两地政府联合出台了《推动川渝能源绿色低碳高质量发展协同行动方案》，明确到2025年基本建成清洁低碳、安全高效的现代能源体系。这一政策框架为绿色能源的开发和利用提供了强有力的支持和指导。

（四）产业链协同发展

在汽车产业协同方面，成渝地区双城经济圈共同推动汽车产业链的协同发展，通过联合开展新能源与智能网联汽车关键技术攻关，打造车联网和高速公路车路协同等应用场景，以及推进氢燃料应用示范建设。

在电子信息产业协同方面，成渝地区双城经济圈立足软、硬件比较优势，共同推动电子信息产业的高质量协同发展。通过构建集成电路生态圈、提升新型显示产业协作配套能力、促进智能终端产品集聚、推动软件产品特色发展等措施，形成电子信息产业协同。

在工业互联网一体化发展方面，川渝地区发挥工业互联网标识解析顶级节点（重庆）等设施优势，推进工业互联网一体化发展示范区建设，还认定了一批产业合作示范园区，推动产业园区签署合作协议，两地出资共建产业合作园区模式，促进技术合作和应用推广。

九　成渝地区双城经济圈营商环境主要问题

（一）市场一体化有待优化

从市场化指数可以看出，2019~2023年成渝地区双城经济圈都保持增长趋势，但是和长三角地区相比，成渝地区双城经济圈的市场化水平仍然较低，成渝地区双城经济圈在市场准入、退出制度等方面需要进一步统一规范，以减少企业在跨区域经营时遇到的制度障碍，特别是在智能网联新能源汽车领域，成渝地区双城经济圈应该统一市场门槛，降低企业准入成本。

基础设施的不均衡发展是市场一体化进程中的另一个主要障碍，交通、物流、信息通信等基础设施的建设水平在成渝地区双城经济圈内部存在差异，导致商品和服务流通效率不高，增加了交易成本，影响了市场一体化的效率；虽然成渝地区双城经济圈正在努力实现市场空间的整合，但目前仍存在一些壁垒和限制，影响资源和产品的自由流动，市场空间未能完全打通，一些地方政府为了保护本地企业，可能存在设置隐性壁垒的情况，这与市场一体化的目标相悖。

市场与监管层面的协同合作尚存在不足，这在一定程度上制约了两地市场一体化发展。具体来看，企业在开展相同业务时，往往需要面对两地不同的监管体系和要求，这种差异性不仅增加了企业的运营成本，也影响了企业在两地的业务布局和发展效率。监管体系的差异性要求企业在两地运营时，必须投入更多的资源来适应不同的监管环境。例如，企业可能需要分别满足两地的合规要求，这不仅会导致人力成本的增加，还会导致时间成本和管理成本的增加。此外，不同监管要求可能导致企业在两地的业务流程、风险控制等方面出现不一致，增加了企业的运营复杂度。监管要求的差异性还可能影响企业的市场策略。

（二）创新环境活跃度较低

成渝地区双城经济圈创新资源分布不均衡，创新资源呈现极化分布，主要集中在成都市、重庆主城区、绵阳市等地区，而边缘地区创新资源缺乏，形成“高峰”与“洼地”并存的现象。这样的资源分布，会导致产业链协同能力大打折扣，与东部沿海发达地区相比，无论是在研发经费还是协同环境上都存在一定差距。另外，成渝地区双城经济圈存在许多老工业基地和资源型城市，这些地区的规划布局不合理、基础设施老化，面临环境保护难度大和安全生产压力大等一系列发展难题，短期内难以与其他城市形成一体化的创新发展格局。

行政壁垒的存在，使得两地在政策制定、资源配置等方面存在差异，这不仅增加了企业的运营成本，也影响了创新资源的整合。行政壁垒还会导致创新政策的不一致，使得企业在两地的创新活动面临不同的政策环境和支持力度，增加了创新的不确定性和风险。

（三）要素保障环境不完善

要素保障环境需要进一步完善，包括资金、技术、人才等方面的支持。在资金上，虽然成渝地区双城经济圈在某些领域吸引了一定的投资，但与东部沿海发达地区相比，整体的资金支持力度还不够，特别是在中小企业和创新型企业的资金扶持上存在缺口；在技术上，成渝地区双城经济圈的研发机构和企业在技术创新和研发能力上与国内领先水平相比仍有差距，缺乏足够的核心技术和原创性研发成果，与创新活动紧密相关的基础设施，如科技园区、孵化器、实验室等，建设不足或分布不均，影响了创新产品的有效聚集和流动；在人才上，虽然成渝地区双城经济圈拥有一些高等教育机构和研究机构，但在高端人才的引进、培养和留存方面仍面临挑战，尤其是缺乏对顶尖创新人才的吸引力，产业界与学术界、研究机构的合作不够紧密，导致研究成果难以快速转化为实际生产力，创新链条的衔接有待加强。

（四）法治保障体系不完善

虽然成渝地区双城经济圈已开展了协同立法工作，但仍需进一步深化协同立法的领域和内容。解决制约区域改革发展的共性问题，需要进一步加强执法司法协作，特别是在跨区域案件的联合调查、取证、处理等方面，应当建立健全跨区域矛盾纠纷多元化解机制，提升解决效率和效果，增加企业的安全感，这样才能更好地吸引企业来成渝地区双城经济圈发展。

十　成渝地区双城经济圈协同发展对策建议

（一）加速推进市场一体化

首先，成渝地区双城经济圈联动，应当实施规范统一的市场准入制度，降低企业进入市场的门槛，简化审批流程，提高市场准入的透明度和便利性。应当协同打造便捷高效的企业开办服务，缩短企业开办时间，降低企业开办成本，提升企业设立的便利度。还应当优化企业退出制度，简化注销流程，为企业退出市场提供便利，降低退出成本。有必要推动政务服务标准化、规范化，实现政务服务“成渝地区通办”，提高政务服务效率和质量。

其次，应建立完善跨区域政企沟通机制，加强政府与企业的互动，及时了解和解决企业诉求，建立完善的法治平台，为企业提供稳定的法治环境。可以依托成渝地区双城经济圈的区位优势，增强与共建“一带一路”国家和地区的合作，提升成渝地区双城经济圈对外的开放水平，并借此学习外界的优秀营商模式。

（二）提高创新能力

首先，应构建成渝地区双城经济圈科技创新合作计划，集聚两地优势科技资源，推进重点领域科技攻关，增强协同创新发展能力，开展科技成果所有权或长期使用权改革试点，打造一体化的技术交易市场。成渝地区双城经济圈可共同建设一批高水平的科技创新平台，如科技园区、孵化器、加速器等，为创新企业提供良好的成长环境。

其次，成渝地区双城经济圈需要探索建立科技政策异地共享机制，消除政策差异，推动成渝地区双城经济圈出台协同科技人才招引政策，加强高层次人才引进和培育。可以探索科技创新券通用通兑，打造西部高新技术产业融资中心，引导金融机构创新服务专属产品。应当以数字建设为抓手，打破数据壁垒，创新服务供给，构建高效的“一件事”服务体系。

最后，需要加强与国际先进国家和地区的科技合作与交流，引进国际先进的创新理念和技术，提升本地创新能力。应以市场需求为导向，鼓励企业向国外先进企业学习并开发适应我国市场需要的新技术、新产品，提高创新成果的产业化水平。

（三）优化要素保障环境

在人才方面，成渝地区双城经济圈需要建立两地人才联动机制，健全人力资源服务机制，提供人才招聘、培训、评估等服务，实施更加开放的人才政策，吸引和留住高层次人才，加强职业教育和技能培训，构建多层次的人才培养体系，满足企业对人才的需求。只有人才与企业协同联动，才能在就业和创业端优化营商环境，促进创新创业发展，提供创业指导、技术支持、市场对接等服务，激发市场活力和社会创造力。

在科技方面，应建立和完善技术创新体系，鼓励企业增加研发投入，促进科技成果转化，推动企业及政府服务的数字化转型，利用大数据、云计算、人工智能等技术提高服务效率和决策质量。应当着力营造良好的创新创业生态，鼓励创业精神，支持创新型企业和中小企业发展，形成创新驱动的发展模式。

在资金方面，应增强金融体系对创新和企业发展的支持力度，通过政府引导基金、风险投资、银行贷款等多种渠道为企业提供必要的资金保障。应当提升金融信贷服务水平，增加对中小企业的信贷支持，降低融资成本，提高融资效率。

（四）完善法治保障体系

首先，成渝地区双城经济圈应进一步扩展协同立法的范围和深度，重点关注经济一体化、环境保护、社会治理等领域，形成统一的法规标准，减少政策差异对企业发展的影响，通过立法和政策，确保民营企业在市场竞争中享有平等地位，减少行政干预，保护企业合法权益，增强企业投资信心。还应加大知识产权保护力度，建立跨区域的知识产权保护协作机制，严厉打击侵权行为，保障创新成果，激发企业创新活力。

其次，成渝地区双城经济圈要完善市场监管执法机制，建立和完善市场监管执法协调联动机制，确保两地在市场监管、反垄断、反不正当竞争等方面形成合力，维护公平竞争的市场环境。针对跨区域矛盾纠纷，两地应当建立多元化解机制，包括调解、仲裁、诉讼等多种方式，提高解决效率，降低企业解决纠纷的成本。

最后，成渝地区双城经济圈要推动法律服务资源的整合和共享，提高法律服务的质量和效率，为企业提供专业、高效的法律咨询和服务。通过政府购买服务、建立公共法律服务平台等方式，提高公共法律服务的普惠性和便捷性，满足不同群体的法律服务需求。

（五）加快基础设施协同建设

首先，成渝地区双城经济圈应加大投入，构建覆盖广泛的智能交通基础设施网络。5G 网络是智能网联汽车实现实时数据传输和处理的关键。成渝地区双城经济圈应加快 5G 基站建设，确保网络覆盖广泛、信号稳定，为智能网联汽车提供高速、低延迟的通信环境。

其次，随着智能网联汽车的普及，数据安全和隐私保护成为关键问题。成渝地区双城经济圈应制定严格的数据保护法规，建立数据安全管理体系，确保用户数据的安全和隐私。对于电动智能网联汽车，充电设施的建设至关重要。成渝地区双城经济圈应规划和建设充足的充电站和换电站，形成便捷的充电网络，满足电动汽车的能源需求。

最后，成渝地区双城经济圈应当协同建立智能网联汽车研发和测试基地，为企业提供试验场地和技术支持，推动技术创新和产品迭代。

参考文献

陈泽军：《以成渝新能源汽车区域市场一体化助推全国统一大市场建设》，《决策咨询》2023 年第 6 期。

姜寒冬：《共建成渝地区新能源汽车产业集群》，《四川政协报》2021 年 9 月 10 日。

寇敏芳：《四大万亿级产业冲刺“世界级”》，《四川日报》2023 年 7 月 25 日。

李韶、梅磊：《成渝地区双城经济圈新能源汽车产业协同发展的思考与研究——以成都市为例》，《时代汽车》2023 年第 18 期。

刘通：《成渝双城经济圈战略下供应链迎新机》，《汽车纵横》2021 年第 11 期。

吴刚、夏元：《川渝共建“三条走廊”做大新能源汽车产业》，《重庆日报》2022 年 7 月 12 日。

俞立严：《加快“芯片上车”推动川渝新能源汽车一体化发展》，《上海证券报》2022 年 3 月 3 日。

比较与借鉴篇

B.7

京津冀地区智能网联新能源汽车产业发展报告

任毅　靳超　张慧洁*

摘　要：　智能网联新能源汽车产业是京津冀地区产业结构优化和绿色发展的重要支撑。本报告以京津冀地区智能网联新能源汽车产业为研究对象，深入分析了区域政策、产业规模、产业链情况、京津冀地区与成渝地区双城经济圈产业比较。研究发现，京津冀地区在该产业的发展过程中，面临政策协调不力、技术创新能力不足、基础设施建设滞后、市场需求有限以及人才储备不足等问题。京津冀地区对于成渝地区双城经济圈智能网联新能源汽车发展具有重要借鉴意义，报告提出应通过强化技术研发、完善基础设施建设、加快区域协同机制的建立等方式，进一步提升成渝地区双城经济圈智能网联新能源汽车产业的整体竞争力和可持续发展能力。

* 任毅，博士，重庆工商大学成渝地区双城经济圈建设研究院专职研究员，教授，主要研究方向为区域经济、产业经济；靳超，重庆工商大学成渝地区双城经济圈建设研究院博士研究生，主要研究方向为区域经济学、城乡协调发展；张慧洁，重庆工商大学成渝地区双城经济圈建设研究院硕士研究生，主要研究方向为区域经济学。

关键词： 智能网联新能源汽车产业　产业集群　产业链整合　京津冀地区

一　区域政策分析

（一）政策环境

1. 整体政策分析

京津冀地区是中国北方经济发展的重要动力源。近年来，随着全球汽车产业的变革和新能源汽车技术的迅速进步，京津冀地区在新能源汽车领域也取得了显著成就。为了进一步促进该区域新能源汽车产业的发展，各地政府出台了一系列政策，旨在增强技术创新、优化产业布局和提升市场竞争力。新能源汽车是全球汽车产业发展的重要趋势，也是我国实现汽车强国战略的关键领域。京津冀地区作为我国经济活跃、科技创新能力逐步提升的地区之一，具备发展新能源汽车产业的良好条件。因此，京津冀地区政府积极响应国家号召，制定了一系列政策措施，推动了新能源汽车产业的发展。

2019~2023 年京津冀地区新能源汽车产业直接相关政策数量的变化趋势呈现显著的波动性和差异性。北京市在 2019 年发布了 3 项政策，2020 年政策数量显著增加至 9 项，并在 2021 年保持这一高水平，但 2022 年骤减至 1 项，2023 年又小幅回升至 2 项。天津市在 2019 年没有发布新能源汽车产业政策，2020 年政策数量显著增加至 3 项，随后逐渐减少至 2021 年的 2 项和 2022 年的 1 项，2023 年略微回升至 2 项。河北省在 2019 年同样没有发布政策，2020 年开始发布 1 项政策，2021 年数量保持稳定，2022 年政策数量显著增加至 3 项，2023 年则减少至 1 项。总体来看，三地在这五年间发布的新能源汽车产业政策数量经历了不同的变化轨迹，反映了各地在政策制定和推进新能源汽车产业发展方面的不同节奏和策略。北京市和天津市在 2020 年首次达到政策数量的峰值，随后几年均有所减少或波动，而河北省则在 2022 年达到了政策数量的峰值，2023 年有所减少。具体如图 1 所示。

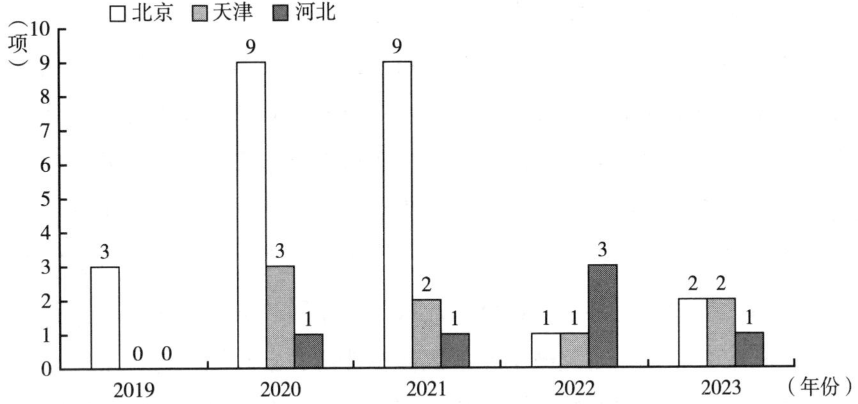

图 1　2019~2023 年京津冀地区新能源汽车产业直接相关政策数量变化趋势

资料来源：北京市人民政府、天津市人民政府、河北省人民政府。

2. 财政补贴与税收优惠政策

京津冀地区为了加速新能源汽车的普及和市场推广，推出了一系列补贴政策，这些政策在提升消费者购买力和推动产业发展方面发挥了关键作用。北京市通过对购买新能源汽车的个人和企业提供购车补贴，降低了消费者的购买成本，激发了市场需求。天津市注重补贴政策的精准实施，通过差异化的补贴方案，对不同类型的新能源汽车给予不同额度的补贴，确保政策的科学性和有效性。通过这些政策的实施，京津冀地区新能源汽车的普及率显著提高，为区域绿色出行和低碳发展做出了重要贡献，推动了我国新能源汽车产业的快速发展和技术进步。具体如表 1 所示。

表 1　京津冀地区财政补贴与税收优惠政策

发布时间	地区	政策名称
2020 年 5 月	天津	《天津市促进汽车消费的若干措施》
2020 年 8 月	北京	《2020 年北京市新能源轻型货车运营激励方案》
2021 年 12 月	北京	《关于开展新能源汽车补助资金清算工作的通知》
2023 年 3 月	北京	《北京市关于鼓励汽车更新换代消费的方案》

资料来源：北京市人民政府、天津市人民政府。

3. 新能源汽车高质量发展及推广应用政策

京津冀地区为了加速新能源汽车的市场渗透，推出了一系列高质量发展及推广应用政策，这些政策在推动新能源汽车普及和产业发展方面起到了至关重要的作用。天津市通过开展新能源汽车试点示范项目，在公共交通、物流配送等领域推广应用新能源汽车，增强了其在各个行业中的认可度和使用率，创新开展了新能源汽车推广应用工作。为了提高公共服务领域新能源汽车占比，河北省优化完善了政策体系。根据国家财政补贴政策要求，完善使用环节便利政策体系，研究鼓励新能源汽车使用配套政策，对各市核心区域内新能源汽车和燃油汽车停车差异化收费，对悬挂专用绿色号牌的新能源汽车实行路权优惠及差别化交通管理措施。通过这些政策的实施，京津冀地区的新能源汽车应用环境得到了显著改善，为国家新能源汽车产业的发展树立了典范。具体如表 2 所示。

表 2　京津冀地区新能源汽车高质量发展及推广应用政策

发布时间	地区	政策名称
2020 年 4 月	河北	《2020 年河北省新能源汽车发展和推广应用工作要点》
2020 年 6 月	天津	《天津市 2020 年新能源汽车推广应用工作要点》

资料来源：天津市人民政府、河北省人民政府。

4. 基础设施建设政策

在基础设施建设方面，天津市提出的目标是到 2030 年，力争全市新增各类充电桩不少于 10 万台，车桩比处于全国主要城市前列，实现京津冀地区主要城市交通圈充电网络全覆盖、高速公路服务区充电桩全覆盖、城市各类停车场充电桩全覆盖、农村地区充电桩镇镇全覆盖、4A 级及以上景区充电桩全覆盖，形成城市面状、公路线状、乡村点状布局的充电网络。

而北京市的充电设施已经相当完善，故开展了更高级别的辅助驾驶系统更新，在确保安全的前提下，稳妥推进智能网联汽车 L4 级及以上高精度地图数据采集、存储、处理、传输和使用等活动，有序推动智能网联汽车创新发展。

具体相关基础设施建设政策见表 3。

表 3　京津冀地区基础设施建设政策

发布时间	地区	政策名称
2021 年 8 月	北京	《北京市单位内部电动汽车公用充电设施建设补助暂行办法》
2021 年 8 月	北京	《北京市电动汽车社会公用充换电设施运营补助暂行办法》
2022 年 8 月	北京	《“十四五”时期北京市新能源汽车充换电设施发展规划》
2022 年 11 月	北京	《北京市氢燃料电池汽车车用加氢站发展规划(2021—2025 年)》
2023 年 3 月	北京	《北京市智能网联汽车高精度地图试点工作指导意见》
2023 年 9 月	天津	《天津市进一步构建高质量充电基础设施体系的实施方案》

资料来源：北京市人民政府、天津市人民政府。

总体而言，京津冀地区为了推动新能源汽车的发展，推出了一系列基础设施建设政策，这些政策在提升行业整体竞争力和用户体验方面发挥了重要作用。北京市通过大规模建设公共充电桩和换电站，确保了新能源汽车用户在城市内充电的便利性。此外，北京市还推动了智慧充电网络的建设，提升了充电设施的智能化水平和利用效率。天津市则注重充电基础设施的多元化布局，既在公共区域建设充电桩，也在居民社区和商业中心推进充电设施的普及，提升了用户的使用便利性。同时，天津市还实施了相关补贴政策，鼓励私人和企业参与充电设施的建设和运营。河北省积极响应国家号召，通过完善充电网络布局和提供基础设施建设补贴，推动了新能源汽车在全省范围内的推广应用。河北省特别注重高速公路服务区和重要交通枢纽的充电设施建设，确保长途行驶的新能源汽车用户也能享受便捷的充电服务。这些基础设施建设政策不仅大幅提高了新能源汽车的使用便利性，减轻了用户的里程焦虑，也推动了新能源汽车市场的快速增长。通过这些政策的实施，京津冀地区在新能源汽车基础设施建设方面取得了显著进展，为区域绿色交通体系的建设奠定了坚实的基础。

5. 技术创新政策

在技术创新方面，天津市大力支持新能源汽车发展。对于把新车型纳入《道路机动车辆生产企业及产品公告》的整车企业，天津市按照新车型数量，每款分级分类给予最高 200 万元奖励。

而河北省则因为起步较晚，推出了许多技术相关的政策如《加快河北省战略性新兴产业融合集群发展行动方案（2023—2027 年）》。该方案提出，2023 年，河北省加快推进 21 个重点项目建设，总投资约 271 亿元，产业集群营业收入预计超 1800 亿元；到 2025 年，产业集群营业收入预计超 2100 亿元；到 2027 年，产业集群营业收入预计突破 2500 亿元，跻身全球汽车产业集群第一方阵[①]。

具体技术创新政策见表 4。

表 4　京津冀地区技术创新政策

发布时间	地区	政策名称
2020 年 6 月	天津	《天津市 2020 年新能源汽车推广应用工作要点》
2021 年 4 月	河北	《关于建立健全绿色低碳循环发展经济体系的实施意见》
2021 年 5 月	天津	《天津市产业链高质量发展三年行动方案(2021—2023 年)》
2022 年 3 月	天津	《天津市加快建立健全绿色低碳循环发展经济体系的实施方案》
2022 年 3 月	河北	《河北省“十四五”节能减排综合实施方案》
2022 年 4 月	河北	《河北省“十四五”现代综合交通运输体系发展规划》
2023 年 3 月	河北	《河北省质量强省建设行动方案(2023—2027 年)》
2023 年 4 月	河北	《加快河北省战略性新兴产业融合集群发展行动方案(2023—2027 年)》
2023 年 4 月	天津	《天津市推动制造业高质量发展若干政策措施》

资料来源：天津市人民政府、河北省人民政府。

总体来讲，天津市和河北省都在加强科技创新能力，推动新能源汽车“三电”系统及整车关键技术创新，完善新能源汽车产业生态，重点围绕各地区新能源汽车整车生产、锂离子动力电池生产等优势环节，推动高校院所、孵化机构、生产企业之间的技术交流合作，不断打造新能源汽车产业生态的健康发展。同时加快推进新能源公交车购置、新能源轻型物流车推广应用、新能源出租车推广应用等工作，力争跻身全球汽车产业第一梯队。

① 资料来源：河北省人民政府。

天津市注重打造新能源汽车创新平台，通过政策支持和资金投入，推动企业与高校、科研机构的合作，形成产学研协同创新的良好局面。同时，天津市还通过引进高端人才和技术，加快本地企业的技术升级和创新能力提升。河北省积极响应国家号召，通过制定一系列鼓励创新的政策措施，推动新能源汽车企业加大研发投入，提升自主创新能力。河北省还通过创新创业大赛和项目孵化等方式，支持初创企业的发展，培育新的增长点。这些技术创新政策不仅大幅提升了京津冀地区新能源汽车产业的技术水平，促进了新技术的快速落地和应用，也为区域经济的高质量发展注入了新的动力。通过这些政策的实施，京津冀地区在新能源汽车技术创新方面取得了显著进展，为我国汽车产业的转型升级和国际竞争力提升做出了重要贡献。

（二）京津冀地区政策与成渝地区双城经济圈政策比较

1. 政策的全面性与协调性

京津冀地区的政策环境展现了出色的全面性和协调性，其政策不仅涵盖了产业的多个方面，如财政补贴与税收优惠、基础设施建设、技术创新等，还特别强调了区域协同。这种协同通过统一的政策推动和资源共享，为新能源汽车产业的协调发展奠定了坚实基础。例如，京津冀地区通过跨区域的政策衔接和项目合作，有效促进了产业链的整体优化和高效运作，相比之下，成渝地区双城经济圈虽然在某些领域（如产业集群建设和技术创新）有明确的政策指引和支持，但在区域协同和政策统一性方面可能不如京津冀地区系统和连贯。重庆市特别注重利用其地理和经济优势，推进本地产业集群的发展，而这种做法在一定程度上促进了地区新能源汽车产业的独立发展。

2. 技术创新与产业升级

京津冀地区的技术创新政策设计充分反映了其对高新技术的重视。这一地区通过建立创新中心和技术研发平台，鼓励企业与研究机构合作，促进了新能源汽车关键技术的研发和应用。此外，天津市和北京市的政策还特别强调了智能网联技术的开发，这不仅提升了汽车的性能，也提高了整车的智能化水平。成渝地区双城经济圈虽然起步较晚，但在技术创新方面表现出强烈的发展欲望。重庆市通过制定具体的产业发展规划，明确了到2025年的产业规模和技术发展目标。此外，通过政策激励和资金支持，重庆市成功吸引了多家高科技企业投资新能源汽车研发和生产。

3. 基础设施建设与市场培育

京津冀地区在基础设施建设方面展现出了高度的前瞻性和实用性，特别是在公共充电设施的建设上。这些设施的建设不仅考虑了覆盖面和便捷性，还着眼于未来的扩展性和智能化升级。成渝地区双城经济圈在基础设施建设上同样表现出积极性，特别是重庆市在增加充电桩和提高充电便利性方面的投入。这方面的政策重点是确保新能源汽车的充电网络能够满足日益增长的市场需求，并通过政策支持加快充电设施的普及。

4. 京津冀地区政策对成渝地区双城经济圈政策的借鉴作用

京津冀地区的新能源汽车产业政策为成渝地区双城经济圈提供了丰富的借鉴价值，特别是在财政补贴与税收优惠、基础设施建设、技术创新方面的经验。通过区域协同合作，京津冀地区展示了如何通过整合多城市资源与优势，形成强大的政策合力，这对于成渝地区双城经济圈推动成都与重庆之间的政策联动、优化资源配置具有重要的借鉴价值。此外，京津冀地区在建立技术创新平台方面的经验，尤其是与高校和研究机构合作的经验，为成渝地区双城经济圈加强本地创新能力的政策路径提供了参考。在基础设施建设方面，京津冀地区的系统性规划和实施经验，特别是充电网络的密集度和智能化水平的提升，为成渝地区双城经济圈加速推进充电站及换电站建设提供了实用的模式。在财政补贴和税收优惠方面，京津冀地区也就如何激发消费者购买意愿和提升市场竞争力为成渝地区双城经济圈提供了启示。综上所述，通过借鉴京津冀地区的成功经验并结合成渝地区双城经济圈的具体实际，成渝地区双城经济圈可以更有效地推动智能网联新能源汽车产业的发展，加快实现区域绿色发展目标，促进经济的高质量增长。

二　产业规模

（一）京津冀地区新能源汽车企业数量与规模

图 2 展示了京津冀地区新能源汽车上市企业分布情况，其中北京市占据主导地位，共有 122 家企业，占 75%；天津市拥有 15 家企业，占 9%；河北省拥有 25 家企业，占 16%。北京市在新能源汽车产业中具有明显的优势和主导地位，而天津市和河北省虽然企业数量相对较少，但在全国综合来看也在该领域展现出一定的行业实力。

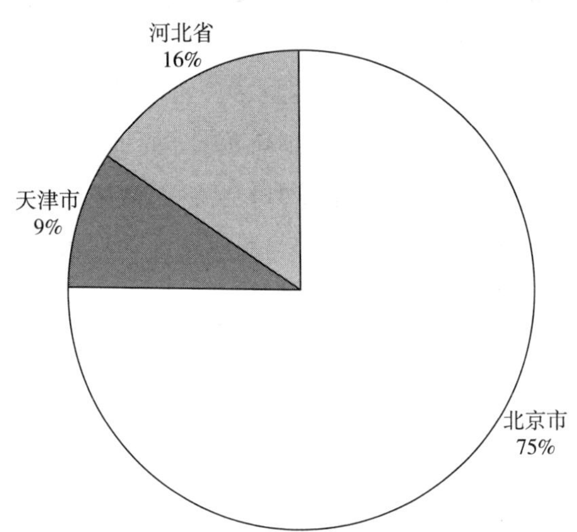

图 2　京津冀地区新能源汽车上市企业分布情况

资料来源：同花顺。

图 3 展示了京津冀地区新能源汽车专精特新企业分布情况，北京市拥有 474 家企业，占 55%；天津市拥有 144 家企业，占 17%；河北省拥有 236 家企业，占 28%。北京市同样在新能源汽车专精特新企业方面占据了绝对优势，而河北省和天津市占比相对较少。

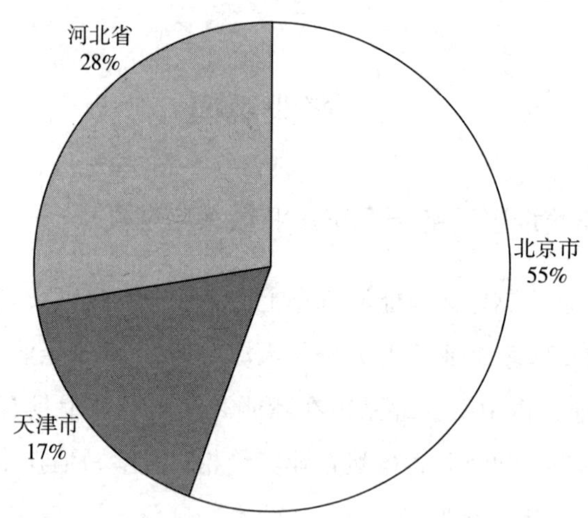

图 3　京津冀地区新能源汽车专精特新企业分布情况

资料来源：企查猫。

图 4 展示了京津冀地区新能源汽车高新技术企业分布情况，北京市拥有 604 家企业，占 40. 57%；天津市拥有 411 家企业，占 27. 60%；河北省则有 474 家企业，占 31. 83%。北京市在新能源汽车高新技术企业方面占据了主

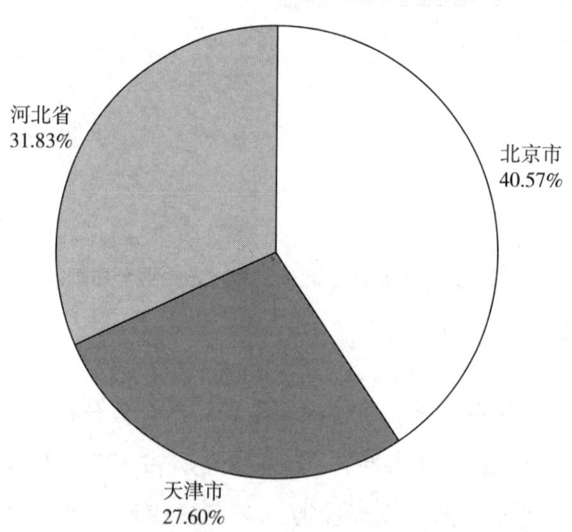

图 4　京津冀地区新能源汽车高新技术企业分布情况

资料来源：企查猫。

导地位，而河北省和天津市也在该领域也表现出较强的竞争力，稍稍扳回一城，缩小了与北京市的差距。

（二）京津冀地区新能源汽车产量及其所占全国新能源汽车产量比例

从图 5 可以看出，京津冀地区新能源汽车的产量从全国范围来看并不突出。根据统计数据，2023 年京津冀地区新能源汽车产量为 26.6 万辆，而同年全国新能源汽车产量已至 958.7 万辆，京津冀地区仅占 3%。

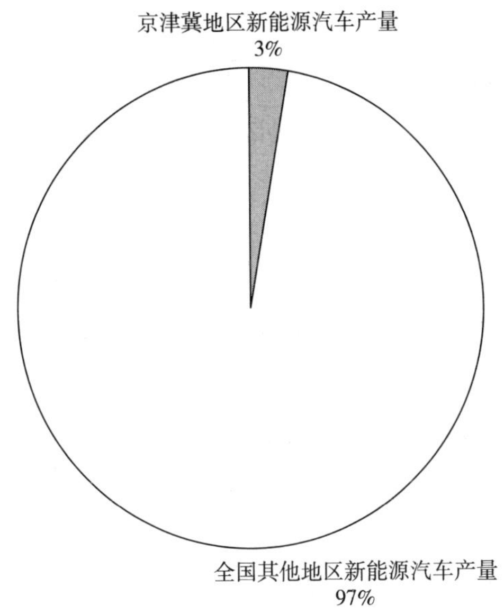

图 5　2023 年京津冀地区新能源汽车产量占全国新能源汽车产量比例

资料来源：国家统计局。

从图 6 可以看出，北京市、天津市、河北省三地的新能源汽车产量分别为 7.69 万辆、6.34 万辆、12.6 万辆，与新能源汽车制造大省大市相比还有较大进步空间。以北京市为例，根据国家统计局公布的数据，2023 年 1~11 月，北京市汽车产量在全国 31 个省区市中排名第 11，新能源汽车产量排名第 17。同期，北京市、上海市汽车产量分别为 91.43 万辆、190.03 万辆，新能源汽车产量分别为 7.31 万辆、115.76 万辆。相比之下，上海市的新能源汽车产量占比达 61%，北京市则仅为 8%。

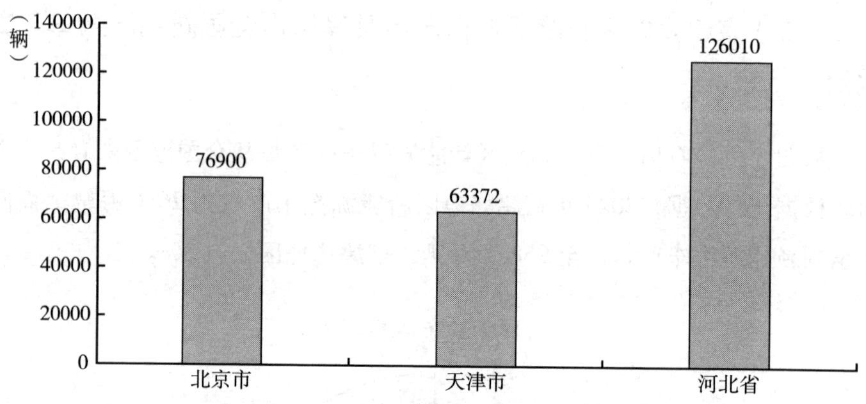

图 6　京津冀地区新能源汽车产量

资料来源：国家统计局。

当前，包括深圳市、上海市、广州市、重庆市、西安市、合肥市等城市在内的主要城市，都将 2025 年新能源汽车/智能网联汽车产量或产能目标锁定在百万辆以上，而根据北京市此前明确的目标，到 2025 年新能源汽车在京产量则是 30 万辆以上，远低于其他主要城市。

（三）技术研发与创新

京津冀地区的新能源汽车产业在技术研发与创新方面取得了显著进展，三地政府和企业共同努力，推动了技术的快速发展和产业的升级。北京市依托其雄厚的科研实力和创新资源，设立了一系列新能源汽车技术研究中心和创新基地，积极开展智能网联技术、电池技术和新能源驱动系统的研发，形成了完整的技术研发链条。天津市则充分利用其制造业基础和工业技术优势，通过与高校和科研机构合作，重点攻关新能源汽车关键技术，推动智能制造和绿色制造的融合发展。河北省则注重应用创新和产业化推广，通过技术引进和自主研发相结合，加速技术成果转化，提升新能源汽车的性能和可靠性。

此外，京津冀地区的三地政府还联合推动区域内的技术合作和资源共享，建立了多层次、多领域的技术创新平台，促进了新能源汽车技术的共同进步。通过政策引导和资金支持，鼓励企业加大研发投入，吸引了一批优秀的技术人才和创新团队，推动实施了一批重大技术项目。这些举措不仅增强了京津冀地区新能源汽车产业的技术竞争力，也为全国新能源汽车产业的发展提供了有力的技术支撑。

整体来看，京津冀地区在新能源汽车技术研发与创新方面，通过政府引导、企业参与和科研支持，形成了多方协同、快速发展的良好局面，为实现新能源汽车产业的高质量发展奠定了坚实基础。

（四）基础设施建设

京津冀地区在新能源汽车产业的基础设施建设方面取得了显著进展，三地通过多项措施共同推进基础设施的完善，以支持新能源汽车的广泛应用。北京市在充电桩和换电站等基础设施建设方面处于领先地位，大力推进充电网络的覆盖，形成密集的充电服务网络，同时积极探索智能化和便捷化的充电技术，提升用户体验。天津市则依托其工业基础，快速推进充电桩的布局和建设，通过与多方合作，加快了公共充电设施和私人充电设施的普及，着重解决了新能源汽车充电难题。河北省则结合区域特点，积极推动高速公路和城市主要干道的充电网络建设，保障新能源汽车的跨区域顺畅通行，并加大对农村和偏远地区充电设施的投入，促进新能源汽车的全面推广。

三地政府还通过政策支持和财政补贴，鼓励企业和社会资本参与基础设施建设，加速充电设施的普及和升级。同时，京津冀地区加强了区域内的协调合作，建立了统一的充电标准和信息共享平台，促进了跨区域充电设施的互联互通，为新能源汽车用户提供了便利。此外，三地还积极探索新能源汽车与智慧城市建设的融合，推进车联网和智能交通系统的发展，提升基础设施的智能化水平。

三　产业链情况

（一）产业上游：核心零部件

具体而言，新能源汽车的核心零部件主要由动力电池、电机及电控系统、传统汽车零部件组成。

仅从动力电池来看，凭借领先全国的教育与基础研究资源，北京市集聚了技术研发和智力优势，具备高等学校、科研院所和大型骨干企业的研发资源，培育了北大先行、当升科技、卫蓝新能源等一批优秀锂电企业。从图 7 可以看出，北京市共有锂电池产业基地 11 个，其中顺义区、房山区各 3 个，大兴区 2 个，昌平区、海淀区、丰台区各 1 个。其中北京市总部生产基地 4 个；固态锂离子电池基地 1 个，产能规划约 8GWh；锂电回收基地 1 个。

而天津市在"十三五"时期，其锂离子电池市场占有率及产业规模居全国第六，具备 30GWh 年产能力，形成从上游原材料、中间电池产品及检测、下游电池应用及回收的全产业链，成为全国重要的锂离子电池生产基地。"十四五"期间，天津市重点壮大锂离子电池产业。天津市统计局数据显示，2021 年天津市锂离子电池产量达 9. 21 亿只，同比增长 26. 1%；2022 年天津市锂离子电池产量达 10. 62 亿只，同比增长 15. 3%。

目前，天津市培育了天津力神、捷威动力、巴莫科技等优秀锂电企业。其中，天津力神已成为国际一流、国内领先的专业锂离子蓄电池制造商，是国内新能源领域的先行者和引导者。

从图 7 可以看出，天津市共有锂电池产业基地 19 个，其中滨海新区最多，达 7 个，宝坻区、静海区各 4 个，西青区 2 个，东丽区、武清区各 1 个。

河北省数据显示，2021 年，河北省锂离子电池产量达 4221 万只，同比增长 19. 7%。2022 年前三个季度，河北省实现锂离子电池产量 2245. 4 万只。在优质企业方面，河北省具有独特区位优势、资源禀赋优势、交通便利优势、

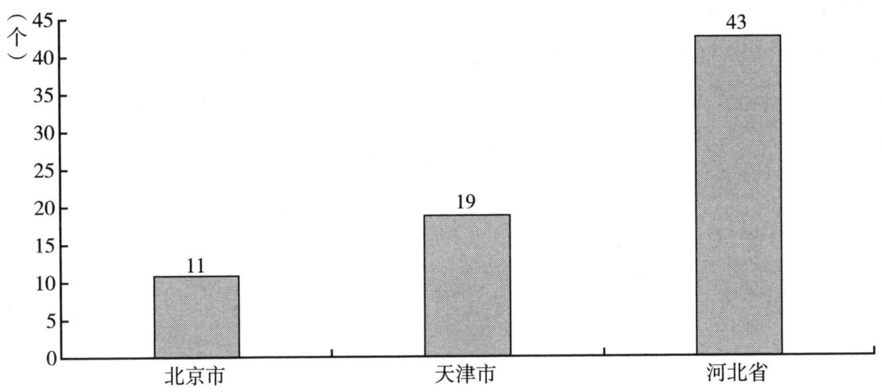

图 7　京津冀地区锂电池产业基地数量

资料来源：企查猫。

沿海开放优势、广阔市场优势，为河北省锂电产业赢得了重大发展机遇。河北省培育了沧州明珠、河北坤天、金力股份、长城汽车等一批优秀企业。

从图 7 还可以看出，河北省共有锂电池产业基地 43 个，其中，沧州市数量最多，达 10 个，邢台市 7 个，保定市、唐山市各 5 个，石家庄市 4 个，邯郸市、衡水市各 3 个，张家口市、秦皇岛市各 2 个、承德市、廊坊市各 1 个。

河北省磷酸铁锂及前驱体产能规划超 50 万吨，负极材料产能规划约 75 万吨，电解液产能规划约 30 万吨，隔膜产能规划约 3 亿平方米，锂电池制造产能规划超 60GWh，锂电回收产能规划超 30 万吨。

（二）产业中游：整车制造

作为我国汽车产业发展的核心城市之一，自 1958 年 7 月 27 日北京汽车制造厂正式挂牌成立以来，经过 60 余年的持续发展，北京及周边地区已构建起完善的汽车整车制造体系与相关配套设施。当前，以北汽集团为龙头，北京市形成了包括北京汽车、北汽越野、北汽蓝谷、北京现代、北京奔驰、北汽福田、宝沃汽车、福田戴姆勒等在内的整车制造产业集群，涵盖 14 家整车制造企业，年产能超过 300 万辆。天津市作为我国整车制造业的传统强市，依托一汽丰田、一汽大众、长城汽车、比亚迪等企业，已具备强大的整车制造能力，同样拥有14家整车制造企业（见图8）。河北省则作为北京、天津两大直辖市的重要产业支撑区域，发挥着关键保障作用。以长城汽车为龙头，河北省的整车制造企业还包括中兴汽车、天马汽车、双环汽车等。2019年，全省规模以上汽车制造企业数量达到564家，整车产量达105万辆，主营业务收入达2465.5亿元。2020年以来，河北省结合其产业基础及承载优势，优化布局，形成了“2+3+3”的产业集群发展格局，涵盖保定-定州世界级汽车产业链集群、沧州京津冀区域协同产业链集群等整车及零部件产业链集群，逐步打造具有全国影响力的汽车产业链体系。

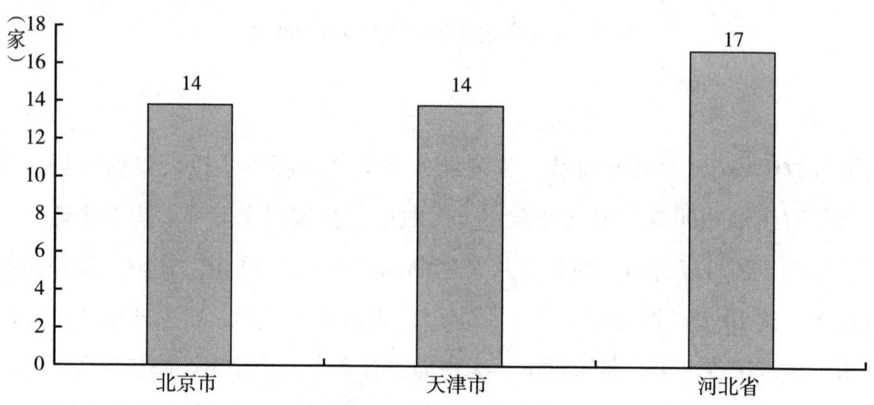

图8　京津冀地区整车制造企业数量

资料来源：企查猫。

（三）产业下游：充电设施

京津冀地区在新能源汽车产业的基础设施建设方面取得了显著进展，并有多方面的协同发展计划。

首先，北京市以京津冀燃料电池汽车示范应用城市群的建设为契机，积极推动氢能在交通、工业、发电等多个领域的应用。

其次，天津市在核心技术的攻克方面有重要突破。天津市致力于多种能源的协调优化、配网柔性运行和车网互动等技术的研发。其重要示范工程包括智慧能源小镇、津门湖新能源车综合服务中心、滨海能源互联网综合示范区等，这些项目的实施不仅提高了天津市新能源汽车基础设施建设的水平，也为全国提供了可借鉴的经验。

最后，河北省加快了加氢、加油、加气、充电综合能源站的布局建设。河北省的公共充电桩数量显著增加，虽然在充电设施总量上与北京市有差距，但由于其庞大的面积和发展潜力，河北省未来在新能源汽车基础设施建设方面还有巨大的提升空间（见图9）。

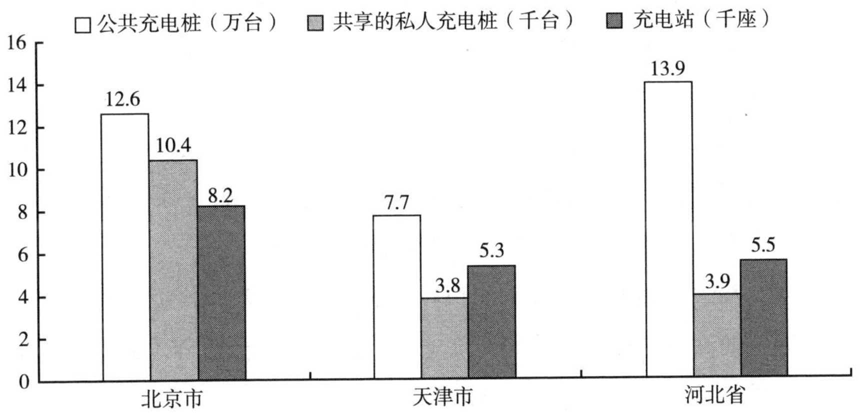

图9　京津冀地区充电设施现状

资料来源：中国充电联盟。

总体来看，京津冀三地在推动新能源汽车基础设施建设上各有侧重，但都在不断提升充电设施的数量和质量，推动区域能源体系向清洁低碳、安全高效、开放合作、协同保障的方向发展。这些努力不仅为新能源汽车的普及奠定了坚实的基础，也为京津冀地区的协同发展和中国式现代化建设提供了强有力的支持。

（四）支持产业链发展的关键要素

支持京津冀地区新能源汽车产业链发展的关键要素包括政策支持与协调发展、创新驱动与技术转移、产业链协同与资源配置、基础设施建设、人才与技术的积累以及市场与经济环境的优化。首先，政策支持与协调发展是基础，京津冀地区作为国家战略实施的重点区域，通过协调政策和资源分配，

促进了新能源汽车产业的高质量发展。例如，北京市通过中关村高新技术企业向天津市和河北省转移技术，形成了技术合作和产业集群，这种政策驱动的技术转移和合作显著提升了区域内的科技创新能力。

其次，创新驱动与技术转移是发展的核心动力，中关村等高新技术区的企业在天津市和河北省设立分支机构，进行技术转移和合作，推动了区域内技术的扩散和应用，增强了整体的技术实力。

再次，产业链协同与资源配置通过合理的产业布局实现了资源的优化配置，例如河北省吸纳了大量从北京市和天津市转移过来的企业，形成了完整的产业链条，进一步强化了区域内产业的联动效应。

复次，在基础设施建设方面，交通基础设施的完善是支持新能源汽车产业发展的重要因素，京津冀地区建立的"一小时交通圈"大大提升了区域内人员和物资的流动效率，有助于产业链的高效运行。

又次，高水平的人才与技术的积累是推动新能源汽车产业发展的核心动力，区域内的高校、科研机构和企业通过合作，共同推动科技成果的转化和应用，形成了强有力的人才和技术支持。

最后，京津冀地区的经济快速发展为新能源汽车产业提供了广阔的市场空间和良好的经济环境。区域经济总量和研发投入逐年增加，为产业发展提供了有力支撑。通过政策、技术、基础设施和市场等多方面的共同努力，京津冀地区新能源汽车产业链的发展得到了有力支持，实现了高质量发展。这些因素的综合作用不仅增强了区域内的产业竞争力，也为实现中国式现代化建设奠定了坚实的基础。

（五）影响产业链发展的不利因素

京津冀地区新能源汽车产业链发展面临着一些不利因素，这些因素主要集中在政策协调、技术创新、基础设施建设、市场需求以及人才储备等方面。

首先，政策协调不力。虽然京津冀地区已经出台了一系列支持新能源汽车发展的政策，但由于各地政府的利益和目标不完全一致，在政策的执行和协调上存在困难。这种政策的不一致性可能导致资源分配不均、重复建设和资源浪费，影响产业链的整体效益。

其次，技术创新能力不足。虽然北京市拥有较强的科技创新能力，但天津市和河北省在高新技术领域相对薄弱，技术创新和研发能力不足，导致整个地区在全球新能源汽车市场上的竞争力不强。技术创新的滞后限制了地区新能源汽车产业的升级和发展。

再次，基础设施建设滞后。虽然京津冀地区在公共充电桩和加氢站等基础设施建设方面取得了一定进展，但仍存在分布不均、覆盖不足的问题。尤其是河北省，面积广大但基础设施建设相对滞后，影响了新能源汽车的推广和使用。这种基础设施建设的不完善制约了新能源汽车市场的发展，无法满足日益增长的市场需求。

复次，市场需求有限。虽然京津冀地区经济发达，但消费者对新能源汽车的认知度和接受度仍有待提高。新能源汽车的市场渗透率较低，主要原因在于消费者对电池寿命、充电便捷性以及车辆性价比等方面存在疑虑，这影响了新能源汽车的市场需求和推广。

最后，人才储备不足。新能源汽车产业需要大量高素质的专业技术人才，而目前京津冀地区在高端人才引进和培养方面仍存在短板，缺乏足够的专业技术人才，影响了新能源汽车产业的研发和生产能力。

综上所述，政策协调不力、技术创新能力不足、基础设施建设滞后、市场需求有限以及人才储备不足是影响京津冀地区新能源汽车产业链发展的主要不利因素。只有解决这些问题，才能进一步推动京津冀地区新能源汽车产业的健康发展。

四　京津冀地区与成渝地区双城经济圈产业比较

（一）产业比较

1. 产业布局与规模比较

京津冀地区的新能源汽车产业布局显示出高度的集中性与技术导向性。

现有布局以北京市为核心。京津冀地区拥有丰富的高科技企业和研发机构，形成了从原材料供应、零部件制造到整车组装的完整产业链。特别是在高新技术领域，如智能网联技术、电动车核心电池技术等方面，京津冀地区具有明显的竞争优势。在政策支持方面，京津冀地区享有国家层面的战略优先政策，如《京津冀协同发展规划纲要》，具有产业发展的强大动力和广阔空间。

成渝地区双城经济圈，尤其是重庆市与成都市，作为西部大开发的重要城市，近年来新能源汽车产业快速崛起。重庆市依托其汽车产业的传统优势，已发展成为智能网联新能源汽车的重要基地。四川省则利用其丰富的锂资源，形成了以电池制造为核心的新能源汽车产业链，虽然在整车制造方面与京津冀地区存在差距，但在原材料供应及电池制造领域具有一定的竞争力。

2. 技术发展与创新能力比较

京津冀地区以其卓越的研发能力和创新环境，成为中国新能源汽车技术创新的高地。地区内多所高等院校和研究机构的深度参与，推动了一系列前沿的科技突破。例如，北京市的电动车智能化技术、自动驾驶系统等，都保持着国内外领先水平。相比之下，成渝地区双城经济圈虽然在新能源汽车的整体技术创新与应用方面起步较晚，但依托丰富的自然资源和地区政府的政策支持，在电池材料研发和动力电池制造方面呈现出高速发展的态势。重庆市和成都市通过与企业的紧密合作，快速提升了新能源汽车的研发和制造能力。

3. 政策制定与产业支持比较

京津冀地区的新能源汽车产业发展受益于一系列综合政策的支持，包括财政补贴、税收优惠、研发资助等。这些政策的制定体现了政府对新能源汽车产业重要性的认识及推动产业快速发展的决心。

成渝地区双城经济圈的政策支持也显示出地方特色，如四川省利用其资源优势制定的锂资源开发政策，以及重庆市在智能制造和网联技术方面的政策支持。这些政策有效地促进了当地新能源汽车产业的发展，尤其是在电池制造和智能化技术方面的发展。

（二）京津冀地区产业对成渝地区双城经济圈产业的借鉴作用

京津冀地区在新能源汽车产业的政策创新与生态构建方面提供了诸多值得成渝地区双城经济圈学习的宝贵经验。京津冀地区通过推动产学研协作、构建完善的技术创新体系，提升了新能源汽车产业的创新能力。这些经验表明，成渝地区双城经济圈在制定新能源汽车产业政策时，应进一步加强政府、高校、研究机构和企业之间的合作，促进科技成果的转化和应用，以此提升区域内新能源汽车产业的技术水平和核心竞争力。

在产业集聚与技术升级方面，京津冀地区通过产业链的优化整合和资源共享，形成了显著的产业集聚效应。具体而言，京津冀地区的产业政策侧重于强化上下游产业链的协调发展，通过培育核心企业和促进中小企业的发展，发挥整个产业链的协同作用。成渝地区双城经济圈可以借鉴这一经验，进一步优化新能源汽车产业的产业链结构，支持产业集群的形成，促进上下游企业之间的合作与技术交流，从而推动区域内新能源汽车产业的整体升级。

在基础设施建设方面，京津冀地区在新能源汽车充电网络搭建和维护设施建设上取得了显著进展。通过推进充电设施的布局优化和建设，该地区显著提升了新能源汽车的用户体验和市场接受度。成渝地区双城经济圈可以借鉴这一经验，进一步加快充电网络的建设和完善，确保充电设施的合理布局和维护，减轻消费者的“里程焦虑”，从而推动新能源汽车的市场推广和普及。同时，成渝地区双城经济圈还可以在智能网联汽车领域加强与京津冀地区的合作，推动智能网联技术的研发与应用，提升区域内新能源汽车产业的智能化水平。

在政策协调与区域合作方面，京津冀地区建立了完善的政策支持体系。成渝地区双城经济圈可以借鉴京津冀地区的区域协同经验，制定符合当地发展实际的政策体系，避免简单照搬其他地区的成功经验，要根据自身地理、经济、行政等特点，制定更具针对性和灵活性的政策措施。例如，可以针对本地市场需求、技术基础和资源禀赋，推出更加灵活的财政补贴、税收优惠和融资支持政策，推动新能源汽车产业的快速发展。

在市场拓展和生态保护方面，京津冀地区通过深度协同，打破了行政区域的壁垒，推动了区域间市场的互联互通。成渝地区双城经济圈可以学习这种区域合作模式，通过推动区域市场的一体化发展，提升两地在全国乃至全球新能源汽车市场中的竞争力。此外，成渝地区双城经济圈可以借鉴京津冀地区的生态保护经验，在新能源汽车产业发展过程中，注重区域生态环境的保护，制定统一的环保标准和法规，确保产业发展的可持续性。

综上所述，京津冀地区在新能源汽车产业发展中的经验对成渝地区双城经济圈具有重要的借鉴价值。通过政策创新与生态构建、产业集聚与技术升级、基础设施建设、政策协调与区域合作等方面的经验吸收，成渝地区双城经济圈可以在新能源汽车产业发展中找到适合自身的路径，进一步提升区域的经济竞争力和生态可持续性发展水平。

参考文献

曹政：《北京将推广新能源车充新能源电》，《北京城市副中心报》2024 年 5 月 14 日。

陈曦：《天津滨海高新区："组合拳"促新能源产业发展》，《科技日报》2023 年 3 月 21 日。

郭少丹：《四大板块齐发力　北京汽车 2022 年营收利润双增长》，《中国经营报》2023 年 4 月 3 日。

郭文佳：《魔核电驱展实力　北京汽车全面开启电动新纪元》，《新能源汽车报》2024 年 5 月 13 日。

李争粉：《天津滨海高新区：新能源产业快跑》，《中国高新技术产业导报》2023 年 4 月 3 日。

修霄云：《市场占有率升至 45%　新能源车为何"风景独好"?》，《政府采购信息报》2024 年 5 月 13 日。

赵悦婧：《北京将推动公共领域汽车全面新能源化》，《中国电力报》2024 年 5 月 8 日。

B.8

长三角地区智能网联新能源汽车产业发展报告

田园　柏荣　李潘*

摘　要： 长三角地区是全球智能网联新能源汽车产业的重要发展极，它以产业集群、技术创新、政策支持和广泛应用为驱动，引领行业发展潮流。本报告主要从区域政策、产业规模、产业链现状、创新能力、营商环境、产品市场应用、产业组织出发，深入研究长三角地区智能网联新能源汽车产业发展状况。研究发现长三角正加速推进智能化、网联化技术在新能源汽车领域的技术创新与应用。同时，长三角地区还积极改善营商环境，加大知识产权保护力度，多方位推动产业迈向高质量发展新阶段。报告通过对比研究，剖析成渝地区双城经济圈智能网联新能源汽车产业发展的优势与不足，进而为成渝地区双城经济圈汽车产业的优化升级提供策略建议。

关键词： 智能网联新能源汽车产业　产业集群　创新能力　长三角地区

一　区域政策分析

近年来，随着全球汽车产业的变革和新能源汽车技术的快速发展，长三角地区在智能网联新能源汽车领域也取得了显著进展。为了进一步推动

* 田园，博士，重庆工商大学成渝地区双城经济圈建设研究院专职研究员，副教授，主要研究方向为区域经济学、城市与可持续发展；柏荣，重庆工商大学成渝地区双城经济圈建设研究院博士研究生，主要研究方向为区域经济、城乡协调发展；李潘，重庆工商大学经济学院硕士研究生，主要研究方向为产业经济。

该区域的智能网联新能源汽车产业发展，各地政府出台了一系列区域政策，旨在加强技术创新、优化产业布局、提高市场竞争力。智能网联新能源汽车是全球汽车产业发展的重要趋势，也是我国实现汽车强国战略的关键领域。长三角地区作为我国经济最发达、科技创新能力最强的地区之一，具备发展智能网联新能源汽车产业的良好基础。因此，长三角地区政府积极响应国家号召，制定了一系列政策措施，推动智能网联新能源汽车产业的发展。

（一）新能源汽车高质量发展政策

长三角地区政府高度重视新能源汽车产业的高质量发展，通过制定一系列政策措施，推动新能源汽车产业向高端化、智能化、绿色化方向发展，如表1所示。例如，政府鼓励企业加大研发投入，提高新能源汽车的续航里程、安全性、智能化水平等关键技术指标；浙江省积极培育一批新能源整车头部企业，大力发展智能汽车，支持省内新能源汽车企业及互联网企业加快布局车载操作系统、感知与决策系统等核心领域；江苏省推动车联网和智能网联汽车高质量发展，提升智能交通水平，培育经济发展新动能，通过制订车联网基础设施建设规划，规范有序推进车路协同基础设施、车联网通信网络、车联网数据管理服务平台等车联网基础设施建设。

表1　长三角地区新能源汽车高质量发展政策

时间	地区	政策名称
2021年2月	上海	《上海市加快新能源汽车产业发展实施计划(2021—2025年)》
2022年1月	浙江温州	《温州市支持新能源汽车产业发展及推广应用若干政策措施》
2023年1月	浙江	《浙江省加快新能源汽车产业发展行动方案》
2023年4月	江苏	《江苏省财政支持做好碳达峰碳中和工作实施方案》
2023年8月	江苏盐城	《关于加快推进新能源及智能网联汽车产业高质量发展的政策意见》
2023年12月	安徽	《安徽省新能源汽车产业集群发展条例》

资料来源：根据各省政府颁布的新能源汽车发展措施整理。

同时，政府还通过优化产业布局、加强产业链上下游企业协同等方式，推动新能源汽车产业的集聚发展。2024 年，安徽省提出强化新能源汽车产业链上下游协同联动，优化产业空间布局，鼓励支持企业、高等院校、科研机构和其他组织联合开展新能源汽车科学研究、技术创新和研发服务，支持新能源汽车龙头企业发展，培育“链主”企业。

（二）财政补贴与税收优惠政策

为了降低新能源汽车的购车成本，提高市场渗透率，长三角地区政府出台了一系列财政补贴和税收优惠政策。如表 2 所示，例如，政府给予新能源汽车购车补贴、充电设施建设补贴等财政支持；同时，政府还免征或减征新能源汽车的车辆购置税、增值税等税收，进一步降低购车成本。上海市 2023 年发布的《上海市提信心扩需求稳增长促发展行动方案》中提到在 2023 年 1 月 1 日至 12 月 31 日购买的已列入《免征车辆购置税的新能源汽车车型目录》的纯电动车、插电式混合动力车（含增程式）、燃料电池车，将免征车辆购置税。这些政策措施有效激发了消费者的购车热情，推动了新能源汽车市场的快速发展。

表 2　长三角地区财政补贴与税收优惠政策

时间	地区	政策名称
2022 年 6 月	浙江杭州	《2022 年杭州市新能源汽车购车补贴实施细则》
2023 年 4 月	江苏常州	《新能源汽车购置补贴实施细则》
2023 年 10 月	江苏	《关于恢复和扩大消费的若干措施》
2023 年 11 月	江苏苏州	《新能源汽车亿元补贴政策》
2024 年 4 月	上海	《上海市促进汽车消费补贴实施细则》
2024 年 1 月	上海	《上海市鼓励购买和使用新能源汽车实施办法》

资料来源：上海市、浙江省、江苏省政府各官网。

（三）技术创新政策

长三角地区政府高度重视技术创新在新能源汽车产业发展中的作用，通过制定一系列政策措施，鼓励企业加大研发投入，推动技术创新和产业升级，如表3所示。例如，政府给予新能源汽车企业研发资金补贴、科研项目支持等财政支持；同时，政府还鼓励高校、科研机构和企业加强合作，共同开展新能源汽车技术研发和成果转化。江苏省积极抢抓汽车产业深刻变革、竞争格局加快重塑的战略机遇，推动全省新能源及智能网联汽车产业高质量发展，支持关键领域突破，盐城市2023年8月发布的《关于加快推进新能源及智能网联汽车产业高质量发展的政策意见》提出围绕新能源汽车电池、电机、电控，智能网联汽车（无人车）传感器、车载芯片、雷达和高精定位系统、软件算法与操作系统等核心部件，氢燃料电池汽车燃料电池组、甲醇重整燃料电池发电系统、储氢系统等关键领域招引行业龙头企业。这些政策措施有助于提高企业的研发能力，推动新能源汽车产业的技术创新和产业升级。

表3　长三角地区技术创新政策

时间	地区	政策名称
2022年8月	安徽	《支持新能源汽车和智能网联汽车产业提质扩量增效若干政策》
2022年7月	上海	《上海市数字经济发展"十四五"规划》
2022年9月	上海	《上海市加快智能网联汽车创新发展实施方案》
2023年8月	江苏	盐城《关于加快推进新能源及智能网联汽车产业高质量发展的政策意见》
2023年11月	上海临港新片区	《中国(上海)自由贸易试验区临港新片区促进智能网联汽车发展若干政策》
2023年11月	江苏	《江苏省人民代表大会常务委员会关于促进车联网和智能网联汽车发展的决定》

资料来源：上海市、江苏省、安徽省各政府官网。

（四）基础设施建设政策

长三角地区积极推进新能源汽车基础设施建设政策，旨在打造高效、便捷、智能的充换电网络体系。在第六届长三角一体化发展高层论坛发布的《2024 年度长三角一体化发展实事项目清单》中，提到了长三角地区新能源汽车基础设施建设相关政策：长三角将建设新能源汽车充换电基础设施“一张网”，计划新建公共充电桩 7 万个以上，车桩比力争降到 1.9 之内，公共充电桩累计达到 60 万个，以加快推动长三角新能源充换电基础设施互联互通。如表 4 所示，上海市人民政府办公厅印发的《上海市加快新能源汽车产业发展实施计划（2021—2025 年）》提出，到 2025 年，建成并投入使用各类加氢站超过 70 座，实现重点应用区域全覆盖；充换电设施规模、运营质量和服务便利性显著提高，其设施布局持续优化，智能化、信息化运营体系基本建成；充换电技术水平大幅提升。另外，浙江省印发的《浙江省完善高质量充电基础设施网络体系　促进新能源汽车下乡行动方案（2023—2025 年）》提出，到 2025 年全省累计建成充电桩 230 万个以上，乡村不少于 90 万个，实现公共充电站“县县全覆盖”、公共充电桩“乡乡全覆盖”；加快形成城市五分钟、城乡半小时充电圈；鼓励生产企业将智能有序充电、储能接口纳入充电设施和新能源汽车产品功能范围，加快大功率充电、无线充电、光储充协同控制等技术的研发应用。江苏省也在探索新能源汽车的共享充电模式，加大对充电设施建设、运营模式的研究力度，以在有限空间内实现充电设施使用效率的最大化。

表 4　长三角地区基础设施建设政策

时间	地区	政策名称
2021 年 2 月	上海	《上海市加快新能源汽车产业发展实施计划(2021—2025 年)》
2022 年 9 月	上海	《上海市鼓励电动汽车充换电设施发展扶持办法》
2023 年 7 月	浙江	《浙江省完善高质量充电基础设施网络体系　促进新能源汽车下乡行动方案(2023—2025 年)》
2023 年 12 月	安徽	《安徽省新能源汽车产业集群发展条例》

资料来源：上海市、浙江省、安徽省各政府官网。

（五）长三角地区与成渝地区双城经济圈政策对比分析

长三角地区智能网联新能源汽车产业政策的实施取得了显著成效。一方面，新能源汽车的产销量和市场渗透率不断提高，成为汽车产业的重要增长点；另一方面，新能源汽车的续航里程、安全性、智能化水平等关键技术指标也得到了显著提升，满足了消费者对高品质新能源汽车的需求。同时，长三角地区的新能源汽车产业链也日益完善，形成了完整的产业生态和良好的集群效应。未来，长三角地区应继续完善智能网联新能源汽车政策体系，加强政策协同和区域合作，推动新能源汽车产业的持续健康发展。对比来看，长三角地区和成渝地区双城经济圈发布的关于智能网联新能源汽车的政策存在以下差异。第一，长三角地区政策体系相对较为成熟和完善，涵盖了从研发、生产、销售到使用的全产业链，且政策之间的衔接和协同性较好。而成渝地区双城经济圈政策体系在不断完善中，重点集中在产业协同发展和部分关键环节的支持等方面。第二，在产业发展的侧重点上，长三角地区更侧重于高端技术研发、智能网联技术的深度应用以及国际市场的拓展，而成渝地区双城经济圈侧重于整车制造能力提升、产业链的整合以及区域内市场的开发。第三，在技术创新方面，长三角地区在创新支持方面，资金投入力度大，鼓励企业与高校、科研机构深度合作，建立了多个产学研创新平台。而成渝地区双城经济圈主要通过政策引导和资金奖励，鼓励企业自主创新，同时积极引进外部先进技术和人才。第四，在基础设施建设规划方面，长三角地区规划较为全面和精细，充电桩、加氢站等设施的布局密度较高，强调智能化管理和互联互通，而成渝地区双城经济圈侧重于在重点区域和交通要道布局基础设施，同时注重与周边地区的衔接。

二　产业规模分析

（一）企业数量与规模

表5展示了长三角地区部分新能源汽车零部件制造企业的所属省份与供应产品，在智能网联新能源汽车领域中长三角地区的企业数量众多、规模庞大。上海、江苏、浙江、安徽四地合计拥有汽车制造相关企业10.1万家，

占全国三成以上；其中新能源汽车相关企业 16.4 万家，占全国的 20.7%[①]。这些企业涵盖了智能网联新能源汽车产业链的各个环节，从原材料供应到整车制造，再到充电设施建设等，形成了完整的产业链。当前，长三角地区的新能源汽车产业发展，已然形成了以上海为总部、在苏浙皖设立制造基地的联动模式。其中，上海主要布局在安亭、临港新片区、金桥及张江等地，浙江重点布局在杭州、宁波、温州、湖州、嘉兴、绍兴、金华、台州等地，江苏重点布局在南京、徐州、苏州、盐城、扬州等地，安徽重点布局在合肥、芜湖、马鞍山、安庆、六安等地。

表 5 长三角地区部分新能源汽车零部件制造企业

供应商	省市	供应产品
华域汽车	上海	摄像头、座椅总成、车身件
拓普集团	浙江	副车架、控制臂
均胜电子	浙江	方向盘、传感器元件
奥特佳	江苏	空调控制器、壳体
宁波华翔	浙江	后视镜
新泉股份	江苏	中控台
旭升股份	浙江	电机变速箱壳
东山精密	江苏	散热器、结构件

资料来源：根据各省官网信息整理。

（二）产量与产值

长三角地区智能网联新能源汽车的产量和产值均处于全国领先地位。如图 1 所示，2023 年长三角地区新能源汽车产量超过 380 万辆，占全国比重接近 40%，占全球比重达 25%。其中，上海、江苏、浙江、安徽四地的新能源汽车产量分别为 128.68 万辆、104.70 万辆、62.30 万辆和 86.80 万辆，均处于全国前列。在产值方面，长三角地区智能网联新能源汽车产业总产值持续

① 资料来源：中国证券网。

增长。以上海为例，上海作为长三角地区的龙头城市，其汽车产量占全国的11.5%，新能源汽车产量占全国的13.4%，2023年上海新能源汽车产业总产值达3876.3亿元，比上年增长32.1%。在临港新片区，以特斯拉、上汽乘用车为龙头，带动临港新片区2023年智能网联新能源汽车产业产值超2400亿元。

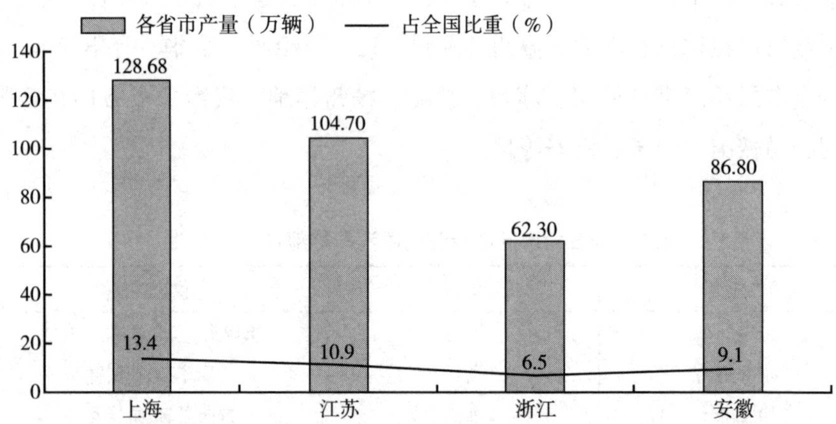

图1　2023年长三角地区各省市新能源汽车产量及占比

资料来源：《国民经济与社会发展统计公报》。

（三）技术研发与创新

长三角地区在智能网联新能源汽车技术研发与创新方面取得了显著成就。该地区拥有众多高校、科研机构和企业，这些机构在智能网联新能源汽车领域投入了大量研发资金，不断推动新能源汽车技术的创新和进步。特别是在电池技术、电机技术、电控技术以及智能网联技术等方面，长三角地区已经取得了一系列重要成果。此外，长三角地区还建立了一批智能网联新能源汽车的创新平台，如新能源汽车技术创新中心、智能网联汽车研发中心等。这些平台汇聚了国内外一流的科研团队和人才，为新能源汽车技术的研发和创新提供了有力支持。

（四）基础设施建设

长三角地区在智能网联新能源汽车基础设施建设方面也取得了显著进

展。该地区积极推进充电设施建设，已经建成了较为完善的充电设施网络。以特斯拉上海超级工厂为例，其产业链本土化率超过95%，在上海、苏州、宁波、南通等长三角地区建立起“4小时朋友圈”，覆盖了电池、车载芯片、自动驾驶系统等新能源车零部件的全生态链。此外，长三角地区还在加快推进车联网、智能交通等基础设施建设，为智能网联新能源汽车的普及和应用提供了有力保障。江苏省大力发展车联网和智能网联汽车产业，以无锡、苏州、南京等地为重点，协同推动车联网和智能网联汽车相关基础设施建设、示范应用、技术创新和产业集聚，产业集聚态势明显，相关工作走在全国前列。江苏全省集聚相关企业近800家，2022年实现相关产业收入超千亿元，实现智能网联汽车整车制造、零部件制造、软件算法、车联网设备制造和信息服务等全产业链覆盖。南京、无锡、苏州等地大力推进车路协同通信、感知、计算等基础设施和车联网数据平台建设，江苏全省车联网基础设施建设累计覆盖道路里程1614公里，无锡基本实现主城区规模性覆盖，南京、苏州等地实现区域性覆盖。

（五）长三角地区与成渝地区双城经济圈产业规模对比分析

长三角地区智能网联新能源汽车产业规模持续扩大，已经形成了较为完善的产业链和产业集群。该地区在智能网联新能源汽车领域的企业数量、产量、产值以及技术研发水平等方面均处于全国领先地位，为我国乃至全球新能源汽车产业的发展做出了重要贡献。未来，长三角地区应继续加强技术研发和创新，优化产业布局和供应链体系，推动智能网联新能源汽车产业的持续健康发展。第一，从企业数量和规模来看，长三角地区的智能网联新能源汽车企业不仅包括传统的汽车制造企业，如上汽集团、吉利汽车等，还包括众多新兴的科技企业，如特斯拉、蔚来汽车等。这些企业在智能网联新能源汽车领域具有较强的研发和生产实力，为区域产业的发展提供了有力支撑。由此可见长三角地区更注重新能源汽车的智能化和高端化，强调核心零部件的自主研发，而成渝地区双城经济圈则侧重于共建产业生态，强化产业协同，提升整车制造水平。同时长三角地区的产业布局较为均衡和广泛，各省市在不同领域重点发展；成渝地区双城经济圈则以重庆和四川的重点城市为核心，形成特定的产业集聚区。第二，从产量和产值来看，长三角地区是国内重要的新能源汽车生产基地，发展规模较大，产量较高，增长速度较为稳定。成渝地区双城经济圈发展速度较快，正努力打造高水平的汽车产业集群，但目前规模相对长三角地区较小。第三，从技术研发和创新来看，长三角地区和成渝地区双城经济圈在智能网联新能源汽车技术研发和创新上均展现出强劲实力。其中长三角地区依托其强大的科研基础、多元化的参与企业、丰富的创新平台及政策支持，在电池、电机、电控及智能网联技术等方面取得显著成就，而成渝地区双城经济圈则凭借独特的产业互补性、跨区域合作与协同发展策略，聚焦关键技术突破，并加强基础设施建设与示范应用，与长三角地区形成互补，共同推动中国智能网联新能源汽车产业的蓬勃发展。第四，从基础设施建设情况来看，长三角地区在智能网联新能源汽车领域的发展显著领先于成渝地区双城经济圈。长三角地区不仅建成了较为完善的充电设施网络，为新能源汽车的广泛使用提供了坚实支撑，还通过特斯拉等企业的本土化布局，构建了高效的新能源车零部件供应链体系。此外，该区域积极推进车联网、智能交通等前沿基础设施建设，特别是江苏省，作为智能网联汽车产业的先锋，通过无锡、苏州、南京等地的协同努力，实现了车联网基础设施的广泛覆盖和智能网联汽车全产业链的快速发展，无论是基础设施的覆盖率还是相关企业的集聚程度，都达到了全国领先水平。相比之下，成渝地区双城经济圈虽然在智能网联新能源汽车基础设施建设上也有所进展，但整体规模和成熟度尚待提升，与长三角地区相比存在一定的差距。

三　产业链现状分析

（一）产业链上游：核心零部件

1. 长三角地区动力电池产业集群效应显著，锂电池产业蓬勃发展

在新能源汽车领域，动力电池作为核心零部件之一，对新能源汽车的

性能、续航里程、安全性等方面具有重要影响。锂电池作为动力电池的一种，以具备高能量密度和长寿命等优点在新能源汽车领域得到了广泛应用。图 2 展示了长三角地区锂电池产业基地分布情况。近年来，在我国锂电产业市场需求持续旺盛的背景之下，由于得天独厚的地理位置、生产配套环境的完善以及基础设施建设的完备，江苏省吸引了大量锂电池的优质企业落户。目前，江苏省形成以常州市、南京市为核心，苏州市、无锡市、盐城市、镇江市等多点布局的产业格局。截至 2022 年底，江苏省锂电池产业基地共计 69 个，其中常州市锂电池产业基地最多，达 19 个，南京市 9 个，盐城市 9 个，无锡市 8 个，南通市 7 个，苏州市 6 个。浙江省抢抓锂电池产业发展机遇，锂电池产业发展迅猛。截至 2022 年底，浙江锂电池产业基地共计 28 个，主要集中在衢州市、湖州市。其中，衢州市锂电池产业基地最多，达 9 个，湖州市紧随其后，有锂电池产业基地 6 个，宁波市 3 个，杭州市、嘉兴市、绍兴市、温州市各 2 个，金华市、台州市各 1 个。安徽省锂电池产业具有完备的产业链条，发展优势明显。截至 2022 年底，安徽省锂电池产业基地共计 64 个，其中合肥市锂电池产业基地最多，达 22 个，安庆市 9 个，芜湖市 6 个，滁州市 5 个，铜陵市 4 个。上海市作为我国最早推广新能源汽车且新能源汽车保有量最大的城市，其新能源汽车销量的增长带动了锂电池产业的发展。在产业布局方面，上海市主要为研发总部，产业基地数量较少。截至 2022 年底，上海市锂电池产业基地共计 14 个，其中浦东新区锂电池产业基地最多，达 6 个，嘉定区 3 个，黄浦区 1 个，松江区 1 个，宝山区 1 个，奉贤区 1 个[①]。

2. 长三角地区引领零部件发展，智能座舱和执行系统集成成为发展热点

在智能网联汽车领域，中国人才研究会汽车人才专业委员会 2023 年发布的《智能网联汽车零部件关键企业人才地图研究》报告选取的智能网联汽车领域的 407 家零部件企业样本中，88%的企业来自长三角、京津冀、大湾区三个地理区域，其中长三角占据 45.2%的产业链企业，京津冀占

① 资料来源：中商产业研究院。

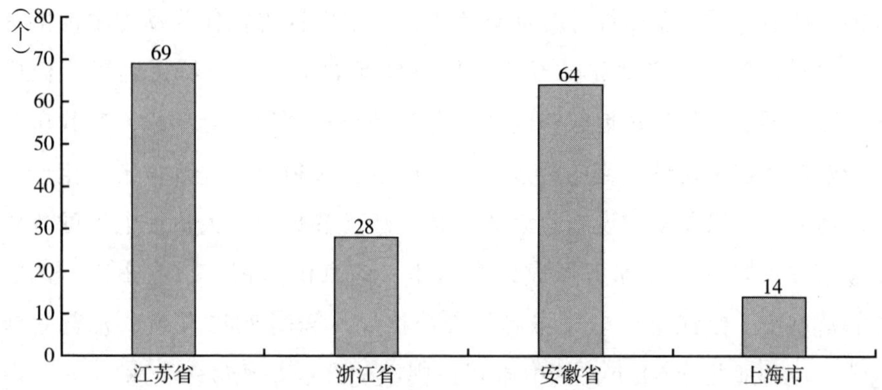

图 2　长三角地区锂电池产业基地分布情况

资料来源：中商产业研究院。

25.8%，大湾区占 17.0%。长三角地区是我国的经济重心之一，无论是技术、规模还是产业完备程度，上海市一直在长三角地区处于领先地位。在该研究报告收录的智能网联汽车零部件企业中，上海市的企业有 98 家，江苏省 46 家，浙江省 27 家，安徽省 13 家。此外，该研究报告还指出上海市作为中国的经济和科创中心城市，拥有大量的智能网联汽车零部件企业和智能驾驶领域人才；宁波市作为浙江省的重要城市，也在智能网联汽车领域取得了显著的成就，其从业人员主要集中在智能座舱领域；合肥市作为安徽省的省会城市，也在智能网联汽车领域崭露头角，其从业人员也主要集中在智能座舱领域。如图 3 所示，根据天眼查数据，截至 2023 年底，长三角地区的智能网联汽车核心零部件相关企业中，执行系统集成领域的企业总量高达 108 家，其中江苏省以 49 家的数量领先其他三个省市。智能座舱领域的企业的总量仅次于执行系统集成领域的企业，总共有 105 家，其中上海市和江苏省分别以 39 家和 37 家占据主要地位。车载软件、通信设备和传感设备三个领域企业数量相对较少，其中传感设备领域的企业仅有 24 家。在智能网联汽车核心零部件领域，上海市和江苏省处于长三角地区的领先地位，同时智能座舱和执行系统集成是该区域的主要发展热点。

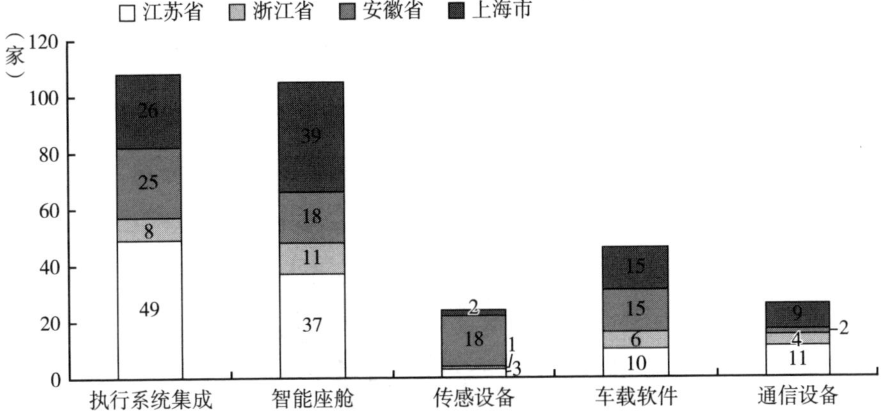

图 3　长三角地区智能网联汽车核心零部件相关企业分布情况

资料来源：天眼查。

（二）产业链中游：整车制造

上海市、江苏省、浙江省和安徽省四地在新能源汽车产业领域均有所布局和发展，各自形成了具有特色的产业集群和产业链，共同推动了中国新能源汽车产业的快速发展。上海市在新能源汽车产业链上拥有完整的布局，从整车制造到零部件供应，再到智能制造工厂的建设，都显示出其在新能源汽车领域的领先地位。图 4 展示了长三角地区新能源汽车整车企业分布情况，截至 2023 年底，上海全市已布局 8 家整车企业、600 余家国内外主要零部件企业。在上海市的 177 家市级智能工厂中，汽车领域企业就有 42 家。江苏省在新能源汽车整车企业和零部件制造业规模以上企业数量方面均具有较大优势，现有新能源汽车整车企业 35 家，零部件制造业规模以上企业 2800 余家，显示出其在新能源汽车产业上的强大实力。浙江省新能源汽车整车和零部件制造业规模以上企业数量均有所增长，产品覆盖全产业链，现有 11 家新能源汽车整车企业，2200 余家零部件制造业规模以上企业，显示出其在新能源汽车产业上的全面发展态势。安徽省在新能源汽车产业上形成了完整的产业体系，从整车制造到零部件供应，再到后市场服务，都呈现蓬勃发展的态势。截至目前，安徽省也已集聚 7 家整车企业，包括三电在内的零部件和后市场企业超过 4000 家，已经形成整零协同配套、后市场加快发展的完整汽车产业体系，初步形成了具有重要影响力和核心竞争力的智能新能源汽车产业集群。

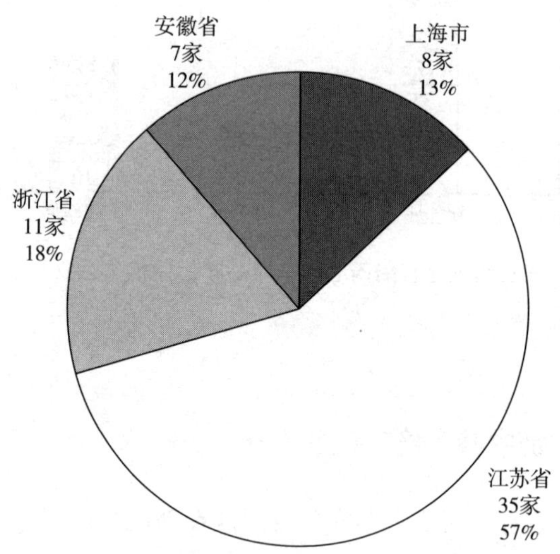

图 4　长三角地区新能源汽车整车企业分布情况

资料来源：上海市经信委、《浙江日报》、新华网。

（三）产业链下游：充电设施

长三角地区作为中国发展的引擎，汇聚了多个经济发达的省市，如江苏省、浙江省、上海市等。这些地区的居民收入普遍较高，对新能源汽车的接受度也更高。此外，作为我国新能源汽车推广较快的地区，长三角地区充电基础设施数量及密度也都领先全国。当地的充电基础设施配套完善，为新能源汽车的使用提供了便利条件。如图 5 所示，根据中国充电联盟公布的数据统计，截至 2023 年 12 月，长三角地区合计拥有共享私桩 2.33 万台，公共充电桩 73.5 万台，充电站 4.4 万座。一方面，从充电基础设施的类型来看，长三角地区的充电基础设施呈现出公共充电桩占主导、共享私桩和充电站数量相对较少的局面，这种分布不均反映了该地区在充电基础设施建设过程中的策略选择和市场需求变化。公共充电桩的数量远高于共享私桩和充电站，表明长三角地区在公共充电设施的建设上投入大量资源，以满足日益增长的电动汽车充电需求。而与公共充电桩相比，共享私桩和充电站的数量较少，这可能是因为共享私桩主要服务于个人或特定群体，而充电站的建设和运营成本较高，导致它们在数量上无法与公共充电桩相匹敌。另一方面，从长三角“三省一市”各地区的充电设施分布情况来看，江苏和浙江两省在充电基础设施建设方面处于领先地位。其中江苏省的公共充电桩达到 21.8 万台，浙江省的公共充电桩更是高达 22.4 万台，远高于安徽省和上海市。这不仅反映了江苏和浙江两省对于新能源汽车产业的重视和支持，也体现了其在新能源汽车配套设施建设方面的前瞻性和投入力度。虽然安徽省和上海市也在积极推进新能源汽车和充电设施的发展，但从充电站数量来看，安徽省和上海市 5300 座和 9300 座的规模相较于江苏省和浙江省的 15000 座和 14400 座还存在一定的差距。这可能需要各地区进一步加大政策支持和投入力度，促进新能源汽车产业在长三角地区的均衡发展。上海市在共享私桩的布局方面以 7900 台的规模领先于其他三个省份，体现了上海市在新能源汽车充电设施布局上的独特优势和发展策略。上海市不仅推动了共享私桩的快速发展，也为长三角地区乃至全国的新能源汽车产业发展树立了榜样。

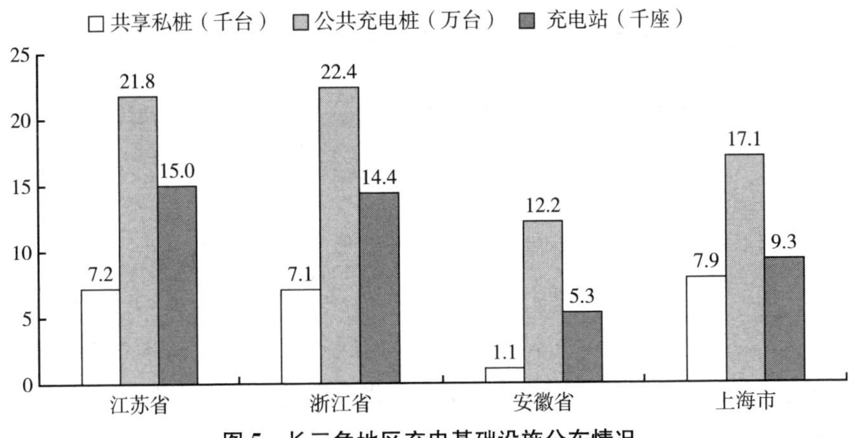

图 5　长三角地区充电基础设施分布情况

（四）支持产业链发展的关键要素

1. 加速产业集群协同发展，打造产业生态圈

产业集群的建设有助于优化一定空间范围内的产业结构，推动产业的健康可持续发展，提高产业链的竞争力。上海作为全国经济贸易中心，创新能力强，整车制造领域国际龙头企业和行业龙头企业较多；江苏作为制造业大省，整车产品特色明显，零部件产业配套齐全；安徽作为资源丰富型省份，劳动力资源充沛，诸多国内车企在此扎根产业集群；浙江数字经济优势明显，推广应用走在全国前列。长三角地区产业集群协同发展，形成了新能源汽车"4 小时产业圈"，一条新能源汽车的完整产业链构建在 4 小时车程内。长三角地区发挥各省市优势促进高质量发展，助力打造具有全球竞争力和影响力的长三角产业链共同体。

2. 激发产业链协同创新动力，成立产业链联盟

产业链联盟作为一种协同创新的组织模式，是推动产业转型升级、创新发展的重要抓手。长三角企业家联盟成立以来，持续推进长三角产业链协作，围绕强链、补链、延链，先后组建 14 个产业链联盟，在组织形式、龙头带动、创新协作、多跨协同、运行机制、融合程度、产业激励、强链补链、核心技术和新质生长等 10 个方面均表现出显著的特点和优势。各方资源的差异化和可协同性，使得长三角地区可以协同推进汽车产业一体化可持续发展，这将有力助推长三角地区科技和产业创新。

（五）影响产业链发展的不利因素

1. 产业链缺乏自主可控性

目前长三角地区在智能网联新能源汽车产业的一些核心技术领域还缺乏自主创新能力和绝对掌控力。产业集群创新部分环节"卡脖子"问题依然明显，如芯片技术、软件技术、操作系统的底层技术等尚未形成强大的自主研发和创新能力。其中，车规级芯片、车载操作系统等仍是产业链的短板和薄弱环节，这些核心组件往往需要依赖外部供应商，这种情况增加了产业链

的风险和不确定性，影响长三角地区提升智能网联新能源汽车产业链的稳定性和竞争力。

2. 产业链协作效率较低

一方面，长三角地区的属地政府、高校、科研机构及汽车上下游企业的合作尚未达到应有的深度和广度。其产学研一体化的机制尚未完善，导致技术创新和成果转化效率不高。另一方面，属地零部件企业展现技术实力和产品优势的平台略有欠缺，整车企业缺乏全面了解和选择优质供应商的桥梁。长三角地区的零部件企业往往面临着无法全面展示自身技术实力和产品优势的困难，其技术和产品难以被整车企业所了解和认可，这不仅影响了零部件企业的市场拓展，增加了整车企业的采购成本，也制约了整个产业链的发展。

（六）长三角地区与成渝地区双城经济圈产业链现状对比分析

在产业链方面，长三角地区在智能网联新能源汽车产业链上具有更强大的集群效应、更完善的供应链及跨区域协同优势，而成渝地区双城经济圈则在产业上游原材料及动力电池领域具备优势，但在中游整车制造及下游充电基础设施方面与长三角地区存在较大差距。第一，四川在产业上游的原材料领域优势较大，动力电池产业的实力也较强，而重庆在智能网联新能源汽车核心零部件领域的企业数量众多，其中动力电池领域的企业数量占比也较大。长三角地区的动力电池产业集群效应不仅显著，而且引领了整个智能网联新能源汽车零部件的发展。第二，与动力电池相比，四川产业中游的整车制造相对薄弱，而重庆和长三角地区的新能源汽车整车制造业布局更全面，发展也相对成熟，各自形成了具有特色的产业集群。第三，成渝地区双城经济圈在产业下游的充电基础设施规模上远不及长三角地区，基础设施配套也远不及长三角地区完善，其中长三角地区的公共充电桩和充电站规模远超成渝地区双城经济圈，成渝地区双城经济圈的共享私桩数量也远不及长三角地区。

从成渝地区双城经济圈和长三角地区的产业链发展现状来看，四川智能

网联、车载系统与重庆整车制造等优势资源整合利用，能够助力汽车产业高质量协同发展，但长三角地区产业集群的丰富程度、深度、广度都有先天优势，智能网联产业链在长三角地区的分工更加明晰，供应链的供给更加多元，供应商更多，企业有更多选择，这些都对智能网联新能源汽车核心产业链的布局具有一定帮助。同时长三角地区在跨行政区域的统一规划和联动上也比成渝地区双城经济圈更好，这也是成渝地区双城经济圈发展智能网联新能源汽车产业的一个很明显的劣势。

四　创新能力分析

（一）创新能力培育的可借鉴之处

1. 结合产业特质的技术创新

如图 6 所示，2013~2023 年，长三角地区的新能源汽车产业发明专利申请总数达到了 20639 件，这一数字不仅反映了该地区在新能源汽车技术研发上的投入和成果，也体现了其在全球新能源汽车产业中的重要地位。值得一提的是，2018 年长三角地区达到了新能源汽车产业发明专利申请数的峰值，高达 3364 件，这表明该年份长三角地区在新能源汽车领域的创新活动尤为活跃。这一系列数据不仅揭示了长三角地区在新能源汽车产业的强劲发展势头，也预示着该地区在新能源汽车技术革新和市场竞争中将继续扮演关键角色。

2. 聚焦于高价值环节的创新

图 7 展示了 2013~2023 年长三角地区发明专利申请的分布情况，其中新能源汽车整车制造为 3652 件，占比 17.69%；新能源汽车装置、配件制造为 9321 件，占比 45.16%；新能源汽车相关设施制造为 7280 件，占比 35.27%；新能源汽车相关服务为 386 件，占比 1.87%，显然，发明专利申请更多发布于新能源汽车装置、配件制造和新能源汽车相关设施制造，即多集中于新能源汽车产业链的上游，该环节技术更新频繁，创新要求高，同时

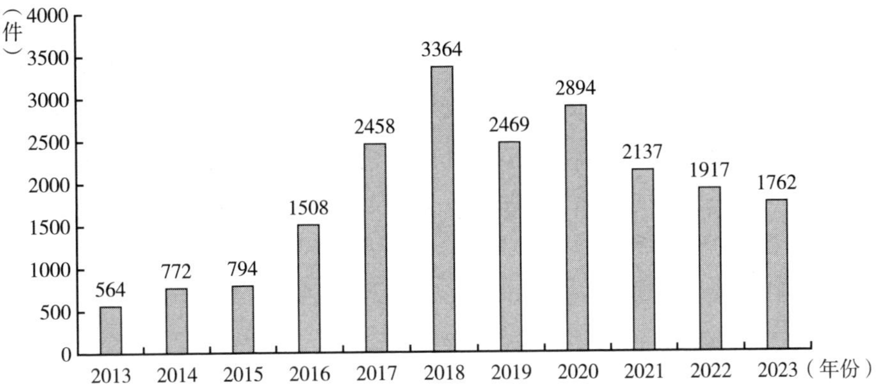

图 6　2013~2023 年长三角地区新能源汽车产业发明专利申请数

资料来源：国家知识产权局。

也是整个产业链高价值的部分，长三角地区通过技术创新占据了产业的高价值部分，保持了自身的领导地位。

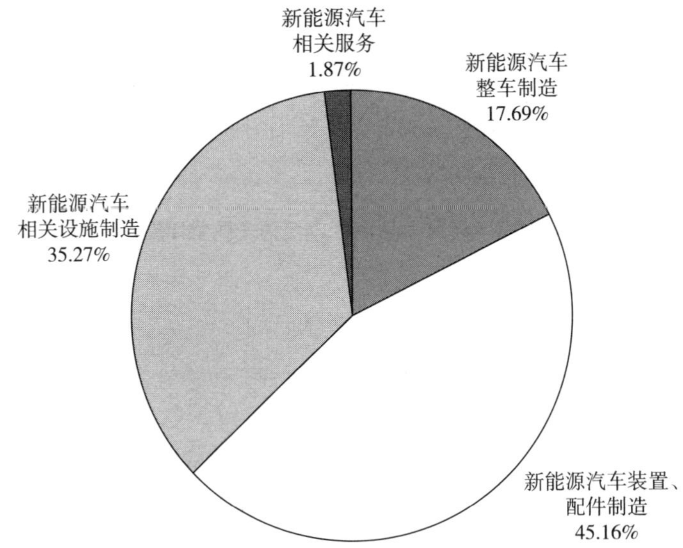

图 7　2013~2023 年长三角地区新能源汽车产业发明专利申请分布情况

资料来源：国家知识产权局。

3. 多主体共同参与创新

长三角地区新能源汽车产业的技术创新不仅源于企业，高校也是重要的组成部分，如图 8 所示，长三角地区新能源汽车产业发明专利申请前十的主体包括了 7 家企业和 3 所高校，它们共同为新能源汽车产业提供了大量的创新技术和新型设备，改善了由于创新主体单一而可能带来的同质化创新现象。

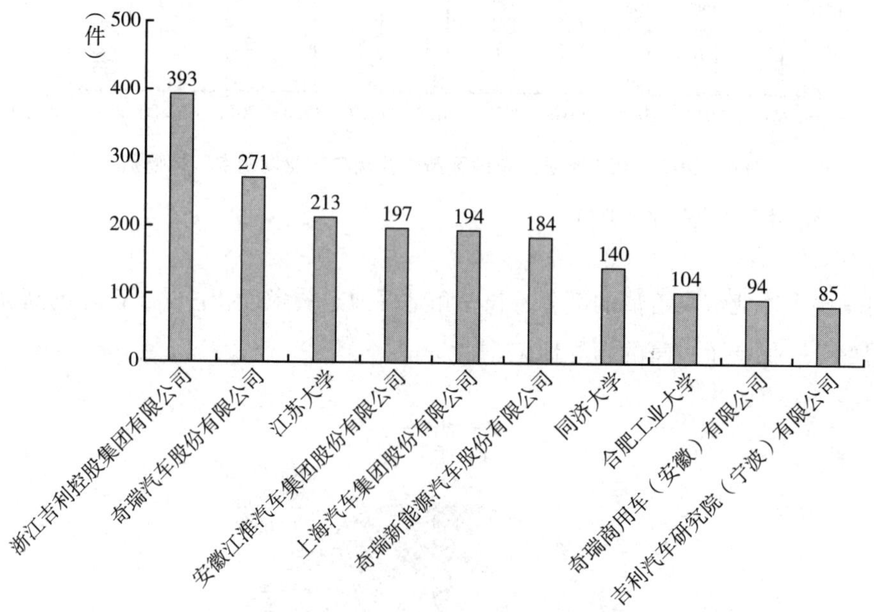

图 8　2013~2023 年长三角地区排名前十的发明专利申请人

资料来源：国家知识产权局。

（二）创新能力培育中出现的潜在问题

如图 9 所示，2021~2023 年，长三角地区与全国的新能源汽车产业发明专利申请数增长率对比显示，虽然长三角地区的新能源汽车产业发明专利申请总量依然可观，但增长率连续三年为负值。这表明虽然长三角地区在新能源汽车领域的技术积累深厚，但面对全国整体创新环境的变化，其增长动力还是受到了一些挑战。因此，长三角地区需要进一步优化创新体系，提升研发投入效率，以应对未来科技发展的不确定性。

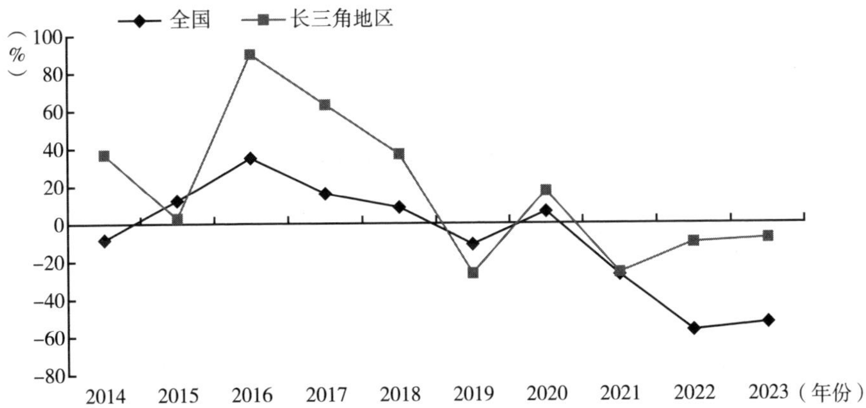

图 9　2014~2023 年长三角地区和全国新能源汽车产业发明专利申请数增长率

资料来源：国家知识产权局。

（三）长三角地区与成渝地区双城经济圈创新能力对比分析

长三角地区与成渝地区双城经济圈在科技创新能力上各有所长，长三角地区凭借其高度集聚的创新资源和强大的协同创新能力占据优势地位，而成渝地区双城经济圈则以其巨大的创新潜力和不断优化的政策环境展现出强劲发展势头。一方面，成渝地区双城经济圈的创新环境优势明显，发展潜力较大，尤其在吸引外商投资和降低企业税收负担方面表现突出；另一方面，成渝地区双城经济圈在科技产出和经济发展等创新绩效方面不如长三角地区，但在创新环境和政策支持方面表现出色，具备较大的发展潜力。长三角地区吸引了大量高端人才，教育和科研合作推动人才培养和流动，使得科技创新能力整体上优于成渝地区双城经济圈，但重庆和成都都在强化各自的科技创新中心，成渝地区双城经济圈通过纲要提出强化双城经济圈建设，加强重庆和成都的中心城市带动作用，促进区域科技创新能力的提升，其创新环境方面的优势在于政策红利和生活环境，特别表现在减税降费政策对企业科技创新的推动作用上。成渝地区双城经济圈正在改善创新环境，积极创造条件增加科技投入，并吸引和培养创新人才。未来，成渝地区双城经济圈可以进一步借鉴长三角地区的经验，加强区域协同创新，提升科技创新能力。

五 营商环境分析

（一）各省市营商环境分析

从图 10 可以看出，上海市近五年的市场化指数和各项分指数呈现出逐年递增的趋势，表明了上海市在市场机制的运行效率、市场参与度、市场活力等方面的持续优化和提升。这得益于政策的不断改革、营商环境的持续改善，以及市场开放度的增加。具体而言，这样的趋势可能反映了上海市在促进公平竞争、提高资源配置效率、增强市场自主性，以及吸引国内外投资等方面取得了显著成效。这不仅增强了上海市作为经济中心的吸引力，也预示着上海市在经济结构优化、创新动能增强和高质量发展道路上的积极进展。

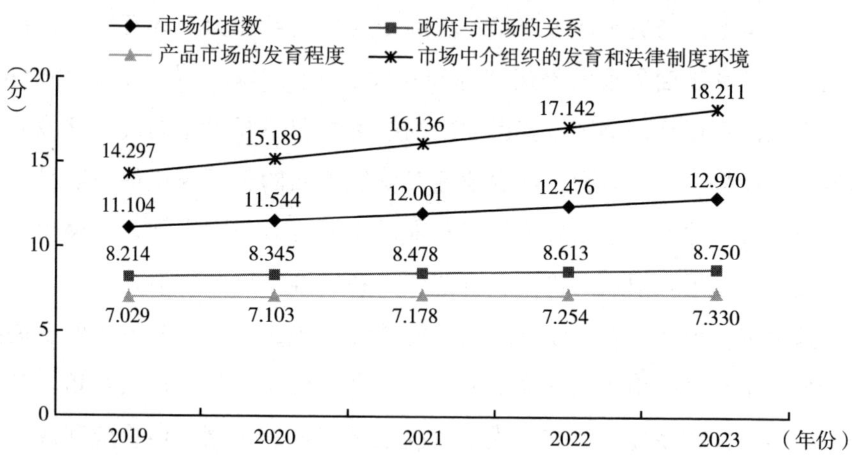

图 10　2019~2023 年上海市市场化指数和各项分指数变化趋势

资料来源：北大法宝（中国法律信息总库）。

相较于上海市各项指数的逐年平稳递增，如图 11 所示，安徽省的市场中介组织的发育和法律制度环境这项指数呈现出逐年暴增的现象。这表明安徽省在市场中介组织的发育和法律制度环境方面取得了显著进步，反映出市场对中介组织需求增加，法律制度不断完善，为经济发展创造了更有利条件。

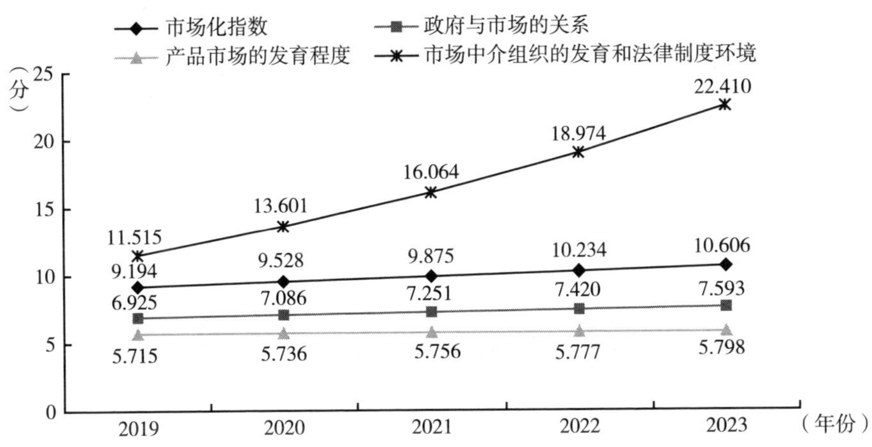

图 11　2019~2023 年安徽省市场化指数和各项分指数变化趋势

资料来源：北大法宝（中国法律信息总库）。

从图 12 可以看出，江苏省近五年市场中介组织的发育和法律制度环境这项指数以及总体的市场化指数有了较大幅度的增长。这反映出市场活力的增强，资源配置的优化，意味着经济发展与环境改善，为企业发展提供了更好条件，促进了产业升级和经济繁荣。

从图 13 可以看出，浙江省近五年市场中介组织的发育和法律制度环境这项指数以及总体的市场化指数也表现出较大幅度的增长。这体现出了浙江省市场中介组织在发育方面有所进展，法律制度环境也有明显提升。这表明浙江省在这些方面取得了积极成果，反映出经济和社会环境的不断优化和发展。

长三角地区以上海市、安徽省、江苏省和浙江省为核心，近五年来四省市的市场化指数稳步提升，反映出长三角地区营商环境的持续优化。由上海市、安徽省、江苏省和浙江省近五年的市场化指数连续增长的趋势可以看出，四省市政府对市场机制的依赖度增强，市场活力得到释放，政策环境的开放性增强，吸引了更多的投资和创新，企业经营的自由度和效率提高。行

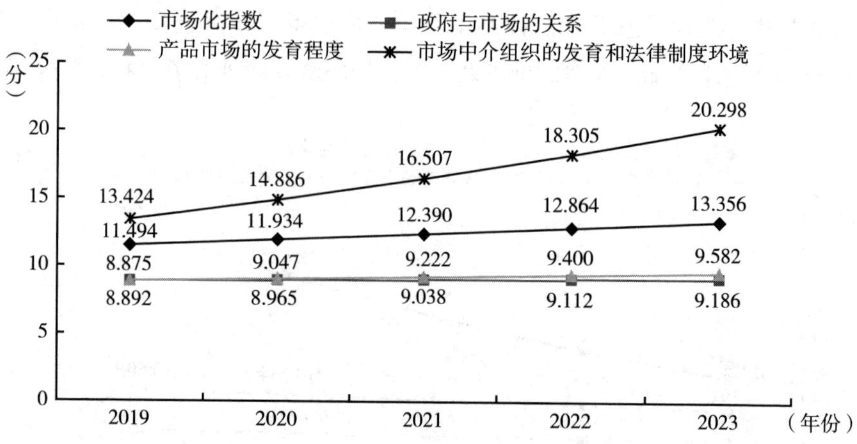

图 12　2019~2023 年江苏省市场化指数和各项分指数变化趋势

资料来源：北大法宝（中国法律信息总库）。

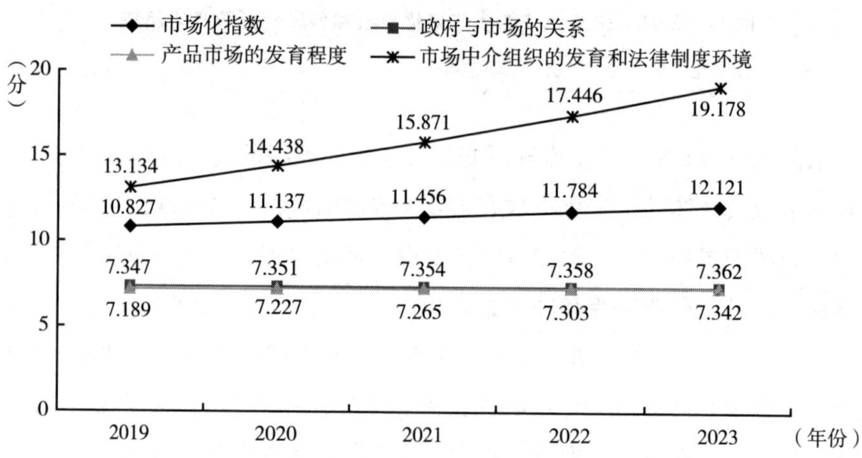

图 13　2019~2023 年浙江省市场化指数和各项分指数变化趋势

资料来源：北大法宝（中国法律信息总库）。

政审批改革的深入，减少了企业的制度性交易成本。同时，区域一体化进程加速，协同效应日益显现，使得市场竞争更加公平，进一步激发了企业家精神。这些变化共同构建了长三角地区开放、公平和高效的市场环境，为经济高质量发展提供了有力支撑。

（二）长三角地区知识产权司法保护强度

由图 14 可以看出来近五年长三角地区的知识产权文件数呈现波动减少的趋势，说明长三角地区知识产权保护越来越完善，需要补充的文件越来越少。这一现象从一个侧面反映了长三角地区知识产权保护机制的不断完善和创新活动的成熟。随着知识产权法律体系的优化与强化，创新主体的知识产权意识显著提升，市场更倾向于进行高质量的创新活动，并对创新成果采取积极的保护措施。这不仅减少了重复或低效的创新尝试，还促进了创新资源的高效利用，减少了不必要的知识产权纠纷。同时，良好的市场环境和教育普及，使得创新者更加注重知识产权的合法性和完整性，从而整体上减少了需要提交的知识产权文件数量。这一趋势不仅体现了长三角地区在知识产权保护方面取得的显著成效，也预示着该区域创新能力的持续提升和经济结构的优化升级，这对推动区域乃至全国的创新驱动发展具有深远意义。

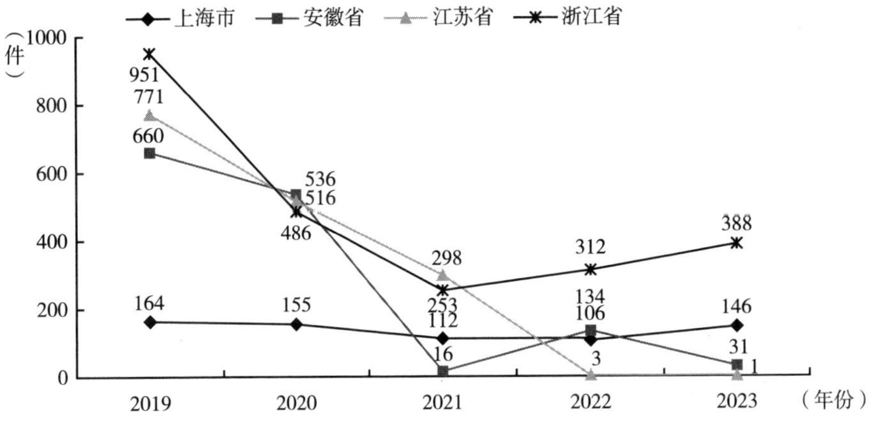

图 14　2019~2023 年长三角地区知识产权文件数

资料来源：国家知识产权局。

如图 15 所示，2020~2024 年长三角地区知识产权类审判结案数整体呈现出下降趋势。一方面，这反映出该地区在知识产权保护方面的工作取得了一定成效，侵权行为有所减少，需要审判的案件数量下降。另一方面，这也反映出相关法律法规的完善和宣传教育的加强，增强了人们的知识产权意识，减少了侵权纠纷的发生。

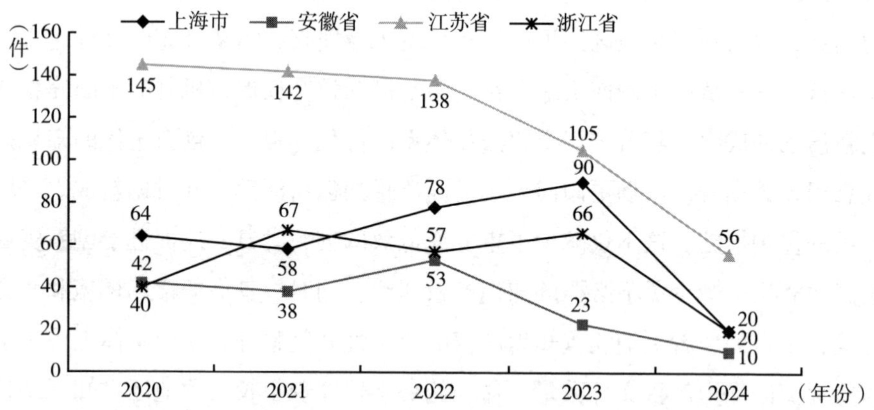

图 15　2020~2024 年长三角地区知识产权类审判结案数

资料来源：国家知识产权局。

以上数据充分体现了长三角地区对营商环境优化的重视程度。长三角地区不仅在法规数量上有所作为，更在法规质量、保护力度和区域协同发展上展现出明显优势。

通过制定有针对性的知识产权法规，长三角地区为各类创新主体提供了坚实的法律保障，有助于激发企业创新活力，提升市场竞争力。长三角地区不断加大知识产权保护力度，通过建设保护示范区、快速维权中心等措施，有效维护了市场秩序，为企业发展创造了良好的外部环境。总的来说，长三角地区的营商环境在知识产权保护方面表现出较强的优势，这为地区经济的高质量发展奠定了坚实基础，也为企业创造了更加公平、透明、便捷的营商环境。

（三）长三角地区与成渝地区双城经济圈营商环境对比分析

长三角地区的新能源汽车产量占全国比重较大。上海市作为龙头，带动了整个区域的产业链发展。成渝地区双城经济圈也致力于构建新能源产业集群，但与长三角地区相比，产业集聚度较低。成渝地区双城经济圈正在加强与东部沿海地区的产业创新协作，提升产业创新能力，东部沿海地区拥有巨大的市场需求和出口便利性，能够促进新能源汽车产业的发展。同时成渝地区双城经济圈正在逐步扩大市场开放大格局，提升公平竞争程度，以增强市场需求动力。长三角地区得到国家战略的支持，例如《长江三角洲区域一体化发展规划纲要》的实施，为长三角提供了强有力的政策支撑。海关和铁路等部门推出多项创新举措，如“一次申报、一次查验、一次放行”，提升了物流效率和通关便利性。成渝地区双城经济圈提出借鉴长三角地区经验，设立功能平台和引领平台，推动科技创新应用与产业转型深度融合，构建现代产业体系，聚集大量高科技人才和科研机构，推动技术创新和产业发展，通过教育合作推动人才培养。成渝地区双城经济圈可以进一步学习长三角地区在新能源产业政策制定和执行方面的经验，提高政策的针对性和实效性，同时优化人才引进机制，促进人才流动，完善产业创新人才引育机制，加快破除人才流动的体制机制障碍，以吸引更多人才支持产业发展。

六　产业市场应用分析

（一）技术创新与产品研发

如图 16 所示，2023 年中国动力电池前十强企业包括了安徽合肥的国轩高科、江苏常州的中创新航以及浙江温州的瑞浦兰钧，足以体现出长三角地区在动力电池领域的领先地位。其中安徽的国轩高科和江苏的中创新航两家企业主营产品中动力电池占比均超 50%，分别达到 72.93%和 82.39%。持续的动力电池技术创新是新能源汽车产业链发展的核心，长三角地区以其强大的产业基础和技术优势，在动力电池领域形成了显著的集群效应，从而提升了产业链整体竞争力。

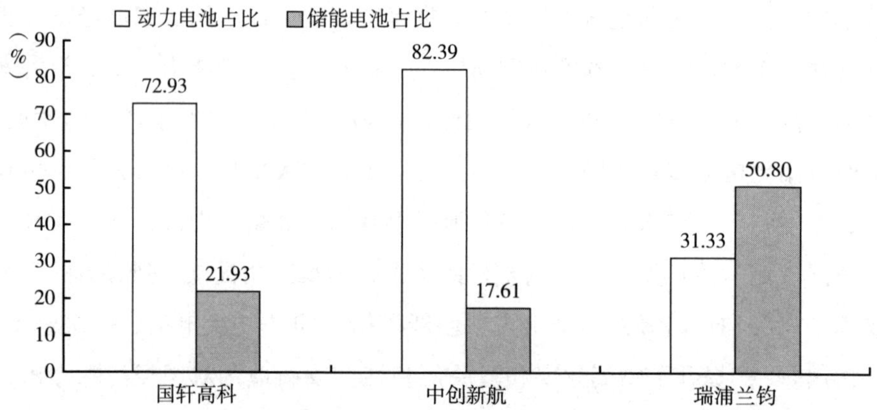

图 16　2023 年中国动力电池前十强长三角地区企业主营产品动力电池占比

资料来源：根据国轩高科、中创新航、瑞浦兰钧披露的 2023 年年报整理。

（二）自动驾驶应用实践

图 17 展示了长三角地区智能网联汽车相关试验区分布情况，据工信部公开数据，截至 2023 年底，全国共建设 17 个国家级测试示范区、7 个车联网先导区、16 个智慧城市与智能网联汽车协同发展试点城市（以下简称“双智试点城市”）。道路测试是智能网联汽车技术研发和应用不可或缺的重要环节，在国家级测试示范区中，长三角地区建设 4 个，分别为江苏无锡建设的国家智能交通综合测试基地（无锡）、上海嘉定建设的国家智能网联汽车（上海）试点示范区、浙江嘉兴建设的浙江 5G 车联网应用示范区、上海临港建设的智能网联汽车自动驾驶封闭场地测试基地（上海）。创建车联网先导区也是推动车联网应用发展的重要措施，目前长三角已分别于 2019 年 5 月和 2023 年 4 月在江苏无锡和浙江德清获批建设了 2 个车联网先导区，为全国范围规模应用奠定了坚实基础。除此之外，长三角地区已拥有上海、无锡、南京、合肥 4 个“双智”试点城市，以加强智慧城市基础设施建设、实现不同等级智能网联汽车在特定场景下的示范应用为目标，坚持需求引领、车路协同、循序建设等原则，不断提升城市基础设施智能化水平，加快长三角地区智能网联汽车产业发展。

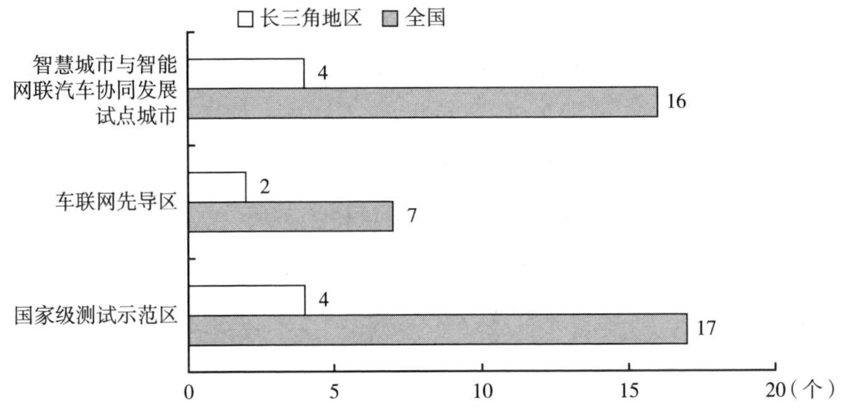

图 17　长三角地区智能网联汽车相关试验区分布情况

资料来源：工信部。

（三）移动通信联网服务

移动通信联网作为基础通信网络连接服务，是支撑智能网联汽车应用的重要组成。5G 是实现更高等级自动驾驶的重要电信基础设施网络，随着 5G 基础设施覆盖不断完善，5G 低时延特性将更好支撑车路协同控制相关应用的实现。在智能网联汽车的应用阶段，5G 基站与路侧基础设施、交通控制系统等共同构成综合协调系统，以实现车辆“安全、高效、舒适、节能”行驶。如图 18 所示，截至 2023 年底，江苏省累计建成 5G 基站达 24.3 万个，浙江省累计建成 5G 基站 22.1 万个，安徽省累计建成 5G 基站 11.4 万个，上海市累计建成 5G 基站 9.2 万个。此外，根据江苏省通信管理局最新数据，2023 年江苏省新增 5G 应用签约项目 3870 个。其中，“5G+工业互联网”“5G+智慧城市”项目数量大幅增长，分别新增 1543 个和 1349 个。浙江省加速建设 5G 网络并率先实现行政村“村村通 5G”，每万人拥有 5G 基站数达 33.6 个，全省 5G 物联网终端用户高达 56.8 万户，年均增长率达 168%。在深入推进 5G 应用“浙里领航”行动中，浙江省深化重点行业应用赋能，打造 5G+车联网、智慧港口、智慧电力等领域标杆示范重点项目 338 个。安徽省深入推进“双千兆”网络协同发展，已实现省辖市城区、县城城区、乡镇镇区5G网络全覆盖，行政村5G通达率达到94.4%。合肥、芜湖、黄山、宿州4市入选千兆城市。上海市5G基站密度达14.5个/公里^2，位居全国第一；每万人5G基站数达36.9个，位居全国第三。长三角地区通过5G基站与智能网联新能源汽车产业的结合，不仅提高了交通效率和安全性，也促进了智慧城市建设和社会可持续发展。

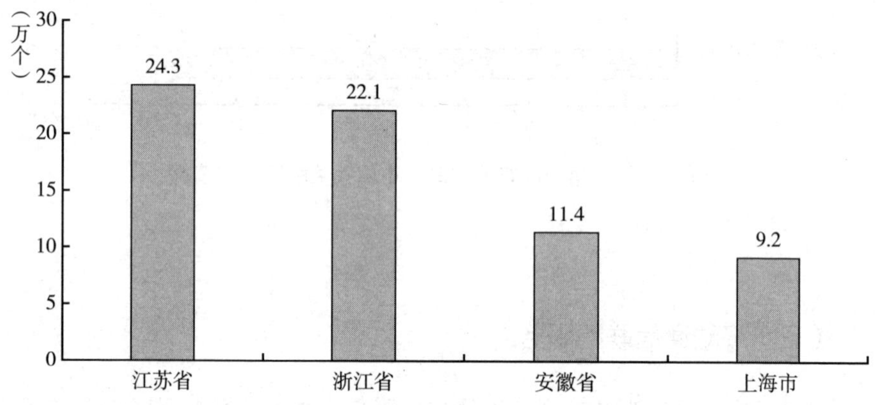

图18　长三角地区5G基站分布情况

资料来源：江苏省通信管理局、浙江省通信管理局、安徽省通信管理局、上海市通信管理局。

（四）长三角地区与成渝地区双城经济圈市场应用对比分析

在市场应用方面，长三角地区在技术创新、产品研发及自动驾驶应用上具有优势，尤其在智能网联汽车与动力电池领域拥有显著优势与产业集群效应。成渝地区双城经济圈虽积极发展新能源汽车产业，但在技术创新、自动驾驶实践及5G应用场景拓展上相对滞后，需加强网络基础设施、跨区域协同及创新应用，以提升整体竞争力。第一，在技术创新与产品研发领域，长三角地区具有显著优势且集群效应明显。特别是安徽省、江苏省、浙江省等地，在动力电池领域展现出强大的技术实力和产业基础。动力电池企业不仅数量多，而且质量高，相互之间的合作与竞争促进了技术的快速迭代和产品的优化升级。成渝地区双城经济圈虽然也在积极发展新能源汽车产业，但在新能源汽车的技术创新和产品研发方面相较于长三角地区仍起步较晚。成都市和重庆市作为成渝地区双城经济圈的核心城市，在新能源汽车产业方面有一定的布局，但整体上尚未形成能与长三角地区相媲美的产业集群。第二，在自动驾驶应用实践方面，长三角地区以领先的实践走在全国前列，智慧城市基础设施建设和车路协同系统相对完善，拥有多个国家级测试示范区、车联网先导区和“双智”试点城市。成渝地区双城经济圈也在逐步推进自动驾驶技术的研发和应用，但相较于长三角地区，其测试环境、基础设施和应用场景等都还有待进一步完善。虽然重庆市和成都市已建成交通运输部自动驾驶封闭场地测试基地等测试项目，但在跨区域协同、基础设施互联互通等方面仍有提升空间。第三，长三角地区依托完善的5G网络基础设施，积极推动5G技术在智能网联汽车、智慧城市、工业互联网等多个领域的应用，应用场景十分丰富。成渝地区双城经济圈也在积极探索5G技术的应用场景，如智能网联新能源汽车产业集群打造、智慧交通建设等。然而，在智慧交通建设方面，与长三角地区相比，成渝地区双城经济圈在5G应用场景的拓展和深化上可能仍需进一步努力和创新，在智慧交通的智能化水平、覆盖范围和服务质量上仍有提升空间。具体而言，成渝地区双城经济圈需要进一步完善5G网络在交通领域的布局，扩大网络覆盖范围。同时，还需加强智能交通系统的集成与协同能力，实现不同系统之间的数据共享和互操作。此外，成渝地区双城经济圈还应积极探索5G技术在智慧交通领域的创新应用，如自动驾驶公交、智慧物流等，以进一步提升交通系统的智能化水平和运行效率。

七　产业组织分析

在当今全球汽车产业的深刻变革进程中，智能网联与新能源技术的融合发展已然成为主导趋势。在此背景下，长三角地区凭借其得天独厚的经济、技术和地理优势，在智能网联新能源汽车领域迅速崛起，形成了独具特色的产业组织格局。

（一）产业规模

长三角地区作为我国经济最活跃和创新能力最强的区域之一，智能网联新能源汽车产业规模庞大且呈现持续快速增长的态势。众多知名汽车品牌纷纷在此布局，整车制造企业数量众多，产量逐年攀升，在全国新能源汽车总产量中占据显著份额。不仅如此，其产业规模的增长速度也高于全国平均水平，展现出强大的发展动力和潜力。

（二）产业链完整性与协同性

长三角地区构建了一条极为完整且协同紧密的产业链。从上游的原材料供应，如锂、钴等矿产资源的开采和加工，到中游的核心零部件生产，包括高性能电池、先进的电机和电控系统、精密的传感器以及智能网联设备等的生产，再到下游的整车制造与集成，以及销售、售后和充电设施等服务环节，各个环节相互配合，无缝衔接，企业之间形成了深度的合作关系，通过供应链的协同优化，实现了生产效率的提升和成本的有效控制。例如，在电池领域，长三角地区有顶尖的电池生产企业不断研发高能量密度、长续航的电池产品，带动了相关材料供应商的发展；在零部件领域，众多企业凭借其精湛的工艺和技术，为整车制造提供了高精度、高质量、高可靠性的关键部件，确保了车辆的性能和品质。

（三）创新能力

长三角地区依托丰富的科研资源和优秀的创新环境，在智能网联新能源汽车领域展现出卓越的创新能力。这里汇聚了众多国内一流的科研机构、高校以及企业研发中心，在电池技术、自动驾驶算法、车联网通信、智能座舱设计等关键技术领域开展深入研究和创新实践。长三角地区不断投入大量资金用于研发，吸引和培养了一批顶尖的科技人才，积极参与国际合作与竞争，推动技术的快速迭代和升级。一系列创新成果如新型电池材料、更先进的自动驾驶、更人性化的智能座舱等不断涌现，使得长三角地区在全球智能网联新能源汽车技术创新的舞台上占据重要地位。

（四）产业集群效应

上海凭借其国际化大都市的金融、科技和人才优势，聚焦于智能网联新能源汽车的前沿技术研发、高端车型制造以及品牌推广；江苏凭借其强大的制造业基础，在新能源汽车零部件的规模化生产、精密制造方面表现出色，形成了多个特色产业园区；浙江以其在电子信息和互联网领域的深厚积淀，为智能网联技术的应用和融合提供了有力支撑，在车联网、智能驾驶辅助系统等方面取得显著成果；安徽则充分发挥其土地和劳动力资源优势，积极承接整车制造项目，打造了大规模的生产基地。这些地区的产业集群相互呼应，形成了优势互补、协同发展的良好格局，共同推动了长三角地区智能网联新能源汽车产业的蓬勃发展。

（五）长三角地区与成渝地区双城经济圈产业组织对比分析

长三角地区在智能网联新能源汽车产业上展现出强大优势，产业规模庞大且增长迅速，产业链完整协同，创新能力卓越，产业集群效应显著，而成渝地区双城经济圈虽在积极发展，但整体仍处于追赶阶段，需加强产业链构建、提升创新力和优化集群布局以缩小差距。具体而言，第一，从产业规模来看，长三角地区凭借其经济活力和创新能力，智能网联新能源汽车产业规模庞大且增长迅速，吸引了众多国内外知名汽车品牌入驻，整车制造企业数量多、产量高，在全国乃至全球新能源汽车市场中占据重要地位。相较而言，虽然成渝地区双城经济圈在智能网联与新能源汽车产业上的起步相对较晚，但近年来在政策支持和投资增加的推动下，产业规模也在逐步扩大，处于快速发展阶段。同时，成渝地区双城经济圈拥有庞大的汽车消费市场和良好的资源禀赋，为智能网联新能源汽车产业的发展提供了广阔的空间。未来随着技术的不断成熟和市场的进一步拓展，成渝地区双城经济圈的增长潜力也是非常大的。第二，从产业链完整性和协同性来看，长三角地区构建了高度完整且协同紧密的产业链，从原材料供应到整车制造，再到销售、售后及充电设施等各个环节紧密相连，形成了高效的供应链体系。企业间深度合作，通过协同优化提升了生产效率和成本控制能力。成渝地区双城经济圈在产业链构建上也取得了一定进展，但相较于长三角地区，其产业链完整性和协同性仍有待提升。部分关键零部件和技术仍依赖外部供应，产业链上下游之间的合作深度和广度有待加强。第三，从创新能力来看，长三角地区依托丰富的科研资源和优秀的创新环境，在智能网联新能源汽车领域展现出强大的创新能力。科研机构、高校和企业研发中心紧密合作，推动关键技术的突破和应用，不断推出创新产品和提出技术解决方案。成渝地区双城经济圈在创新能力方面也在逐步提升，但相较于长三角地区，其科研能力和创新能力相对较弱。不过，随着政府加大对科技创新的支持力度，以及吸引更多高层次人才政策的实施，成渝地区双城经济圈的创新能力有望得到进一步提升。第四，从产业集群效应来看，长三角地区形成了以上海为中心，江苏、浙江、安徽等地协同发展的智能网联新能源汽车产业集群。各地区根据自身优势进行差异化发展，形成了优势互补、协同发展的良好格局。成渝地区双城经济圈虽然也在积极打造智能网联新能源汽车产业集群，但相较于长三角地区，其产业集群效应尚不明显。各地区之间的协同发展机制有待完善，产业集群的规模效应和协同效应有待进一步提升。

八　长三角地区与成渝地区双城经济圈的比较汇总

成渝地区双城经济圈与长三角地区在智能网联新能源汽车产业上呈现出鲜明的发展特色与互补优势。长三角地区作为中国经济的核心引擎之一，凭借其悠久的工业历史、强大的科研创新能力和完善的基础设施，构筑了智能网联新能源汽车的坚实产业基础。这里不仅汇聚了国内外顶尖的汽车制造商，还吸引了众多零部件供应商和研发机构，形成了从原材料供应到整车制造，再到销售与售后服务的完整产业链。长三角地区的智能网联新能源汽车产业以其技术领先、创新活跃、市场广阔而著称，持续引领着行业潮流。相比之下，成渝地区双城经济圈作为西部大开发的重要战略支点，近年来在智能网联新能源汽车领域也展现出强劲的发展势头。依托其丰富的自然资源和优越的地理位置，成渝地区双城经济圈正通过政府政策的大力扶持、产业集群的精心打造以及市场应用的积极推广，逐步构建起具有区域特色的智能网联新能源汽车产业体系。这里不仅培育了长安、赛力斯等本土龙头企业，还吸引了吉利等国内外知名企业入驻，形成了良好的产业生态。成渝地区双城经济圈在智能网联、自动驾驶、电池技术等关键领域也在不断探索与突破，为产业发展注入了新的活力。展望未来，成渝地区双城经济圈与长三角地区在智能网联新能源汽车产业上的合作与交流将更加紧密。两地将共同应对行业挑战，共享发展成果，携手推动中国智能网联新能源汽车产业迈向新的高度，为全球汽车产业的绿色转型和智能化发展贡献中国力量。

参考文献

杜倩倩：《踏踏实实做好实业　带动区域经济发展》，《石家庄日报》2024 年 2 月 24 日。

米彦泽：《河北“领跑”智能网联新能源汽车产业》，《河北日报》2024 年 3 月 22 日。

施国良、张丽丽、张笑笑、吴静：《基于专利数据的产业链视角下企业合作目标预测研究——以新能源汽车产业为例》，《情报理论与实践》2024 年第 8 期。

王景、张雅蕊、程思思：《中国新能源汽车技术创新的现状、问题及对策》，《企业科技与发展》2022 年第 7 期。

袁立朋、弓幸民：《河北新能源汽车产业：以智提质　向新加速》，《河北经济日报》2024 年 5 月 20 日。

张广艳：《为国产新能源车“出海”提供便捷渠道》，《滨城时报》2023 年 12 月 15 日。

B.9
珠三角地区智能网联新能源汽车产业发展报告

任 毅　梁钰笛*

摘　要：　珠三角地区作为中国经济发展的重要引擎之一，凭借其雄厚的制造业基础和良好的创新环境，在智能网联新能源汽车领域取得了显著进展。本报告深入剖析了珠三角地区在该领域的政策、产业规模、产业链、创新能力、营商环境以及产业市场应用等情况，全面展示了其发展现状与独特优势。由于广东省构建了具备国际领先水准的新能源汽车产业集群，本报告以广东省为代表进行分析。同时，通过与成渝地区双城经济圈智能网联新能源汽车产业发展情况的对比，提炼出可借鉴的成功经验，为成渝地区双城经济圈进一步加速智能网联新能源汽车产业的蓬勃发展提供有力支撑与宝贵启示。

关键词：　智能网联新能源汽车产业　高质量发展　珠三角地区

历经四十余载的稳健成长，广东省正走在迈向制造业强省的新征程上。凭借庞大的内需市场、坚实的产业根基以及卓越的营商环境，广东省正迅速构建起具备国际领先水准的新能源汽车产业集群，引领产业向更高层次迈进。在龙头企业的大力带动下，广东省的传统汽车产业基础迅速释放优势，新能源汽车产业链不断完善。当前，广东省挺立在科技浪潮的潮头，紧盯颠覆性、前沿性技术，抓牢战略性、先导性产业，已经成为新能源汽车产业的

* 任毅，博士，重庆工商大学成渝地区双城经济圈建设研究院专职研究员，教授，主要研究方向为区域经济、产业经济；梁钰笛，重庆工商大学金融学院硕士研究生，主要研究方向为绿色金融、数字金融。

发展高地，培育出比亚迪、广汽埃安等掌握行业领先技术的头部企业，诞生了全球年销量最高的新能源汽车企业与累计销量最快破百万的新能源汽车品牌，在新一轮全球竞争中把握到了先机。

在政策方面，广东省委、省政府将新能源汽车与智能网联汽车产业置于战略高度，出台了一系列政策文件及扶持措施，为新能源汽车的推广和智能网联技术的研发提供了明确的指导和支持，通过财政补贴、税收优惠等方式激励企业加大投入，促进产业快速发展。在产业规模方面，广东省的新能源汽车产业规模持续扩大，并在全国范围内保持领先地位。广东省科学技术厅数据显示，2023 年，广东省新能源汽车产业展现出了非凡的活力，新能源汽车产量达到 253.18 万辆，同比增长 83.3%，占据全国产量榜首，对全国新能源汽车产量贡献率达到了 26.8%，彰显了广东省在新能源汽车领域的强劲竞争力，也为其未来的持续发展奠定了坚实基础。在产业链方面，广东省的新能源汽车产业链已较为完备，形成了从上游原材料供应、中游整车制造到下游充换电服务及电池回收等环节的完整产业链条。在珠三角地区，以广州、深圳、佛山为核心的新能源汽车产业集群已初具规模，汇聚了比亚迪、广汽集团、小鹏汽车等众多知名企业。此外，广东省还积极吸引上下游配套企业入驻，形成了良好的产业生态。在创新能力方面，一方面，广东省企业不断加大研发投入，推动关键技术突破和产品创新。例如，比亚迪的刀片电池、广汽埃安的弹匣电池等创新技术均获得了市场的广泛认可。另一方面，广东省还积极推动产学研合作，促进科技成果的转化和应用。与此同时，广东省还汇聚了一批高水平的研发机构和创新平台，为产业创新提供了有力支撑。在营商环境方面，广东省政府致力于营造良好的营商环境，为企业发展提供全方位的服务和支持。在新能源汽车领域，政府通过简化审批流程、降低企业成本、加强知识产权保护等措施，为企业发展提供了良好的政策环境。此外，广东省还积极推动金融服务创新，支持企业通过多种渠道融资，缓解资金压力。这些措施为新能源汽车及智能网联汽车产业的快速发展提供了有力保障。在市场应用方面，广东省积极推广新能源汽车在公共服务领域的应用，如公务车、出租车、物流配送车、环卫车等的电动化替代。同时，随着消费者对新能源汽车接受度的提高，私人购买新能源汽车的数量也在不断增加。此外，广东省还积极推动智能网联汽车技术的市场应用，通过建设智能网联汽车示范区、开放测试路段等方式，为智能网联汽车的发展提供良好的试验场和展示平台。

一　政策分析

（一）新能源汽车高质量发展政策

近年来，广东省新能源汽车产业致力于追求高端自主自强的发展路径，不断巩固并提升智能网联新能源汽车企业的创新引领地位。通过加速核心技术的研发突破，显著增强了自主创新能力与核心竞争力。广东省在电池、电机、电控等关键技术领域已建立起较强的竞争优势，同时在芯片研发、操作系统创新、智能座舱设计、自动驾驶解决方案及激光雷达技术等方面也持续保持行业领先地位，展现了强大的技术实力与全面的前瞻布局。广东省作为全国汽车生产及消费的重要省份，特别是在智能网联新能源汽车领域，展现出了强劲的发展势头。为了进一步推动这一战略性新兴产业的高质量发展，广东省各地级市纷纷颁布了一系列创新且务实的政策措施，形成了全方位、多层次的政策支持体系（见表1）。这些政策不仅明确了新能源汽车和智能网联汽车的发展目标，还从能源绿色低碳转型、产业集群建设、技术创新、基础设施建设等多个维度进行了详细规划。接下来，广东省将聚焦自身的短板领域，加速实现突破性进展，致力于将产业与技术深度融合，力求在新能源汽车领域实现从单一制造中心向创新创造中心的根本性转变，推动产业升级与跨越式发展。

表1　广东省新能源汽车高质量发展政策

时间	地区	政策名称
2024年1月	广东	《广东省发展汽车战略性支柱产业集群行动计划（2023—2025年）》
2023年5月	广东	《广东省推进能源高质量发展实施方案（2023—2025年）》
2022年9月	广东	《广东省汽车零部件产业“强链工程”实施方案》

续表

时间	地区	政策名称
2022年8月	广东	《广东省加快建设燃料电池汽车示范城市群行动计划(2022—2025年)》
2023年9月	广州	《推进新能源产业高质量发展行动方案(2023—2030年)》
2023年3月	广州	《广州市鼓励支持个人领域新能源汽车推广应用工作指引》
2023年1月	深圳	《深圳市促进新能源汽车和智能网联汽车产业高质量发展的若干措施》
2023年8月	深圳	《加快打造"新一代世界一流汽车城"三年行动计划(2023—2025年)》
2021年3月	深圳	《深圳市新能源汽车推广应用工作方案(2021—2025年)》
2023年11月	佛山	《促进佛山新能源汽车产业园发展扶持办法》
2020年10月	肇庆	《肇庆市关于促进新能源汽车产业发展的若干措施》
2021年2月	珠海	《珠海市国民经济和社会发展第十四个五年规划和二〇三五年远景目标纲要》
2024年5月	汕尾	《汕尾市支持新能源汽车产业高质量发展的若干政策措施》

资料来源：广东省人民政府网。

（二）财政补贴与税收优惠政策

为了减轻消费者购买新能源汽车的经济负担，推动新能源汽车市场的扩大与普及，广东省实施了一系列财政补贴与税收优惠政策（见表2）。例如，对于符合新能源汽车产品技术要求标准的纯电动汽车、插电式混合动力（含增程式）汽车、燃料电池汽车等，购置日期在规定时间段内的可免征车辆购置税。符合条件的从事污染防治的第三方企业将享受15%的企业所得税优惠税率。同时，广东省积极调配财政资源，推动新能源汽车下乡活动，鼓励地方政府因地制宜地出台新能源汽车消费激励政策，进一步激发市场需求。在换电模式推广方面，广东省不仅在公共领域开展换电模式试点，还鼓励具备条件的城市和交通干线，如高速公路，加速换电站的建设与布局，以提升新能源汽车使用的便捷性和效率。广东省支持企业加快海外营销和售后服务网络建设，加大品牌宣传推广力度，畅通中老铁路和中欧班列新能源汽车运输渠道。这些政策涵盖了购置税优惠、个人所得税退税、企业所得税优惠、增值税优惠等多个方面，同时还通过推广换电模式、支持新能源汽车出口等措施，进一步推动智能网联新能源汽车产业的发展。

表 2 广东省新能源汽车财政补贴与税收优惠政策

时间	地区	政策名称
2023 年 11 月	广东	《广东省进一步提振和扩大消费的若干措施》
2023 年 3 月	广东	《广东省激发企业活力推动高质量发展的若干政策措施》
2024 年 4 月	广州	《广州市推动大规模设备更新和消费品以旧换新实施方案》
2023 年 8 月	广州	《广州市新能源公交车推广应用财政补贴奖励办法》
2023 年 5 月	广州	《广州市交通运输局关于调整可直接申领新能源中小客车指标车型范围的通告》
2020 年 2 月	深圳	《深圳市 2019—2020 年新能源汽车推广应用财政补贴实施细则》
2021 年 11 月	佛山	《佛山市新能源公交车推广应用和配套基础设施建设财政补贴资金管理办法》
2019 年 11 月	东莞	《东莞市发展和改革局新能源汽车推广应用资金管理办法（2019 年修订）》

资料来源：广东省人民政府网。

（三）基础设施建设政策

广东省及各地级市通过制定发展战略、行动计划、管理办法以及加快信息网络和基础设施建设等一系列政策措施，积极推动智能网联新能源汽车基础设施建设的发展（见表 3）。这些政策的实施不仅有助于提升智能网联新能源汽车的技术水平、拓展其应用场景，还将为广东省乃至全国的汽车产业转型升级和高质量发展提供有力支撑。广东省积极响应国家号召，明确了新能源汽车基础设施建设的发展目标。根据最新政策，2024 年广东省计划新建大量公共充电站和充电桩，其中包括超级充电站和超级充电终端，以满足新能源汽车日益增长的充电需求。同时，政策还强调对高速公路服务区充电基础设施进行规划布局，确保充电设施在交通要道上的广泛覆盖。政府鼓励各类主体积极投资建设充电基础设施，并加强部门间协同，解决建设过程中遇到的问题。广东省政府通过财政资金补贴、税收优惠等手段，降低企业投资成本，提高了企业建设积极性。此外，政府还鼓励充电运营主体采用多种商业模式，对老旧充电设施进行更新改造，提升充电效率和用户体验。

表 3 广东省新能源汽车基础设施建设政策

时间	地区	政策名称
2022 年 9 月	广州	《广州市加快推进电动汽车充电基础设施建设三年行动方案（2022—2024 年）》
2023 年 10 月	深圳	《深圳市新能源汽车充换电设施管理办法》
2019 年 7 月	肇庆	《肇庆市电动汽车充电基础设施补贴（奖励）资金管理办法》
2023 年 1 月	东莞	《东莞市加快电动汽车充（换）电基础设施建设三年行动方案》
2022 年 12 月	珠海	《珠海市电动汽车充电基础设施“十四五”规划》
2023 年 12 月	珠海	《珠海市电动汽车充电基础设施安全管理办法的通知》
2022 年 7 月	中山	《中山市电动汽车充电基础设施补贴资金管理实施细则》
2022 年 12 月	江门	《江门市电动汽车充电基础设施建设补贴专项资金实施细则》

资料来源：广东省人民政府网。

（四）技术创新政策

在技术创新方面，广东省颁布了《广东省发展汽车战略性支柱产业集群行动计划（2023—2025 年）》，提出坚持创新引领的重点任务，实施创新能力提升重点工程，继而推出了一系列积极而全面的政策举措，旨在推动产业向高端化、智能化方向转型升级（见表 4）。政策聚焦于核心技术研发、创新平台建设、产业生态构建及市场推广等多个维度。首先，广东省大力支持智能网联新能源汽车的核心技术研发，明确技术路线图和中长期发展目标，推动在车载传感器、控制器、自动驾驶算法等领域取得重大突破。通过设立专项基金、税收优惠等方式，广东省激励企业、高校及科研机构加大研发投入，加速技术成果转化。其次，广东省重点强化创新平台建设，鼓励新建和升级新能源汽车整车及关键零部件的创新研发中心，形成产学研用深度融合的创新体系，支持建立智能网联汽车重点实验室、创新联合体等，为技术创新提供坚实支撑。再次，广东省促进构建完善的智能网联新能源汽车产业生态，推动整车制造企业、自动驾驶研发企业与人工智能、大数据、云计算等产业的深度融合，通过引进和培育产业链上下游企业，形成产业集群效应，提升整体竞争力。最后，广东省着力智能网联新能源汽车的市场推广，支持龙头企业加大国际市场开拓力度。

表 4　广东省新能源汽车技术创新政策

时间	地区	政策名称
2023 年 12 月	广东	《广东省发展汽车战略性支柱产业集群行动计划(2023—2025 年)》
2023 年 12 月	广州	《广州市汽车产业中长期发展规划(2023—2035 年)》
2022 年 3 月	广州	《广州市智能与新能源汽车创新发展“十四五”规划》
2023 年 11 月	深圳	《深圳市促进新能源汽车和智能网联汽车产业高质量发展的若干措施》
2019 年 5 月	肇庆	《肇庆市加快新能源汽车产业创新发展的实施方案》
2020 年 1 月	珠海	《珠海市人民政府关于进一步促进科技创新的意见》
2019 年 9 月	中山	《中山市关于广东省新能源汽车产业创新发展贴息专项资金管理实施细则》
2019 年 4 月	江门	《江门市推动新能源汽车产业创新发展实施方案》

资料来源：广东省人民政府网。

（五）广东省智能网联新能源汽车产业政策与成渝地区双城经济圈的比较分析

与成渝地区双城经济圈智能网联新能源汽车颁布的相关政策相比，广东省智能网联新能源汽车产业政策的侧重点在于龙头企业扶持与国际化布局方面，这为广东省智能网联新能源汽车产业的持续快速发展提供了有力的保障，也为成渝地区双城经济圈产业发展提供了有益的借鉴和参考。

广东省工业和信息化厅明确表示，将支持比亚迪、广汽埃安、小鹏汽车等自主品牌汽车做大做强。这些企业在新能源汽车领域具有强大的市场影响力和技术实力，是广东省新能源汽车产业的领军企业。政策鼓励和支持龙头企业加大在新能源汽车关键技术领域的研发投入，如电池技术、驱动技术、智能驾驶等，通过技术创新，提升企业的核心竞争力，推动产业整体技术水平的提升。广东省还通过实施《广东省汽车零部件产业“强链工程”实施方案》，发挥整车企业引领带动作用，加强重点汽车零部件项目建设，打造安全可控的产业链配套体系。这有助于龙头企业构建更加完善的供应链体系，提升产业的整体竞争力。政策还鼓励龙头企业积极拓展国内外市场，通过品牌建设、渠道拓展等方式，提升产品的市场占有率和品牌影响力。例如，比亚迪等企业在国内外市场的表现都相当出色，为广东省新能源汽车产业的国际化发展树立了标杆。

广东省基于沿海区位优势，明确提出支持整车企业加快国际化布局，拓展海外市场，扩大整车出口规模。这一政策为企业的国际化发展提供了有力的支持。政策鼓励企业在海外建立生产基地和销售网络，通过本地化生产和服务，提升产品的国际竞争力。例如，广汽本田等企业在海外市场的表现日益突出，为广东省新能源汽车产业的国际化发展贡献了重要力量。广东省还积极推动与国际汽车企业和机构的合作与交流，通过引进先进技术和管理经验，提升本土企业的国际化水平。这种国际合作有助于企业更好地融入全球汽车产业链，提升在全球市场的竞争力。在出口贸易支持方面，广东省政府还通过一系列政策措施，如出口退税、贸易融资等，支持新能源汽车企业的出口贸易。这些措施有助于降低企业的出口成本，提升出口产品的竞争力。

二　产业规模分析

（一）广东省新能源汽车重点企业数量

截至 2024 年 2 月，广东省在新能源汽车领域展现出非凡的引领力，以高达 19845 家的企业总数傲居全国榜首，彰显了其在新兴产业中的强劲实力和深厚底蕴。其中链主企业 1272 家、上市企业 246 家、国家级专精特新企业 352 家、高新技术企业 3589 家（见图 1）。广东省新能源汽车产业已形成

了优质企业云集、产业结构持续优化、创新能力显著增强的良好发展格局，展现出领跑全国新能源汽车产业发展的重要潜力。

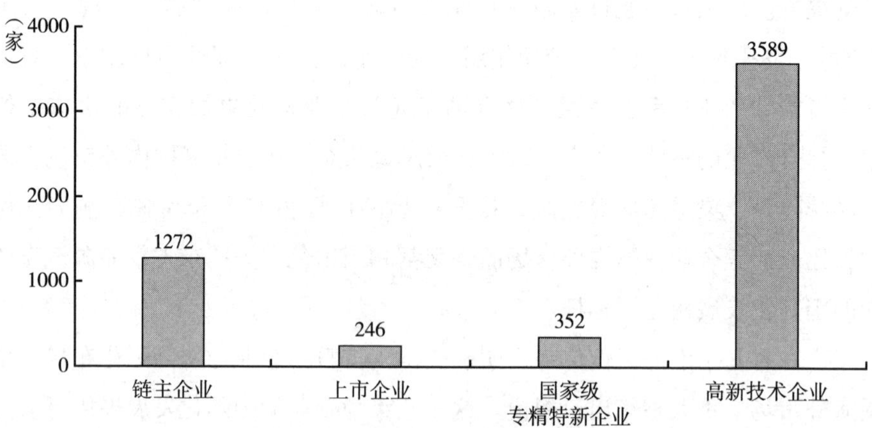

图 1　广东省新能源汽车重点企业数量

资料来源：上奇产业通。

从重点企业的空间布局来看，广东省各地级市聚集了较多的新能源汽车领先企业，体现了广东省在新能源汽车产业方面的聚集效应和领先地位，其中尤为突出的是广州和深圳两市（见表 5）。广州市作为广东省的省会，是新能源汽车产业的重要集聚地之一，主要车企包括恒大恒驰、广汽埃安、小鹏汽车、广汽本田、广汽比亚迪等；深圳市作为中国的创新之城，在新能源汽车产业方面同样表现出色，主要车企包括比亚迪、星美新能源、法诺新能源、星马汽车等。

表 5　广东省新能源汽车产业部分代表企业

区域	代表性企业
广州	恒大恒驰、广汽埃安、小鹏汽车、广汽本田、广汽比亚迪、天奇欧瑞德、竞标新能源、奥动新能源
深圳	比亚迪、星美新能源、法诺新能源、星马汽车、海梁科技
惠州	中京电子、华阳集团、亿纬锂能、科力尔
东莞	金霸智能、天丰电源、迪度新能源、中汽宏远

续表

区域	代表性企业
中山	万城万充、东汇创新
珠海	中兴智能、赛微电子、英博尔电气
江门	圣宝汽车、朗达锂电池
肇庆	巨石新能源、宁德时代、小鹏汽车
佛山	兆能科技、北汽福田、五龙汽车、长江汽车

资料来源：广东省人民政府网。

（二）广东省新能源汽车产量

广东省是我国重要的新能源汽车生产基地，近年来产量规模高速增长（见图 2）。2023 年广东省新能源汽车产量为 253.18 万辆，位居全国第一，占全国总产量的 26.8%，新能源汽车产量同比增长 83.3%（见图 3）。2021 年、2022 年和 2023 年，广东省新能源汽车渗透率分别为 16.8%、24.9%和 31.4%，在深圳、广州，新能源汽车渗透率已经超过 50%，深圳全年新能源汽车渗透率达 67.9%。广东省新能源汽车产业展现出强大的发展实力，未来将依托自身优势，加速转型升级进程，为产业的可持续发展注入强劲新动能。

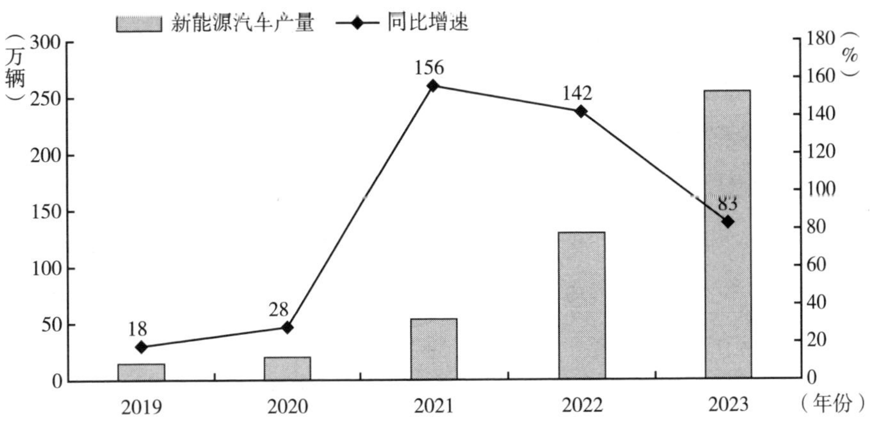

图 2　2019~2023 年广东省新能源汽车产量及增速

资料来源：广东省科学技术厅。

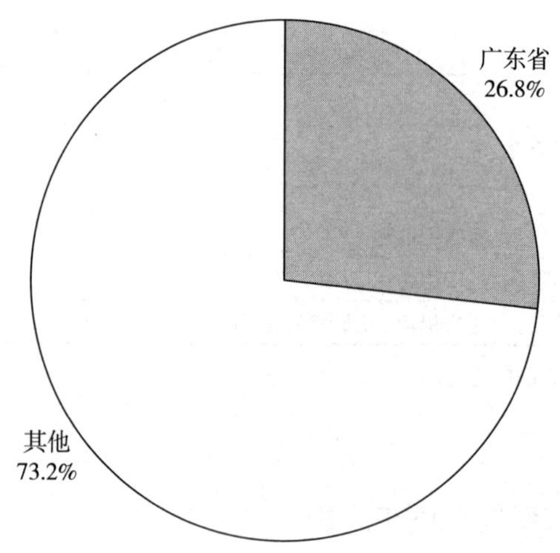

图 3　2023 年广东省新能源汽车产量占全国比重

资料来源：广东省人民政府。

（三）技术研发与创新

在龙头企业的大力带动下，广东省的传统汽车产业基础迅速释放优势，新能源汽车产业链不断完善。当前，广东省挺立在科技浪潮的潮头，紧盯颠覆性、前沿性技术，抓牢战略性、先导性产业，已经成为新能源汽车产业的发展高地，培育出比亚迪、广汽埃安等掌握行业领先技术的头部企业，诞生了全球年销量最高的新能源汽车企业与累计销量最快破百万的新能源汽车品牌，在新一轮全球竞争中把握了先机。

广东省致力于深化智能网联新能源汽车产业集群的协同发展战略，强化整车企业的领航角色，并聚焦于核心汽车零部件项目的强化建设，以构建稳固且自主可控的产业链供应链体系。在此过程中，科技创新被视为驱动汽车产业转型升级的关键引擎，广东省正通过紧抓这一核心要素，不断激发新的增长动能与竞争优势，推动汽车产业向高质量发展阶段迈进。以巨湾技研等科技前沿企业为代表，广东省正加速布局超级充电技术的研发与商业化应用，旨在打造全新的充电生态体系。广州与深圳两大城市更是率先提出了建设"超充之都"的发展蓝图，预示着未来充电设施的便捷性与高效性将达到前所未有的水平。广州正加速向万亿级"智能汽车之城"的目标迈进，广汽埃安、广汽本田、小鹏汽车等诸多领军车企合力竞逐智能驾驶。深圳重点打造高质量智能网联新能源汽车企业梯队，推动具备核心竞争力的新能源乘用车及商用车企业、系统解决方案企业及零部件企业的发展，对符合条件的企业予以资金补贴、用地用房保障、人才奖励等多维度政策支持。

（四）基础设施建设

截至 2024 年 6 月，广东省新能源汽车公共充电基础设施保有量、充电电量等多项数据均居全国第一，是当之无愧的新能源汽车大省。根据广东省能源局数据报告，截至 2024 年 6 月，广东省新能源汽车国内公共充电基础设施和私人充电基础设施保有量分别达 42 万个和 60 万个，居全国第一；截至 2024 年 5 月，广东省电动汽车公共充电桩充电电量 90053 万千瓦时，居全国第一；截至 2024 年 5 月，广东省公共充电站保有量 3. 13 万座，居全国第一。

接下来，广东省将积极推广应用超级充电桩、智能有序充电桩等设备，按需推动 60 千瓦及以下既有充电桩改造升级；高质量推进农村充（换）电基础设施布局建设，到 2025 年实现 1062 个"百千万工程"第一批典型村（社区）公共充电基础设施全覆盖，更好地支持新能源汽车下乡，助力乡村振兴。据悉，充电桩技术更新迭代速度较快，广东省充电基础设施建设起步早，目前存在一批老旧低效的充电基础设施需要更新换代。预计到 2025 年全省公共充电基础设施数量超 50 万个、改造升级累计投资约 10 亿元，到 2027 年全省公共充电基础设施数量超 60 万个、改造升级累计投资约 20 亿元。

（五）广东省智能网联新能源汽车产业规模与成渝地区双城经济圈的比较分析

在新能源汽车企业数量方面，广东省展现出强劲优势，广东省新能源汽车企业总数为 19845 家，居于全国第一。新能源汽车企业数量 TOP5 城市是深圳、上海、北京、广州、成都，分别拥有7618家、7140家、6697家、4650家、3384家，重庆居于第7位，拥有2744家。广东省在企业数量上略胜于成渝地区双城经济圈，其中拥有比亚迪、欣旺达、德方纳米、贝特瑞等龙头企业的深圳尤为突出，从原材料（正负极材料、电解液、电池隔膜）精加工到核心部件（动力电池、电机、电控及驱动系统）精密制造，再到充电基础设施广泛布局，直至最终的新能源汽车整车下线，整体形成了一个高度集成、相互依存的产业链闭环。

2023年，广东省新能源汽车产量达到253.18万辆，占全国的26.8%，这一数字显示出广东省在新能源汽车生产方面的强大实力。具体来说，广东省新能源汽车产量同比增速为83.3%，高于全国53个百分点。同时，广东省汽车总产量达到519.19万辆，位居全国第一，新能源汽车产量占比近半，进一步凸显了其在新能源汽车领域的领先地位。成渝地区双城经济圈中，四川省并未发布2023年新能源汽车产量官方数据，而重庆则实现了跨越式发展，汽车总产量高达232万辆，新能源汽车产量突破50万辆大关，同比增长率高达30%，这一里程碑式的成绩巩固了重庆作为全国汽车产量第二大城市的地位，也体现了新能源汽车产量的提升对整体产量的显著贡献。虽然与广东省相比，成渝地区双城经济圈还存在一定的差距，但成渝地区双城经济圈展现出了强劲竞争力和巨大发展潜力，成都重庆两地未来将以智能网联和新能源为主攻方向，深化成渝地区双城经济圈汽车产业的合作，携手打造汽车产业发展高地。

三　产业链分析

（一）广东省新能源汽车产业链完备

广东省新能源汽车产业发展势头迅猛，已经初步形成了涵盖电池、电机、整车生产等核心技术的完整产业体系，相关企业在全国具有一定的竞争力。广东省新能源产业链相关企业布局见表6。

表 6　广东省新能源汽车产业相关企业布局情况

	驱动电机	电池管理系统	动力电池
上游	泰德胜电机	亿能电子	银通新能源
	日立安斯泰莫	瑞立科密	比亚迪
	湘龙高科	蓝微电子	丰江电池
	三晶电气	钜威新能源	猛狮新能源
	合普动力	德隆科技	五洲龙电源
	大洋电机	信华精机	亿纬锂能
中游	整车制造		
	广汽埃安	京兰新能源	
	飞驰汽车	三新电动汽车	
	广汽丰田	绿通新能源	
	广汽本田	比亚迪	
	广通客车	小鹏汽车	
	中汽宏远汽车		
下游	充电设备	汽车保险	汽车租赁
	南洋电缆	人保车险	恒大凯隆
	易事特集团	众诚车险	天汇融资租赁
	众业达电气		
	泰坦科技		
	南方电网		

资料来源：前瞻网。

（二）产业链上游：核心零部件

广东省是中国新能源汽车产业的重要支撑地区，在上游核心零部件制造领域已经形成了较为完整的产业体系。新能源整车的生产离不开上游核心零部件制造的支撑，后者主要包括动力电池系统、电机驱动系统、电力电子系统和整车控制系统等关键技术领域。

在动力电池系统方面，广东省动力电池产业链较为完整，2022 年动力电池装机量达到 41.8GWh，占全国总装机量的 26.5%，居全国第二。其中，比亚迪、孚能科技、容百科技等企业动力电池装机量位居全国前列。这些企业不断优化电池化学体系，比亚迪的磷酸铁锂电池 2022 年能量密度达到 210Wh/kg，已接近国际领先水平。

在电机驱动系统方面，广东省 2022 年新能源汽车电机产量超过 200 万台，占全国总产量的 30%以上，位居全国前列。代表企业包括广汽集团、珠海银宝、深圳科陆电子等，它们不断优化电机的功率密度、效率和可靠性，如广汽集团的永磁同步电机最高功率密度达到 4. 5kW/kg。

在电力电子系统方面，广东省 2022 年新能源汽车电力电子产品产值超过 300 亿元，占全国总产值的 35%左右，处于领先地位。代表企业有深圳比克电子、顺络电子等，通过持续创新，不断提升电力电子系统的效率和可靠性。

在整车控制系统方面，广东省 2022 年新能源汽车整车控制系统产品产值超过 100 亿元，占全国总产值的 30%左右。代表企业包括广汽集团、蜂巢能源等，在车载操作系统、功能安全、智能网联等方面持续创新，提升整车控制系统的性能和可靠性。

总的来说，广东省新能源汽车产业链上游的核心零部件制造企业在动力电池、电机驱动、电力电子和整车控制等关键领域已经形成了较为完善的产业体系，在国内处于领先地位。这些企业通过持续技术创新，不断优化核心零部件的性能指标，为广东省及全国新能源汽车产业的发展注入强劲动力。未来，广东省将进一步完善新能源汽车上游产业链，推动更多核心零部件实现本地化生产，为国内新能源汽车产业的崛起做出更大贡献。

（三）产业链中游：整车制造

2023 年，广东省新能源汽车产业链中游的整车制造环节继续保持强劲增长势头。2023 年广东省新能源汽车产量达 253. 18 万辆，占全国总产量的 26. 8%，稳居全国首位。主要整车制造企业包括广汽集团、比亚迪、吉利汽车等国内知名车企，以及特斯拉等领先的国际品牌。

广汽集团作为广东省新能源汽车整车制造业的龙头企业，2023 年新能源车型全年累计销量为 55 万辆。广汽集团新能源旗下 AION 系列车型，如 AION Y、AION S 等，在中高端新能源乘用车市场保持了强劲的竞争力。其中，AION S 2023 款续航里程达到 750 公里，在同级别车型中处于领先水平。广汽集团还加快了商用车型如 AION LX 等的推出，在新能源物流车、城市客车等细分市场表现良好。

比亚迪作为国内新能源整车制造的 No. 1，在广东省新能源车市占据重要地位。2023 年，比亚迪共销售新能源汽车 302.4 万辆，成为全球新能源汽车销量冠军。虽然没有直接统计比亚迪在广东省具体销量的数据，但是可以推断出，比亚迪对整个广东省的新能源汽车市场做出了显著贡献。其汉、唐、元等主力车型凭借卓越的性价比和良好的用户体验，持续受到广东省消费者的青睐。比亚迪还加快了在新能源物流车、纯电动公交车等商用车领域的布局，进一步巩固了在细分市场的领先地位。

吉利汽车作为国内传统车企转型新能源的代表，2023 年在广东省新能源车市也取得了不错的成绩。吉利 2023 年新能源车型全年累计销量为 48.47 万辆，虽然吉利汽车在广东省的具体销量并未公开，但是作为中国汽车产业的重要基地之一，广东省在吉利汽车新能源车型的生产和销售中占有重要地位。吉利汽车的几何 C、几何 A 等主力车型以优异的产品力和品牌形象，在中高端新能源乘用车市场保持了良好的竞争力。

此外，特斯拉作为国际新能源汽车巨头，2023 年其 MODEL Y 系列的总销量达到了 45.64 万辆，虽然没有数据直接统计其在广东省的产销量，但是考虑到特斯拉在中国市场的整体表现，以及广东省在中国汽车市场的地位，可以推断特斯拉在广东省的新能源汽车产销量同样达到了相当高的水平。特斯拉 MODEL Y、MODEL 3 等车型以优异的性能和较高的科技含量，深受广东省消费者青睐，在高端新能源车市场保持了强劲的竞争力。

总的来看，2023 年广东省新能源汽车产业链中游的整车制造环节呈现出良好的发展态势。主要整车企业通过不断优化产品，在中高端乘用车、商用车等细分市场保持了较强的竞争优势，为广东省新能源汽车产业的蓬勃发展贡献了重要力量。未来，广东省将进一步推动新能源汽车产业链的上下游协同发展，提升整车制造业的技术创新和市场竞争力，为国内新能源车市持续注入动力。

（四）产业链下游：汽车后市场及电池回收

作为汽车大省，广东省新能源汽车保有量约为 128 万辆，位居全国第三。在发展汽车制造业的同时，相关配套市场规模也在不断扩大，新能源汽车的相关配套设施主要是指充电设施，根据广东省交通运输厅数据，截至 2023 年 3 月底，广东省高速公路服务区已建充电设施（快充站）共 477 个，建设充电桩约 1370 座，充电停车位约 2300 个，基本实现高速公路服务区快充站全覆盖。广东省在传统汽车制造业方面有一定的先发优势，这也为新能源汽车产业的发展奠定了一定基础。伴随新能源汽车产业的不断发展，新能源汽车产业的区域布局对整个行业的影响力不断扩大。

广东省能源局于 2023 年 5 月 24 日公布《关于印发广东省推进能源高质量发展实施方案（2023—2025 年）的通知》。其中提到，加快终端用能电气化。在交通、建筑、工商业和民生等领域因地制宜、稳步有序推进经济性好、节能减排效益佳的电能替代，逐步扩大电能替代范围。广东省加快新能源汽车推广应用，大力推进电动汽车充电基础设施建设，加快建设适度超前、科学布局、安全高效的充电网络体系。到 2025 年，全省规划累计建成集中式充电站 4500 座以上、公共充电桩 25 万个以上。广东省积极开展车网互动示范，在广州、深圳、佛山、东莞、珠海建设车网互动充电站 V2G 示范工程。广东省全面推广建设港口岸电设施，推动电动船舶试点应用。到 2025 年，电力占终端能源消费比重达到 40%以上。

在电池回收方面，由于新能源汽车保有量的快速增长，2022 年广东省的新能源汽车报废量预计达到 22 万辆，产生的废旧电池总量超过 13GWh。电池回收企业正积极布局，以满足这一日益增长的回收需求。其中，宁德时代在广东省建立了完善的电池回收网络，2023 年预计回收 5. 5GWh 的废旧电池，占广东省总回收量的 42%。这些电池经过严格的检测和分级后，可用于生产新一代的动力电池产品，实现资源的循环利用。此外，宁德时代还将回收的电池用于储能、电动工具等领域，拓展了电池二次利用的应用场景。

（五）广东省新能源汽车产业不足之处

1. 配套充电设施不完善

由于技术相对落后、政策发布不及时，以及目前消费者对新能源汽车始终持观望态度等各方面原因，资本不敢贸然进入新能源汽车相关的配套设施建设产业，配套设施不足进一步导致消费者选购新能源汽车时瞻前顾后，设施建设者与潜在消费者之间存在博弈焦灼的情况，稍有不慎，就会陷入恶性循环。新能源电动汽车的发展需要足够体量和数量的充电设施，同时，社会也对充电设施的位置和类型等提出了要求，消费者需要在居住地、工作场所、休闲场所等地进行充电，因而需要充电设施项目建设布局更加合理化、全面化。此外，消费者对新能源汽车的充电模式也有多样化需求，在日常行驶中需要进行常规充电，在外出旅游时需要进行快速充电，市场需求呼吁充电设施建设多样化。

2. 电池回收体系不完善

（1）废旧电池流入非正规渠道

近年来，随着国家对环境保护日益重视，新能源汽车产业高速发展，不仅销量与日俱增，投资市场也十分火热。小米宣布汽车制造计划，华为攻克了关键的智能汽车解决方案，恒大表示已经在汽车制造上投资了 100 多亿元，“新能源汽车战争”非常激烈。一边是各大企业在争夺入场券，另一边是新能源汽车生命周期末期的处理和再利用经常陷入混乱。新能源汽车产业的重要组成部分即动力电池，在回收利用方面存在隐患，广东省大量退役的动力电池流入了小作坊等非正式渠道。

（2）需要回收的电池数量巨大

退役后的新能源汽车电池数量巨大，正确处置尤为重要。近年来，新能源汽车更新迭代速度较快，尤其是消费市场不断对新能源汽车提出新的需求，厂商为促进销售，不断迎合消费者，新的产品不断推出，这也就意味着旧的汽车不断退出。退出流通市场的汽车，其车身搭载的动力电池也就不再被使用，因此对这些电池的处理尤为重要。2020 年，我国退出使用市场的电池数量高达 20 万吨。随着新能源汽车产业的不断发展，可以合理认为，这一数量还会不断攀升，面对如此情况，建设电池的回收体系尤为重要。

（六）广东省智能网联新能源汽车产业链与成渝地区双城经济圈的比较分析

从产业链整体结构来看，广东省和成渝地区双城经济圈新能源汽车产业链都涵盖了上游核心零部件、中游整车制造以及下游汽车市场及电池回收等环节，但在各环节的发展水平和特点上，两地还是存在一些差异。

首先，广东省在智能网联新能源汽车产业链的构建上具有明显的完整性。作为中国制造业的重要基地，广东省的产业链条涵盖了从上游原材料到中游整车制造，再到下游市场服务的各个环节。广东省的电池制造、电子元器件等上游资源非常丰富，拥有比亚迪、国轩高科等领先企业，电池生产技术逐渐成熟，能够满足大规模新能源汽车生产的需求。在整车生产方面，广东省有广汽集团和东风日产等大型车企，这些企业不仅在传统汽车制造上具备实力，而且在新能源汽车领域也逐渐转型升级，智能驾驶系统和车联网服务的集成较为成熟，形成了一定的市场竞争力。广东省的新能源汽车市场成熟，销售网络和售后服务体系相对完善，用户体验良好。政府积极推动充电基础设施的完善，形成了较为健全的市场环境。相对于广东省，成渝地区双城经济圈的智能网联新能源汽车产业链发展较为滞后，尚未整体构建完整的生态系统。成渝地区双城经济圈在电池制造和原材料供应环节相对薄弱，电池产业链尚未成熟，导致整体生产成本较高，制约了整车制造的竞争力。长安汽车虽然是成渝地区双城经济圈的代表性企业，但整体产量和技术创新能力与广东省相比仍有差距。企业在智能驾驶和车联网技术的应用上也相对滞后。成渝地区双城经济圈的新能源汽车市场尚处于起步阶段，消费者的接受度和认知度较低，销售网络和充电设施建设相对滞后，影响了产业发展。

其次，广东省在充电设施建设上迅速发展，特别是在一线城市如深圳和广州，充电桩的数量和布局均较为合理，形成了密集的充电网络。随着特斯拉及国内新能源汽车厂商的进入，标志性快充站点不断增多，满足了高速公路和城市间的充电需求。与此同时，公共充电桩与居民小区报装电桩之间的协调机制也逐渐成熟，令居民充电变得更加方便。相比之下，成渝地区双城经济圈的充电设施建设仍处于起步阶段。虽然成都在市区内设立了部分充电桩，但覆盖面相对有限，尤其在农村和偏远地区，充电设施的数量明显不足。此外，成渝地区双城经济圈的充电桩多为企业自建，缺乏统一的管理平台，这使得用户在使用时常面临诸多不便。

最后，广东省在电池回收体系方面已经建立了较为完善的机制。从政策法规到市场主体的参与，均形成了较好的配合。例如，《废旧电池管理办法》明确了电池生产商的回收责任，营造了良好的市场环境。此外，回收企业通过技术创新提升了电池的回收和再利用效率，形成了相对成熟的电池回收产业链。在电池回收方面，成渝地区双城经济圈的发展显得比较滞后。虽然地方政府已经意识到电池回收的重要性，但相应的制度和政策仍不够完善，缺乏有效的监管机制，导致行业混乱、回收率低。该地区市场参与者较少，大多数企业技术水平有限，无法形成规模效应，严重影响了资源的优化利用。

四 创新能力分析

（一）结合产业特质的技术创新

如图 4 所示，2019~2023 年广东省新能源汽车产业发明专利申请数共计 4268 件，最大值为 2021 年的 1038 件，数量可观。同时，根据赛迪顾问汽车产业研究中心发布的《2023 中国智能网联汽车发展指数（城市篇）》，2023 年珠三角地区 9 个城市中有 6 个城市上榜中国智能网联汽车发展指数 50 强城市，占据广东省入围名单的全部名额，数量居全国前列，并且深圳市、广州市的位次分别排在全国第 3 位、第 4 位。该指数包括智能网联新能源汽车产业研发实力这一重点评价对象，体现了城市该产业在自动化驾驶里程、智能网联汽车核心技术、专利数和研发投入等方面的发展情况，因此该指数和新能源汽车企业发明专利申请数据共同说明了珠三角地区不仅拥有强大的汽车制造基础，而且在智能网联汽车这个新赛道上也处于全国科技创新能力前列。与此同时，也要看到广东省近三年新能源汽车产业发明专利申请数有所下降，有必要详细分析背后的原因是否在于相关技术创新遇到重大瓶颈等，以促进其新能源汽车产业发明专利申请进一步增加。

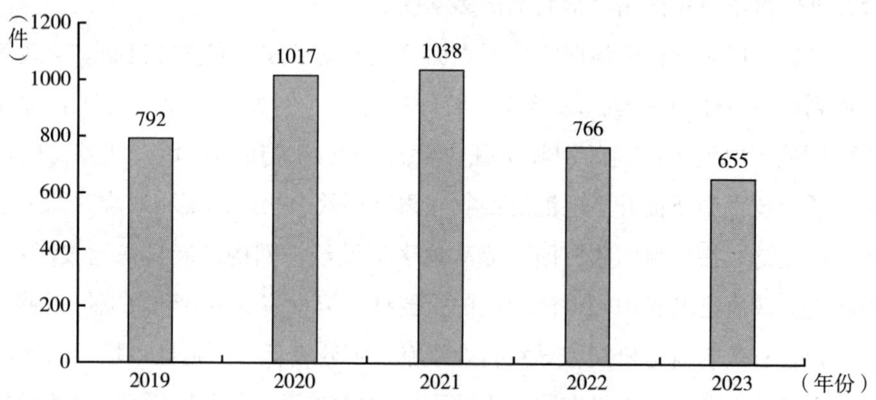

图 4　2019~2023 年广东省新能源汽车产业发明专利申请数

资料来源：国家知识产权局。

（二）聚焦于高价值环节的创新

图 5 是 2019~2023 年广东省新能源汽车产业发明专利申请分布情况。其中，新能源汽车整车制造为 628 件，占比为 14.71%；新能源汽车装置、配件制造为 1893 件，占比为 44.35%；新能源汽车相关设施制造为 1689 件，占比为 39.57%；新能源汽车相关服务为 58 件，占比为 1.36%。可以看出，广东省新能源汽车企业发明专利申请集中在新能源汽车装置、配件制造和相关设施制造领域，整车制造和相关服务领域相对较少，说明新能源汽车产业创新集中在产业上游，处于高价值环节。同时，L3 级别的智能驾驶被认为是辅助驾驶与自动驾驶的分水岭，需要可靠的底层架构和风险处理等创新能

力，而根据工业和信息化部2024年6月公布的《进入智能网联汽车准入和上路通行试点联合体基本信息》，珠三角地区广州市、深圳市的广汽集团、比亚迪两家车企入选全国首批L3自动驾驶上路通行试点的九家车企队伍，共同说明了珠三角地区新能源汽车产业技术创新处于高价值环节。与此同时，也要看到广东省整车制造以及相关服务领域创新的占比较低，需要在上游创新的同时注重整体发展和配套服务，促进相关创新能力全面增强。

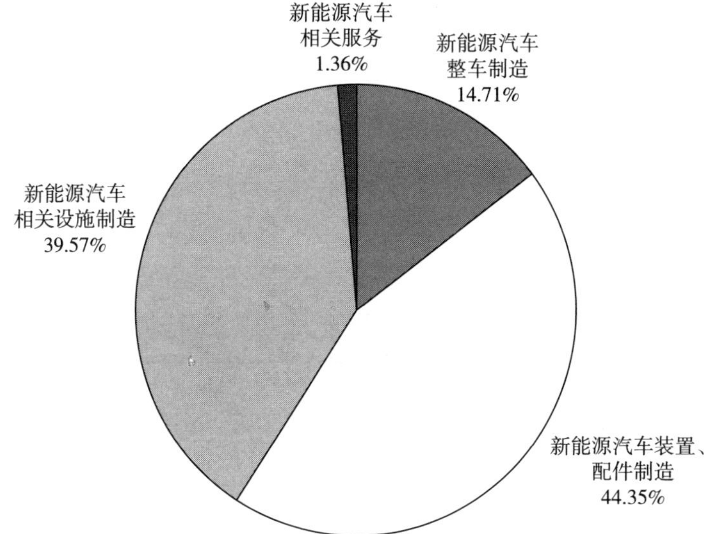

图5 2019~2023年广东省新能源汽车产业发明专利申请分布情况

资料来源：国家知识产权局。

（三）多主体共同参与创新

如图6所示，2019~2023年广东省新能源汽车产业发明专利申请前十位包括九家企业和一所高校，其中申请发明专利数量最多的两家单位是比亚迪股份有限公司、广州汽车集团股份有限公司，分别有608件和238件。可以看出，广东省新能源汽车产业创新主体不是仅由企业构成，而是有高校参与贡献，技术结构具有一定的多元性。同时，比亚迪和广汽集团两家龙头企业充分发挥了带动作用，这与比亚迪在制备方法、电池包、储存介质、电动汽车、电子设备和电池模组等基础技术领域前瞻布局的情况相符合，也与广汽集团全新车云一体集中式计算电子电气架构“星灵架构”成功搭载昊铂 GT 量产，已经具备从 L2~L4 级别研发及应用能力，成为首批获得 L3 自动驾驶道路测试牌照的企业的情况相符合。与此同时，也要看到广东省高校新能源汽车产业发明专利申请占比较低的情况，需要更多开展企业和高校之间的合作创新，使技术结构更加多样。

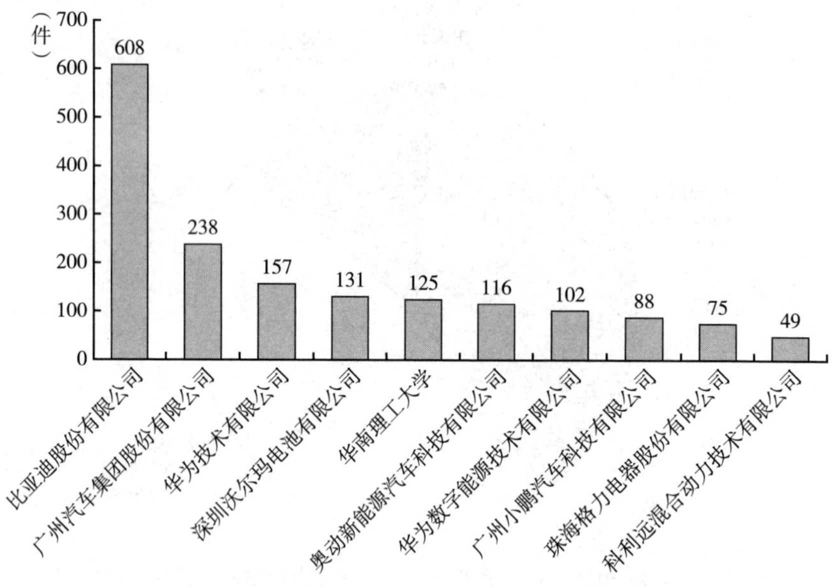

图 6　2019~2023 年广东省新能源汽车产业发明专利申请前十位

资料来源：国家知识产权局。

（四）广东省智能网联新能源汽车产业创新能力与成渝地区双城经济圈的比较分析

在结合产业特质的技术创新方面，2019~2023 年成渝地区双城经济圈新能源汽车产业发明专利申请数总量为 1981 件，整体呈现出上升的趋势，最大值为 2023 年的 481 件，反映出成渝地区双城经济圈智能网联新能源汽车产业拥有丰富的创新技术产出，具备较强的创新能力并且正处于创新能力持续上升的阶段。相比之下，广东省同时期的新能源汽车产业发明专利申请数共计4268件，最大值为2021年的1038件，数量可观且远高于成渝地区双城经济圈，反映出广东省的智能网联新能源汽车产业创新能力明显强于成渝地区双城经济圈。2023年珠三角地区9个城市中有6个城市上榜中国智能网联汽车发展指数50强城市，占据广东省入围名单的全部名额，数量居于全国前列，并且深圳市、广州市的位次分别排在全国第3位、第4位，而成渝地区双城经济圈仅有成都市进入前50强且位于第12位，反映出成渝地区双城经济圈智能网联新能源汽车产业结合产业特质的技术创新能力距广东省仍存在不小差距。

在聚焦于高价值环节的创新能力方面，成渝地区双城经济圈相关发明专利申请数占比最大的都是新能源汽车装置、配件制造板块，说明成渝地区双城经济圈的新能源汽车产业链的发展更多集中于产业链的中游，也是创新技术产出的集中领域，但是新能源汽车整车制造和相关服务领域的占比较小，尤其是新能源汽车相关服务领域的发明专利申请数占比过小。与之相似，广东省新能源企业发明专利申请也集中在新能源汽车装置、配件制造和相关设施制造领域，整车制造和相关服务领域相对较少，反映出两个地区新能源汽车产业创新都集中在产业上游环节，在高价值环节方面的分布存在一定相似。

在多主体共同参与创新能力方面，四川省2019~2023年新能源汽车产业发明专利申请数排名前十的申请主体中有六个企业主体、四个高等院校主体，重庆市有八个企业主体、一个高等院校主体和一个科研机构主体，广东省新能源汽车产业发明专利申请前十位包括九家企业和一所高校，说明成渝地区双城经济圈高等院校在共同参与新能源汽车产业创新能力方面发挥的作用更为明显，且科研机构相较于广东省更加多元，产业创新技术来源更加丰富。

五　营商环境分析

（一）市场化程度

如图7所示，2018~2022年广东省市场化指数得分持续上升，从2018

年的 10.854 分上升到 2022 年的 12.364 分，平均增长率为 3.310%，说明广东省市场化程度不断提升，市场化改革不断加快，智能网联新能源汽车产业营商环境条件良好。分项来看，非国有经济发展、要素市场的发育程度、市场中介组织的发育和法律制度环境三项分指数表现良好。其中，非国有经济发展得分从 2018 年的 12.139 分上升到 2022 年的 13.374 分，要素市场的发育程度得分从 2018 年的 12.992 分上升到 2022 年的 17.678 分，市场中介组织的发育和法律制度环境得分从 2018 年的 11.527 分上升到 2022 年的 16.690 分，说明珠三角地区智能网联新能源汽车产业民营经济和其他非国有经济的发展市场化改革表现良好，金融业的市场化、人力资源供应条件和技术成果市场化的发育程度持续走高，市场中介组织的发育、维护市场的法治环境和知识产权保护不断发展，营商环境的经济活跃程度、资源供给机制和法律创新环境逐渐完善，为智能网联新能源汽车产业创造了良好的营商环境。与此同时，也要看到广东省政府与市场关系、产品市场的发育程度两项分指数增长趋势不明显，甚至有所下降，说明珠三角地区智能网联新能源汽车产业营商环境需要在处理好政府和市场的合作关系、促进产品市场完善发育等方面加以重视完善。

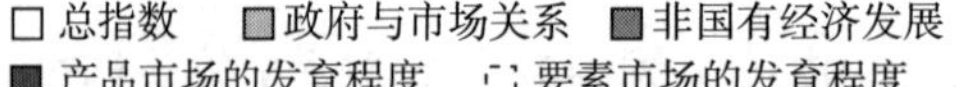

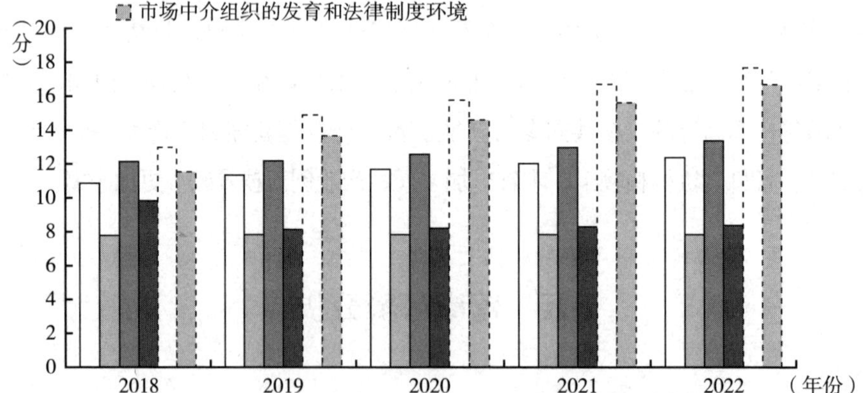

图 7　2018~2022 年广东省市场化指数得分

资料来源：中国市场化指数数据库。

（二）知识产权法律

如图 8 所示，2019~2023 年广东省知识产权文件发布数总体呈现增加趋势，最小值为 2019 年的 26 件，最大值为 2022 年的 104 件，平均增长率为 58.740%。这说明珠三角地区智能网联新能源汽车产业的知识产权保护环境良好，有利于智能网联新能源汽车相关技术创新的成果和使用受到正规法律保护，可以调动珠三角地区相关产业的技术创新积极性，通过良好的营商环境促进智能网联新能源汽车产业创新和发展。同时，根据《2023 年广东省知识产权保护状况》白皮书，广东省作为经济大省、创新大省和外贸大省，近年来统筹推进知识产权战略实施工作，加快推进知识产权强国先行示范省建设，全省专利授权量达 70.37 万余件，居全国第一，"深圳—香港—广州"科技集群连续 4 年被世界知识产权组织评为全球创新指数第二名，有力地助推着广东省的高质量发展。全省累计获批 10 个国家知识产权强国建设试点示范城市、21 个强县建设试点示范县、8 个强国建设试点示范园区。广州、深圳入选首批国家知识产权保护示范区建设城市和全国首批知识产权公共服务标准化城市建设试点。广东省持续打造横琴、前海、南沙、河套等知识产权示范平台，支持中新广州知识城开展新一轮知识产权综改试验，推动

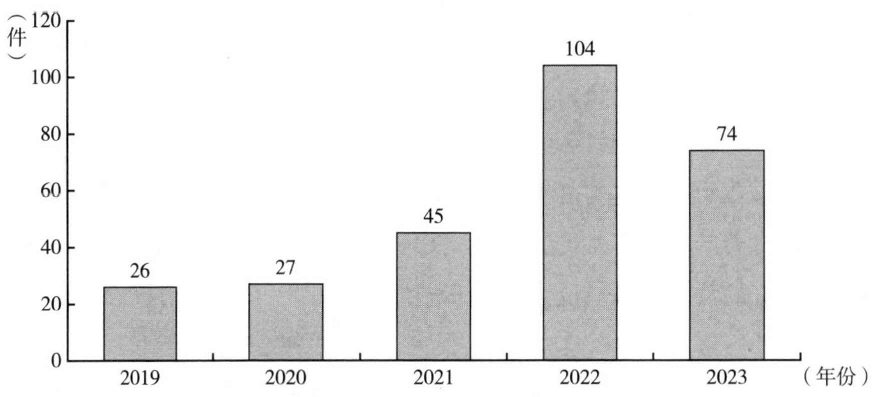

图 8　2019~2023 年广东省知识产权文件发布数

资料来源：北大法宝中国法律信息总库。

广州、深圳、佛山、珠海开展全国商业秘密保护创新试点，在全省建设16个“黄金内湾商业秘密保护创新工程”先行区，1个涉外商业秘密保护基地，再次说明了珠三角地区智能网联新能源汽车产业营商环境良好。

（三）广东省智能网联新能源汽车产业营商环境与成渝地区双城经济圈的比较分析

在知识产权法律方面，2019~2023年成渝地区双城经济圈知识产权文件数变化整体呈现波动变化趋势，总数从2019年的81件下降到2023年的80件，最大值是2022年的138件。相比之下，广东省同时期的知识产权文件发布数总体呈增加趋势，总数从2019年的26件增加到2023年的74件，最大值为2022年的104件，平均增长率为29.887%，反映出珠三角地区智能网联新能源汽车产业的知识产权保护环境比成渝地区双城经济圈更加良好，法律保护力度更加强。成渝地区双城经济圈应该加大知识产权保护力度，加强高价值专利培育，聚焦智能网联新能源汽车科技成果孵化并引导市场主体发挥专利、商标、著作权、商业秘密等多种类型知识产权的组合效应，强化知识产权的高质量创造。

在市场化程度方面，2019~2023年成渝地区双城经济圈的市场化指数稳步提升，市场活力得到释放，企业经营的自由度和效率提高，广东省同时期市场化指数得分也持续上升，这反映出两个地区的市场化程度都在不断提升，市场化改革不断加快，智能网联新能源汽车产业市场营商环境条件良好。广东省全省专利授权量达70.37万余件，居全国第一，“深圳—香港—广州”科技集群连续4年被世界知识产权组织评为全球创新指数第二名，有力地助推着广东省的高质量发展，展现了珠三角地区较成渝地区双城经济圈更为良好的营商环境。成渝地区双城经济圈出台了《推动成渝地区双城经济圈市场一体化建设行动方案》，促进了市场高效规范运行和区域市场一体化发展，在成渝两地智能网联新能源汽车产业的协同发展上开展了多层次、多渠道的合作，体现了成渝地区双城经济圈在推动汽车产业转型和升级、实现区域一体化发展方面的坚定决心和明确方向。

六　产业市场应用分析

（一）应用范围及规模

广东省交通运输行业在用的新能源汽车主要分布于城市公交、出租汽车、公路客运和货运物流领域。据统计，广东省交通运输行业在用的新能源汽车达3.12万辆。其中，城市公交领域新能源汽车1.57万辆，占行业总量的50.32%；货运物流领域为0.92万辆，占行业总量的29.49%；出租汽车领域0.49万辆，占行业总量的15.71%；公路客运使用规模最小，占行业总量的4.48%。从各领域新能源汽车占所在领域的比例来看，城市公交领域的新能源汽车应用比例最高；公路客运领域由于车辆基数较大，相比较而言新能源汽车应用比例最低。

（二）类型结构

广东省交通运输行业在用的新能源汽车包括纯电动、插电式混合动力、增程式混合动力汽车三种类型，规模分别达到2.56万辆、0.55万辆、0.02万辆。

其中，纯电动汽车占新能源汽车总量的比达到81.8%，占绝对主导地位，符合国家和广东省新能源汽车“纯电驱动”发展战略导向；插电式混合动力汽车也初步形成了一定规模，占比达到新能源汽车总量的17.6%；增程式混合动力汽车占比仅为新能源汽车总量的0.6%；燃料电池汽车应用规模极小，尚处于探索应用阶段。

（三）地域分布

广东省交通运输行业新能源汽车的地域分布不均衡。珠江三角洲地区是国家新能源汽车推广应用示范区域，这一区域的推广应用数量规模占全省总规模的83%，应用规模显著超过了其他地区；粤东、西、北地区则占比较低，粤东地区新能源汽车规模达到全省总规模的12%，粤西、粤北地区当前新能源汽车规模相对较少，仅约5%。地市层面，广州、深圳是国家确定的第一批新能源汽车推广应用示范城市，在各地市应用规模中也处于领先水平。目前深圳的新能源汽车应用规模已超过2万辆，广州则达到2402辆，惠州、东莞、珠海、佛山、梅州、顺德等地市应用规模均超过500辆，全省仅茂名、清远两地市暂未应用新能源汽车。

（四）充电设施

按照广东省交通运输行业营运车辆的需求特点，当前交通运输行业充电桩的建设体现出快充、慢充结合的特点，其中快速充电桩主要用于大型车辆补电，慢速充电桩则主要用于夜间以及较长时间停运间隔的充电。广东省交通运输行业在用的新能源汽车充电桩为5507个，其中快速充电桩4490个、慢速充电桩1017个。这些充电桩服务的营运车辆类型主要是城市公交、出租汽车和货运物流，数量规模为3302个、1175个、1000个，分别占充电桩总量的60.3%、21.5%和18.3%。目前为公路客运领域配套的充电桩较少，只有1个快速充电桩、29个慢速充电桩服务于公路客运领域。

（五）广东省智能网联新能源汽车产业市场应用与成渝地区双城经济圈的比较分析

首先，从新能源汽车保有量来看，2023年广东省新能源汽车保有量达到425万辆，占全国总保有量的27%，位居全国前列；而成渝地区双城经济圈的新能源汽车保有量则相对较低，仅为115万辆，占全国比重不到8%。这主要得益于广东省经济发达、人口密集，对新能源汽车的需求较为旺盛。

其次，在新能源汽车应用场景方面，广东省的新能源汽车集中在私人乘用车领域，占总量的75%左右；而在成渝地区双城经济圈，新能源汽车更多应用于公共交通领域，如公交车、出租车等，占比达到60%。这主要是两地的城市化水平和交通需求结构存在差异所致。

最后，在政策扶持方面，广东省政府出台了一系列鼓励新能源汽车发展的优惠政策，如购车补贴、停车费减免等；而成渝地区双城经济圈的政策支持相对较少，主要集中在充电基础设施建设和公共交通领域。这在一定程度上制约了当地新能源汽车市场的发展。

总的来说，广东省新能源汽车产业市场应用呈现出较为成熟和活跃的态势，在保有量、充电基础设施、应用场景等方面都明显领先于成渝地区双城经济圈。这与两地的经济发展水平、城市化进程和政策环境等因素密切相关。未来，成渝地区双城经济圈需进一步加大新能源汽车产业的政策支持力度，加快充电网络建设，以促进新能源汽车在当地市场的广泛应用。

参考文献

昌道励、许宁宁、曾良科：《“广东智造”以创新撬动全球市场》，《南方日报》2023 年 10 月 16 日。

陈洁：《小鹏汽车“扶摇而上”肇庆新能源汽车产业“乘风破浪”》，《西江日报》2023 年 7 月 28 日。

陈靖斌：《广东多地政策“护航”助推新能源汽车产业高质量发展》，《中国经营报》2023 年 7 月 3 日。

崔璨：《新能源车与燃油车拟实行差异化停车收费》，《南方日报》2023 年 10 月 9 日。

董芳芳：《深圳新能源汽车出口大幅增长》，《深圳商报》2023 年 3 月 23 日。

郜小平、魏泓泉、拱千舒：《电光锂“新三样”走俏海外》，《南方日报》2023 年 4 月 28 日。

郭小戈、魏泓泉、拱千舒、许隽：《广东新能源汽车发展为何能领跑全球?》，《南方日报》2023 年 1 月 5 日。

宋豆豆：《多地竞速新能源汽车赛道：剑指千亿级新能源汽车产业集群》，《21 世纪经济报道》2023 年 1 月 31 日。

案例篇

B.10 重庆长安汽车股份有限公司发展案例分析

任毅　王悦*

摘　要：　重庆长安汽车股份有限公司是中国知名的汽车制造企业，其前身可以追溯到1862年成立的上海洋炮局，它是中国近代工业的摇篮之一，总部位于中国重庆市。长安汽车以“科技创新、绿色发展”为核心理念，在新能源领域拥有400余项核心技术和1000余项“三电”（电池、电机、电控）核心专利，并且公司拥有国际先进的制造工艺和设备，如自动化生产线、精密的加工技术等，确保了产品的高质量和高可靠性，其产品远销全球多个国家和地区，成为中国汽车品牌“走出去”的典范。公司秉承“客户至上”的服务理念，建立了完善的销售和服务网络，为客户提供了全方位的支持和保障。通过不断努力和创新，长安汽车正朝

* 任毅，博士，重庆工商大学成渝地区双城经济圈建设研究院专职研究员，教授，主要研究方向为区域经济、产业经济；王悦，重庆工商大学金融学院硕士研究生，主要研究方向为科技金融。

着成为世界一流汽车企业的目标稳步前进。

关键词： 绿色发展　智能制造　5G 车联网　长安汽车

一　企业基本情况

（一）公司简介

中国长安汽车集团有限公司（以下简称“长安汽车集团”）原名中国南方工业汽车股份有限公司，是中国汽车产业的四大巨头之一，其前身可以追溯到 1862 年成立的上海洋炮局，随着时代的发展，于 1984 年实现了“军转民”，开始生产小型乘用车，而旗下重庆长安汽车股份有限公司（以下简称“长安汽车”）成立于 1996 年，注册资本约为 76.3 亿元，于 1997 年 6 月 10 日在深圳证券交易所上市，首次向境内社会公众发行人民币普通股 12000 万股。

长安汽车始终坚持“以我为主，自主创新”的发展模式，充分利用全球资源进行发展。作为国产汽车的领军人物，长安汽车拥有多方客户群体，努力为客户提供高品质的产品和服务，为员工创造良好的环境和发展空间，为社会承担更多责任，向“打造世界一流汽车企业”的宏伟愿景迈进。目前，长安汽车在全球各地设有 14 个生产基地，其中包括 33 座工厂，用于生产整车、发动机和变速器。长安汽车旗下拥有长安、深蓝汽车、阿维塔和凯程等自主品牌，还有长安福特、长安马自达、江铃汽车等合资品牌。

（二）发展历程

1. 模仿制造阶段

长安汽车一直是中国汽车企业的代表之一，其发展历程同样成为中国汽车产业的缩影。从 1984 年长安汽车集团开始从事生产汽车至今，已经走过了 40 年的历程，经历了从国内汽车市场的崛起到国际汽车市场的竞争，从传统燃油车到新能源汽车的转型升级，长安汽车一直在不断地追求创新和发展。1984 年，长安汽车集团当时的主要业务是生产小型商用车。在当时的中国汽车市场上，长安汽车集团的产品与其他国内品牌的产品差别不大，主要依靠模仿国外品牌车型来生产，但是，长安汽车集团在模仿的基础上，不断进行技术创新和产品升级，逐渐树立了自己的品牌形象。

2. 品牌建立阶段

随着中国汽车市场的崛起和公司的成立，长安汽车开始逐渐扩大自己的市场份额。20 世纪 90 年代，长安汽车的产品逐渐从小型商用车扩展到轿车、SUV 等领域，开始在国内市场上崭露头角。仅在国内市场，长安汽车 2006 年的销售量就超过了 100 万辆，成为当时市场销量第一的中国汽车品牌。在国内市场占有一席之地后，长安汽车开始向国际市场进军。2009 年，长安汽车在欧洲成立了自己的研发中心，并在 2012 年推出了欧洲首款 SUV——长安 CS35。随后，长安汽车开始在中东、南美等地区开展业务，逐渐树立了自己的国际品牌形象。

3. 持续创新阶段

长安汽车在 2017 年提出旨在促进新能源汽车领域研发生产的“香格里拉计划”；2018 年，长安汽车与腾讯、高德等数字科技公司提出了“北斗天枢计划”，通过自动驾驶、智能互联、人机交互等方面的创新协同发展机制，搭建整车智能研发平台，实现整车智能化；2019 年，成立重庆长安汽车软件科技公司，整合数字化产品的开发资源，包括整车智能软件、车联网和大数据云；2020 年，与华为、宁德时代携手提出“方舟构架”，打造“人车家园”智慧生活、智慧能源生态，发力建造全球领先的自主智能电动汽车平台；2021 年，携手京东方进军智能座舱，数字科技融合再升级；2023 年，长安汽车继续在新能源和智能化领域取得进展，发布了多款新车型，并在泰国投资建设新能源汽车生产工厂。同时，长安汽车也在积极探索换电技术和智能驾驶技术，以适应未来汽车产业的发展需求。

二　产品与技术

（一）主要产品线和技术优势

2018 年 4 月，为了适应新的发展形势，长安汽车在品牌向上的总体战略下优化了现有品牌架构，形成了四个独立的业务品牌，分别是阿维塔、长安、欧尚、凯程。随着四大品牌的推出，长安汽车的品牌架构也更加清晰。为实现新能源汽车革命，2022 年 4 月，长安汽车对外正式发布了数字纯电品牌“深蓝汽车”。全新的品牌矩阵使得长安汽车可以进一步深耕各细分市场，在为用户提供更加专注、完美的产品和服务时，也为全面推动品牌持续向上奠定了坚实的基础（见表 1）。

表 1　长安汽车品牌架构

乘用车品牌	阿维塔		高端品牌,专注电动汽车
	长安		主流品牌,当前主要为传统油车
	深蓝汽车		主流品牌,专注电动汽车
	欧尚		廉价品牌,当前主要为传统油车
商用车品牌	凯程		主要为商用车,2018 年独立

资料来源：长安汽车官网。

（二）技术创新与研发投入

1. 产品技术创新

从21世纪初进入新能源汽车领域开始，长安汽车一直向着新能源汽车科技的前沿进发，通过技术与科技的不断创新、探索，试图打破新能源汽车产业发展的边界。

这些年来，长安汽车在新能源汽车领域的研究涵盖了整车开发、三电技术研究等新能源汽车产业的核心技术领域，研发成果包括全电数字平台EPA1、iBC数字电池管理系统（见图1）、长安智慧芯等国际一流的三电系统，累计拥有千余项核心专利。

图1　长安汽车iBC数字电池管理系统

资料来源：长安汽车官网。

在不久前推出的"原力电动"技术方案中，其电驱系统最高效率可达95%，集电机、电机控制器、减速器、DCDC、DCAC等功能于一体，较普通"三合一"电驱系统重量降低10%、体积减小5%、效率提升4.9%、功率密度提升37%（见图2）。同时，它还采用了行业首创的微核高频脉冲加热技术，即便在-30℃的极寒状态下，电池依然可以做到每分钟提升4℃，并且低温动力性得到50%的提升，充电时间因此能够缩短15%，全面改善了电车冬季用车困难的情况，为"电动汽车难出山海关"贡献了长安智慧。

当前，以电动化、智能化、网联化、共享化为趋势的汽车"新四化"

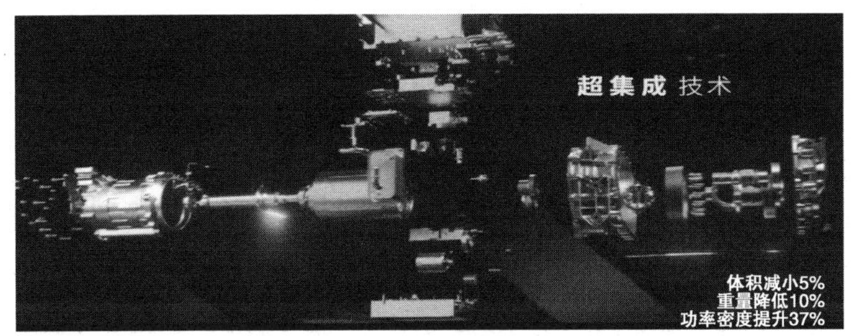

图 2　长安汽车电驱系统

资料来源：长安汽车官网。

正在全球范围内加速演进升级，同时也开启了新能源汽车革命的下半场。无论是电池、电机，还是电控技术方面，背靠长安汽车的深蓝汽车一直在创新的前沿发力。截至目前，深蓝汽车坚持自主研发，已掌握新能源三电核心技术，具备了覆盖电池、电驱、电控、整车、电器等领域的研发及试验能力，先后在整车、科技、能源、充电、出行等多个领域，与宁德时代、国家电网等多个行业领先企业开展深度合作，创建了庞大、权威的产业链联盟。

2. 强大的研发投入，保障科研基础

在技术方面，长安汽车研发实力在国家企业技术中心评价中 7 届 14 年名列行业第一，已经建立起自身的差异化优势。其中，深蓝汽车的微核高频脉冲加热，获全球新能源汽车创新技术奖。如表 2 和表 3 所示，2023 年长安汽车的研发人员数量较 2022 年上涨了 38. 90%，公司的研发实力得到了提升，研发投入金额较 2022 年上涨了 58. 63%，能看出研发投入大幅度提升，这为公司创新能力的提升打下了基础。

表 2　2022~2023 年长安汽车研发人员情况

研发人员数量			
	2022 年	2023 年	增长情况
研发人员数量(人,%)	7899	10972	38. 90
研发人员数量占比(%,百分点)	18. 42	22. 34	3. 92

续表

研发人员学历结构			
	2022 年	2023 年	增长情况
本科以下(人,%)	262	180	-31.30
本科(人,%)	5819	7794	33.94
硕士(人,%)	1738	2903	67.03
博士(人,%)	80	95	18.75
研发人员年龄构成			
30 岁以下(人,%)	2217	3718	67.70
30~40 岁(人,%)	4682	6096	30.20
40 岁及以上(人,%)	1000	1158	15.80

资料来源：长安汽车 2023 年度报告。

表 3　2022~2023 年长安汽车研发投入情况

研发投入情况			
	2022 年	2023 年	增长情况
研发投入金额(亿元,%)	56.78	90.07	58.63
研发投入占营业收入比例(%,百分点)	4.68	5.95	1.27
资本化研发投入金额(亿元,%)	13.62	30.27	122.25
资本化研发投入占研发投入的比例(%,百分点)	23.99	33.61	9.62

资料来源：长安汽车 2023 年度报告。

3. 推进智能制造高端化、数智化发展

在智能制造领域，长安汽车也坚持以科技创新为引领，大力推广应用先进的制造工艺，加快培育新质生产力，推动制造基地向高端化、智能化、绿色化发展。

长安汽车在重庆市渝北区已打造了一座以“智能、低碳、高效”为标签的新能源数智工厂，占地面积约 1159 亩，总投资预算约 100 亿元，在冲压、焊接、涂装、总装四大传统汽车制造工艺环节的基础上，拓展了数字化软件封测、新能源电池 PACK、车身一体化压铸等工艺，形成了七大先进制造工艺。

长安汽车还制定“统一数字化底座+云化应用”等先进技术方案，布局智能生产、智能调度、智慧物流、智能仓储等16类智能制造场景，应用整车软件一体封测等尖端技术40余项，实现了“黑灯工厂”，使部分关键制造工艺自动化率已达100%。

在低碳发展方面，工厂内光伏发电装机容量达37兆瓦，当前长安汽车光伏发电装机总量近200兆瓦（截至目前实际装机总量约170兆瓦，预计到2025年可达200兆瓦），预计能够节电20%~30%。通过新质生产力的培育与应用，这座新工厂的成本预计可降低20%，制造效率预计可提升约20%。①

4. 政产学研多元化，深度协同的发展体系

长安汽车通过共建科研平台、设立产学研基金课题等多种灵活的合作模式，围绕人工智能、智能网联边缘计算、底盘仿真与控制等领域，与新加坡国立大学、复旦大学、武汉大学、吉林大学、北京理工大学等共建联合实验室，共同开展前沿技术研究，目前已与30余所高校开展科研合作课题60余项。2023年，长安汽车在智能底盘、整车性能等领域掌握轮胎动力学模型精度算法、基于驾驶模拟器的主客观评价体系、智能一体化通用底盘、主动稳定杆系统控制算法等关键技术16项，其中9项已量产应用。② 长安汽车与中国汽研、中科芯共建的智能汽车安全技术全国重点实验室成为目前汽车领域仅有的两家全国重点实验室之一。

三　生产与供应链布局

长安汽车经过大量的研发投入，目前已经具备58项智能低碳核心技术，涵盖电机驱动、数字孪生平台等领域。在技术的加持下阿维塔、深蓝汽车也成为长安汽车新能源汽车的明星车型。对于长安汽车来说，电气化与智能化时代的转型必须加速。

---

① 资料来源：人民网。

② 许淇：《长安汽车书写高质量发展新故事》，《重庆日报》2024年4月23日。

据统计，目前进入长安汽车供应链的 A 股上市公司已超 67 家，特别是在新能源汽车领域，国内零部件供应商的参与越来越多（见表 4），同时，国内芯片企业也在获得更多导入机会。

表 4　长安汽车零部件供应商

名称	供应零部件类型
中自科技	汽油后处理催化剂
东安动力	发动机零部件，大股东为长安汽车
湖南天雁	汽油机等已量产供货，电子水泵项目处在研制阶段，大股东为长安汽车
中汽股份	智能汽车各类测试，大股东为长安汽车
中汽中心	中汽股份是中国汽车技术研究中心有限公司的全资子公司
江铃汽车	长安汽车是江铃汽车主要股东
宁德时代	动力电池
浙江仙通	密封条
信质集团	定子、转子绕组总成
欣锐科技	OBC、DCDC、PUD 小三电组合，SiC 应用技术
溯联股份	尼龙流体管路、精密注塑件等
明新旭腾	PVC、真皮、绒面超纤
菱电电控	混动车双电控控制器

资料来源：新浪财经。

在智能网联方面，长安汽车以国内供应商为主，如北斗星通的中控主机、华阳集团的双联屏、地平线的 AI 芯片、高德的导航地图、腾讯的面部识别系统及第三方应用等，但在核心传感器上，仍由国际企业提供，如毫米波雷达、超声波雷达、摄像头等均由博世供货，短距离雷达为安波福的产品。

四　市场营销与销售

（一）产品策略

产品是一切生产经营的核心的物质载体，产品策略决定了企业的盛衰成败。长安汽车一直坚持自主研发，不去盲目模仿热卖车型，力求新能源汽车延续传统车性能并且有降噪技术保障。

在产品生命周期上，长安汽车计划在 10 年内推出包括纯电动和混合动力的 34 款新能源汽车，促进产品差异化发展，根据竞争状况和消费者需求的变化随时地进行技术和产品更新。新能源汽车的市场容量大，消费者对其理解还不够深刻，对价格也比较敏感，可以采用缓慢渗透的定价策略，提高消费者对新能源汽车的接受度。同时新能源汽车尚处于成长期，需要不断改进产品，扩大市场，树立形象，增强销售渠道功效，适时降价来促进其发展。

（二）价格策略

价格策略就是根据购买者各自不同的支付能力和效用情况，结合产品进行定价，从而实现最大利润的定价办法。

在定价方式上，应当考虑成本和竞争因素。目前，新能源汽车的整体制造价格仍高于传统汽车。因此，定价时要充分考虑两者的差价与消费者的接受程度。新能源汽车的市场需求比传统汽车要小，更适合满意定价策略，根据市场具体情况定价，也可以采用区域定价。

（三）渠道策略

渠道主要有品牌专营店、汽车交易市场、多品牌汽车经营店、汽车连锁店等。汽车产业的销售渠道以品牌专营店为主，集产品销售、售后维修、保养功能于一体，可以获利更多。电动汽车内部结构更简单，维修频率更低，可以通过减少网点、采用分销的方法，选择更有实力的中间商，对中间商严格考核，同时向中间商提供物美价廉、适销对路的产品，合理分配利润，授予独家经营权，允许其开展各项促销活动，通过资金资助、提供市场信息，来激励中间商。

（四）推销策略

新能源汽车推销有广告推销、人员推销、营业推销、公共关系推销和组合推销等方式。广告推销是长安汽车重点投资的方式，也是汽车产业最普遍的推销方式，长安逸动的广告词是“精彩前行，魅力不止眼前”。人员推销可以促成直接销售，其关键在于要加强推销人员的培训。营业推销是在短期内刺激需求而进行的各种促销活动。长安汽车开放了消费者试乘试驾、分期付款及租赁业务，进行了有奖销售，还举办了逸动车型的赛车活动，引导了消费者的观念。通过信息收集、建议咨询、信息沟通、社会交际等方式进行公共关系推销，长安汽车在高校资助了很多活动，举办了产品发布会，塑造了良好的企业形象，建立了企业知名度。组合推销则根据具体情况，结合从上而下和自下而上的方式进行了推销。

五 商业模式与盈利模式

（一）商业保障——“三重跃迁”

1. 坚定不移强化科技创新，实现技术引领新跃迁

长安汽车坚持把核心技术掌握在自己手里，着力提升产业链、供应链韧性和安全水平。按照每年研发投入占比不低于销售收入5%的原则，充分利用“六国十地”全球协同研发布局资源，围绕智能化、新能源等核心领域，构建长安科技等17家科技公司以及先进电池研究院等16个技术研究、产品开发中心，打造来自全球30个国家和地区1.8万余人的技术研发团队，累计掌握核心专利及技术1400余项，推动新动力、智能化、设计等技术不断突破，2023年新增申请专利5739项，智能化领域专利公开量居行业第一。

2. 坚定不移推动数字化转型，实现数智体验新跃迁

长安汽车通过扫描“研产供销运”全价值链、识别薄弱环节、技术自研、联合开发等方式，加速“芯、器、图、核、云、网、天”技术迭代，自主掌握、行业首发APA7.0等关键技术30余项，主导和参与制定外部标准63项，完成3项国际标准立项，成为首家主导制定ITU系列国际标准的中国车企。长安汽车聚焦高价值、用户强感知领域，打造高端情感智能品牌“阿维塔”、年轻科技数字品牌“深蓝汽车”、数智进化新汽车“长安启源”，持续构建差异化智能标签，加强跨界合作，与华为、腾讯、百度等全

球30余家优势企业开展战略协同，聚力高价值技术攻关，全力构建智能驾驶、智能网联、智能交互三大领域核心竞争力。

3. 坚定不移推进“海纳百川”计划，实现品牌出海新跃迁

长安汽车发布全球化“海纳百川”计划，明确海外“四个一”发展目标，着力推进“1+5+2”全球布局。推动“全球产品同步开发”与“区域差异化开发”深度结合，全面导入阿维塔、深蓝汽车、长安启源、长安引力、凯程五大自主汽车品牌，形成满足全球不同细分市场需求的新发展格局。坚持“长安出海，服务先行”理念，快速拓展海外“一号工程”，为全球客户提供极致的服务体验。坚持本地运营、发展共赢，大力构建全球运营体系，启动首个海外基地“泰国新能源基地”建设，为运营地用户提供更加智能、低碳、科技的数智新汽车产品。推动所在地经济社会发展，同时在资源节约、环境保护、公益慈善等方面，积极履行全球化企业的职责和义务。

（二）商业收入——多维收入来源①

2023年，长安汽车的营业收入达到1512.98亿元，同比增长24.78%，归属于上市公司股东的净利润为113.27亿元，同比增长45.25%。这一增长主要得益于销量规模的增加，2023年长安汽车累计销量实现255.3万辆，同比增长8.8%，其中自主品牌新能源汽车全年销售47.4万辆，同比增长74.8%。长安汽车的收入增长主要得益于以下几个方面。

第一，汽车销售。这是长安汽车最主要的收入来源，包括乘用车和商用车的销售。2023年，长安汽车的合并报表范围内新能源商用车销售收入为385.45亿元。

第二，合资企业的贡献。长安汽车与多个国际品牌有合作关系，例如长安福特、长安马自达等，这些合资企业的销售收入也是长安汽车的重要收入来源。

---

① 资料来源：长安汽车2023年度报告。

第三，出口业务。长安汽车积极拓展海外市场，2023 年出口量达到 35.8 万辆，同比增长 43.9%，出口业务的收入也是其收入的重要组成部分。

第四，研发和技术服务。长安汽车在研发上的投入持续增加，2023 年研发费用达到 90.07 亿元，较去年同期大涨 58.63%，这表明公司在技术创新和产品开发上的重视，这部分投入虽然短期内会增加成本，但从长远来看有助于提升产品竞争力和市场份额，从而带来收入。

第五，政府补助。作为高新技术企业，长安汽车会获得一定程度的政府补助，这也是其收入的一部分。

第六，其他业务。例如，金融服务、二手车业务、汽车后市场服务等，这些业务带来的收入虽然在总收入中占比较小，但也为长安汽车提供了稳定的收入来源。

业务收入多元化为企业带来的好处包括增强财务稳定性、提高市场适应能力、降低单一市场风险、增强创新能力和提升企业竞争力。当企业收入有多个来源时，即使某一市场或产品线遇到挑战，其他业务也可以提供支持，从而保持整体业绩的稳定。此外，多元化还能帮助企业快速适应市场变化，通过不同业务间的协同效应，激发新的创意和产品开发，进而在激烈的市场竞争中占据有利地位。

六　可持续发展战略

（一）环保、社会责任和治理方面的探索路径

长安汽车针对环保、社会责任及治理（Environmental, Social and Governance, ESG）工作开展专题研究，组建 ESG 项目专项工作组，探索建立健全 ESG 体系（见图 3）。董事办、资本运营部负责公司治理和投资者关系管理，法务合规部、审计风险部则专注于依法合规和风险管理。战略规划部致力于政府关系构建，而财务经营部则专注于提高盈利能力。此外，还有专门负责自主创新与技术进步、提高产品质量、提高服务水平、维护职工权益、构建绿色供应链、举办公益活动、环境保护与能源节约以及经营管理创

新的部门。从公司治理到环境保护，每个部门都有其特定的职责和目标，以确保公司的整体运作和可持续发展。

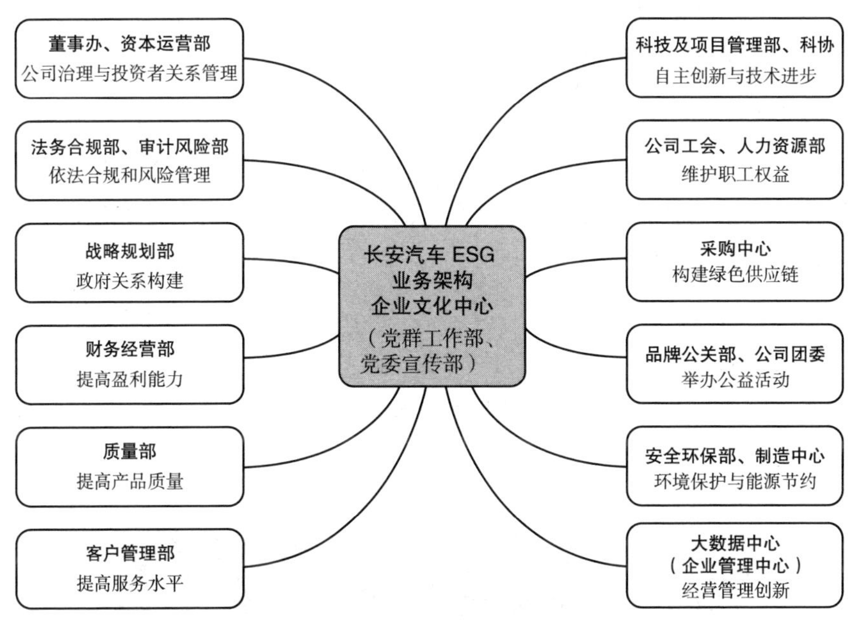

图 3　长安汽车 ESG 业务架构

资料来源：长安汽车官网。

（二）与可持续发展目标的契合度

1. 领跑新能源转型

面对以智能化、新材料、新能源等技术为代表的汽车产业革命，长安汽车积极向智能低碳出行科技公司转型，围绕新能源战略、动力技术、动力电池、生态合作等领域久久为功，持续领跑新能源转型，如长安汽车推行的“香格里拉”计划，这是一项全面的战略规划，旨在通过技术创新、新能源发展、品牌升级、市场拓展、供应链优化、可持续发展、人才战略以及合作与联盟等多方面的举措，推动公司的长期发展和行业竞争力的提升。

全面拥抱出行变革浪潮，前瞻性布局高端情感智能品牌——阿维塔、年轻科技数字品牌——深蓝汽车、数智进化新汽车——长安启源，这三大新能源智能化汽车品牌，推出深蓝 SL03、深蓝 S07、阿维塔 11、阿维塔 12、长安启源 A07 等多款新能源产品，动力形式覆盖纯电、插电、增程、氢燃料，为消费者提供多样化的出行选择。

2. 扩大新能源生态圈

2023 年，长安汽车与蔚来在重庆签署换电业务合作协议，在推动换电电池标准建立、换电网络建设与共享、换电车型研发、建立高效的电池资产管理机制等方面开展合作（见图 4），标志着两家公司在换电技术领域的合作迈入了新的阶段。双方将携手构建一个覆盖广泛的换电站网络，以满足日益增长的电动汽车用户需求。这一网络的建立将依托于双方的技术优势和市场资源，实现换电站的快速布局和高效运营，同时通过共享机制，提高换电站的利用率和经济效益。

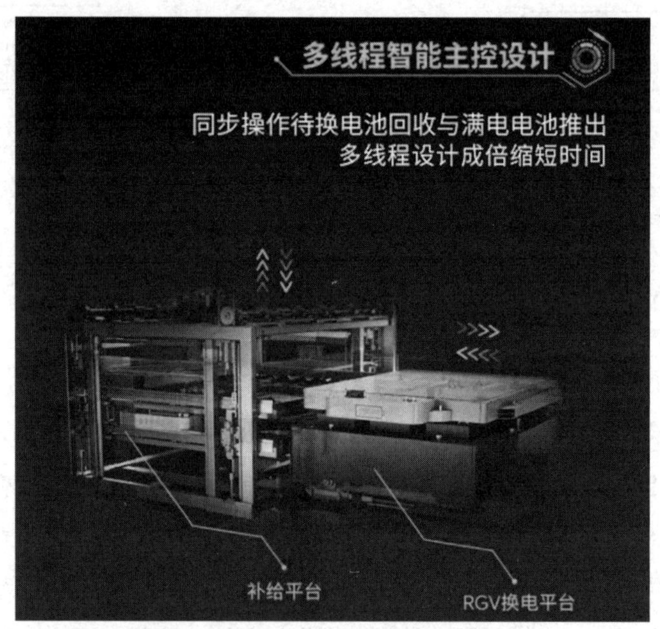

图 4　蔚来补给平台和换电平台

资料来源：新浪财经。

3. 践行绿色运营

（1）共建绿色供应链

在绿色供应链方面，积极与产业链上下游合作伙伴共建绿色能源生态、绿色服务生态、绿色供应链生态，助力实现全产业链碳中和目标。结合绿色供应链评价管理体系要求，拉动供应链上下游企业在设计、工艺、技术等方面实现绿色升级；优化采购管理，增加环境保护合同条款、绿色管理指标、绿色绩效管理等要求，引导供应商开展绿色低碳制造；全面审核供应商环境管理体系认证，其中 98.4%的供应商通过 IATF 16949 认证，95.1%的供应商通过 ISO 14001 认证，20%的供应商通过绿色工厂、绿色供应链管理企业认证。长安汽车入围工业和信息化部“绿色供应链管理企业名单”。

（2）绿色物流，高效运输

在绿色物流方面，长安汽车坚持“绿色仓储”“绿色运输”齐头并进，充分利用物流资源、先进物流技术，合理规划和实施运输、包装等物流活动，提高运输效率，减少能耗和排放。推进全国“7 基地+8 中转站”物流场站建设及多式联运物流网络构建，通过一体化、信息化、平台化的管理手段，统筹全国所有基地、中转站，实现公、铁、水运能力高效结合。同时，通过行业内资源整合，拓展公路运力对流线路，深入研究智能调度系统，降低公路运输空载率，促进节能减排最优化。2023 年，公路运输满载率达 83.5%，国内业务干线运输量达 70 余万辆，同比提升约 5%；近 3 年投产车型上线包装循环比例为 98%以上，运输包装循环比例为 80%以上。

（3）绿色办公，低碳生活

在绿色办公方面，引导全体员工形成简约适度、绿色低碳的工作和生活方式。制定《长安汽车节能降耗规定》，通过倡导使用电子化办公系统、视频会议、物品回收利用等举措引导员工树立节能减排意识，降低办公资源消耗，践行绿色办公。

七 企业发展中的典型事件

（一）强强联合，开启智能电动汽车新元年

长安汽车与华为、宁德时代的合作是中国汽车产业中一个引人注目的事件，它不仅展示了中国品牌在技术创新和产业升级方面的努力，也为其他车企提供了宝贵的合作经验。

1. 长安汽车与华为联合研发5G 车联网平台

长安汽车与华为的合作始于 2018 年，双方签署了战略合作协议，其中值得关注的是双方共同开展 5G 车联网联合开发研究（见图 5）。5G 车联网是利用第五代移动通信技术（5G）实现车辆与车辆、车辆与基础设施、车辆与行人以及车辆与网络之间的高速、低延迟的通信系统。这种先进的网络技术为智能交通系统提供了强大的支持，使得车辆能够实时接收和发送大量数据，从而实现更安全、更高效的驾驶体验。5G 车联网的关键特性包括高数据传输速率、极低的网络延迟、更高的可靠性和更大的设备连接能力。这些特性使得车辆能够进行实时交通信息交换、远程监控、自动驾驶，以及与其他车辆和基础设施协同工作，极大地提升了道路安全性，减少了交通拥堵，并为未来自动驾驶汽车的广泛应用奠定了基础。

2. “宁王”助力长安汽车智能化、电动化发展

2020 年 9 月，长安汽车和宁德时代签署了战略合作协议，聚焦智能网联电动汽车及智慧能源生态等领域，实现优势互补、互利共赢。2023 年 6 月，长安汽车与宁德时代联手成立了“时代长安动力电池有限公司”，专注于电池生产制造和销售（见图 6）。这些合作不仅加速了长安汽车在智能化和电动化领域的技术进步，还推动和提高了企业的产品创新和市场竞争力。长安汽车通过与华为和宁德时代的合作，成功推出了多款智能化和电动化的新车型，如阿维塔 07、深蓝 L07 和深蓝 S05 等，这些车型搭载了先进的智能驾驶系统和电池技术，受到了市场的广泛关注和好评。

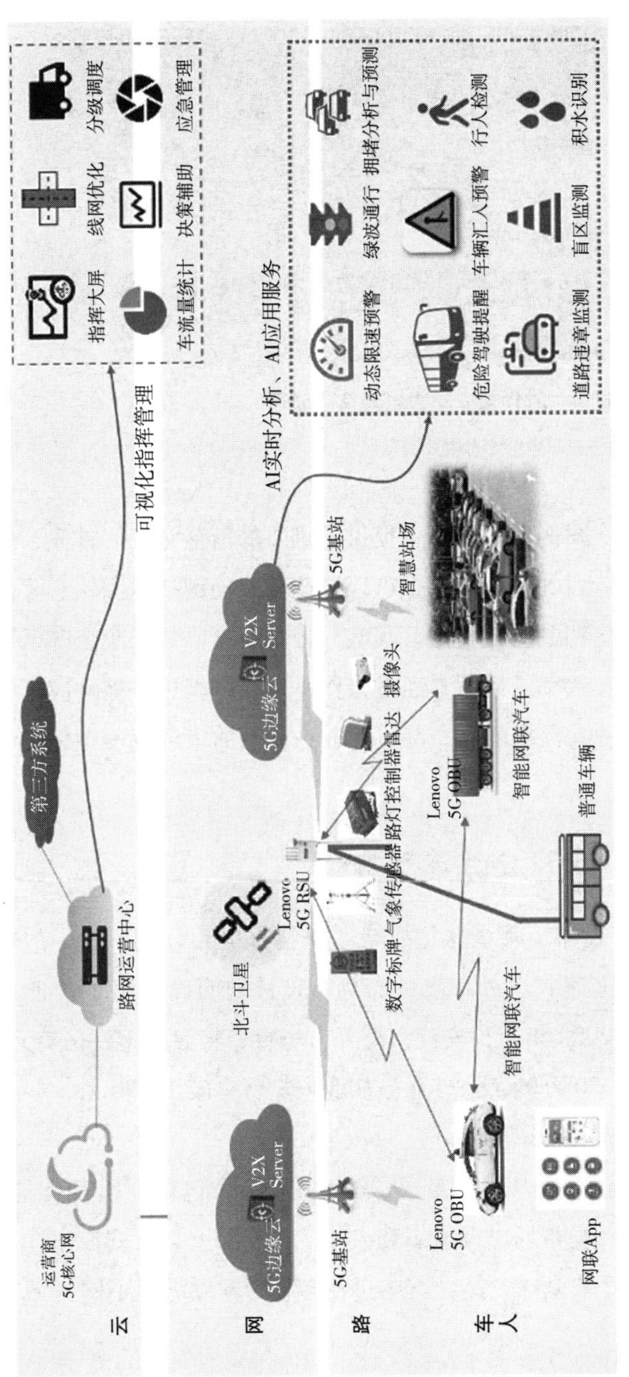

图 5　5G 车联网方案

资料来源：中国联合网络通信集团有限公司编《5G+MEC+V2X 车联网解决方案白皮书（2021）》。

图 6　时代长安动力电池有限公司

资料来源：时代长安动力电池有限公司官网。

长安汽车的这些合作案例为其他车企提供了重要的借鉴意义。首先，通过与科技企业和电池制造商的合作，车企可以快速获取关键技术和核心零部件，能加速产品的智能化和电动化转型。其次，合作还可以帮助车企降低研发成本和风险，提高研发效率。最后，通过合作，车企可以更好地响应市场变化，快速推出满足消费者需求的新产品，从而在激烈的市场竞争中保持领先地位。

（二）“海纳百川”——抢占全球市场先机

长安汽车在 2023 年发布了其全球化战略“海纳百川”计划，这一战略标志着长安汽车将全面加速其海外市场的布局。该计划明确提出了“四个一”的发展目标，即到 2030 年，长安汽车海外市场投资将突破 100 亿美元，海外市场年销量将突破 120 万辆，海外业务从业人员将突破 10000 人，并将长安汽车打造成世界一流的汽车品牌。①

“海纳百川”计划的核心内容涵盖了“五大布局”，包括产品和产能、品牌建设、营销服务、市场布局以及组织和人才。在产品上，长安汽车计划到 2030 年推出不少于 60 款全球产品，其中包括多种版本以满足不同区域市

① 资料来源：人民网。

场的需求。在产能上，除了在泰国布局产能，长安汽车还计划在欧洲、美洲等地建设制造基地。在品牌建设上，长安汽车将强化智能、低碳、设计的品牌形象，并通过增加广告宣传资源投入，提升品牌影响力。在营销服务上，长安汽车将构建 20 余个本地化营销组织，海外网点数量将突破 3000 家。在市场布局上，长安汽车将加快进入全球 90%以上的市场，并特别关注东盟和欧洲市场的进入。在组织和人才上，长安汽车将成立东南亚事业部、欧洲区域总部，并在美洲、非洲等区域建立区域总部，同时引进国际化人才，加大本地化人才培养力度。

此外，长安汽车在中东非市场的品牌焕新战略也体现了“海纳百川”计划的实施。长安汽车在中东非市场已经深耕三十年，累计销量突破 40 万辆。在沙特市场，长安汽车长期位列中国品牌销量第一。面向未来，长安汽车将继续与中东非伙伴合作共赢、拥抱科技创新、引领未来。

长安汽车的“海纳百川”计划不仅展现了其全球化发展的决心，也为其他车企提供了一个全面出海的参考案例。通过这一战略，长安汽车正在将自身的技术优势、产品创新和品牌影响力扩展到全球市场，致力于成为全球汽车产业的重要参与者。

B.11
赛力斯集团股份有限公司发展案例分析

田园　葛秋香*

摘　要：　赛力斯集团股份有限公司（SERES）是一家以新能源汽车为核心业务的科技型制造企业，成立于1986年，在发展中形成公司独有的竞争优势，是成渝地区双城经济圈智能网联新能源汽车产业的企业标杆，也是全国新能源汽车产业的翘楚。本报告以赛力斯集团股份有限公司为研究对象，通过对企业基本情况、产品与技术、产业链布局、市场营销与销售、商业模式与盈利模式、可持续发展以及公司发展过程中的重大事件的分析，展现赛力斯集团股份有限公司和华为等公司的跨界合作、产业链协同发展、持续创新和打造特色产品等发展内容，探究其发展经验，为成渝地区双城经济圈新能源车企的发展提供宝贵的借鉴经验，推动成渝地区双城经济圈智能网联新能源汽车产业的高质量发展。

关键词：　整车制造　三电技术　AITO问界　赛力斯集团

一　企业基本情况

（一）公司简介

赛力斯集团股份有限公司（以下简称“赛力斯集团”）始创于1986年，总部位于重庆，是一家以新能源汽车为核心业务的科技型制造企业，现

---

* 田园，博士，重庆工商大学成渝地区双城经济圈建设研究院专职研究员，副教授，主要研究方向为区域经济学、城市与可持续发展；葛秋香，重庆工商大学金融学院硕士研究生，主要研究方向为科技金融。

有员工 2 万人，是 A 股上市公司，是中国品牌 500 强之一。

其主要致力于新能源汽车、核心三电（电池、电机、电控）、传统汽车及核心部件总成的研发、制造、销售及服务，主要产品包括 AITO 问界系列高端智慧新能源汽车、蓝电新能源汽车、瑞驰电动商用车、风光 SUV 等。① 赛力斯集团秉承“推动汽车能源变革，创享智慧移动生活”的使命，深耕技术创新、专注技术自研，在三电技术、增程技术、电子电气架构和超级电驱智能技术平台（DE-i）方面处于领先地位，致力于为全球用户提供高性能的智能电动汽车产品以及愉悦的智能驾驶体验。此外，公司始终坚持创新驱动，坚持长期主义，坚持商业成功，建成的赛力斯汽车超级工厂以数字化、智能化、物联网为核心，采用先进的制造运营管理系统及制造工艺流程，以实时在线的响应方式，快速精准地进行规模化定制生产，执行严格的品控标准，关键工序实现 100% 自动化生产，以高水平智能制造实力为高质量交付赋能。

近年来，赛力斯集团在全球市场上也取得了卓越的竞争优势，积极融入新能源汽车的全球化发展进程，公司深刻践行“一切为了用户，超级奋斗，拥抱改变，诚信可靠，价值共享”的核心价值观，坚持“软件定义汽车、全心全意为用户服务”理念，由传统汽车向智能汽车、由传统制造向智能制造转型升级，追求高质量发展，追求绿色低碳，积极履行社会责任，主动参与公益捐赠、抗疫救灾、精准扶贫、乡村振兴等活动，为实现“成为全球智能汽车品牌企业”的愿景而努力前进。

（二）公司发展历程

1. 成立初期（1986~2002年）

赛力斯集团前身为“重庆巴县凤凰电器弹簧厂”，于 1986 年注册成立，产品以电器簧、微车坐垫簧等为主。1996 年，发展摩托车减震器业务，自主开发助力车减震器后向摩托车减震器生产转型。在 1996 年和 2002 年分别

---

① 资料来源：赛力斯集团官网。

成立重庆长安减震器有限公司、重庆新感觉摩托车有限公司，拓展车用减震器、摩托车等业务。

2. 汽车制造阶段（2003~2015年）

2003 年，渝安集团与东风汽车公司合资创立“东风渝安车辆有限公司”，进军汽车工业，合作经营传统车业务（SUV、MPV 等；对应报表端“微型汽车”）。2005 年，该公司第一辆东风小康微车在武汉上市。2007 年，成立重庆小康汽车集团有限公司开启乘用车业务。2011 年，重庆小康集团有限公司更名为重庆小康工业集团股份有限公司，此时公司主营业务已转型为微型车及其零部件的生产、销售。

3. 发力新能源（2016~2018年）

2016 年，成功于上海证券交易所挂牌上市，证券简称“小康股份”，证券代码为 601127. SH。同年，小康汽车大力投资 25 亿元开始发力新能源汽车方向，当年在美国硅谷成立 SF MOTORS（现 SERES 公司），吸引到特斯拉联合创始人马丁·艾伯哈德（雇期为 2017 年 10 月至 2018 年 7 月）等技术人才，积极开展新能源三电技术研发。2017 年，SF MOTORS 收购了一家位于印第安纳州的整车工厂（此前为奔驰 R 系列和悍马 H2 的整车工厂），同年，子公司重庆金康新能源汽车有限公司（现赛力斯汽车有限公司）拿到新能源汽车生产资质。2018 年，赛力斯集团开始建设新能源车高性能动力系统项目。

4. 华为合作阶段（2019年至今）

2019 年 1 月，小康股份与华为举行了全面合作签约仪式，双方将深入推动新能源汽车领域的合作。赛力斯集团首款新能源乘用车 SF5 于 2019 年发售。2021 年，赛力斯集团与华为深度绑定，加入华为智选模式，12 月联合发布新能源汽车品牌“问界”，英文名“AITO”。同月，AITO 问界的首款车型问界 M5 发布，并于次年 3 月开始交付。2022 年 7 月，赛力斯集团发布第二款量产车问界 M7 并于次月开始交付。问界 M7 定位 C 级中大型增程式 SUV。2022 年 8 月，赛力斯集团将证券简称由小康股份改为赛力斯。2023 年 4 月，问界智驾版发布上市并于 8 月开始交付。同年 9 月，问界新 M7 发布上市并开始交付。同年12月，赛力斯集团发布第三款量产车问界M9。问界M9定位D级大型豪华SUV，包含增程版和纯电版各两款共计四款车型。

复盘历史，赛力斯集团在从摩托车和传统车业务向新能源乘用车转型的过程中，积累了整车生产制造能力、动力总成研发和生产能力，同时拥有了新能源车生产资质，这些成为当前公司和华为合作的基础。

（三）公司发展现状及其前景

赛力斯集团作为中国新能源汽车市场的一支重要力量，其本身实力就较为雄厚，而赛力斯集团与华为的合作无疑是其发展的重要里程碑。借助华为的技术支持和品牌影响力，赛力斯集团推出的问界系列车型在市场上取得了不俗的成绩。特别是2023年，问界新M7的上市带动了公司销量的显著提升，4个月内订单量突破13万台，成为25万级新势力销冠。这一成绩不仅提升了赛力斯集团的市场地位，也为其带来了良好的财务表现。2023年，赛力斯集团各方面的营业收入达到了355亿~365亿元，同比增长4.09%~7.02%，市场表现积极向好。尽管销量和营收有所提升，赛力斯集团在2023年依然面临亏损的问题，净亏损约为21亿~27亿元，但相比2022年的38.3亿元，亏损幅度已显著收窄。[①] 赛力斯集团官方将亏损归因于高端智能电动汽车技术的研发投入、销售低迷以及市场促销力度的加大等因素。尤其是在产品研发和市场推广方面的持续高投入，使得公司在短期内难以实现盈利。

但是，赛力斯集团在智能电动汽车领域仍进行了持续投入，意在构建长期的技术和市场优势。赛力斯集团在2023年研发投入高达60亿元，同比增长20%，这一投入主要用于智能驾驶技术、电池技术以及车联网技术的研发。[②] 此外，赛力斯集团计划通过推出更多新车型，如2024款问界M5和问界M9，来进一步丰富产品线，提升市场竞争力。这些新车型的推出，有望

① 资料来源：汽车之家。

② 资料来源：《南方都市报》。

在 2024 年为赛力斯集团带来更大的市场份额和更好的财务状况。

赛力斯集团在发展过程中虽然面临财务亏损的挑战，但其与华为的成功合作、技术的持续投入以及新车型的推出，都为公司未来的发展带来了新的机遇。赛力斯集团有望在不久的将来实现财务状况的根本好转，并在竞争激烈的新能源汽车市场中占据一席之地。

二　产品与技术

（一）公司主要新能源汽车产品线

赛力斯汽车作为赛力斯集团旗下的新能源汽车品牌，专注于新能源电动汽车领域的研发、制造和生产。以下是赛力斯汽车的主要产品线。

1. AITO 问界系列

AITO 问界系列包括问界 M5、问界 M5 纯电版、问界 M7 以及问界 M9 等，华为赋能为 AITO 问界车型产品力提供了高质量保障，鸿蒙座舱使用体验处于行业领先位置，问界车型搭载鸿蒙 3.0 以及 HUAWEI MagLink 智慧屏系统，在流畅性及车内多屏幕协同能力等方面具备优势。与此同时，HUAWEI ADS 2.0 智驾系统搭载进阶融合感知系统，搭配超级鱼眼、毫米波雷达、激光雷达等整车感知硬件及高性能计算平台，为车主提供更大范围、更高精度、更快响应的驾驶辅助功能，致力于提供高性能的智能电动汽车产品和愉悦的智能驾驶体验。

2. 蓝电系列

蓝电系列主要包括蓝电 E3 和蓝电 E5 两款车型，它们分别定位于紧凑型 SUV 和中型 SUV，以高性价比和先进的技术配置吸引消费者。

蓝电 E3 作为东风风光 E3 的中期改款车型，在外观、内饰和动力系统上进行了全面的升级，配备了 10.25 英寸的全液晶仪表盘和中控触摸大屏，支持 HUAWEI HiCar 系统，实现了手机与车机的无缝互联。此外，智能驾驶辅助系统如自动驻车、陡坡缓降和 360 度全景影像等，为驾驶者提供了更加便捷和安全的驾驶体验。

蓝电 E5 则定位为一款中型 SUV，采用了比亚迪旗下的 1.5L 引擎和 DHT 300 电混系统，蓝电 E5 不仅在动力系统上表现出色，其内饰配置同样出色，配备了 7 英寸的全液晶仪表盘和 12.3 英寸的中控大屏，支持华为 HiCar 系统，为用户提供了智能化的驾驶体验。

（二）技术创新和研发投入

1. 赛力斯魔方平台

赛力斯魔方平台是赛力斯集团推出的一项核心技术平台，它以“全景安全、多元动力、百变空间、智慧引领”为核心特征，旨在为用户带来“好开、好用、超安全”的智能用车体验。以下是赛力斯魔方平台的一些关键技术和特点。

全景安全。赛力斯魔方平台应用了行业首创的“全景安全”体系，该体系基于 150 多种用车场景，开发了 200 余项安全功能，其中 40 多项安全技术处于行业领先水平，包括只检测不收集数据的隐私保护技术，以及一键删除车辆和云端双端数据的功能，充分保障用户隐私安全。

多元动力。赛力斯魔方平台是目前行业唯一能够兼容超增、纯电、超混三种动力形式的平台。最新的增程 5.0 系统热效率达到 45%，油电转换率高达 3.65kWh/L，即 1L 油可发电 3.65kWh。这种多元动力的兼容性为用户提供了更多的选择和灵活性。

百变空间。赛力斯魔方平台支持从 B 级到 D 级，从轿车到 SUV、MPV 的全尺寸、全车型拓展。此外，平台还可灵活搭载女王座椅、双腔空簧、后轮转向等豪华舒适配置，满足用户对全车型、全尺寸的个性化需求。

智慧引领。赛力斯魔方平台实现了 100% 的彻底 SOA，拥有超 1300 个 API 接口开放，可接入 5000 种以上应用。这种高度的智能化水平使得车辆能够实现千人千面的个性化设置，并且通过强大的 OTA 能力，实现常用常新。

技术创新。赛力斯集团在增程技术、电驱系统集成化方面展现出深厚的技术实力。例如，其高集成电驱七合一总成，电控体积降低 30%，整机减重 15%，最高系统效率达到 96%，有效提高了整车的性能表现和续航里程。[①]

2. 华为 DriveONE 三合一电驱系统

华为 DriveONE 三合一电驱系统（见图 1）是由赛力斯集团和华为合作推出的一款高度集成电动汽车动力系统，它将电机、电机控制器（MCU）和减速器三个关键部件集成在一起，实现了机械部件和功率部件的深度融合，通过这种一体化设计，提高了系统集成度和可靠性，降低了成本并提升了性能。它采用了先进的电机控制算法和高性能电机，在提供强劲动力输出的同时，实现了高效的能耗控制。此外，华为 DriveONE 三合一电驱系统采用了智能油冷技术，实现了电驱超小体积、超轻重量、超长寿命、超优性能，相比业界水冷电机，它采用了高速油冷电机，在相同功率和扭矩下，体积重量可减少 10%，有效降低了电机转子、定子的温度，提升了电机寿命。与此同时，系统峰值功率覆盖 150kW、220kW 和 270kW，可适配 A0～C 级车型需求，支持融合 BMS 软件算法，能够广泛适配企业的各种主要产品。[②]

图 1　华为 DriveONE 三合一电驱系统

资料来源：华为官网。

---

① 资料来源：赛力斯集团微博。

② 资料来源：华为官网。

3. 赛力斯超级电驱智能技术平台（DE-i）

赛力斯超级电驱智能技术平台（DE-i）是赛力斯集团推出的一项创新技术，它为新能源汽车提供了高效、智能的能源解决方案。该平台的核心优势在于其智能增程控制系统、高效节能特性以及卓越的 NVH 性能，能够自动识别 864 种场景，通过智能算法提前预判驾驶意图，实现全域全季的适应能力，同时，DE-i 平台基于总成效率 map 和 NVH map，结合整车实际运行工况和使用场景进行策略寻优，开发包含启停策略和不同工况条件下的行车发电策略，以 NVH 性能优先原则确定最佳的发电控制策略，实现 NVH 效果最优，确保车辆在各种路况和环境下都能提供卓越的驾驶性能和舒适体验。[①]

4. 赛力斯 SEP200电机

赛力斯 SEP200 电机是赛力斯集团与华为合作开发的一款高性能电机，赛力斯 SEP200 电机与华为 DriveONE 三合一电驱系统组成的双电机智能四驱动力组合，提供了强大的动力输出和优异的加速性能。其综合最大功率可达 550 马力（405 千瓦），峰值扭矩为 820 牛・米，使得赛力斯华为智选 SF5 车型的 0~100km/h 加速时间仅需 4.68 秒，0~50km/h 加速更是仅需 1.99 秒。搭载赛力斯 SEP200 电机的赛力斯华为智选 SF5 在满油满电状态下的 NEDC 综合续航里程超过 1000 公里，有效解决了新能源汽车用户的里程焦虑问题。而且，虽然动力强劲，但赛力斯华为智选 SF5 的油耗并不高，其纯电续航里程有 180 公里，工作日日常通勤可以实现“0”油耗，长途出行时的油耗也不超过 0.063L/km。[②]

三　产业链布局

（一）上游产业链布局情况

赛力斯集团作为中国新能源汽车市场的重要参与者，其上游产业链的发

① 资料来源：赛力斯集团官网。

② 资料来源：赛力斯集团官网。

展状况对于公司的整体运营和未来发展至关重要，上游产业链主要包括原材料供应、零部件制造和技术研发等环节。

1. 原材料供应

新能源汽车的核心部件之一是电池，而电池的主要原材料包括锂、钴、镍等。赛力斯集团与多家国内外原材料供应商建立了稳定的合作关系，确保了原材料的稳定供应。例如，与澳大利亚的锂矿企业签订了长期供应协议，有效降低了原材料价格波动对公司成本的影响。此外，赛力斯集团还积极探索回收利用废旧电池中的金属材料，进一步降低了原材料成本并提升了环保形象。

2. 零部件制造

在零部件制造方面，赛力斯集团采取了垂直整合的策略，通过自建和收购的方式，掌握了关键零部件的生产技术。例如，公司在 2023 年收购了一家专注于电机和电控系统的企业，实现了核心零部件的自产自销。这不仅提高了产品的质量和性能，还有效降低了生产成本。同时，赛力斯集团与国内外多家零部件供应商保持着良好的合作关系，确保了非核心零部件的供应稳定性和多样性。

3. 技术研发

赛力斯集团高度重视技术研发，不断加大研发投入力度。公司在国内外设立了多个研发中心，会聚了一批高水平的研发人才，赛力斯集团在电池技术、电机控制、智能驾驶等领域取得了多项突破性成果，部分技术已达到国际领先水平。尤其是与华为公司的强强联合，加强了技术研发合作交流，促进了新能源汽车新技术的研发和突破。

高效的供应链管理是保障上游产业链稳定运行的关键。赛力斯集团引入了先进的供应链管理系统，实现了从原材料采购到产品交付的全流程数字化管理。通过大数据分析和人工智能技术，公司能够精准预测市场需求，优化库存管理，提高供应链的响应速度和效率，此外，赛力斯集团还与物流合作伙伴建立了紧密的合作关系，确保了零部件和成品的及时、安全运输。

赛力斯集团对于上游产业链的布局具有明确的发展方向，展现了强大的发展潜力，这为公司的可持续发展奠定了坚实的基础。

（二）中游产业链布局情况

中游产业链作为连接上游原材料供应和下游终端市场的桥梁，其发展状况直接关系到企业的竞争力和可持续发展能力，而新能源汽车产业链的中游环节主要涉及整车制造。赛力斯集团也根据产业发展现状，结合自身需要和特点进行了中游产业链的布局。

目前，赛力斯集团在重庆布局了三大汽车智慧工厂，为产品交付保驾护航。两江和凤凰智慧工厂依据工业 4.0 的标准建造，分别负责问界 M5、问界 M7 的交付，年产能约 15 万辆。其中，两江智慧工厂关键工序实现 100%自动化，获评 2021 年重庆“灯塔工厂”。

2024 年 2 月，赛力斯汽车超级工厂正式投产，致力于打造全球领先的新能源汽车智能制造基地，进一步推动赛力斯集团新能源汽车整车制造能力的提升。赛力斯汽车超级工厂拥有超 3000 台机器人智能协同，机器人数量行业第一，焊装车间及喷涂车间自动化率高达 100%，关键工序实现 100%自动化，该工厂最快可实现 30 秒下线一台车，达到行业最高水平，有效保障了车辆的高品质、高可靠性和生产的高效率。工厂还引入了 7700T 伺服压机+单臂机械手+零件自动装框+整线封闭的行业顶流生产线配置（见图 2），既确保了零部件质量的稳定性、一致性，也极大地提高了整车的生产效率。[①] 9000T 一体化压铸工艺作为赛力斯集团智能制造的核心技术之一，包含高度集成化的一体式压铸设计，可大量减少零部件及零部件之间的连接，提高车身的整体刚度和强度（见图 3）。

赛力斯汽车超级工厂的建立与投入使用，提升了赛力斯集团的整车制造能力，有效降低了整车制造成本，提高了产出效率，通过优化中游产业链布局，加快了整个产业链条的运转，发挥了强有力的桥梁作用。

---

① 资料来源：央广网。

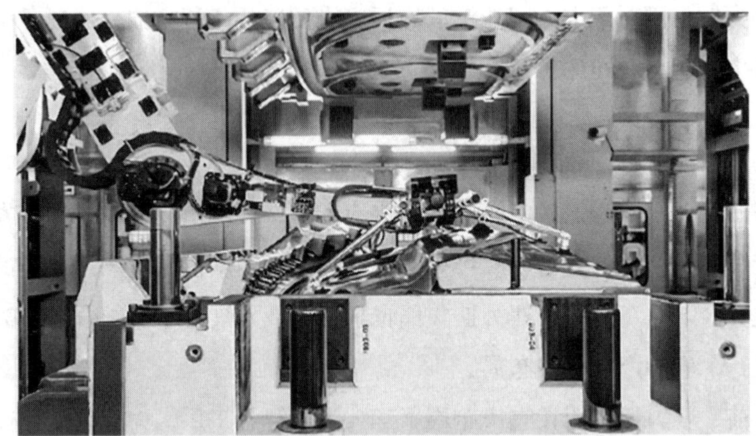

图 2　7700T 伺服压机+单臂机械手+零件自动装框+整线封闭生产线

资料来源：赛力斯集团提供。

图 3　9000T 一体化压铸工艺

资料来源：赛力斯集团提供。

（三）下游产业链布局情况

赛力斯集团作为中国新能源汽车领域的重要参与者，在产业链下游的发展方面展现出显著的活力和潜力。产业链下游主要涉及产品销售、售后服务以及市场拓展等环节，赛力斯集团在这几个方面的表现均值得关注。

1. 产品销售方面

赛力斯集团凭借其主打产品——赛力斯华为智选 SF5 以及后续的问界 M5、问界 M7 等车型，成功吸引了大量消费者的注意。这些车型不仅在技术上具备竞争力，而且在设计上也充分迎合了现代消费者的审美需求，通过与华为等知名企业合作，赛力斯集团进一步提升了产品的智能化水平，从而在激烈的市场竞争中占据了一席之地。2023 年，赛力斯集团营业收入为 358.42 亿元，同比增长 5.09%，其中 2023 年第四季度营业收入为 191.62 亿元，同比增长 74.49%，环比增长 239.28%。如图 4 所示，主要系 2023 年新能源汽车销量为 15.18 万辆，同比增长 13.08%，其中 2023 年第四季度新能源汽车销量为 8.36 万辆，同比增长 90.43%，环比增长 256.81%。营业收入和新能源汽车销量均创历史新高。2024 年第一季度营业收入为 265.61 亿元，同比增长 421.76%，环比增长 38.61%。主要系 2024 年第一季度新能源汽车实现销售 9.48 万辆，同比增长 374.77%，环比增长 13.46%，单季度新能源汽车销量，再创历史新高。

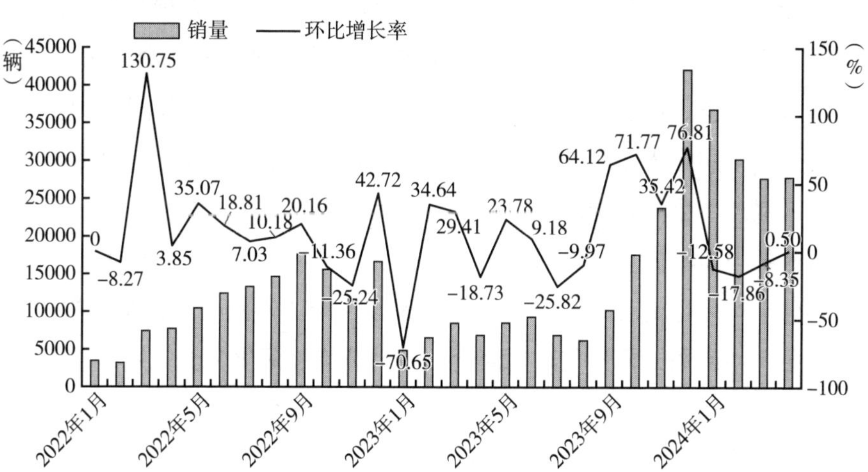

图 4　2022~2024 年 4 月赛力斯集团主要系新能源汽车数据

资料来源：赛力斯集团官方网站。

2. 售后服务方面

赛力斯集团致力于构建完善的客户服务体系。在全国范围内设立了多个服务中心和维修站点，确保消费者能够在购车后享受到及时、有效的服务支持。此外，赛力斯集团还积极推行线上服务，通过官方网站和移动应用程序提供在线咨询、预约维修等服务，极大地方便了用户。

3. 市场拓展方面

赛力斯集团不断探索新的市场机会。面对新能源汽车市场的快速增长，赛力斯集团积极布局国内外市场，通过参加各类国际车展和行业论坛，提升品牌的国际影响力。同时，赛力斯集团还与多家企业达成战略合作，共同推进新能源汽车的普及和应用。

赛力斯集团在产业链下游的发展状况良好，产品销售稳步增长，售后服务体系日益完善，市场拓展成果显著。未来，随着技术的不断进步和市场的进一步开拓，赛力斯集团有望在新能源汽车领域取得更大的突破。

（四）产业链整合协同情况

新能源汽车作为全球汽车产业转型升级的重要方向，发展过程中体现出对多领域交叉协同的需求，产业链广泛涉及多个环节，以新能源车企为核心，在政府支持、市场需求和技术创新的共同推动下，取得了显著的发展成果。赛力斯集团作为新能源汽车产业的标杆之一，通过推动产业链的整合协同水平，提高了公司新能源汽车的创新水平、产出效率、产品质量和销售水平，这是赛力斯集团从数量众多的新能源汽车公司中脱颖而出的关键所在。

构建全产业链生态系统是赛力斯集团实现产业链整合协同的主要抓手。赛力斯集团与产业链伙伴如宁德时代、博世等持续深化合作关系，构建了一个开放包容、相互依存、共同进化的全产业链生态系统，通过集成化供应链创新业务架构，实现了供应链体系的规模化、敏捷化、精益化，为赛力斯集团新能源汽车供应链的稳定发展提供了坚实的保障。此外，赛力斯集团与华为等知名企业建立了深度合作关系，共同打造了融合品牌问界，这种跨界合作模式不仅促进了技术交流和资源共享，还为产业链上下游企业提供了新的合作机会，同时也为新能源汽车产业的进一步发展提供了指导方向，推动了产业链生态系统的建设。就赛力斯集团本身而言，其自主研发的魔方平台，展现了公司在技术创新方面的深厚实力，这些技术进步不仅提升了赛力斯集团产品的竞争力，也为产业链上下游企业提供了技术支持，也体现出赛力斯集团产业链协同发展理念。

人才、政策与行业整合也是赛力斯集团实现产业链整合协同发展的主要举措。赛力斯集团推出了员工持股计划，旨在激励公司董事、监事、高级管理人员、核心骨干人员等，以留住人才，巩固团队的凝聚力，此外，赛力斯集团响应国家专业人才培养政策，实施了“2024 届大学生人才培养计划”，吸引了大量来自著名高校的毕业生，以及海外名校的学生，公司精心设计了为期一年的培养计划，通过集中培训、车间实习、定岗培养等多个阶段，帮助新入职的大学生快速适应职场环境、掌握专业技能、提升综合素质，为赛力斯集团的创新团队提供了优质的人才储备。与此同时，赛力斯集团积极响应国家碳达峰、碳中和重大战略目标，推动绿色低碳发展，共建美丽中国。公司发展基本法明确了绿色低碳发展路线，即围绕绿色设计、绿色采购、绿色制造、绿色物流、绿色营销和回收利用，打造绿色低碳产品。公司结合每个制造基地的特点，因地制宜制定节能降耗措施，开发绿色低碳能源，利用厂房屋面投入大量资源推进光伏建设，积极推广可再生能源使用；依托“工业互联网+绿色低碳”应用场景，公司建设碳管理数字化平台，打通供应链管理、能源数字化监测、碳排放管理等系统，实现企业碳排放、整车碳足迹、供应链碳追溯等碳信息披露功能，推动绿色产业链的发展。

新能源汽车产业链整合协同发展是当前新能源汽车产业开启新一轮发展的必要途径，赛力斯集团通过对自身产业链整合协同的建设不仅推动了公司长远发展，也为新能源汽车产业的高质量发展提供了重要借鉴经验。

四　市场营销与销售

（一）品牌合作

赛力斯集团与宁德时代、华为和博世等公司的合作，不仅限于新能源汽车技术领域的合作，还涉及市场营销领域的合作，其中效果最为显著的莫过于赛力斯集团与华为的合作。赛力斯集团与华为合作开发了问界系列产品线，问界系列整合了赛力斯集团在整车制造上的硬件优势和华为在新能源汽车智能生态驾驶系统上的软件优势，使得问界产品系列一经推出，便迅速拿下了中国高端新能源汽车销量的第一。一方面，两者的强强联合真正实现了高端新能源汽车的打造，也使得该系列产品凭借着两大品牌的影响力吸引了巨大的关注，满足了消费者对于高端新能源汽车的真正需求；另一方面，两者的合作也推动了两者线上和线下销售渠道的结合，实现了优势互补，赛力斯集团在全国重要城市和地区积极进行了门店布局，具备新能源汽车授权专卖店，能够为客户提供线下驾驶体验以及完善的售后服务，减轻了消费者购车后维修的后顾之忧，华为作为一个常年在线上耕耘的企业，已经建成了一张全面的线上销售网络，通过自身的线上销售渠道，补全了赛力斯集团在线上销售板块的缺口，实现了线上和线下销售的有机结合，进一步深化和完善了产品的市场营销策略的建设。

（二）渠道建设

一方面，赛力斯集团通过线上线下相结合的方式，实现了品牌曝光度的最大化。线上渠道通过与互联网大平台合作，利用线上发布会、线上预售和网络媒体合作等方式，向更倾向于线上获取信息的年轻人进行产品推广，从而覆盖更广泛的用户群体，实现产品的线上引流，提升品牌知名度；线下渠道能够提供真实的体验，通过线下门店提供新产品试驾服务，帮助客户更好了解产品特色的智能化功能和优越的产品性能，从而增强用户对品牌的认知和信任。另一方面，赛力斯集团的市场营销渠道多样化，能够满足不同用户的需求。官方网站提供全面的产品信息和在线咨询服务；社交媒体平台能够与用户进行互动，提升用户参与度；电商平台提供便捷的购车渠道；品牌体验中心和授权经销商能够提供真实的体验和专业的服务。

赛力斯集团通过整合线上线下资源，实现渠道间的协同效应，通过线上渠道引导用户到线下体验和购车，通过线下渠道收集用户反馈，优化线上渠道服务，这样互联互通的渠道建设是赛力斯集团市场营销与销售获得成功的重要抓手。

五　商业模式与盈利模式

（一）商业模式

1. 跨界融合，创新驱动

赛力斯集团的商业模式核心在于跨界融合和创新驱动。与华为的合作是这一模式的重要体现，双方共同打造的AITO问界系列车型迅速取得了市场的认可。华为不仅提供了智能驾驶、智能座舱等关键技术，还通过其品牌影响力和销售渠道为赛力斯集团带来了额外的市场优势。这种合作模式充分发挥了双方在各自领域的优势，实现了“1+1>2”的效果。

此外，赛力斯集团在技术创新方面也毫不懈怠。公司持续加大研发投入力度，特别是在三电技术、增程技术、电子电气架构和智能制造等方面，保持行业领先地位。例如，赛力斯集团自主研发的超级电驱智能技术平台（DE-i），实现了多技术路线的兼容，奠定了行业增程路线的开拓者和领导者地位。这种技术领先优势不仅提升了产品竞争力，也为公司赢得了更多的市场份额。

2. 品牌建设，找准定位

赛力斯集团致力于打造一个智慧豪华的汽车品牌，其旗下的AITO问界系列车型凭借“传统豪华+科技豪华”的理念，不断重塑汽车豪华新定义，为用户带来领先的智慧出行体验。赛力斯集团通过与华为等知名品牌合作，利用它们的技术和市场影响力，提升自身的品牌知名度和市场认可度，赛力斯集团将汽车品牌定位于高端市场，其AITO问界系列车型的价格区间在25万~60万元，重点发力B~D级别SUV车型。公司坚持软件定义汽车，将智慧深度融入产品，打造智慧产品、智慧安全与智慧服务全价值链的科技赋能体系，提供全新的豪华体验，满足用户最根本的豪华需求。

此外，赛力斯集团还积极拓展海外市场，目前汽车已出口到欧洲、美洲、中东、东南亚、非洲等多个国家和地区，累计出口整车超过 50 万台。公司计划通过构建增程+纯电技术路线、智能、安全等方面的差异化竞争优势，以及积极发力高端车型的本地化工作，全面助力 AITO 问界成为国际新豪华品牌。

（二）盈利模式

1. 规模效应，成本控制

赛力斯集团的盈利模式主要依赖于规模效应和成本控制。根据赛力斯集团官网数据及年报，随着 AITO 问界系列车型的热销，公司销量大幅增长，2024 年第一季度新能源汽车销量达到 94825 辆，同比增长 374. 77%。销量的增加带来了显著的规模效应，使得单位成本下降，毛利率提升至 21. 5%。在成本控制方面，赛力斯集团通过智能化生产提高效率，例如，其汽车超级工厂运用行业首创的质量自动化测试技术，实现 100%质量监测追溯，并率先应用行业领先的 9000T 一体化压铸工艺，有效实现生产的高效化、轻量化、高安全性。此外，赛力斯集团在研发方面的投入也持续增加，2023 年研发投入达到 44. 38 亿元，占营业收入的 12. 38%，这种高强度的研发投入有助于公司在长期内保持技术领先和成本优势。

2. 持续创新

赛力斯集团高度重视技术研发，不断推出新技术和新产品以满足市场需求。技术创新是提升产品竞争力和盈利能力的关键。一方面，持续的技术创新能够加快产品的技术更新，通过不断引入先进的智能汽车技术，丰富新能源汽车功能，优化行车体验，迎合消费者的需要，提升产品的附加值和市场竞争力，助推赛力斯汽车在竞争激烈的新能源汽车市场中脱颖而出，实现盈利能力的显著提升；另一方面，在完善完成对创新技术的知识产权保护的情况下，可以以部分创新技术为基础，向其他新能源产业公司提供新能源汽车相关技术服务和技术研发方案，从而获取技术服务收入，这种持续的技术创新也是赛力斯集团保持优秀盈利态势的重要组成部分之一。

（三）过程中的挑战与机遇

虽然赛力斯集团目前的商业模式和盈利模式取得了显著成效，但仍面临一些挑战。例如，华为智选车模式虽然为赛力斯带来了技术和市场优势，但也使得公司在一定程度上依赖于华为的品牌和技术。未来，赛力斯集团需要进一步增强自身的品牌影响力和技术研发能力，以实现更独立和可持续的发展。此外，随着新能源汽车市场的竞争日益激烈，赛力斯集团需要不断推出具有竞争力的新产品，以满足消费者多样化的需求。公司计划通过共建联合创新中心、推出旗舰新品等措施，继续加强技术创新和市场拓展。

赛力斯集团通过跨界融合和创新驱动的商业模式，以及规模效应和成本控制的盈利模式，成功实现了业绩的快速增长和扭亏为盈。未来，赛力斯集团需要继续加强技术研发和品牌建设，以应对市场竞争的挑战，实现可持续发展。

六　可持续发展

在赛力斯集团所公开的《2023 年度环境、社会及管治（ESG）报告》中，赛力斯集团出于对可持续发展议题的识别、评估和管理的重视，形成了实质性议题矩阵，将影响企业可持续发展的因素分为环境、管治与社会议题三大类。

（一）环境议题

2023 年，国家首次提出“新质生产力”这一全新概念，指明了新发展阶段激发新动能的决定力量，以“新”提“质”、以“质”催“新”，明确了构筑国家竞争新优势的关键着力点。“新质生产力”具有高科技、高效能、高质量的特征，意味着“新质生产力”必然是环境友好型、资源节约型的绿色生产力。赛力斯集团积极响应“新质生产力”这一重要指引，秉承“推动汽车能源变革”的企业使命，践行绿色发展理念，不断培育发展新质生产力的新动能，为行业及全社会的绿色低碳转型做出突出贡献。

1. 绿色技术与产品

赛力斯汽车超级工厂结合新能源车型停车用电需求，利用园区空地建设1.88万平方米光储充一体化BIPV停车场，实现一站式停车、发电、储电、充电，最大程度利用厂区空间，实现经济效益与生态效益双赢的局面。公司在智慧工厂车间屋顶与车棚区域屋顶建设屋顶光伏电站，成功打造"光伏+造车"零碳造车新示范，实现高效发电，预计平均每年发电1584万度，25年累计发电39613万度，每年可节约标煤5070吨，减少二氧化硫排放量约475吨，减少二氧化碳排放量约13284吨。"光伏+造车"作为打造零碳工厂的新路径，不仅能有效利用绿色能源造车，实现节能减排，更是加速碳减排的最佳途径。

此外，工厂前瞻性地应用环境友好技术，以前置性环保技术减排实现涂装环节挥发性有机物（VOCs）排放处理率达100%、前处理薄膜工艺实现磷镍零排放、全球领先工艺减少VOCs排放约20%、纯电无人驾驶重卡实现园区运输零碳排放、污水处理站中水回用量高达20万吨/年。

2. 气候变化应对

赛力斯集团为响应全球能源转型趋势与国家"双碳"目标，不断完善气候变化治理架构和战略规划，主动识别气候风险与气候机遇，践行气候行动，明确气候目标，持续提升对气候变化的适应与抵御能力，同时持续探索前沿低碳技术，将绿色低碳理念纳入产业链生态的建设中，持续提升碳管理能力，积极探寻低碳发展之路。赛力斯集团在各工厂制定碳减排目标，开展相应减排行动，降低资源能源消耗，切实支持环境及气候改善，为实现公司绿色低碳发展及国家"双碳"目标积极贡献力量。公司积极制定碳排放管理目标，设定企业碳减排强度目标为逐年下降3%~5%。2023年，公司碳排放强度实际同比下降26.34%，已达成年度目标。其中两江智慧工厂实现-18.7%，双福工厂实现-9%，小康动力渡舟工厂实现-36.7%，均超额达成目标。

3. 资源利用与排放物管理

赛力斯集团始终坚持以“轻量化、再利用、资源化”为原则，在产品设计和制造过程中融入可持续研发理念，优先使用可再生、可回收、易回收、再利用、无污染的环境友好型材料，重视对有害物质的管控。赛力斯集团对汽车采用轻量化设计，在加快技术迭代和绿色材料研发能力提升的同时，有效降低产品能耗，致力于从原材料环节实现节能减排。此外，公司全面推动能源管理体系化建设，制定完善的管理制度文件，设立自身的节能减碳计划，采用多种节能技术，降低生产过程中的碳排放。

（二）管治议题

1. 合规经营与风险管理

赛力斯集团进一步修订《赛力斯集团股份有限公司章程》，以保障公司依法规范管理、合规经营，不断完善公司治理架构，在原有董事会下设的四个专门委员会基础上，于2023年增设ESG委员会，进一步明确和界定董事会与各委员会的职责及分工，以促进公司稳健高质量发展。

赛力斯集团深度践行“强内控、防风险、促合规”的治理理念，将风险管控机制融入战略制定与实施、经营目标设定与执行以及资源配置和绩效管理过程中，并以《全面风险管理制度》《内部控制管理制度》等内部规范为导向，构建并不断优化“三线模型”风险管控机制，切实增强风险管控能力，实现风险管理全面覆盖、全员参与和全程管控，为公司的长远发展提供坚实保障。

赛力斯集团基于风险分类框架和风险评估标准，从战略风险、市场风险、运营风险、财务风险、法律风险和社会责任风险六个方面，定期开展内外部风险识别工作，针对不同类别和影响程度的风险事项制定差异化应对策略，并根据评估结果持续完善风险管理流程，实现风险治理的闭环管控。赛力斯集团亦将ESG风险管控措施融入公司内部控制和风险管理体系之中，优化和整合风险审查与资源配置，提升在可持续发展领域的风险应对和管控能力。

2. 商业道德

赛力斯集团坚守商业道德核心价值观，构建《反腐败制度》《内部监察制度》等内部管理体系，全面覆盖公司各职能部门、下属子公司和设立的其他机构，以规范和约束全体员工合规行为，共同维护公司的廉洁与公正。为深入推进公司内部廉政建设，赛力斯集团建立由董事会监督、监察总部管理，包括人资总部、党工后勤总部及内控审计总部在内的多个职能部门配合执行构成的商业道德治理体系，由董事会作为最高层级监督公司的商业道德及反腐败相关事宜。

赛力斯集团内部审计部门每年组织开展业务审计工作，在审计过程中合理关注和评估可能存在的商业道德及反腐败方面的风险和问题，并督促责任部门制定适当、有效的内控机制及切实可行的整改措施，实现风险问题闭环管理。

（三）社会议题

1. 信息安全与隐私保护

赛力斯集团制定并修订了涵盖一阶手册章程、二阶程序文件、三阶操作指导书以及四阶表单记录模板在内的 166 份信息安全与隐私保护管理体系文件，如《信息安全事件管理办法》《赛力斯供应商企业网络与数据安全保护要求》《人员信息安全管理办法》等，形成了层次清晰且内容详尽的信息安全及隐私保护制度管理体系。其适用范围包括涉及信息安全与隐私保护的所有员工、供应商及第三方合作伙伴等。赛力斯集团持续完善信息安全管理架构，增设了网络与数据安全专委会作为公司信息安全领域的最高决策机构，并由赛力斯集团总裁担任专委会主任，委员由各业务单位负责人和 IT 与网络数据安全总部部长构成，全面指导和监督公司信息安全工作。同时，为保障数据安全策略的有效实施和日常运营，赛力斯集团确立了 IT 与网络数据安全总部为数据安全管理与执行部门，由部长全面统筹数据安全相关工作并定期向总裁汇报工作进展，有效保障公司安全运营水平。

2. 科技创新与知识产权保护

赛力斯集团积极与科研机构和行业协会开展产学研合作与技术交流，广泛参与科研项目研究以及行业标准制定工作，携手合作伙伴推动产业创新蓬勃发展，具体包括校企协同创新、产业合作研究、加入产业联盟以及国家课题研究。

根据赛力斯集团官网数据，2023 年，赛力斯集团研发投入累积 44.38 亿元，相较于 2022 年增长 42.90%，截至 2023 年末，研发人员累积 4955 人，占全体员工的 30.77%。此外，赛力斯集团申请专利 2000 余项，其中发明专利占比为 69%，新增专利授权 575 项、商标授权 150 项、著作权 21 项，汽车发明专利授权量同比增长 88.00%，公开专利数同比增长 407.76%，增速排名为自主整车集团第一。

赛力斯集团高度重视知识产权保护工作，制定《专利管理办法》《科研成果及获奖管理办法》《公司商标管理办法》等内部制度，将知识产权保护工作落实到生产运营的各个环节。同时，赛力斯集团关注知识产权侵权风险，对自主研发和合作伙伴的专利侵权风险进行全面识别，避免侵犯他人的知识产权。为更好地推进专利侵权风险排查工作，赛力斯集团还开展了线上和线下“专利侵权分析说明”专场培训，有效营造规范的创新研发氛围。

3. 产品质量与安全

赛力斯集团搭建以《赛力斯汽车质量手册》为核心的质量制度体系，建立并落实覆盖产品研发、产品制造、部件供应、销售与服务四大核心业务的 SQOS 质量管理体系。2023 年，赛力斯集团新增、优化和删减质量制度流程文件共计 181 份，确保质量管控的适应性和有效性。截至 2023 年底，赛力斯集团通过 ISO 9001：2015 或 IATF 16949：2016 质量管理体系认证的工厂为 100%

赛力斯集团将产品安全视为汽车产品的核心元素，以保障用户安全为使命，将产品安全理念融入从设计到生产制造的每一个环节。赛力斯集团使用“软硬件协同+动静态检验+自动化检测+AI 技术”的产品检测体系，从用车安全、主动安全、被动安全、动力与能源安全、网络与数据安全、功能安全、健康安全、低压安全、整车健康安全监测系统九大安全领域出发，搭建

“全场景智慧安全体系”，全方位守护用户用车安全。

4. 员工培训与发展

赛力斯集团制定《赛力斯集团股份有限公司招聘管理制度》《人力资源制度管理汇编》《员工手册》等内部制度，努力确保所有员工享有公平的工资待遇、职业发展机会和安全健康的工作环境。赛力斯集团致力于为员工提供多元化的发展机会和路径，以满足不同的职业发展需求和兴趣，采用六层十八级的职级划分模式，同时配套“管理通道”和“专业通道”两条晋升通道，以帮助不同员工清晰地了解自己的职业发展轨迹。

赛力斯集团制定《薪酬管理制度》，按照基本工资、岗位工资、绩效工资、津补贴等多个工资项，为员工提供生活保障，并采用月度绩效、年度绩效的方式激励员工，确保员工绩效体现个人工作表现。此外，赛力斯集团重视倾听员工意见，为员工提供多元化的沟通渠道，已设有意见箱、投诉邮箱、投诉电话、申诉平台、员工座谈会等多个沟通渠道。赛力斯集团定期开展员工敬业度调查，及时了解员工对工作环境、工作流程、工作资源等各方面的反馈和意见，于 2023 年进行覆盖超 1. 2 万人的敬业度调查，调查结果显示公司 2023 年敬业度分值为 67. 5 分，在行业属于中上水平。

5. 客户服务与满意度

赛力斯集团针对 AITO 问界用户构建整车及核心零部件售后保障机制，面向车主提供免费首保、超长质保、终身道路救援等保障权益；围绕用户出行场景，通过“智能化、精准化、个性化、专属化”服务，为用户提供愉悦的出行解决方案。赛力斯集团制定全套服务流程，并对流程中的两信一电、快速环检、贴心回访等 16 个要点规定操作规范，并将回访率、服务满意率、客诉及时响应率等指标与员工薪酬直接挂钩。通过规范化的方式，竭力为客户提供最专业的服务。

赛力斯集团制定《交付满意度调研明细》《服务满意度调研明细》等一系列满意度调查制度，定期开展用户满意度调查并形成《满意度分析报告》《满意度问题跟进表》等文件。2023 年，赛力斯集团依托赛力斯汽车 App 和 AITOApp 推送用户满意度调查问卷，结果显示用户服务体验满意度达

98.13%，交付满意度达 97.55%，均处于行业领先水平。

6. 社区公益

赛力斯集团坚持在自身发展的同时，主动履行社会责任，积极响应国家乡村振兴战略，重点推动教育事业发展，并开展各类公益活动，以实际行动为社区发展做贡献。

赛力斯集团积极支持国家政策，持续开展消费扶贫等帮扶活动为促进乡村经济发展和人民生活幸福贡献力量。2023 年，赛力斯集团在重庆市奉节县、巫溪县采购大米、红枣、腊肉等助农产品，总计价值 263.13 万元。赛力斯集团持续关注社区教育、体育领域的发展，与社区所在地学校、政府等合作，以公益帮扶的方式为社区发展贡献力量。2023 年，赛力斯集团继续在重庆一中实施“赛力斯汽车英才”（原“小康英才”）计划，捐赠 150 万元助力重庆本土拔尖创新人才培养，帮助品学兼优、家境贫寒的学子完成高中学习。此外，赛力斯集团还通过重庆市慈善总会向重庆市武隆区捐赠 100 万元用于支持当地体育事业发展，主动开展各类志愿活动，持续为社区带来温暖。2023 年，公司共 1200 余人成为志愿者，开展志愿活动 300 余次。

七　公司发展过程中的重大事件

赛力斯集团从一个电器弹簧厂发展至如今新能源汽车产业中的庞然大物，其间经历过许多的波折，但是公司秉持创新发展理念，坚持技术创新，取得了一次又一次的进步，因此在这个过程中推动公司重大发展变化的事件是值得我们去关注的，这是赛力斯集团践行自身发展理念的具象体现，具体事件如下所示。

赛力斯集团与华为的合作始于 2019 年，双方于 2021 年共同打造了 AITO 问界品牌，于 2021~2023 年联合设计了问界 M5 和 M7 车型，在 2024 年 8 月 23 日，赛力斯集团与华为签订协议，赛力斯集团入股引望，双方升级为“业务+股权”的全面合作。赛力斯集团与华为的合作最初聚焦于智能化和电动化技术的融合。华为凭借其在 5G、人工智能和物联网领域的先进技术，为赛力斯集团提供了强大的技术支持。而后，赛力斯集团耗资 115 亿元收购了华为持有的深圳引望智能技术公司 10%的股权，[①] 标志着双方的合作从业务层面扩展到了股权层面，该公司作为华为智能汽车解决方案的重要载体，负责整合华为在智能驾驶、智能座舱和智能车云等领域的核心技术。这次股权合作不仅加强了双方的合作关系，还为赛力斯集团在智能汽车领域的发展提供了更坚实的技术保障。从最初的跨界合作到现在的股权合作，预示着赛力斯集团与华为计划在技术研发、产品创新和市场拓展等多个领域展开更紧密的合作，两者正携手共进、共同推动智能汽车产业的发展。

2022 年 9 月 17 日，赛力斯集团与重庆两江新区管委会签订战略合作协议。赛力斯新能源汽车升级项目将入驻重庆两江新区龙兴新城智能网联新能源汽车产业园，这是一个以数字化、智能化为核心驱动，结合大数据、物联网等新技术，运用数字孪生技术搭建的智能化生产基地。双方将共同致力于新能源汽车技术的研发和创新，以及产业结构的优化和升级。此次合作将助力重庆打造世界级智能网联新能源汽车产业集群，共同推动重庆新能源汽车产业的发展。赛力斯新能源汽车升级项目于 2023 年第四季度完成建设，建成后整体智能化程度将达到国际先进、国内领先水平。

2023 年 8 月 24 日，赛力斯集团与博世中国签署战略合作协议。赛力斯集团将博世中国列入车辆安全系统、驾驶辅助、自动化功能、动力总成及电气化解决方案、汽车售后市场技术与服务等领域的战略合作伙伴。博世中国则将赛力斯集团作为长期战略合作伙伴，提供良好的工程及售后服务、供应保障、有竞争力的产品价格，双方全面推进业务合作，共同打造面向客户的高端智能化电动汽车。此外，双方将在新材料应用方面进行合作，以提升车辆的性能和效率，并且共同开发和提供高效、可靠的动力总成及电气化解决方案。此次合作有利于赛力斯集团借助博世中国在车辆安全系统、驾驶辅助、自动化功能、动力总成和电气化解决方案等领域的专业技术和经验，提升产品的安全性和智能化水平。

① 资料来源：汽车之家。

2023 年 12 月 20 日，赛力斯集团与宁德时代签署全面深化战略合作协议。赛力斯集团董事长（创始人）张兴海，宁德时代董事长、总经理曾毓群等出席并见证签约。宁德时代市场体系联席总裁韩伟、赛力斯汽车 AITO 问界 COO 张燎代表双方在宁德签署协议。根据协议，双方将在超充技术，电池安全，“车、电、充”一体化发展以及大数据等方面展开深度合作，携手拓展海外业务，共同推动电池技术创新和全球化布局。宁德时代将长期为 AITO 问界系列车型提供高质量电池产品，并在新产品研发、新技术和新材料的应用方面深度协同。本次协议的签署是双方合作的进一步深化。赛力斯集团与宁德时代将携手并进，共同推动新能源汽车产业的高质量发展。

2024 年 1 月 4 日，赛力斯集团与华为数字能源技术有限公司（以下简称“华为数字能源”）在深圳签署全面战略合作协议。基于华为数字能源在数字技术、电力电子技术领域的积累，以及赛力斯集团在新能源汽车研发、制造、销售及服务等方面的优势，双方达成了全面战略合作协议，双方将在新能源汽车智能电动部件产品、新能源汽车平台技术开发与应用、新能源汽车充电网络建设与运营、新能源汽车国际化等领域开展全面战略合作。在此基础上，双方将联合打造有竞争力、追求极致用户体验的产品，坚持创新发展的合作道路，共建产业生态，共同推动新能源汽车产业的高质量发展。

2024 年，赛力斯集团与高校开展了广泛的合作，2024 年 1 月 16 日，重庆大学与赛力斯集团在重庆签署战略合作协议。双方将在智能制造、新能源汽车、智能网联汽车的人才培养和科技创新等方面开展深度合作。双方将以课程共建、工学交替等合作模式，培育支撑产业发展的创新人才；合作共建联合实验室，开展产业前沿与共性技术的产学研协同研发与交流，促进科技成果转化。2024 年 7 月 15 日，赛力斯集团成功举行了“2024 届大学生人才培养计划”开营仪式。来自“985”等著名高校的学生占比高达 74%，其中包括不少“C9 联盟”高校的毕业生；来自海外名校的学生占比近 10%；硕士及以上学历的学生占比同样达到 74%，其中研发岗位占比 64%。赛力斯汽车 CHO 刘玲表示，公司对一流高校应届毕业生的吸引力得益于其坚持

“人才至上”和“以人为本”的人才理念。为此，公司精心设计了为期一年的培养计划，旨在通过集中培训、车间实习、定岗培养等多个阶段，培养新能源汽车产业专业型人才。

2024年9月4日，赛力斯集团与中国汽车工程学会战略合作签约仪式在重庆举行。依据协议，双方将联合开展在智能新能源汽车科技战略及前沿技术预见研究、产业咨询、学术交流合作、创新技术和产品服务、人才联合培养、协同创新平台搭建等领域的合作。赛力斯集团与中国汽车工程学会的合作将共同推动智能网联新能源汽车产业的高质量发展，实现优势互补和资源共享，聚焦技术创新与产业升级，推动新能源汽车产业的创新发展。

B.12

天齐锂业股份有限公司发展案例分析

郭 丰 葛秋香 张慧洁*

摘 要： 天齐锂业股份有限公司作为全球领先的锂材料企业，通过战略并购与技术创新，实现了从单一锂加工企业向综合性跨国锂业集团的转变。研究发现，公司成功控股澳大利亚泰利森锂业有限公司，掌握全球优质锂资源，并布局中国、澳大利亚和智利，依靠包括四川射洪、四川安居、江苏张家港、重庆铜梁等国内基地，以及澳大利亚奎纳纳的氢氧化锂生产基地，形成垂直一体化的全球产业链。天齐锂业注重绿色供应链管理，推动低碳转型，通过技术创新提升锂产品碳效率，助力全球能源结构绿色转型。天齐锂业的发展案例展示了企业通过战略并购、技术创新和绿色管理，实现资源保障、品质提升和可持续发展的道路，为全球新能源产业贡献重要力量。

关键词： 锂电池 锂精矿 SQM 天齐锂业

一 公司概况

（一）公司简介

天齐锂业股份有限公司（以下简称“天齐锂业”）作为国内最大的锂

---

* 郭丰，博士，重庆工商大学成渝地区双城经济圈建设研究院助理研究员，主要研究方向为区域经济与创新、数字经济、环境经济；葛秋香，重庆工商大学金融学院硕士研究生，主要研究方向为金融风险管理；张慧洁，重庆工商大学成渝地区双城经济圈建设研究院硕士研究生，主要研究方向为区域经济发展。

电新能源核心材料供应商，不仅在国内市场占据领先地位，更在全球矿石提锂生产中占据一席之地。该公司以锂为核心业务，成功在深圳证券交易所（SZ. 002466）与香港联合交易所（9696. HK）两地上市，展现了其强大的市场影响力和国际竞争力。天齐锂业的业务范围广泛，覆盖了锂产业链的关键环节，从硬岩型锂矿资源的勘探开发到锂精矿的加工销售，再到锂化工产品的生产供应，形成了一条完整的产业链。天齐锂业战略性地布局于中国、澳大利亚及智利等锂资源丰富的国家，通过垂直一体化的全球产业链优势，与国际客户建立了稳固的合作关系，共同推动了电动汽车及储能产业中锂离子电池技术的可持续发展。

在产品研发与生产方面，天齐锂业专注于锂系列产品的创新与发展，其主导产品包括电池级碳酸锂、工业级碳酸锂、无水氯化锂、电池级及工业级单水氢氧化锂、元明粉、有色金属灰渣（硅质渣）及金属锂等。伍德麦肯兹2023年第四季度数据显示，按照2023年的产量计算，天齐锂业已成为全球第五大和亚洲第二大锂化工产品生产商，锂化工产品产量约占全球总产量的5%。① 作为四川工业“7+3”产业规划中的锂电新能源、新材料领军企业，天齐锂业在四川省甘孜州甲基卡地区建立了锂矿资源储备基地，确保了公司在资源、品质、产能及技术创新方面的领先优势。天齐锂业不仅以省级技术中心和锂研所作为研发支撑，还在成都、射洪及雅安等地设立了设备先进的分析检测试验场所和研发机构，汇聚了一支由专业性强、经验丰富的专家及高素质研发人员组成的团队。天齐锂业还承担了多项国家级及省级科研项目的研发工作，牵头制定了多项行业标准，并参与了国家标准的制定工作，特别是以锂辉石为原料生产电池级碳酸锂和电池级无水氯化锂的工艺技术，更是天齐锂业的独家秘籍，技术水平在全球范围内处于领先地位。

天齐锂业秉承“以人为本，以德为先，求真务实”的经营理念，孜孜不倦，精益求精，始终坚持“靠管理保证质量、靠科技提高质量、靠质量赢得市场”的质量方针，宣传、贯彻、执行ISO 9001：2008标准体系，依

① 资料来源：《2023年天齐锂业可持续发展报告》。

照国家、行业的产品标准，企业内控过程产品质量标准，公司特有的质量控制体系，严把产品质量关。

（二）发展历程

天齐锂业前身为射洪锂业，成立于 1995 年 10 月 16 日。如表 1 所示，过去的 30 余年间，天齐锂业经历了企业改制、深交所上市、资本扩张、全球收并购、香港联交所上市等多个阶段。作为在中国及全球锂行业领域领军的新能源材料企业，天齐锂业对未来新能源汽车市场和储能领域持乐观态度，深信其拥有广阔的发展前景。为抓住这一机遇，天齐锂业不遗余力地提升资源保障水平、产品质量及客户满意度，以此推动与合作伙伴的共同繁荣，同时引领整个行业向着更加有序和健康的方向发展。

表 1　天齐锂业发展历程

时间	重要事项
1992 年	第一座碳酸锂工厂在四川射洪兴建
1995 年	射洪锂业成立
2004 年	通过天齐集团收购射洪锂业
2008 年 10 月	其子公司盛合锂业取得四川雅江措拉锂辉石矿探矿权
2010 年 8 月	天齐锂业在深圳证券交易所上市
2012 年 7 月	取得四川雅江措拉锂辉石矿开采权
2014 年 5 月	通过收购文菲尔德 51%股权间接控股澳大利亚泰利森锂业有限公司（以下简称“泰利森”）
2014 年 8 月	收购西藏日喀则扎布耶 20%股权，实现对国内优质的盐湖锂资源的布局
2015 年 4 月	收购银河锂业（江苏）100%股权，获得江苏张家港基地
2016 年 9 月	收购智利矿业化工公司（SQM）2. 1%的股权
2016 年 9 月	投资启动澳大利亚奎纳纳单水氢氧化锂项目建设
2017 年 2 月	投资控股重庆天齐，设立重庆铜梁基地
2018 年 12 月	收购 SQM23. 77%股权，成为其第二大股东
2021 年 7 月	子公司 TLEA 以增资扩股方式引入战略投资者 IGO
2022 年 7 月	在香港联交所主板挂牌，上市交易并结清全部并购贷款
2022 年 11 月	奎纳纳一期氢氧化锂项目达到商业化生产的能力
2023 年 1 月	子公司 TLEA 宣布拟购买澳大利亚 ESS 股权

资料来源：天齐锂业官网。

天齐锂业秉承开放与合作的理念，不仅在企业管理、技术研发、产品品质、投融资、企业文化以及 ESG（环境、社会与治理）与可持续发展等方面追求卓越，还致力于在全球范围内实现资源的优化配置。公司严格遵循国际化的标准和规则运营，以期成为全球能源变革中的重要推动力量，展现出强大的全球影响力。通过这些举措，天齐锂业正稳步朝着成为具有全球领导力的锂材料企业的目标迈进。

二　产品与产业链

（一）主要产品

天齐锂业的产品主要分为两大类：锂精矿和锂化合物及其衍生物。

1. 电池级碳酸锂

碳酸锂作为一种关键的无机化合物（Li_2CO_3），呈现为无色单斜晶系结晶体或细腻白色粉末。天齐锂业在此领域率先树立了行业标准，该产品是锂离子电池正极构造与电解质配制的核心基石。其应用广泛覆盖了从便携式电子设备（3C 产品）到电动汽车、电动自行车、电动工具及基站储能等多个领域，同时也是核能与特种玻璃等产业不可或缺的原材料。

2. 工业级碳酸锂

同样基于无机化合物 Li_2CO_3，工业级碳酸锂的形态与电池级相似，但其应用领域更为多样。它不仅是锂冶炼过程中的重要原料，还广泛应用于特种玻璃、陶瓷、釉料及电子制造业。此外，该级别的碳酸锂还能通过化学反应转化为保护渣、氟化锂、溴化锂及多种氢氧化锂产品，进一步提升了其应用价值。

3. 电池级单水氢氧化锂

电池级单水氢氧化锂（$LiOH \cdot H_2O$），以白色结晶粉末形态存在，具有强碱性特征。它是高能动力锂离子电池正极材料的关键成分，广泛应用于电动汽车、电动自行车、电动工具及基站储能系统等领域，为这些设备提供了强大的能量支持。

4. 工业级单水氢氧化锂

同样为 LiOH · H_2O 的无机化合物，工业级单水氢氧化锂同样展现出白色结晶粉末与强碱性的特性。在工业应用中，它不仅是锂基润滑脂、碱性电池及耐腐蚀辛基染料等产品的关键添加剂，还具备作为二氧化碳吸附剂的潜力，展现出多元化的应用前景。

5. 金属锂

金属锂，作为一种银白色的轻质金属元素（Li），其密度在金属中位居前列。因其独特的物理与化学性质，金属锂在原子能、航空航天、合金材料、锂电池及受控核聚变等领域均发挥着重要作用。尤为值得关注的是，在下一代高能锂二次电池的研发中，金属锂被视为负极材料的首选，预示着其在未来能源领域的广阔应用前景。

6. 无水氯化锂

无水氯化锂是一种无机化合物，分子式为 LiCl，为白色晶体。其主要用于生产金属锂、电池电解液、聚苯硫醚，亦可用作铝的焊接剂、空调除湿剂以及特种水泥原料等。

7. 元明粉

元明粉也叫无水硫酸钠，是一种无机化合物，化学式为 Na_2SO_4，呈白色粉末状，工业级元明粉广泛应用于纺织印染、造纸、玻璃、化肥、合成洗涤等行业，是一种较普遍的基础化工原料。

8. 有色金属灰渣（硅质渣）

锂辉石经高温煅烧和化工提炼后所产生的尾渣，因含有较高的硅铝元素，且不含重金属，以添合材的方式广泛应用于水泥、加气砖、搅拌站等建筑行业。

9. 锂质硅铝粉

玻璃生产中添加锂质硅铝粉，可以降低玻璃熔化温度，节约能耗成本，提高熔化效率和成品率，是一种支撑传统高耗能企业绿色、可持续发展的新型玻璃原料。

10. 次氯酸钠

A2 级（饮用水级）次氯酸钠广泛应用于饮用水及工业用水的消毒杀菌，具有安全、高效的特点。

11. 技术级锂辉石（$Li_2O \cdot Al_2O_3 \cdot 4SiO_2$）

锂辉石是一种锂铝硅酸盐矿，属单斜辉石类，天齐锂业的锂辉石来自全球最大、最好的锂辉石源产地——泰利森的格林布什（Greenbushes）矿山，别称“工业味精”。它可提供适用于任意玻璃和陶瓷配方的 Li_2O、Al_2O_3 和 SiO_2，因此在玻璃和陶瓷领域，它是氧化锂最经济的来源。锂辉石通常用在微晶玻璃、高温陶瓷和高性能玻纤等产品中，用以提高热稳定性和强度等。

（二）生产基地

天齐锂业在中国和澳大利亚布局了多个具有前瞻性和技术先进性的化工厂，这些工厂分布广泛，包括四川射洪、四川安居、重庆铜梁、江苏张家港等国内基地，以及澳大利亚奎纳纳的氢氧化锂生产基地，各基地综合产能情况如表 2 所示。这些生产基地共同构成了天齐锂业在全球范围内的生产网络，确保为下游客户提供高品质的产品。作为锂行业的领军企业，天齐锂业不断优化生产流程，采用先进的生产工艺，以提升生产效率和产品质量。同时，天齐锂业高度重视安全生产和环境保护，将强化安全生产措施、控制污染排放及加强生态保护视为企业运营的核心原则，以体现其对企业社会责任的承担和对员工、社区及环境的关怀。通过在国内外的全面布局和持续努力，天齐锂业不仅巩固了其在锂产业链中的领先地位，也为全球新能源汽车和储能市场的快速发展提供了坚实的支持。

表 2　2023 年天齐锂业全球锂产品生产基地综合产能情况

单位：%，万吨

基地名称	权益比例	现有年产能	计划新增年产能	未来合计年产能
四川射洪	100.00	2.42	—	2.42
四川安居	100.00	2.00	3.0	5.00
重庆铜梁	86.38	0.06	0.1	0.16

续表

基地名称	权益比例	现有年产能	计划新增年产能	未来合计年产能
江苏张家港	100.00	2.00	3.0	5.00
澳大利亚奎纳纳	51.00	2.40	2.4	4.80
合计	—	8.88	8.5	17.38

资据来源：天齐锂业2023年年报数据；《2023年天齐锂业可持续发展报告》。

1. 四川射洪

天齐锂业四川射洪生产基地始建于1995年10月，是天齐锂业最早建立的生产基地，地处成渝地区双城经济圈北弧中心四川省射洪市，是一座多品类和高附加值锂产品生产基地。射洪基地经过20余年不断发展与积累，2023年年产能达2.42万吨，目前拥有多种规格的碳酸锂、氢氧化锂、无水氯化锂、金属锂等生产线，拥有成熟的生产、质量与成本管控体系。四川射洪基地在20余年的发展过程中，不断进行技术改造与设备升级，提高产品质量、稳定性与生产效率，确保高效利用原材料与能源、降低成本并减小对环境的影响，向海内外客户提供更优质的产品。

2. 四川安居

四川安居的生产基地作为天齐锂业深耕锂行业逾三十载的结晶，依托其深厚的行业经验与尖端工艺技术，已崛起为全球领先的碳酸锂生产基地。该基地不仅实现了高度的自动化生产，还在工艺标准、环保排放控制以及ESG（环境、社会与治理）管理领域树立了全球标杆，彰显了天齐锂业在技术创新与可持续发展方面的卓越追求。

3. 重庆铜梁

重庆铜梁生产基地是一座金属锂生产工厂，集专业研发、生产和销售金属锂于一身，其产品广泛应用于高能电池、医药、航空航天等行业。对天齐锂业在固态电池领域布局有重要意义，现有金属锂年产能600吨，计划新增年产能1000吨。

4. 江苏张家港

江苏张家港基地位于江苏省张家港保税区，是目前世界领先的全自动电池级碳酸锂生产基地，2023年年产能达2万吨。天齐锂业于2015年上半年完成了对该生产基地的收购。该基地毗邻海运码头，主要化工原材料均能实现就近供应。在建设之初即以“全球领先”为目标，率先采用全自动生产工艺进行矿石提锂，高度自动化的生产线确保了生产的可靠性与质量的稳定性。

5. 澳大利亚奎纳纳

天齐锂业在澳大利亚修建的奎纳纳工厂是一座处于世界领先水平的电池级单水氢氧化锂工厂。该工厂坐落于澳大利亚的奎纳纳工业园区，该项目分两期建设，未来合计年产能4.8万吨。建成后的奎纳纳工厂将成为全球规模领先、工艺先进的生产基地，专为电动汽车和储能市场提供高品质电池原材料。工厂将会采用来自泰利森格林布什矿山的高品位锂辉石精矿，项目一期已于2022年5月成功产出首批电池级单水氢氧化锂产品。

（三）产业链

作为以锂为核心的新能源材料企业，天齐锂业业务涵盖图1中锂产业链的关键阶段，主要包括锂资源的开采、锂化工产品及衍生物的生产、加工和工业应用的销售。依托在国内和国外资源端以及加工端的全面布局，天齐锂业已建立起垂直一体化的全球产业链，形成了独一无二的竞争优势。

在上游锂资源端，天齐锂业通过前瞻性规划，布局全球最优质矿石、盐湖资源，权益资源量合计约1429万吨LCE①。天齐锂业控股全球目前品位最高、储量最大的在产锂辉石项目泰利森格林布什矿山（26.01%），2023年该项目锂精矿产能为162万吨/年，2025年规划总产能达到214万吨/年，2027年规划建成产能266万吨/年；四川雅江措拉锂辉石矿（80%）引入紫金矿业增资，促进该项目建设，提升公司原料供应稳定性。此外，通过参股SQM

① 注：LCE即锂矿中能够实际生产的碳酸锂折合量。

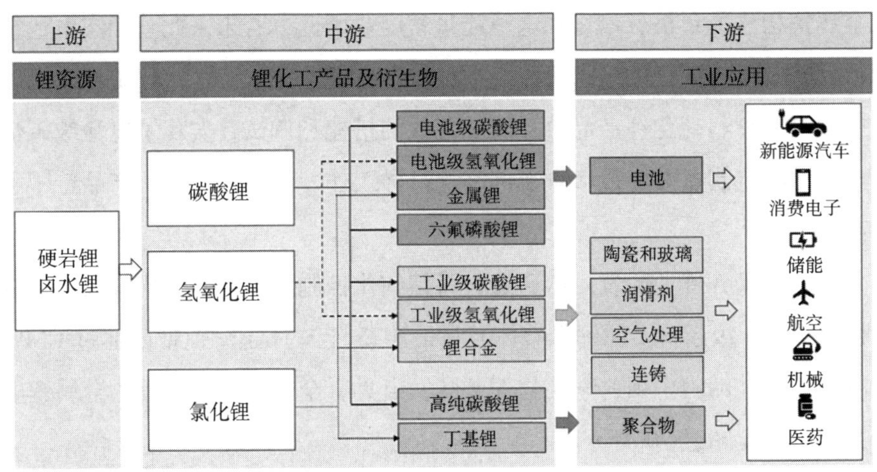

图1　锂产业链

资料来源：21经济网。

（23.77%）和西藏日喀则扎布耶（20%），布局智利阿塔卡玛盐湖和西藏扎布耶盐湖。

在中游锂化工产品及衍生物端，天齐锂业在国内和国外拥有多个锂化工产品生产基地，包括已建成的四川射洪、四川安居、江苏张家港、重庆铜梁和澳大利亚奎纳纳生产基地。2023年，锂化工产品及衍生物建成产能8.88万吨/年，未来产能合计超14万吨/年，力争2027年达到30万吨/年。① 此外，天齐锂业还在按计划稳步推进奎纳纳二期2.4万吨/年的氢氧化锂项目和张家港3万吨/年的氢氧化锂项目的前期工作。

在下游工业应用端，天齐锂业作为领投方以1.50亿美元的自有资金参与智马达汽车有限公司的A轮股权融资——该项投资标志着公司正式入局参与下游工业应用端的新能源汽车领域。

在研发和创新方面，天齐锂业凭借高素质研发团队、规模化生产高品质锂化工产品及衍生物的技术和丰富的研发经验，具备了若干具有市场潜力的技术。例如，固态锂电池的一个主要发展趋势是将现有的硅碳负极改为全部

① 资料来源：天齐锂业2023年年报数据。

由金属锂构成的负极，以增加电池能量密度。因此，若未来此种固态电池技术得到普及，金属锂的需求可能会增加。天齐锂业完成了下一代硫系固态电解质关键原材料硫化锂产品公斤级示范线的搭建和调试，实现了电池级硫化锂产品的稳定制备并完成多批次的客户打样工作，目标客户对该产品给予了较高的评价。

此外，天齐锂业研发团队通过材料精细化控制及装备模块化升级，进一步提升 20μm 级超薄金属锂带整体质量，2023 年支撑超薄锂带已通过 CNAS 检测认证，并助力中国科学院物理所开发出具有全球最高比能量的金属锂电池，能量密度超过 700Wh/kg。

（四）锂资源供应

天齐锂业实现了原材料 100%自给，在保证资源供给的同时，最大化降低了成本。下面是其锂资源的主要供应来源。

1. 格林布什矿山

格林布什矿山是全球最大的在产锂辉石矿山，由天齐锂业和雅保共同拥有并运营。该矿山为天齐锂业提供了稳定的锂精矿供应。格林布什矿山现有锂精矿产能为 162 万吨/年，并规划在未来进一步扩产至 214 万吨/年。作为天齐锂业的核心锂资源基地之一，格林布什矿山对保障公司原材料供应具有至关重要的作用。

2. 四川雅江措拉锂辉石矿

四川雅江措拉锂辉石矿是天齐锂业全资子公司盛合锂业拥有的锂辉石矿资源储备。该矿山目前处于规划开采前期工作阶段，2023 年 5 月，旗下全资子公司盛合锂业以增资扩股的方式引入战略投资者紫金矿业。天齐锂业拟借助紫金矿业在矿产开发与建设方面的优势，促进公司措拉锂辉石项目的建设，进一步加速将公司存量资源转换成可观的产能供给。四川雅江措拉锂辉石矿未来将成为天齐锂业重要的国内锂资源供应来源。

3. SQM

SQM 是全球领先的锂生产商之一，拥有阿塔卡玛盐湖等优质锂资源。天齐锂业通过参股 SQM，获得了对其锂资源的部分权益。天齐锂业持有 SQM23.77%的股权，成为其第二大股东。这不仅为天齐锂业提供了稳定的锂资源供应，还带来了投资收益。

4. 其他盐湖锂资源

天齐锂业还通过参股西藏日喀则扎布耶获得盐湖锂资源项目，进一步扩大了其锂资源储备。这些盐湖锂资源项目为天齐锂业提供了多元化的锂资源供应渠道，有助于降低单一资源依赖风险。

三　技术与竞争优势

（一）主要技术

天齐锂业作为一家全球领先的锂产品供应商，拥有多项核心技术来支持其产品的生产、研发和质量控制。天齐锂业通过上游锂资源的开采、锂化工产品及衍生物的生产与加工与下游工业应用的销售，形成公司核心竞争优势。以下是天齐锂业涉及的一些关键技术领域。

1. 矿石提锂技术

天齐锂业在锂矿石的提取和加工方面拥有成熟的技术体系。这包括矿石的破碎、磨矿、浮选、浸出、净化、沉淀、煅烧等一系列工艺步骤，旨在从锂矿石中高效地提取出锂化合物。

2. 卤水提锂技术

对于盐湖卤水资源，天齐锂业采用蒸发结晶、离子交换、电渗析、溶剂萃取、膜分离等多种技术手段来提取锂。这些技术能够针对不同类型的盐湖卤水，实现锂资源的有效回收和利用。

3. 锂化合物制备技术

在提取出锂元素后，天齐锂业通过一系列化学反应和物理处理过程，将锂转化为电池级碳酸锂、工业级碳酸锂、电池级单水氢氧化锂等锂化合物。

这些制备技术确保了产品的高纯度和一致性。

4. 金属锂生产技术

天齐锂业还具备生产金属锂的能力。金属锂的生产涉及电解、精炼等多个步骤，对技术和设备的要求较高。天齐锂业通过不断优化工艺流程和提高设备性能，实现了金属锂的高效生产。

5. 低碳环保技术

随着全球对环保和可持续发展的重视，天齐锂业也致力于开发低碳环保的生产技术。例如，采用清洁能源、节能设备、循环利用等手段来降低生产过程中的碳排放和资源消耗。

6. 研发与创新能力

天齐锂业注重技术创新和研发投入，不断推出新产品和新工艺。公司设有专门的研发机构与高校、科研机构合作，开展前沿技术的探索和应用研究。

7. 质量控制技术

为了确保产品的质量和稳定性，天齐锂业建立了完善的质量控制体系。这包括原材料检测、生产过程监控、成品检验等多个环节，通过先进的检测设备和严格的质量标准来确保产品符合客户需求和市场标准。

（二）竞争优势

1. 上游锂资源优势突出

天齐锂业在国内外拥有多处优质锂资源项目，其中控股的格林布什矿山是全球目前品位最高、储量最大的在产锂辉石项目；参股的 SQM 运营的阿塔卡玛盐湖是全球储量最大的锂盐湖项目；控股的四川雅江措拉锂辉石矿是亚洲最大的硬岩甲基卡锂矿的一部分。另外，天齐锂业还参股西藏日喀则扎布耶，获得全球少有的天然碳酸锂资源。

2023 年，随着对格林布什矿山中央矿脉区和卡潘加矿区不断深入勘探开发，其矿产资源总量得到进一步提升。根据年报数据，截至 2023 年 12 月 31 日，格林布什矿山更新后的总矿产资源量增加至 4.47 亿吨，氧化锂平均品位为 1.5%，矿产资源量约 1600 万吨 LCE；更新后的格林布什矿山储量合计增加至 1.79 亿吨，氧化锂平均品位为 1.9%，储量约 850 万吨 LCE。加上国内锂盐生产原料供应的稳定性，与澳大利亚格林布什矿山一起成为天齐锂业现有及未来规划锂化合物产能的双重资源保障。截至目前，天齐锂业是全球少数几个已同时掌握全球最优质的硬岩型锂矿和锂盐湖核心资源的公司之一。

2. 锂化工产品及衍生物产能优势显著

天齐锂业在锂化工产品及衍生物生产方面具有显著产能优势。多年来，格林布什矿山的锂精矿凭借其优良且稳定的产品质量一直是全球锂矿端的品质标杆。天齐锂业在国内外共有五个已建成的锂化工产品生产基地，目前综合锂化工产品及衍生物产能为 8.88 万吨/年。

第一，四川射洪生产基地碳酸锂产能为 1.45 万吨/年、氢氧化锂产能为 5000 吨/年、氯化锂产能为 4500 吨/年、金属锂产能为 200 吨/年。

第二，江苏张家港基地是全球首个成熟运营的全自动化电池级碳酸锂生产基地，现有 2 万吨/年电池级碳酸锂产能。

第三，重庆铜梁生产基地现有 600 吨/年金属锂产能。

第四，澳大利亚奎纳纳工厂（一期氢氧化锂项目）是全球首座投入运营的全自动化电池级氢氧化锂工厂，目前建成电池级氢氧化锂产能 2.4 万吨/年，一期项目尚处于产能爬坡期。

第五，四川安居的生产基地碳酸锂产能为 2 万吨/年。

另外，天齐锂业已启动江苏张家港基地 3 万吨/年氢氧化锂项目，同时正在进行重庆铜梁 1000 吨/年金属锂及配套原料项目建设的可行性研究，并计划重启奎纳纳工厂二期 2.4 万吨/年电池级氢氧化锂项目，将锂化工产品及衍生物产能进一步提升至超 14 万吨/年。

3. 工业应用成本控制和垂直一体化优势

天齐锂业通过在澳大利亚的投资平台文菲尔德控股泰利森格林布什矿山的锂辉石项目，经过采矿、选矿一系列流程，将格林布什高品质锂辉石运送到天齐锂业在国内外的五个锂化合物生产基地，进行锂产品加工并销售。得益于垂直一体化经营模式，天齐锂业在实现锂矿原材料完全自给自足的同

时，也实现了较低的锂产品加工成本。根据 Fastmarkets 2023 年第四季度数据，全球碳酸锂现金生产成本曲线呈阶梯式增长态势，天齐锂业通过垂直一体化经营模式对锂辉石矿进行加工，使碳酸锂平均生产成本位于全球硬岩型锂矿提锂成本线的较低水平。

4. 研发创新优势

技术研发能力是天齐锂业发展的基石，也是维持业务稳健增长的坚实保障。天齐锂业拥有一支专业水平较高的研发团队、成熟的规模化生产技术和丰富的创新研发经验，为生产高品质的锂化工产品及衍生物提供了强有力的支持。

天齐锂业完成了硫化锂产品公斤级示范线的搭建和调试，目前已实现小批量对外销售。后续将持续进行锂化工新产品的开发，丰富天齐锂业产品线，以应对下游客户的差异化需求。2023 年，天齐锂业研发团队通过材料精细化控制及装备模块化升级，进一步提升 20μm 级超薄金属锂带整体质量，同时天齐锂业也积极开展下游合作，为国内知名锂电企业开发出多样化的锂铜复合带，并达到公斤级供应能力。

在锂渣资源化综合回收利用方面，天齐锂业完成了从实验室规模到中试规模（60t/干基）工艺包输出及专利布局工作；在大宗固废资源化领域，开辟了以“减量化、再利用、资源化”为原则的发展路径，延伸了产业链的同时践行了固体废物处理处置低碳生态理念，强化了“源头减量化、过程资源化、末端无害化”的全过程控制技术路线发展思路。2022 年 10 月，天齐锂业成立了全资子公司盐亭新锂，主要从事大宗工业固废（锂渣）的资源化综合再利用，加工生产优质非金属新材料——硅铝微粉，现已拥有全球第一条自主知识产权年产 3 万吨的硅铝微粉生产线。目前，天齐锂业已与多所高校及科研机构建立起科学研究及人才培养的合作模式，围绕主题涵盖锂资源产业链上中下游，涉及“锂资源开发—基础锂电材料—下一代关键电池材料—电池回收—固废资源高值化综合回收利用”全生命周期，为锂资源全产业链技术创新突破提供动力源泉。

子公司江苏天齐、重庆天齐和射洪天齐均已取得德国莱茵集团颁发的汽车质量管理体系认证证书。天齐锂业技术中心被认定为“国家企业技术中心”，天齐锂业还获得了工业和信息化部颁发的“国家技术创新示范企业”的称号，这些都是对天齐锂业及子公司的创新研发能力、高新技术发展成果的充分肯定。截至2023年12月31日，天齐锂业已在全球累计申请专利425项，在有效期内的授权专利累计241项，获得国家专利金奖1项，发表高水平论文30篇，其中SCI/EI收录20篇；天齐锂业获得省部级以上科技进步奖2项，承担国家级项目3项、省部级科技项目9项。[①] 天齐锂业先后荣获“国家级企业技术中心”“国家知识产权示范企业”“国家技术创新示范企业”“省级大学生校外实践教育基地”等荣誉称号，建有锂资源与锂材料四川省重点实验室。天齐锂业及子公司现拥有的部分专利情况如图2所示。

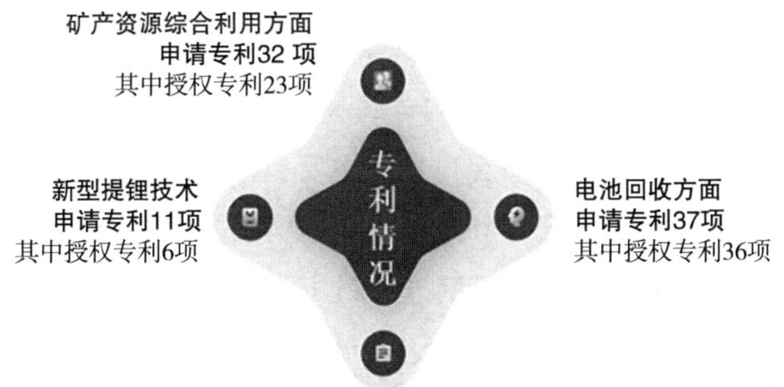

图2 天齐锂业及子公司部分专利情况

资料来源：天齐锂业2023年年报数据。

5. 工艺技术优势

天齐锂业拥有先进的生产工艺，并不断迭代创新，保证了生产高效运行、产品质量稳定；天齐锂业持续开展工艺技术创新课题研究，不断突破行业难题。2023年，天齐锂业首座自建电池级碳酸锂工厂在四川安居正式建

---

① 资料来源：天齐锂业2023年年报数据。

设落成，安居项目集成天齐锂业深耕锂行业30余年的丰富经验与先进技术，其自动化程度、工艺质量水平、排放控制指标及各项管理水平均处于全球领先地位。天齐锂业推行全面质量管理，持续开展客户交流活动，积极响应客户要求，紧跟锂行业的发展趋势和需求，不断完善质量管理机制；持续践行管理创新，引入六西格玛管理工具和理念，推动管理与思维革新；持续积极推动锂业标准建设，在全球范围引领行业高质量发展，2023年主导、参与24项国家标准和行业标准的制定及修订，参加ISO/TC 333锂国际标准的制定工作，主导、参与制定10项锂国际标准，牵头修订的YS/T 582《电池级碳酸锂》行业标准获2023年“技术标准优秀奖”一等奖，为近五年锂盐行业唯一获此殊荣的标准。

6. 优质客户群优势

天齐锂业在锂行业已拥有30余年的历史。通过销售队伍的坚定努力以及销售覆盖范围，目前已与国内外许多卓越的锂终端用户建立长期关系。天齐锂业拥有稳定的优质客户群，主要包括全球顶级电池制造商、电池材料生产商、跨国电子公司和玻璃生产商。天齐锂业随着产能规模的不断增长和行业的快速发展，已开启产业链上下游一体化合作模式；客户结构愈加丰富，天齐锂业从之前立足于正极材料行业转变为正极材料、电池和汽车全产业链渗透。天齐锂业还融入了许多客户自身的研发工作，包括致力于开发使用寿命长、能量密度高且可靠性和安全性高的电池，成为众多客户的重要供货商之一。天齐锂业的产品在客户的供应链中拥有举足轻重的地位并保持着优质且质量稳定的成绩，使其能够持续发展并维持长期客户关系。

7. 企业治理及可持续发展助力公司高质量发展

根据摩根士丹利2023年8月报告，天齐锂业ESG评级结果从BB级上升至BBB级。此外，根据标普道琼斯指数发布的2023年度标普全球ESG评分，天齐锂业入选标普中国A300ESG偏向型指数。

在董事会构成方面，天齐锂业董事会由8名董事组成，其中独立董事占比50%，女性成员占比50%。天齐锂业董事会成员拥有多元化的专业及行业背景，具有锂行业、公司治理、财务/会计、风险管理、ESG、战略等一项或多项领域的丰富经验。董事会下设审计与风险委员会、薪酬与考核委员会、战略与投资委员会、提名与治理委员会和ESG与可持续发展委员会五个专门委员会作为辅助董事会行使权力的内部常设机构。五个专门委员会均由独立董事担任召集人，其中审计与风险委员会召集人为财务领域专家。

在可持续发展方面，天齐锂业于2023年将高管薪酬绩效与ESG指标挂钩，共计挂钩22项ESG明细指标，使公司高管薪酬绩效挂钩ESG指标覆盖率达100%。2023年5月，天齐锂业与银团合作完成三年期4亿美元贷款与可持续挂钩结构变更，并获得双重认证。本次挂钩的目标为碳排放强度降低和水循环利用率提升两项ESG相关指标，在降低财务成本的同时也展示天齐锂业在可持续金融方面走在全国前列的步伐。2023年7月，天齐锂业正式发布《净零排放目标下可持续锂业白皮书》，发起“共创锂想·净零倡议”，邀请价值链成员不晚于2050年实现企业运营的净零排放，并努力减少价值链上的其他排放。

8. 全球资本市场认可度及影响力优势

天齐锂业A股股票入选深证50指数、深证成份股指数、中证A50指数、MSCI中国指数，天齐锂业H股股票入选恒生综合指数、富时罗素旗舰指数，体现了资本市场对其在市值规模、企业治理及行业代表性等方面的认可。根据Wind发布的2023年度“中国上市企业市值500强”榜单，天齐锂业在其中排名第165位；在A股上市公司中，天齐锂业2023年的市值排名为第134位。2023年，天齐锂业获得资本市场各类奖项及荣誉合计约40项。[①] 此外，凭借在行业的优秀实践，天齐锂业于2023年10月应深交所邀请，参与深交所西部基地“行业标杆奠基础”上市公司集体交流活动。

① 资料来源：天齐锂业2023年年报数据。

四　企业经营策略

（一）经营情况

如表 3 所示，2021～2023 年天齐锂业产量、营业收入与毛利率增长迅猛，归母净利润跃居同行业第一。受益于全球新能源汽车发展，锂离子电池厂商加速产能，下游正极材料订单回暖，2023 年天齐锂业总营业收入达 405.03 亿元，显示出强劲的市场表现。由于市场需求激增及产品价格的大幅上涨，总营业收入在 2021～2022 年实现了巨大的飞跃，增长率高达 427.8%，而 2023 年，增长率放缓至 0.1%，表明市场可能趋于稳定或竞争加剧。

表 3　2021～2023 年天齐锂业经营数据

指标类别	指标名称	单位	2023 年	2022 年	2021 年
产量	锂精矿	万吨	152.22	134.86	95.39
	锂化工品	万吨	4.84	4.72	4.36
	碳酸锂折合量(LCE)	万吨	4.96	4.75	4.48
营业收入	总营业收入	亿元	405.03	404.48	76.63
	国内营业收入	亿元	343.39	338.92	66.43
	国外营业收入	亿元	61.63	65.56	10.19
资产	总资产	亿元	732.28	708.46	441.65
毛利率	国内销售毛利率	%	85.18	85.32	63.27
	锂精矿毛利率	%	90.44	83.95	62.10
	锂化工产品毛利率	%	73.85	85.85	61.89
现金流量净额	由经营活动产生	亿元	226.88	202.97	20.94

资料来源：天齐锂业历年年报数据。

从产品产量来看，锂精矿产量从 2021 年的 95.39 万吨增长至 2022 年的 134.86 万吨，增长率为 41.4%，再到 2023 年的 152.22 万吨，同比增长 12.9%，显示出连续两年显著的增产趋势；锂化工品产量从 2021 年的

4. 36 万吨稳步增长至 2022 年的 4. 72 万吨，同比增长 8. 3%，2023 年进一步提升至 4. 84 万吨，同比增长 2. 5%，表明锂化工品生产规模也在持续扩大；碳酸锂折合量（LCE）产量从 2021 年的 4. 48 万吨提升至 2022 年的 4. 75 万吨，2023 年更是达到 4. 96 万吨。碳酸锂折合量（LCE）产量的增长率与锂化工品相似，从 2021 年到 2022 年增长 6. 0%，从 2022 年到 2023 年增长 4. 4%。这表明碳酸锂折合量（LCE）的产量也在稳步增长，但增速低于锂精矿。

（二）战略并购

1. 并购历程

根据天齐锂业自 2010 年上市以来的公告和年度财报共筛选出 8 次实施成功的并购活动，本报告选取了其中两桩大规模跨国并购事件进行研究。一个是在 2014 年完成的对泰利森[①]的收购，泰利森之前一直是天齐锂业锂辉石的供货商；另一个是对 SQM23. 77%股权的收购，SQM 拥有全球锂品位最高、开采成本最低的阿卡塔玛盐湖的开采权。

（1）并购泰利森

在被天齐锂业收购之前，泰利森是其在射洪锂业时期上游锂精矿唯一的供应商，并且射洪锂业的全部锂精矿进口都是由蒋卫平创立的公司代理进口。天齐锂业创始人蒋卫平也很早就认识到锂矿原材料的重要性，射洪锂业立足于锂产业链的中游，因此上游布局是十分重要的基石。

天齐锂业对泰利森的收购开始于 2012 年 8 月，泰利森与雅保所属的全资子公司洛克伍德达成一致，后者将以每股 6. 5 加元的价格收购泰利森全部股份，并从多伦多交易所退市，收购成本总计 7. 24 亿加元，折合人民币 45. 54 亿元。这场收购是被动开始，当年全球锂矿资源被 5 家企业以

① 注：泰利森是美国资源资本基金等投资公司在澳大利亚组建的锂业公司。泰利森拥有澳大利亚格林布什矿山和 Salares 盐湖两处高储量锂矿资源，其中格林布什矿山有世界上最大的锂辉石矿厂，同时也拥有世界上最高品位的锂辉石原矿，储量达 824 万吨 LCE，2022 年锂矿石开采总量达到 400 万吨，生产锂精矿 135 万吨。

寡头垄断的形式牢牢地把握着控制权，彼时的中国锂产业只可以说在中游锂盐制造环节有着一些产能优势，在上游的锂矿资源没有自主决定权，在下游的锂电池制造也没有形成产业优势，在汽车电动化的趋势面前缺少了上游锂矿的权益保障，没有锂矿的议价权。如果洛克伍德对泰利森的收购完成，那么全球锂业巨头将从五家企业减少为四家，寡头垄断的格局会更加坚固，中国企业在整个锂产业的处境也会越发艰难。因此面对洛克伍德对于泰利森的收购案，天齐锂业采取紧急应对措施，大致可分为四个阶段（见图 3）。

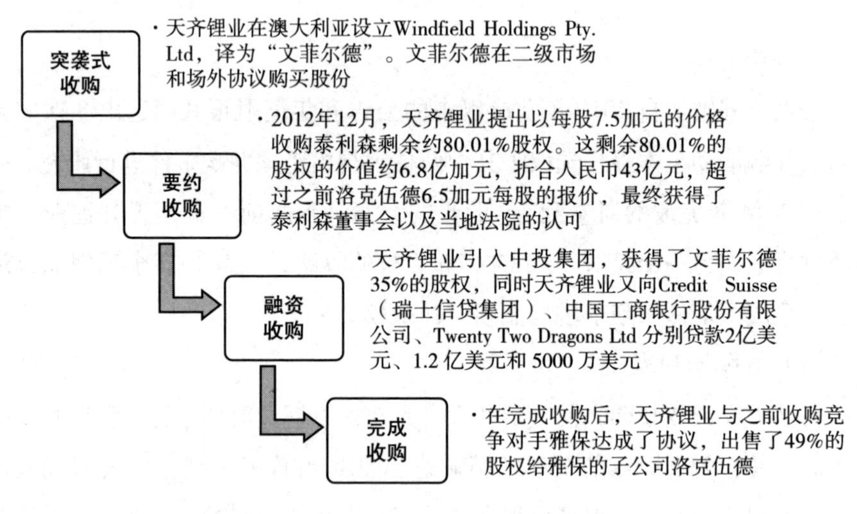

图 3　天齐锂业对泰利森并购阶段

资料来源：根据并购过程整理。

在泰利森股东会议之前，天齐锂业通过文菲尔德持有了泰利森 19.99% 的股权，也跻身为第二大股东，收购这些股权天齐锂业付出了 1.57 亿加元，折合人民币约 10 亿元。伴随着收购计划的通过，下一个棘手的问题马上出现，就是钱从哪里来。彼时天齐锂业的总资产约为人民币 30 亿元左右，净利润 0.55 亿元，收购前两个阶段所需要的资金约为人民币 53 亿元，对于当时的天齐锂业来说压力巨大，最终通过引入了中投集团来解决这一问题。2013 年 2 月，天齐锂业引入的中投集团通过其子公司立德投资出资 2.73 亿加元入股文菲尔德，拥有了文菲尔德 35%的股权。天齐锂业同时又向 Credit Suisse（瑞士信贷集团）、中国工商银行股份有限公司、Twenty Two Dragons Ltd 进行融资。在完成收购后，天齐锂业与之前收购竞争对手雅保达成了协议，出售了 49%的股权给雅保的子公司洛克伍德，两者由之前的竞争关系变成了相对的合作关系。2013 年 12 月 8 日，天齐锂业以非公开发行股票的方式募集资金，并通过天齐锂业（香港）取得了文菲尔德 51%的股权，在 2014 年 5 月完成各方面审批手续后将泰利森纳入了天齐锂业合并报表的范围，真正完成了这一“蛇吞象”壮举（见图 4）。

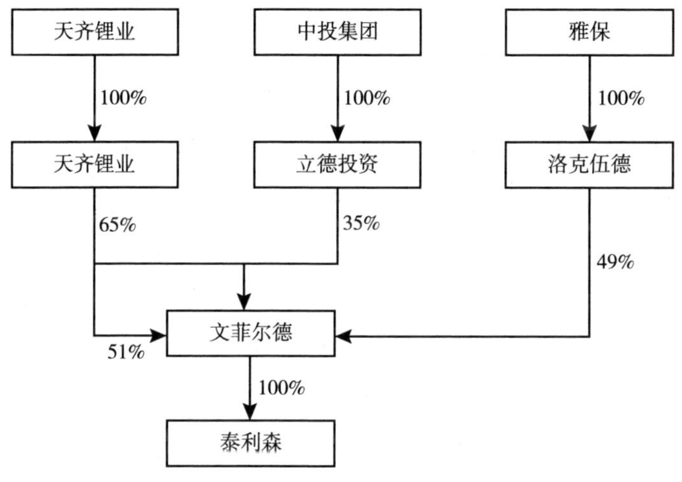

图 4　泰利森股权结构变化

资料来源：根据公开信息整理。

（2）参股 SQM

SQM 全名为智利矿业化工公司，在全球锂、钾等产业有着举足轻重的地位，是全球五大锂矿公司之一。拥有全球锂品位最高的阿卡塔玛盐湖的开采权，同时也拥有智利北部 Caliche 矿床的开采权。阿卡塔玛盐湖位于南美洲内陆，跨越南回归线，全年蒸发量大于降水量，锂在卤水矿中的回收率可达 80%，并且阿卡塔玛盐湖矿可以通过太阳蒸发法和沉降法直接进行低成本生产。SQM 借助阿卡塔玛盐湖成为世界上成本最低的锂矿生产商，成本对比全球其他盐湖型锂矿优势极其明显。SQM 的总股本为 2.63 亿股，其中 A 类股 1.43 亿股，B 类股 1.2 亿股，两种股票拥有平等的分红与投票权。但 A 类股拥有更多的董事席位，共 7 名，并且董事长由 A 类股的股东投票选出，而 B 类股只可以选一名董事，这名董事可以不经董事长批准直接召开董事会会议，拥有更大的自主权。2015 年底，Pampa 集团宣布要出售持有的 SQM 股票，此时天齐锂业与同样为中国企业的杉杉集团竞争购买权。最终杉杉集团宣布退出竞购，而天齐锂业也没有完成股票的购买，而是从小股东手中花费 2.09 亿美元溢价购得 2.1%的股份。与对手公司美国磐石资本签署了远期协议，在 6 个月内购买其手中 1868.32 万股 B 类股，相当于锁定了 SQM 9.18%的股份，但是在天齐锂业锁定 SQM 9.18%的股份后，Pampa 集团的真实意图逐渐展现在世人面前。Pampa 集团的实际控制人为智利前总统的女婿，为应对智利政府的要求假意出售自己手中的股权，事件发展到此步，Pampa 集团也停止了股份出售的计划。让人意想不到的是，此时 SQM 第一大股东 Nutrien 集团希望出售其持有的 SQM 32%的股权，这对天齐锂业来说出现了新的机会。随后天齐锂业通过在智利设立的子公司以每股 65 美元的价格向 Nutrien 集团购买了 0.63 亿股 SQM 的股票，所占比例约为 SQM 44.06%的 A 类股，占总股本的 23.77%。此时天齐锂业在 SQM A 类股的表决权达到 37.5%，与 Pampa 集团相同，双方共同控制，天齐锂业确保了三名董事会席位提名。关于这次收购，天齐锂业付出了巨大的代价，收购溢价接近 20%，最终也没有获得对 SQM 的绝对控股，与此同时巨额的债务融资也带来了巨大的财务压力，这也使得天齐锂业的负债率大幅提升。

此次收购 SQM 的股权，天齐锂业的资金来源为自有资金和向中信银行以及其财团的贷款。自有资金为 7.26 亿美元，向中信银行及其财团贷款约 35 亿美元。根据当年天齐锂业年报，34.33 亿美元的贷款折合人民币为 235.64 亿元，为此天齐锂业也想尽办法筹集资金。融资方式大致分为香港上市融资、发行可转债及日常经营收入与公司持有股权的分红。

天齐锂业控股泰利森、参股 SQM，给自身带来了质的改变。首先，下游生产锂盐的锂精矿资源全部由泰利森提供，这样可以更好地保证上游锂精矿的品质，进而保证锂盐产品的质量；其次，天齐锂业拥有泰利森生产锂精矿的销售权和部分定价权，可以确保下游生产锂盐所需锂精矿的供应量充足，而且价格不会受到资源方的影响。虽然天齐锂业在两次收购过程中付出了极大的代价，但最终对于产业链的掌控程度达到了预期的效果，为之后锂盐产量的提升、产品的升级以及销售奠定了坚实的基础。从中国锂产业链发展的角度，天齐锂业大规模的海外并购使企业的规模扩大，向产业链上游迈出了重要的一步，打破了我国对主要锂矿资源缺少控制力的局面，也为其他中国锂盐企业海外进行锂矿资源的并购输出了相关的经验和教训，同时天齐锂业所掌握的国内锂矿资源从为了实现自主锂矿资源供应而必须开采转变为战略储备，优先使用泰利森价低质优的锂精矿，也降低了企业成本，在国际锂盐市场竞争中更具优势。

2. 并购过程面临的问题

天齐锂业作为锂盐生产企业，原材料锂矿的供应是其稳定生产的重要条件，综合上述情况天齐锂业开始了自己的并购之路，并购泰利森和 SQM 都是蛇吞象式的举债并购，每一次并购，天齐锂业的资产都远远无法支付收购对价，并购过程每一步都可以说是如履薄冰。

虽然并购最终都如期完成，但同时也给天齐锂业带来了巨大的债务和相关的财务费用。天齐锂业资产负债率在 2017～2020 年不断升高，最高至 82.83%，每年付出的财务费用都高于 13 亿元，叠加 2019 年锂盐价格下跌，国内新能源汽车补贴退坡、销量下降等因素，天齐锂业面临着巨大的还债压力，股票连续两年亏损面临 ST 特别处理的风险。在还债方面，天齐锂业也是想尽一切办法，2020 年底天齐锂业曾自曝无力偿还贷款，在这种情况下，市场上看衰天齐锂业的声音不绝于耳。最终天齐锂业通过引入战略投资者、港股上市等手段偿还了部分债务，度过了债务危机。在并购 SQM 之后，智利政府对于本国的锂矿资源意在实行国有制，SQM 在阿卡塔玛盐湖的锂矿权限被调整为 2030 年，在 2030 年之后天齐锂业在 SQM 所拥有的权益目前还是未知数，而且阿卡塔玛盐湖附近的居民反对锂矿开采，表示锂矿开采破坏了当地的环境，抗议行动时常进行，影响了锂矿的产量，所以 SQM 可能还会给天齐锂业带来不确定性。

五　企业发展中的典型事件

（一）硫化锂崛起：天齐锂业布局下一代固态电池

2024 年 9 月，天齐锂业在互动平台上宣布，公司已完成下一代固态电池关键原材料硫化锂的产业化支持工作，这一消息引发了市场的广泛关注。

固态电池是一种使用固态电解质代替液态电解质的电池，与传统的锂离子电池相比，固态电池具有更高的能量密度、更快的充电速度、更高的安全性和更长的寿命，由于这些优点，固态电池已成为当前电池技术领域的研究热点之一。固态电池使用了更紧密的固态电解质，可以包含更多的离子，从而提高了能量密度。这使得固态电池具有更长的续航里程和更小的体积。同时，它除去了传统电池中可能产生热量的一些元素，因此理论上它们可以承受更快的充电速度，让电动汽车的充电时间明显缩短。此外，固态电池摒弃了易燃的液态电解质，大大降低了电池燃烧或爆炸的风险，所以固态电池在电动汽车和其他需要高能量存储的设备中具有更高的安全性。

在提到固态电池或者半固态电池的锂元素使用量和目前主流的磷酸铁锂——三元 5 系电池相比能有多少提升的问题时，天齐锂业董秘表示："固态电池的正极材料和现行传统电池的正极材料没有冲突，称其为固态主要是由于电池的电解质由当前的液态、半固态（凝胶状）转化为固态。据我们了解，固态电池的其中一种发展趋势是将现有的硅碳负极改为全部由金属锂构成的负极，以增加电池能量密度。"

在硫化锂的产业化过程中，天齐锂业已与超过十家下游客户开展合作，进行样品测试，并致力于在产品质量和生产成本上进行优化。这种积极的研发态度不仅展现了公司对技术创新的重视，更是体现了对未来电池市场的深刻洞察。

（二）港股 IPO：融资和绑定战略客户一石二鸟

天齐锂业于 2022 年 6 月初获得 H 股上市批复，核准发行不超过约 4.2 亿股境外上市外资股。天齐锂业 H 股的发行一举两得，其 2018 年并购 SQM 形成了较大的负债，资产负债率从并购前的约 40% 上升至并购后的超过 80%，造成公司的现金流紧张，因此产能扩张速度也有所放缓。港股 IPO 有望使得天齐锂业的资产负债率进一步下降，在缓解财务压力、进一步释放利润的同时，产能扩张的节奏也重回此前的轨道，奎纳纳二期、四川安居项目、雅江措拉等项目均有望加速，也不排除资金状况大幅缓和后会有新的扩产、资源项目落地的可能性。

下游客户参与港股 IPO，上下游实现强绑定。天齐锂业港股 IPO 有 7 位基石投资者，其中 5 位来自行业内：潜力巨大的锂电池新秀中创新航、海外动力电池龙头 LG 化学、磷酸铁锂正极巨头德方纳米、四川能投、金山国际（紫金矿业全资子公司）。其中三位（中创新航、LG 化学、德方纳米）已分别和天齐锂业达成《战略合作伙伴协议》、《碳酸锂长期供货合同》或《氢氧化锂长期供货合同》。与竞争力卓越的中下游客户绑定，有助于稳固公司未来销售渠道，对增强公司自身的竞争力也大有裨益。

B.13
富临精工股份有限公司发展案例分析

郭 丰 王撼宇 李思美*

摘 要： 在新能源汽车发展之初，富临精工股份有限公司就依托精密制造优势，加快布局新能源汽车智能电控系统和新能源锂电正极材料，主要产品精密液压零部件和电磁驱动零部件已实现国产替代，在国内同类企业中，富临精工是唯一可为通用、PSA、大众、奥迪等国际一流整车厂同步开发新技术的全球供应商。企业秉持“智控领军、铁锂龙头”新战略，构建以“科技创新、技术驱动”为核心的竞争力，放眼全球引进最新技术，持续加大研发投入力度，拥有300余项授权专利，并参与制定行业标准，展现了公司在技术创新方面的全球视野和实力。公司立足西南，服务区域经济，辐射国内及全球。

关键词： 智能电控系统 锂电正极材料 电驱动减速器 富临精工

一 企业基本情况

（一）企业介绍

富临精工股份有限公司（以下简称“富临精工”）成立于1997年，公司总部位于绵阳市高端装备制造产业园。富临精工主营业务包括汽车发动机零

* 郭丰，博士，重庆工商大学成渝地区双城经济圈建设研究院助理研究员，主要研究方向为区域经济与创新、数字经济、环境经济；王撼宇，撼地数智（重庆）科技有限公司副总经理兼产品总监、撼地产业大脑平台总架构师、撼地产业数字化平台总设计师，主要研究方向为产业经济、数字经济；李思美，重庆工商大学成渝地区双城经济圈建设研究院硕士研究生，主要研究方向为区域经济学。

部件、新能源汽车智能电控系统以及新能源锂电正极材料磷酸铁锂的研发、生产和销售。公司在产能布局、技术升级及市场站位等方面取得了阶段性进展和成果。

富临精工被认定为国家高新技术企业，并设有行业领先的实验中心，拥有国家级企业技术中心、四川省新能源汽车驱动系统工程技术研究中心等研发创新平台。公司还设立了博士后创新实践基地、绵阳市院士（专家）工作站等技术及人才引育平台。富临精工的控股股东是四川富临实业集团有限公司，该公司已连续多年跻身四川民营企业 100 强。

（二）发展历程

富临精工自 1997 年成立以来，走过了一条充满创新与扩张的发展之路。起初，公司专注于液压挺柱项目的研发，并迅速在 2000 年形成了年产 200 万只挺柱的能力。随后，富临精工不断扩大生产规模和延伸产品线，到了 2003 年，年产能提升至 500 万只，并开始研发摇臂、张紧器等新产品。2006 年，公司完成了厂址搬迁，实现了摇臂、张紧器、喷嘴项目的批量投产，标志着富临精工在技术创新和生产能力的前进道路上迈出了坚实的步伐。

2013 年，富临精工销售收入突破 5 亿元，新厂建设的启动为后续的扩张奠定了基础。2015 年，富临精工成功于深交所创业板上市。2016 年，富临精工通过收购湖南升华，正式进入锂电正极材料行业。2018 年起，富临精工陆续研发出电子水泵、变速箱电磁阀等智能电控产品，并成功获得联合汽车电子、华为等项目定点。2021 年，子公司江西升华以增资方式引入战略投资者宁德时代。当前，随着汽车向电动智能化方向发展，富临精工正加速向新能源赛道转型，并有望实现高速成长。

二　产品与产业链布局

（一）车载电驱动减速器

富临精工的车载电驱动减速器是新能源汽车电驱动系统的核心零部件。

车载电驱动减速器是一款专为新能源汽车设计的高性能电驱动系统核心组件，车载电驱动减速器作为电机与车轮的中间连接的关键传动装置，通过齿轮啮合实现电机的降速增扭，实现汽车的前进、后退及转弯（差速），是新能源汽车动力总成的核心零部件，该产品通过集成先进的电子控制技术和精密机械设计，实现了高效率、高扭矩密度和高可靠性，满足了新能源汽车对动力传输系统的严苛要求，实现了批量供应联合汽车电子（UAES）、理想等知名企业，获得了市场的认可（见图 1）。

图 1　富临精工车载电驱动减速器产品及主要客户商

资料来源：富临精工网站。

1. 产品特色

富临精工的车载电驱动减速器通过一系列创新设计在新能源汽车领域脱颖而出，具备显著的竞争优势。其集成化设计将电机、电控单元和变速器集成为一个紧凑单元（见图 2），不仅减少了组件数量和安装空间，而且提升了系统的整体效率与可靠性。优化的齿轮设计结合高精度制造工艺，提高了传动效率，减少了能量损失，并确保了在多变工作条件下的平稳运行。此外，采用轻量化材料有效降低了产品重量，提升了能效和车辆的动态响应能力。静音技术的运用和高扭矩密度的设计满足了市场对舒适驾驶体验和强大动力性能的需求。耐用性和可靠性经过严格测试，确保了产品在各种环境和工况下的长期稳定运行。同时，减速器的智能控制兼容性使其能够无缝集成至现代电动汽车的智能控制系统中，其环境适应性和维护简便性则确保了在不同环境下的高性能和降低了运营成本，这些特性共同构成了富临精工车载电驱动减速器的综合竞争优势。

图 2　车载电驱动减速器

资料来源：电动生活网。

2. 创新探索，谋新发展

富临精工积极打造智能电控产品，形成系统集成优势，开拓更多客户。目前，在智能电控领域，除车载电驱动减速器外，公司其他产品在客户定点方面也实现多点开花。①电子水泵系列：400W、450W、200W 电子水泵系列已在吉利汽车和长城汽车量产，并新获得吉利汽车和长城汽车多个项目定点，电子主水泵获比亚迪项目落地，电子水泵执行器获得大众定点。②智能热管理模块：研发已通过客户夏季标定实验并获取主流造车新势力项目正式定点。③电子油泵：供华为系列动力总成，并已通过 PPAP，新获得小鹏、博世力士乐等客户的项目定点。④CDC 电磁阀：分别获得比亚迪、上汽、东风、广汽项目落地，其中比亚迪和东风项目已进入 SOP 阶段。⑤变速箱电磁阀：已获得比亚迪 DM-i 项目定点。未来富临精工将继续积极打造智能电控产品矩阵，形成系统集成优势，同时依托公司多年来在传统汽车发动机精密零部件领域的优势，积极向以小鹏、理想、蔚来为代表的造车新势力等更多客户进行业务拓展。

（二）锂电池正极材料系列

富临精工的锂电池正极材料是在新能源材料领域的重要产品线，其专注于为新能源汽车和储能系统提供高性能的电池材料。该材料采用先进的化学合成技术和纳米级材料设计，以确保电池具有高能量密度、优异的循环稳定性和良好的热安全性，这些材料是锂离子电池的核心组成部分，对电池的整体性能起着决定性作用。表 1 为 2023 年富临精工锂电池正极材料研发项目，目前，江西升华、株洲升华以及在建的四川射洪精工新能源三个基地，年产能 6.5 万吨，包含磷酸铁锂以及三元铁锂产品，已获得宁德时代、比亚迪、长城汽车、中航锂电等产品项目。①

表 1　2023 年富临精工锂电池正极材料研发项目

主要研发项目名称	项目目的	项目进展	拟达到的目标
复合磷酸铁钠正极材料开发项目	通过晶相控制、碳包覆、掺杂技术的应用，开发出适用于储能市场的低成本、长寿命、性能优异的复合磷酸铁钠正极材料	验证阶段	开发纯度高、0.1C 容量 > 105mAh/g 的正极材料，循环寿命达到行业要求
高压实磷酸铁锂材料的低温性能改善项目开发	解决高压实磷酸铁锂材料低温性能不佳的难题，通过配方设计、合成容易条件优化、包覆方式改进，颗粒大小尺寸设计，改善低温条件下的动力学性能，提供低温放电容量和放电平台	小试阶段	低温性能优于现有市场高压实同类材料 5%～10%
磷酸铁工艺高压实密度磷酸铁锂开发	通过精密气氛和温控技术，结合掺杂和碳包覆技术应用，开发高压实磷酸盐体系材料，兼顾高压实、高容量性能指标	小试阶段	压实密度满足动力电池市场需求，同时功率性能较好
低成本锂原料工艺合成磷酸铁锂材料开发	以低成本的锂/磷盐原料，合成低成本磷酸铁锂材料	批试阶段	具备成本优势，产品性能满足储能市场要求
高容量磷酸铁锂材料开发	通过工艺、配方优化，开发高容量型磷酸铁锂材料，兼顾高压实、高能量密度指标	批试阶段	提高材料充电容量，降低电芯的单位能量成本

① 资料来源：新浪财经。

续表

主要研发项目名称	项目目的	项目进展	拟达到的目标
高端储能磷酸铁锂正极材料开发	通过包覆方式改进、颗粒大小尺寸设计，改善高压实磷酸铁锂材料长循环性能	验证阶段	提高材料长循环性能，使其循环寿命达到储能市场应用标准
高压实磷酸铁锂材料的加工性能改善开发（分散剂）	通过添加分散剂改善材料加工性能（解决制浆固含量低、黏度高的问题）	已结题，有效分散剂已应用于客户端	提高材料浆料的固含量，提升浆料稳定性

资料来源：富临精工 2023 年度报告。

1. 工艺技术创新升级

磷酸铁锂材料从生产工艺角度主要分为固相法和液相法。固相法是将铁源、磷源、锂源通过机械研磨均匀后在高温煅烧碳包覆制备磷酸铁锂，液相法是将原材料在液体中混合，利用自发热制备成凝胶前驱体后烧结制备磷酸铁锂。根据生产工艺+铁源可进一步可以划分为固相法+磷酸铁、固相法+草酸亚铁、液相法+硝酸铁、液/固相法+铁红这四种路线。

固相法+磷酸铁工艺成熟，占磷酸铁锂合成工艺的 80%，工艺易于控制、产品克容量较高，但相比液相法物料混合不均匀，较为依赖前驱体磷酸铁产能和理化品质。

固相法+草酸亚铁工艺简单，制成材料压实密度高，循环衰减较少，但烧结过程中会产生大量的氨气、水、二氧化碳，生产安全风险较高。

液相法+硝酸铁工艺原料来源广泛，可外购铁块与硝酸自制硝酸铁以降低合成成本，缓解前驱体供应压力。物料在液相中混合均匀，产品一致性高，但生产管控难度较大。

液/固相法+铁红工艺的铁源为氧化铁，相比其他工艺更安全，原料价格也更低，能改善材料的导电性，铁源无毒，因此环保成本更低，有较好的低温和倍率性能，但电池级的铁红要严格控制纯度和粒度分布，对铁源的要

求较高。

富临精工采用固相法+草酸亚铁路线，产品的压实密度很高，将其应用于中高端新能源汽车。升华科技①是磷酸铁锂正极材料草酸亚铁技术路线的开创者，生产的磷酸铁锂采用“固相法+草酸亚铁”的工艺路线，使用二价铁作为原料。与其他采用三价铁的路线相比，这种方法不需要进行碳热还原反应，材料的碳包覆非常均匀，制程简单。产品在技术性能上具有高压实密度、高比容量和长循环寿命等优势，因此在中高端动力市场具有很强的竞争力。与市场上主要企业的磷酸铁锂产品参数对比，富临精工生产的磷酸铁锂材料的压实密度达到了 2.5~2.6 g/m^3，循环次数超过 5000 次，处于行业领先水平。②

2. 降低成本，探求发展路径

锂源是降低成本的重要路径，富临精工与相关锂源公司等设立合资公司，保障锂资源供应。2021 年，富临精工发布公告，拟与四川思特瑞锂业有限公司、绵竹市川洪建材有限公司签署《锂矿资源综合开发项目投资协议》，共同投资设立四川锂能矿业有限公司，其中富临精工认缴出资 2720 万元，持股占比 34%（见表 2）。富临精工推进锂矿资源综合开发项目，有利于充分发挥和利用合作各方的资源优势，拓宽公司新能源锂电正极上游原材料供应渠道，实现锂源的保供与成本控制。

表 2　四川锂能矿业有限公司各方出资金额及股权

单位：万元，%

序号	股东	认缴出资	持股比例	出资方式
1	四川思特瑞锂业有限公司	4080	51	现金
2	富临精工股份有限公司	2720	34	现金
3	绵竹市川洪建材有限公司	960	12	现金
4	邓波	240	3	现金

资料来源：新浪财经。

① 湖南升华科技有限公司为富临精工控股子公司。

② 资料来源：广发证券发展研究中心。

使用低成本锂盐——磷酸锂草酸亚铁路线，其所需原料磷酸二氢锂可用低成本锂盐磷酸锂制备而得。富临精工固相法+草酸亚铁路线生产磷酸铁锂的主要原材料为草酸亚铁和磷酸二氢锂，其中，磷酸二氢锂有多元化的锂源，尤其是磷酸锂的使用为原材料降本打开了空间。磷酸二氢锂的制备既可以用碳酸锂、氢氧化锂，也可以用低成本锂盐——磷酸锂，磷酸锂作为其锂源的同时能部分提供磷源，选用磷酸锂在价格具有优势的前提下还能减少加工成本，因而具备较大的成本优势。

（三）气门摇臂系列产品

气门摇臂作为发动机的关键精密零部件，其主要作用是在发动机运行过程中，通过精确控制气门的开闭，优化燃烧效率，从而提升发动机的性能和燃油经济性。富临精工的气门摇臂系列产品从 2003 年开始研发，于 2005 年实现量产，2016 年销量 600 万只。富临精工在这方面获得 7 项专利，制定行业标准 1 项，该系列产品以其高精度和高可靠性获得了市场的认可，成为公司的核心产品之一，拥有长安汽车、比亚迪、广汽集团等知名客户（见图 3）。面对之前需要大量进口的高端零部件市场，富临精工通过技术创新和精密制造能力的提升，实现了国产替代，降低了成本，提高了市场竞争力。

图 3　富临精工气门摇臂系列产品及主要客户商

资料来源：富临精工官网。

气门摇臂作为发动机的关键精密零部件，对精度的要求非常高，这要求富临精工在制造过程中必须达到极高的精度标准，以确保产品的性能和可靠性。在 Noise，Vibration and Harshness（以下简称“NVH”）静音实验室中，富临精工进行了大量的技术测试，以降低部件在实际运行中的噪声，确保其在高速运转时的静音性，提升驾乘者的舒适度。富临精工的产品试验还包括防水防尘、温度及湿热冲击等 110 余项，这些测试都是为了确保气门摇臂在各种极端环境下都能保持稳定和可靠的性能（见图 4）。

图 4　富临精工产品试验车间

资料来源：富临精工官网。

（四）业务布局

近年来，富临精工着力实现上下游一体化战略，在上游新能源锂电正极材料产业布局方面与川恒股份合作，参股恒信融，包销五年磷酸锂产量，与四川思特瑞锂业有限公司等设立四川锂能矿业有限公司，拓展企业磷酸铁锂业务原材料的供应渠道，实现锂电能源的保持供应与降本。

1. 上游——新能源锂电正极材料产业

生产、研发基地分布于江西宜春、四川射洪，产品定位于高端动力型磷酸铁锂，产品应用于新能源汽车动力电池和储能领域。子公司江西升华具备年产 14 万吨磷酸铁锂正极材料产能，此外江西升华首条磷酸铁锂正极材料生产线顺利点火试产，标志着其年产 20 万吨的新型高压实磷酸铁锂及配套主材一体化项目进入生产运营阶段；① 产线从投料到出货皆为自动化过程，具备规模化量产能力，磷酸铁锂正极材料业务已形成相对领先的生产技术，具备良好的产品性能。江西升华作为宁德时代等国内锂电池制造领域知名企业的合格供应商，其产品磷酸铁锂正极材料正在持续批量供应。

2. 下游——新能源汽车智能电控产业、汽车发动机零部件精密制造产业

生产及研发基地位于成都、绵阳，全资子公司芯智热控为新能源智能电控产业的孵化平台，主要产品包括热管理系统、车载电驱动减速器、CDC 电磁阀等，产品应用于新能源汽车及其车载电驱动系统，在新能源智能电控细分市场处于行业领先地位。依托联合汽车电子、华为等客户的合作关系及需求，持续导入新能源汽车智能电控系统及关键部件业务，与国内主要的自主品牌、合资品牌、造车新势力等新能源车企均有合作。

汽车发动机零部件精密制造产业方面，生产及研发基地位于绵阳，主要产品包括以 VVT、VVL 执行器、油泵电磁阀为主的电磁驱动精密零部件，以挺柱、摇臂、喷嘴、张紧器及 GDI 泵壳为主的精密液压零部件，产品应用于汽车动力总成及底盘系统，整体技术水平在细分行业领域处于国内领先地位，富临精工与国内外多家主机厂建立了长期、稳定、紧密的战略合作关系，是国内汽车发动机精密零部件生产领域具有重要影响力的领先供应商之一。

三　技术研发与创新

富临精工股份有限公司技术中心被认定为国家企业技术中心，现有技术人员 100 余人，通过 GB/T 29490—2013 知识产权管理体系认证，已获得有效授权专利 300 余项，起草制定了 4 项机械行业技术标准，完成了两项国家

---

① 资料来源：富临精工 2023 年度报告。

重点新产品项目、一项科技部创新基金项目的研发并实现了产业化，6 项项目通过了省科技厅科技成果鉴定，获得省市多项科技进步奖。[①] 技术中心下建有完善的产品研发试验中心，开展电子电气、温湿振、温度及湿热冲击、腐蚀、防水防尘、老化、可靠性、疲劳、动力学、NVH、产品单体及子系统动态性能、发动机整机及整车部分性能等类别的 110 余项试验，有效确保产品在开发初期就得到充分的验证。

（一）科技创新

富临精工在国内率先研发了高效率的电机电控、低噪声匹配的高速减速器、高精密的单向阀批量加工等关键技术，通过不断进行产品创新和优质专利积累，其电子水泵、VVT 产品核心技术指标达到国际先进水平，成功替代了进口 VA、VT 产品，获得了“制造业单项冠军产品”称号，富临精工相关产品被列入省部级重点项目，研发活动获得省部级奖励。富临精工的技术创新和相关产品的产业化带动了四川省新能源汽车产业链的技术创新和产业成熟，带来了显著的经济效益和社会效益。

图 5 展示了富临精工科技创新组织框架，公司在董事会下设立技术创新委员会，将科技创新提高到公司战略高度，以富临精工技术中心加产业分技术中心模式完善技术中心组织架构，新创建博士后创新实践基地，组建新产品技术孵化中心，设立技术中心管理办公室；技术创新委员会由董事长兼任主任，负责科技创新战略制定、重大资源配置，组员由公司总经理、技术中心主任、总工、专家委员会主任出任；在富临精工技术中心下集合各板块技术专家，分专业成立专家委员会，负责重要项目立项论证、技术难题攻关、重要技术及项目评审工作；技术中心管理办公室负责体系管理，成果管理，人力资源、对外合作、财务等综合管理。

① 资料来源：富临精工网站。

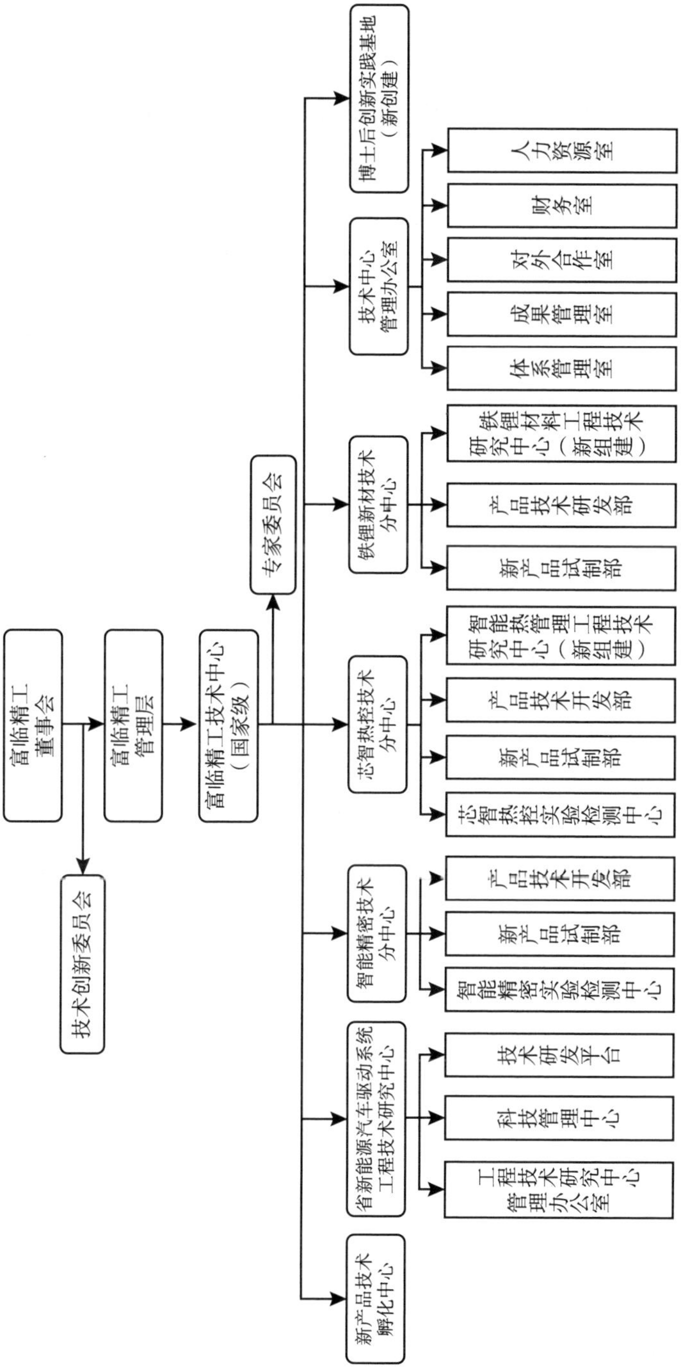

- 富临精工董事会
  - 技术创新委员会
  - 富临精工管理层
    - 富临精工技术中心（国家级）
      - 专家委员会
      - 博士后创新实践基地（新创建）
      - 技术中心管理办公室
        - 人力资源室
        - 财务室
        - 对外合作室
        - 成果管理室
        - 体系管理室
      - 铁锂新材技术分中心
        - 铁锂材料工程技术研究中心（新组建）
        - 产品技术研发部
        - 新产品试制部
      - 芯智热控技术分中心
        - 智能热管理工程技术研究中心（新组建）
        - 产品技术开发部
        - 新产品试制部
        - 芯智热控实验检测中心
      - 智能精密技术分中心
        - 产品技术开发部
        - 新产品试制部
        - 智能精密实验检测中心
      - 省新能源汽车驱动系统工程技术研究中心
        - 技术研发平台
        - 科技管理中心
        - 工程技术研究中心管理办公室
      - 新产品技术孵化中心

图5　富临精工科技创新组织框架

资料来源：富临精工官网。

（二）研发投入

富临精工高度重视研发投入，2021~2023年研发费用持续增加，年均研发费用已超过1亿元，2023年研发费用占营收的比重为3.54%，在全国同行中排名前列（见表3）。连续12年被中国内燃机工业协会评为“先锋企业”，2022年入选“四川省制造业‘贡嘎培优’百强企业”和“新赛道领先型‘赛手企业’”。

表3　2021~2023年富临精工研发费用情况

单位：亿元，%

年份	研发费用	研发费用占营收的比重
2021	1.26	4.74
2022	1.81	2.46
2023	2.04	3.54

资料来源：富临精工2023年度报告。

目前，富临精工已制定《科技创新“一五”（2022—2026年）规划》，未来5年将在技术创新领域投入更多的人才和资源，使“智控领军、铁锂龙头”的战略目标成为公司在新能源汽车关键细分领域、零部件制造领域技术创新的驱动力，继续在新能源汽车关键细分领域、零部件制造领域发挥关键和引领作用，推动技术创新。

四　产品策略

（一）采购策略

富临精工采购部负责集中准备从相关供应商处采购公司汽车零部件制造所需的基本原材料、原辅材料、外购标准件和其他材料，这可以提高采购效率和降低成本。此外，按照采购类型种类的不同，还被划分为新品开发、大宗物件、成熟产品以及零星采购，有助于有针对性地制定采购策略。在每月中旬，企业的物流部门会按照与主机厂商所协定的月度订单并结合库存情况来计划次月的生产规模，最后组织安排公司的事业部门顺利完成生产、采购和最终交付，这样可以确保供应链的灵活性和响应速度。

（二）生产策略

富临精工的机动车零部件生产采用专业生产与外协加工相结合的生产方式。公司执行研发、产品设计、热处理、精密加工、产品装配、测试等这些确保产品质量和竞争力的关键流程，只从外部服务供应商处购买原材料和加工服务，这种生产模式使生产能力和整体竞争力的最大化成为可能。

目前，富临精工的生产模式主要是“核心零部件自制和总装（检测）”，而生产则是按照“预测—订单”的流程组织，专门针对公司产品适应主机厂发动机类型多、品种齐全、中小批量、定制（非标件）等特点而设计。特别地，为了缩短生产周期、换线周期，实现快速能动响应、缩短交付周期、降低库存水平，公司的事业部门不断在生产组织过程中积极应用高效率生产工具，持续提高对生产工具的开发和利用效率，最终实现提升经营绩效的目的。

（三）销售策略

富临精工主要采用直销方式销售汽车零部件，减少中间环节，提高利润空间，同时加强与客户的直接沟通和服务。产品主要销往国内外原厂，部分产品通过外贸公司或跨国公司销往国内外市场。针对国内主机厂市场，公司通常在当年年末或下年年初与主机厂签订下年采购合同，同时与第三方物流公司签订相关物流协议，确保产品及时、准确地交付给客户。国内售后市场，实行议价销售。针对国外主机厂市场，对已在中国合资配套的国外主机厂商，外延业务至其外方市场，积极拓展国外市场，通过与国外客户的直接合作或与外贸公司合作，增加销售渠道和市场覆盖率。

五　可持续发展策略

富临精工致力于规范公司治理，倡导多元平等的企业文化，做好企业社会责任各项工作，始终重视履行社会责任，为实现长期可持续发展不断努力，致力于提高在质量与信息安全、安全与环保、劳工与人权、商业道德、可持续性采购等方面的管理水平。

（一）质量与信息安全

富临精工坚持“零缺陷”的质量目标，未发生涉及产品和服务的健康与安全影响的违规事件，未发生信息安全质量事故。富临精工继续沿用 IATF 16949 质量体系标准，依据质量管理体系规定质量标准、质量关键指标以及生产过程中的工艺安全和技术的各项管理要求，持续提升公司产品质量与安全性。富临精工贯彻根据 VDA-ISA 5. 0. 2 及 ISO 27001：2013 制定的《信息安全管理体系要求》，基于风险评估建立、实施、运行、监督、评审和持续改进信息安全管理体系，在运行过程中围绕公司信息安全方针（统筹规划、双重防御、安全完整、稳定高效）、信息安全策略等管理标准进行监督、评审并持续改进保密措施。

（二）安全与环保

富临精工健康与安全委员会切实履行职责，积极参与安全环保风险识别、隐患整改、体系制度完善等各项工作，有效保障公司安全平稳运行。富临精工按照 ISO 14001 标准建立环境管理体系，按照 ISO 5001 标准建立能源管理体系，不断优化各项环境管理指标，完善各类制度，通过体系化的运行管理，持续开展安全生产标准化建设工作及推进职业健康安全管理体系运营，根据 ISO 45001 职业健康安全管理体系的要求，进一步规范公司职业健康安全管理体系。

（三）劳工与人权

富临精工秉承以人为本的理念，坚持以发展吸引人、以工作培养人、以温暖关怀人。富临精工始终将员工的职业发展方向放在首位，积极协助业务部门和员工营造持续学习的工作环境，加速人才发展。富临精工不断吸引优秀的人才加入公司，优化薪酬福利政策，实施限制性股票激励计划，以确保能够吸引和保留最优秀的人才，激励和鼓舞员工提升集体感和归属感。富临精工为员工制订培养计划，持续牵引全体员工提升岗位需要的专业能力，并为员工提供多种价值实现通道。富临精工遵循按劳分配、同工同酬的原则及劳动法等法律法规，按时发放员工工资，依法缴纳员工社会保险，保障员工休息休假权利。富临精工尊重员工的自由，保障员工的合法权益，充分尊重结社自由与集体谈判权利。公司工会充分发挥企业与职工之间的桥梁作用，坚持以人为本，打造富临精工职工之家。富临精工公布 2021 年限制性股票激励计划第一类限制性股票第二个解除限售期解除限售条件成就、2021 年限制性股票激励计划第二类限制性股票首次授予部分第二个归属期归属条件成就的相关公告，按照激励计划相关规定为符合条件的第一类限制性股票激励对象办理解除限售相关事宜，为符合条件的第二类限制性股票首次授予的激励对象办理股票归属相关事宜，这充分调动了员工积极性，提升了凝聚力和归属感。

（四）商业道德

富临精工严格执行《廉洁自律管理规定》和《保密制度》，定期开展商业行为准则和道德规范培训。富临精工审计部定期对业务部门工作的合规性进行检查，审核业务部门提交的客户资料、客户调查等，对客户进行实质风险审查，对审查过程中可能存在的风险点进行风险提示并制定相应防范措施，实现对公司各类业务的全方位监控，防止不正当利益输送和腐败发生。

（五）可持续性采购

富临精工通过签订可持续采购合同和供应商行为准则，对供应商的环境、劳工与人权和商业道德进行约束；富临精工加强采购员的团队建设和培训，开展供应商社会责任审查和供应商 REACH 合规调查，富临精工在持续提升公司自身可持续生产环境质量的同时，致力于改善供应商伙伴的社会责任表现。

六　企业典型事件

（一）企业转型升级

富临精工最初以生产传统汽车发动机精密零部件为主，随着全球汽车产业向电动化转型的趋势日益明显，公司决定把握机遇，开始研发新能源汽车相关的技术和产品。例如，富临精工投入大量资源开发了电子可变气门正时系统，并被工业和信息化部认定为“第七批国家级制造业单项冠军产品”，并且积累了重要客户如华为、联合汽车电子、蜂巢传动、长城汽车等，拥有相关技术专利授权共计 51 项。[①]

2017 年，公司开始逐步由传统的内燃机精密零部件制造转向电动化、智能化部件及系统领域，不再局限于单一产品的开发，而是采取了多元化战略，涉足车载电驱动减速器、智能热管理系统等多个关键领域，并且公司通过与华为等科技巨头的合作，加速了技术创新和产品迭代，使得车载电驱动减速器等产品能够实现批量供应，满足了市场对高性能新能源汽车零部件的需求。

为了进一步巩固在新能源汽车领域的地位，富临精工通过资本市场运作，募集资金用于扩大产能和研发投入。公司在锂电正极材料领域的布局成

① 资料来源：四川在线。

效尤为显著，与宁德时代等电池制造商建立战略合作关系，共同推动了磷酸铁锂正极材料的产业化进程。这些举措不仅提升了富临精工的市场竞争力，也为其长期发展奠定了坚实的基础。

（二）企业融合创新

富临精工拥有国家级企业技术中心，并积极推动产学研合作，与国内外著名高校和科研机构建立了紧密的合作关系。公司与奥迪、大众、通用等国际汽车制造商的技术中心以及泛亚汽车技术中心等进行长期合作，共同开发新产品和关键技术。同时，富临精工也与上海交大、四川大学等国内顶尖高校携手，针对新能源汽车驱动系统、电机技术、电子水泵设计和新能源减速器等领域进行深入研究，推动科研成果向产业应用转化。

此外，富临精工还成功创建了“四川省新能源汽车驱动系统工程技术研究中心”和“四川省智能汽车精密电磁阀技术工程研究中心”，进一步加强了公司的研发实力，并为产学研合作搭建了平台。公司还获批设立博士后创新实践基地，计划在未来三年内引进博士后人才，开展多项研究项目，投资超过千万元，以加速科技创新规划的实施。富临精工还响应教育部的“访企拓岗”行动，与高校开展交流合作，让校领导深入了解企业需求，听取校友和企业的反馈，促进双方的共赢发展。

富临精工不断发挥创新主体中龙头企业的作用，凭借行业影响力和产业链上的赋能作用，培育孵化新技术，一起与上下游企业创造良好的产业生态。

（三）危机处理

2017 年，升华科技因下游客户沃特玛发生严重财务危机，导致 25.6 亿元应收款无法收回，陷入重大停顿困境。富临精工对沃特玛提起诉讼，追讨欠款，通过法律手段保护公司权益，并且通过变卖资产，如“野马汽车”和“富临运业”，以筹集资金和减轻债务负担。直到 2020 年，升华科技成功度过难关，引进宁德时代、长江晨道重构主体，并进行三次产能加磅，分别是江西宜春5万吨磷酸铁锂项目、四川射洪25万吨磷酸铁锂项目、江西宜春20万吨磷酸铁锂项目。[①]

富临精工通过一系列综合性措施，成功解决了升华科技的财务危机，并为其长期发展奠定了基础。这一案例展示了在面对重大财务挑战时，富临精工通过法律行动、资产重组、战略合作和产能扩张等手段，反而实现了企业的转型和复兴。其他公司可以从中学习在危机中寻找机遇的方法，通过战略调整和创新来克服困难，实现可持续发展。

① 资料来源：搜狐财经。

Abstract

Annual Report on Development of Intelligent Networked New Energy Vehicle Industry in Chengdu-Chongqing Economic Zone (2023~2024) is organized by the Research Institute for Construction of Chengdu-Chongqing Economic Zone of Chongqing Technology and Business University, and it is a stage-by-stage result of researching the development of Intelligent Networked New Energy Vehicle Industry in Chengdu-Chongqing Economic Zone. This book mainly summarizes, summarizes and combs the development status of intelligent networked new energy vehicle industry in Chengdu-Chongqing Economic Zone, and carries out systematic theoretical discussion and analysis on its industrial policy, industrial chain, technological innovation, market application, business environment, etc. , and explains the typical experience of the development of the intelligent networked new energy vehicle industry through comparison and reference, and case study analysis.

This book points out that in recent years, Chengdu-Chongqing Economic Zone has been implementing the innovation-driven development strategy in depth, taking the construction of a national innovation highland of intelligent networked new energy vehicles as the main goal, and actively promoting the high-quality development of the new energy vehicle industry by promoting collaborative innovation of the industrial chain, strengthening the research of core technologies, and perfecting the supporting infrastructure and other initiatives. Chengdu-Chongqing Economic Zone have realized complementary advantages and win-win cooperation in the fields of vehicle manufacturing, intelligent network technology, vehicle-circuit coordination, etc. , and initially formed an industrial cluster with regional characteristics. However, compared with the advanced industrial clusters

at home and abroad, the intelligent networked new energy automobile industry in Chengdu-Chongqing Economic Zone has not yet formed a highly integrated industrial ecology, and its global competitiveness needs to be improved. At present, Chengdu-Chongqing Economic Zone is focusing on core areas such as intelligent driving, green manufacturing and Telematics, and deepening cooperation with the eastern region and the international market with a more open stance, and is committed to building an intelligent networked new energy automobile industry base with regional influence and technological foresight, forming a differentiated development advantage.

This book summarizes the outstanding problems in the development of the intelligent networked new energy vehicle industry in Chengdu-Chongqing Economic Zone. First, the industrial leading force is insufficient, and the industry chain ecology is not perfect. The competitiveness of key parts and components such as motors and electronic control of smart grid-connected new energy vehicles is weak, and there is a lack of world-class leading enterprises that can lead the trend of smart grid-connected new energy vehicles and formulate industry standards; the flow management and recycling technology level of power batteries is low, and the industrial ecological guarantee system is not perfect. Second, the lack of technological innovation capacity, the core technology independent research and development short board problem is prominent. Intelligent networked new energy vehicle industry chain lacks an innovation ecosystem that can support large-scale technological breakthroughs, the gap between automotive chips, high-speed bearings, millimeter-wave radar and other technologies and developed countries is large, and the key core technologies are dependent on imports. Third, the market is facing the double challenge of brand and profit. The frequent launch of new models, accelerated product updates and iterations, intensifying price wars, and increasingly diversified and personalized consumer demand and other multiple challenges have led to the continuous compression of profit margins in the smart grid-connected new energy automobile industry, poor brand linkage of smart grid-connected new energy automobiles, and insufficient international competitiveness. Fourth, market access regulations are not uniform. There are regional differences in market access for intelligent networked vehicles, and the lack of uniformity in market access rules has resulted in market segmentation and complex approval processes, reducing market operational efficiency. Fifth, industrial development homogenization. Chengdu-Chongqing Economic Zone new energy vehicle industry development policies have more in common, exacerbating the phenomenon of industrial isomorphism in the region, failing to form a good industrial division of labor, making it difficult to establish a mutually complementary industrial ecology.

This book believes that synergistic co-construction is the key path to promote the development of intelligent networked new energy automobile industry in Chengdu-Chongqing Economic Zone. Firstly, strengthen policy planning and guidance. Develop a coordinated development plan for the intelligent networked new energy vehicle industry in Chengdu-Chongqing Economic Zone, clarify development priorities and collaborative paths, and strengthen policy support. Second, improve the industrial foundation and supporting facilities. Deeply promote the in-depth cooperation and resource integration of the upstream and downstream enterprises of the intelligent networked new energy vehicle industry chain, scientifically plan the layout of charging stations and power exchange stations, and accelerate the pace of charging and power exchange infrastructure construction. Thirdly, strengthen technological leadership. Set up special funds to encourage enterprises to increase investment in research and development of intelligent networked new energy vehicle technology, especially in the core timely and key components, establish and improve the technology transfer, results trading, incubation and cultivation and other service platforms, and enhance the level of cooperation between universities, research institutions and enterprises. Fourth, expand market application. Actively promote the application of intelligent network connected new energy vehicles in public transportation system, logistics and distribution and shared mobility, to further broaden the market application space. Fifth, deepen regional synergy and cooperation. The formulation of regional-level industrial development planning should be clear about the division of labor and positioning of the respective industries in Chengdu-

Chongqing Economic Zone, to avoid homogenized competition, and to deepen the cooperation between the two places in technical standards, market access and policy synergies.

Keywords: Intelligent Networked New Energy Vehicles; Industrial Chain; Industrial Policy; Industrial Synergy; Chengdu-Chongqing Economic Zone

Contents

I General Report

Abstract: The intelligent networked new energy vehicle industry is a new integration of intelligent vehicles, vehicle networking and new energy, and is an important symbol of the transformation and upgrading of China's automobile industry. As an important growth pole for high-quality development in western China, Chengdu-Chongqing Economic Zone will actively promote the development of the intelligent connected new energy vehicle industry, which will help build a modern industrial system for Chengdu-Chongqing Economic Zone and enhance regional competitiveness. This report takes the intelligent connected new energy vehicle industry in Chengdu-Chongqing Economic Zone as the research object, and analyzes it from the aspects of industrial policy, industrial chain structure, etc., and finds that the intelligent connected new energy vehicle industry in Chengdu-Chongqing Economic Zone urgently needs to strengthen its leading position, and there are shortcomings in the independent research and development of core technologies, insufficient product supporting capabilities, and unclear industrial agglomeration effect. This report proposes countermeasures and suggestions such as strengthening policy planning and guidance, strengthen the foundation and supporting infrastructure of the industry, enhancing technological leadership, expanding market applications, and deepening regional coordination and cooperation to promote the high-quality development of the intelligent connected new energy vehicle industry in Chengdu-Chongqing Economic Zone.

Keywords: Intelligent Networked New Energy Vehicle Industry; Synergistic Development; Chengdu-Chongqing Economic Zone

Ⅱ Sub Reports

B.2 Report on Industrial Policies of Intelligent Networked New Energy Vehicles in Chengdu-Chongqing Economic Zone

Tian Yuan, *Yin Junyang* / 040

Abstract: With its unique geographical advantages, solid industrial foundation and forward-looking strategic vision, Chengdu-Chongqing Economic Zone is accelerating the layout of the intelligent networked new energy vehicle industry, striving to seize the first opportunity in this round of industrial change. Policy is an important guarantee for industrial development, a new industry can grow rapidly and realize commercialization and scale if it can get policy support. The report analyzes the policy level, and it can be seen that intelligent networked new energy vehicle industry in Chengdu-Chongqing Economic Zone still has the problems of insufficient collaborative innovation ability, intelligent infrastructure to be strengthened, and single subsidy mechanism, so it puts forward the suggestions and measures of strengthen the double support of finance and finance, perfecting charging networks, stimulate the vitality of scientific research, focusing on cultivating leading enterprises, and the development of industrial clusters. Therefore, it is proposed to build an innovation platform, improve the charging network, focus on cultivating leading enterprises, and build an open and cooperative industrial ecosystem.

Keywords: Intelligent Networked New Energy Vehicle Industry; Infrastructure Construction; Technological Innovation; Chengdu-Chongqing Economic Zone

Abstract: The importance of new energy vehicle industry in regional economic development is becoming more and more prominent, and Chengdu-Chongqing Economic Zone, as the core region of western China, promoting the development of this industry is of great significance to enhance regional competitiveness. This report takes the smart grid-connected new energy vehicle industry in Chengdu-Chongqing Economic Zone as the research object, and analyzes its current development status, advantages and deficiencies in depth. The study finds that the intelligent networked new energy vehicle industry in Chengdu-Chongqing Economic Zone has the problems of lack of high-end parts manufacturing technology, weak technological innovation ability, insufficient market promotion, insufficient talent reserves, and inconspicuous industrial agglomeration effect, and therefore puts forward countermeasures and suggestions such as optimizing the industrial chain, strengthening technological innovation, intensifying market promotion, strengthening talent cultivation, and promoting industrial agglomeration.

Keywords: Intelligent Networked New Energy Vehicles; Industrial Chain; Chengdu-Chongqing Economic Zone

B.4 Report on the Technological Innovation of Intelligent Networked New Energy Vehicle Industry in Chengdu-Chongqing Economic Zone

Ren Yi, Liu Shule and Li Yanhong / 092

Abstract: The field of intelligent networked new energy vehicles has become a new track for the automobile industry of various countries to compete, and Chengdu-Chongqing Economic Zone is committed to building a trillion-dollar automobile industry cluster at a high level, and strives to build a world-class automobile research and development, manufacturing, and application base, and technological innovation is the core kinetic energy for the high-quality development of intelligent networked new energy automobile industry in Chengdu-Chongqing Economic Zone. This report takes the intelligent network new energy automobile industry in Chengdu-Chongqing Economic Zone as the research object, and mainly analyzes the level of comprehensive innovation ability, compared the internal innovation capabilities of the intelligent connected new energy vehicle industry in Chengdu-Chongqing Economic Zone, finds that the level of the innovation development of the intelligent network new energy automobile industry in Chengdu-Chongqing Economic Zone is better than the national average level. It is found that the current level of innovation and development of intelligent grid-connected new energy automobile industry in Chengdu-Chongqing Economic Zone is better than the national average level, but there are problems such as insufficient policy support and the need to improve the protection of innovative achievements. In response to these difficulties, corresponding countermeasures and suggestions have been proposed to promote the innovation and development level of the intelligent connected new energy vehicle industry in Chengdu-Chongqing Economic Zone.

Keywords: Intelligent Connected New Energy Vehicle Industry; Invention Patents; Industrial Chain; Chengdu-Chongqing Economic Zone

Abstract: With the determination of China's 2030 carbon peak goal, new energy technology has entered a period of rapid development. New energy vehicles use clean energy as a power source, adopt a large number of innovative technologies, and gradually establish a complete industrial chain, which has become an important alternative to traditional fuel vehicles. Chengdu-Chongqing Economic Zone as an important economic center in Southwest China, the market application of new energy automobile industry is developing rapidly. This report finds that the overall market scale of new energy automobile industry in Chengdu-Chongqing Economic Zone is large, but the development quality of the market application of new energy automobile industry is not high, and needs to be further improved, and at the same time, combined with the research on the specific market application of new energy automobile industry in Chengdu-Chongqing Economic Zone, propose the development challenges and ideas for the market application of intelligent networked new energy vehicles in Chengdu-Chongqing Economic Zone, including laying a solid foundation for the construction of Chengdu-Chongqing Economic Zone that integrates into the new development pattern.

Keywords: Intelligent Connected New Energy Vehicle Industry; Family Car; Public Transportation; Chengdu-Chongqing Economic Zone

B.6 Report on the Business Environment of Intelligent Networked New Energy Vehicle Industry in Chengdu-Chongqing Economic Zone

Abstract: Business environment is an important index to measure the economic vitality and industrial competitiveness of a region, is an important factor affecting the development of the local industry, and focusing on optimizing the business environment in Chengdu-Chongqing Economic Zone is the basic essence for the high-quality development of the smart grid-connected new energy automobile industry in Chengdu-Chongqing Economic Zone. This report takes Chengdu-Chongqing Economic Zone as the research object, through analyzing the business environment conditions, intellectual property protection situation, judicial protection situation, marketization index, government-market relationship, market development degree, factor market development degree in Chengdu-Chongqing Economic Zone, and found that the current business environment in Chengdu-Chongqing Economic Zone has the advantages of strong industrial foundation, clear policy support, obvious advantages in green energy, and coordinated development of industrial chain, but there are also market integration that needs to be optimized, low innovation environment activity, unsound factor support system, and imperfect rule of law protection environment, and puts forward the problems of needing to improve the market integration level, improve innovation ability, and improve the quality and efficiency of the business environment in Chengdu-Chongqing Economic Zone. The level of market integration, improve the innovation ability, improve the factor guarantee enviroment, improve the rule of law environment, and accelerate coordinated infrastructure development, in order to promote the overall optimization of the business environment in the twin-city economic circle of Chengdu-Chongqing Economic Zone.

Keywords: Intelligent Networked New Energy Vehicle Industry; Business Environment; Intellectual Property Rights Protection; Market Integration; Chengdu-Chongqing Economic Zone

Ⅲ Comparison and Reference Reports

Abstract: Intelligent networked new energy vehicle industry is an important support for the optimization of industrial structure and green development in Beijing-Tianjin-Hebei region. This report takes the smart grid-connected new energy vehicle industry in Beijing-Tianjin-Hebei region as the research object, and analyzes in depth regional policy, industrial scale, the condition of the industry chain, comparison of Beijing-Tianjing-Hebei region and Chengdu-Chongqing Economic Zone. The study finds that the Beijing-Tianjin-Hebei region is facing problems such as por policy coordination, insufficient core technology innovation, lagging infrastructure construction, limited market demand and insufficient talent pool in the development of the industry. The Beijing-Tianjin-Hebei region has an important reference significance for the development of intelligent net-connected new energy vehicles in Chengdu-Chongqing Economic Zone, the report proposes that the overall competitiveness and sustainable development capability of the smart grid-connected new energy vehicle industry in Chengdu-Chongqing Economic Zone should be further enhanced by strengthening technological research and development, improving infrastructure construction, and accelerating the establishment of regional synergy mechanisms.

Keywords: Intelligent Networked New Energy Vehicle Industry; Industrial Cluster; Industrial Chain Integration; Beijing-Tianjin-Hebei Region

B.8 Report on the Development of Intelligent Networked New Energy Vehicle Industry in Yangtze River Delta Region

Tian Yuan, Bai Rong and Li Pan / 181

Abstract: The Yangtze River Delta region is an important development pole for the global smart grid-connected new energy vehicle industry, which leads the industry development trend driven by industrial clusters, technological innovations, policy support and extensive applications. This report focuses on the development of the intelligent networked new energy vehicle industry in the Yangtze River Delta region from the perspective of the region's policy, industry scale, currentsituation industry chain, innovation capability, product market application, industrial organization and business environment. The study finds that the Yangtze River Delta is accelerating the technological innovation and application of intelligent and internet-connected technologies in the field of new energy vehicles. At the same time, the Yangtze River Delta region also actively improves the business environment and strengthens the protection of intellectual property rights, promoting the industry to a new stage of high-quality development in multiple ways. The report analyzes the advantages and shortcomings of the development of intelligent networked new energy automobile industry in Chengdu-Chongqing Economic Zone through comparative research, and then provides strategic suggestions for the optimization and upgrading of the automobile industry in Chengdu-Chongqing Economic Zone.

Keywords: Intelligent Networked New Energy Vehicle Industry; Industrial Cluster; Innovation Ability; Yangtze River Delta Region

Abstract: The Pearl River Delta region, one of the key engines of China's economic development, has made remarkable progress in the field of smart grid-connected new energy vehicles with its strong manufacturing base and favorable innovation environment. This report provides an in-depth analysis of the Pearl River Delta region's policy, industrial scale, industrial chain, innovation capability, the business environment, and market-oriented applications in this field, comprehensively demonstrating its development status and unique advantages. Due to the construction of a new energy vehicle industry cluster with international leading standards in Guangdong Province, this report analyzes Guangdong Province as a representative. At the same time, by comparing the development of smart grid-connected new energy vehicles with that of Chengdu-Chongqing Economic Zone, it aims to distill the successful experience that can be drawn on, and provide strong support and valuable insights for Chengdu-Chongqing Economic Zone to further accelerate the vigorous development of smart grid-connected new energy vehicle industry.

Keywords: Intelligent Networked New Energy Vehicle Industry; High Quality Development; Pearl River Delta Region

Ⅳ Case Reports

Abstract: Chongqing Changan Automobile Co., Ltd. is a well-known automobile manufacturer in China, whose predecessor can be traced back to the Shanghai Marine Artillery Bureau established in 1862, which is one of the cradles of

China's modern industry and is headquartered in Chongqing, China. With the core concept of "scientific and technological innovation, green development", Changan Automobile owns more than 400 core technologies in the field of new energy and more than 1, 000 core patents of "three electrics" (battery, motor, electronic control), and the company has internationally advanced manufacturing processes and equipment, such as automated production lines, precision machining, and other equipment. In addition, the company has international advanced manufacturing processes and equipment, such as automated production lines, precision processing technology, etc., to ensure the high quality and reliability of the products, its products are exported to many countries and regions around the world, and has become a model for Chinese automobile brands to "go global". Adhering to the service concept of "customer first", the company has established a perfect sales and service network to provide customers with a full range of support and protection. Through continuous efforts and innovations, Changan Automobile is steadily advancing towards the goal of becoming a world-class automobile enterprise.

Keywords: Green Development; Intelligent Manufacturing; 5G Internet of Vehicles; Changan Automobile

B.11 Case Study on the Development of Seres Group Co., Ltd.

Tian Yuan, *Ge Qiuxiang* / 266

Abstract: Seres Group Co., Ltd. (SERES) is a science and technology-based manufacturing enterprise with new energy vehicles as its core business, which was founded in 1986 and has formed the company's unique competitive advantages in its development, and is the corporate benchmark of new energy automobile industry in Chengdu-Chongqing Economic Zone, as well as the leader of new energy automobile industry in the country. This report takes Seres Group Co., Ltd. as the research object, analyzes the basic situation, products and technologies, industry chain layout, marketing and sales, business modles and profit models, sustainable development and major events of the company, analyzes the cross-border cooperation between SERES and Huawei, industry chain synergistic development, continuous innovation and the creation of characteristic products, and explores the development experience of SERES, which will provide valuable reference for the development of new energy vehicle enterprises in Chengdu-Chongqing Economic Zone and promote the high-quality development of new energy vehicle industry in Chengdu-Chongqing Economic Zone.

Keywords: Vehicle Manufacturing; Three Electric Technologies; AITO Motors; Seres Automobile Company

Abstract: As a leading global lithium material enterprise, Tianqi Lithium has realized the transformation from a single lithium processing enterprise to a comprehensive multinational lithium group through strategic mergers and acquisitions and technological innovation. It is found that the company has successfully held Australia's Teresian Lithium, grasped global high-quality lithium resources, and laid out China, Australia and Chile, relying on domestic bases including Shchong in Sichuan, Anju in Sichuan, Zhangjiagang in Jiangsu and Tongliang in Chongqing, as well as a lithium hydroxide production base in Kwinana, Western Australia, to form a vertically integrated global industrial chain. Tianqi Lithium focuses on green supply chain management, promotes low-carbon transformation, improves the carbon efficiency of lithium products through technological innovation, and contributes to the green transformation of the global energy structure. The development case of Tianqi Lithium demonstrates how the enterprise realizes resource security, quality improvement and sustainable development through strategic mergers and acquisitions, technological innovation and green management, contributing significant power to the global new energy industry.

Keywords: Lithium Battery; Lithium Concentrate; SQM; Tianqi Lithium

B.13 Case Study on the Development of Fulin Precision Machining Co., Ltd.

Guo Feng, Wang Hanyu and Li Simei / 318

Abstract: At the beginning of the development of new energy vehicles, Fulin Precision Machining Co., Ltd. has accelerated the layout of new energy vehicle intelligent electronic control system and new energy lithium anode materials by relying on the advantages of precision manufacturing, and its main products, precision hydraulic parts and electromagnetic drive parts, have been realized as domestic substitutes, and among the similar enterprises in China, Fulin Precision Machining is the only global supplier that can synchronize the development of new technologies for the international first-class OEMs, such as GM, PSA, Volkswagen and Audi. Among similar enterprises in China, Fulin Precision Machining is the only global supplier that can synchronize the development of new technologies for international first-class OEMs such as GM, PSA, Volkswagen and Audi. The company adheres to the new strategy of "intellectual control leader, lithium iron leader", builds the competitiveness with "scientific and technological innovation, technology-driven" as the core, introduces the latest technology globally, continuously increases the investment in research and development, owns more than 300 authorized patents and participates in the customization of industry standards, demonstrating the company's technological innovation, which is the most advanced technology in the industry. The company has more than 300 authorized patents and participates in the customization of industry standards, demonstrating its global vision and strength in technological innovation. The company is based in Southwest China, serves the regional economy, radiates domestically and globally.

Keywords: Intelligent Electronic Control System; Lithium Battery Cathode; Material Electric Drive Reducer; Fulin Precision Machining

皮书数据库

“社科数托邦”
微信公众号

中国社会发展数据库（下设 12 个专题子库）

紧扣人口、政治、外交、法律、教育、医疗卫生、资源环境等 12 个社会发展领域的前沿和热点，全面整合专业著作、智库报告、学术资讯、调研数据等类型资源，帮助用户追踪中国社会发展动态、研究社会发展战略与政策、了解社会热点问题、分析社会发展趋势。

中国经济发展数据库（下设 12 专题子库）

内容涵盖宏观经济、产业经济、工业经济、农业经济、财政金融、房地产经济、城市经济、商业贸易等12个重点经济领域，为把握经济运行态势、洞察经济发展规律、研判经济发展趋势、进行经济调控决策提供参考和依据。

中国行业发展数据库（下设 17 个专题子库）

以中国国民经济行业分类为依据，覆盖金融业、旅游业、交通运输业、能源矿产业、制造业等 100 多个行业，跟踪分析国民经济相关行业市场运行状况和政策导向，汇集行业发展前沿资讯，为投资、从业及各种经济决策提供理论支撑和实践指导。

中国区域发展数据库（下设 4 个专题子库）

对中国特定区域内的经济、社会、文化等领域现状与发展情况进行深度分析和预测，涉及省级行政区、城市群、城市、农村等不同维度，研究层级至县及县以下行政区，为学者研究地方经济社会宏观态势、经验模式、发展案例提供支撑，为地方政府决策提供参考。

中国文化传媒数据库（下设 18 个专题子库）

内容覆盖文化产业、新闻传播、电影娱乐、文学艺术、群众文化、图书情报等 18 个重点研究领域，聚焦文化传媒领域发展前沿、热点话题、行业实践，服务用户的教学科研、文化投资、企业规划等需要。

世界经济与国际关系数据库（下设 6 个专题子库）

整合世界经济、国际政治、世界文化与科技、全球性问题、国际组织与国际法、区域研究 6 大领域研究成果，对世界经济形势、国际形势进行连续性深度分析，对年度热点问题进行专题解读，为研判全球发展趋势提供事实和数据支持。

法律声明